STEFAN KRESS

Crowdwork

Schriften zum Bürgerlichen Recht

Band 525

Crowdwork

Von

Stefan Kreß

Duncker & Humblot · Berlin

Die Juristische Fakultät der Justus-Liebig-Universität Gießen
hat diese Arbeit im Jahre 2020 als Dissertation angenommen.

Bibliografische Information der Deutschen Nationalbibliothek

Die Deutsche Nationalbibliothek verzeichnet diese Publikation in
der Deutschen Nationalbibliografie; detaillierte bibliografische Daten
sind im Internet über http://dnb.d-nb.de abrufbar.

Alle Rechte vorbehalten
© 2021 Duncker & Humblot GmbH, Berlin
Satz: 3w+p GmbH, Rimpar
Druck: CPI buchbücher.de Gmbh, Birkach
Printed in Germany

ISSN 0720-7387
ISBN 978-3-428-18211-4 (Print)
ISBN 978-3-428-58211-2 (E-Book)

Gedruckt auf alterungsbeständigem (säurefreiem) Papier
entsprechend ISO 9706 ∞

Internet: http://www.duncker-humblot.de

Meinen Eltern

Vorwort

Diese Arbeit wurde im Sommersemester 2020 von der juristischen Fakultät der Justus-Liebig-Universität Gießen als Dissertation angenommen. Gesetzesänderungen, Rechtsprechung und Literatur sind bis Mitte September 2020 berücksichtigt.

Herzlich danken möchte ich vor allem Herrn Prof. Dr. Martin Gutzeit, der diese Arbeit nicht nur ermöglicht, sondern auch in besonderer Weise gefördert hat. In meiner Zeit an seinem Lehrstuhl hat er mir alle erdenklichen Freiheiten gelassen, mich zugleich aber auch jederzeit durch wertvolle Hinweise und Anregungen unterstützt. Er hat erheblich zum Gelingen der Arbeit beigetragen.

Dank gebührt zudem Frau Prof. Dr. Lena Rudkowski für die zügige und gewinnbringende Erstellung des Zweitgutachtens sowie allen anderen, die diese Arbeit durch Diskussionen, Hinweise und Anmerkungen bereichert haben.

Gießen, im September 2020 *Stefan Kreß*

Inhaltsverzeichnis

Kapitel 1

Untersuchungsgegenstand   21

A. Begriffsbestimmung: Crowdwork 23

B. Kategorisierung 27

C. Praktische Umsetzung 29

Kapitel 2

Rechtliche Bindungen   34

A. Externe direkte Crowdwork 34
   I. Nutzung der Plattformen 34
   II. Aufgabenbearbeitung 36
      1. Erfolgsbasierte Wettbewerbe 37
         a) Preisausschreiben 39
         b) Abgrenzung zu den vertraglichen Schuldverhältnissen 41
      2. Zeitbasierte Wettbewerbe 43
         a) Abgrenzung anhand des objektiven Rechtsbindungswillens 44
            aa) Auslegung unter Berücksichtigung von Vertragsabschlussklauseln ... 44
            bb) Auslegung ohne Berücksichtigung von Vertragsabschlussklauseln ... 45
         b) Abgrenzung zwischen offerte ad incertas personas und Auslobung 46
      3. Gebotsbasierte Wettbewerbe 47

B. Externe indirekte Crowdwork 48

C. Interne Crowdwork 52

Kapitel 3

Rechtlicher Status der Crowdworker   55

A. Arbeitnehmerstatus 55
   I. Privatrechtlicher Vertrag 57

Inhaltsverzeichnis

- II. Verpflichtung zur Leistung von Diensten 57
- III. Persönliche Abhängigkeit 58
    - 1. Vertragsbezeichnung 58
    - 2. Zeitliches und örtliches Weisungsrecht 59
        - a) Zeitliche Weisungsfreiheit 59
        - b) Örtliche Weisungsfreiheit 60
        - c) Relativierung von zeitlicher und örtlicher Weisungsfreiheit 61
    - 3. Inhaltliches Weisungsrecht 62
        - a) Berücksichtigung der Qualität der Aufgabenstellung 62
        - b) Vorwegnahme von Weisungen in der Leistungsbeschreibung 64
    - 4. Eingliederung in die Arbeitsorganisation des Vertragspartners 65
        - a) Verwendung eigener oder fremder Arbeitsmittel 66
        - b) Einbindung in fremde Arbeitsabläufe 67
        - c) Ständige Zusammenarbeit mit Beschäftigten des Auftraggebers 68
        - d) Notwendigkeit der Durchführung von Qualifizierungsmaßnahmen 69
    - 5. Kontrollmechanismen 69
        - a) Kontrollen während der Aufgabenbearbeitung 69
        - b) Nachgelagerte Kontrollen 70
    - 6. Höchstpersönlichkeit der Leistungspflicht 71
    - 7. Unerhebliche Kriterien 72
- IV. Durchgängiges Arbeitsverhältnis 74
- V. Abgrenzung zur Arbeitnehmerüberlassung 76

B. Arbeitnehmerähnliche Personen 76
- I. Wirtschaftliche Abhängigkeit 77
- II. Soziale Schutzbedürftigkeit 80

C. Heimarbeiter im Sinne des § 2 Abs. 1 HAG 81
- I. Aktive Aufgabenzuweisung durch den Ausgeber von Heimarbeit 82
- II. Wirtschaftliche Abhängigkeit und soziale Schutzbedürftigkeit 84
- III. Erwerbsmäßige Arbeit 88
- IV. Allein oder mit seinen Familienangehörigen 89
- V. Selbstgewählte Arbeitsstätte 89
- VI. Im Auftrag von Gewerbetreibenden oder Zwischenmeistern 90
- VII. Verwertung der Arbeitsergebnisse durch den Auftraggeber 91

Kapitel 4
AGB-Kontrolle und Vergütungsschutz — 92

A. AGB-Kontrolle 92
   I. Unternehmer im Sinne des § 14 Abs. 1 BGB 93
   II. Änderungen der AGB 94
      1. Änderungsvorbehalte 96
      2. Fingierte Erklärungen 97
   III. Bezahlung nach Art eines Preisausschreibens 98
   IV. Grundlose Ablehnung erbrachter Leistungen 99
   V. Pauschalierte Nacherfüllungsfristen 99
   VI. Nutzungsrechteeinräumungen 100
      1. Umfang der Nutzungsrechteeinräumung 101
      2. Vergütung der Nutzungsrechteeinräumung 102
      3. Übertragung der Nutzungsrechte 104
   VII. Kontaktverbote 107
   VIII. Sperrklauseln 108

B. Vergütungskontrolle 108
   I. Wucher 109
   II. Wucherähnliche Rechtsgeschäfte 113

Kapitel 5
Internationales Privat- und Zivilprozessrecht — 115

A. Anwendbares Recht 115
   I. Anwendbarkeit der Rom I-VO 116
   II. Rechtswahlklauseln im Anwendungsbereich der Rom I-VO 118
      1. Individualarbeitsverträge 118
         a) Unionsrechtlich autonomer Arbeitnehmerbegriff 119
         b) Einbeziehung arbeitnehmerähnlicher Personen und Heimarbeiter 123
      2. Verbraucherverträge 124
      3. Eingriffsnormen und ordre-public 125
   III. Keine Rechtswahl 127

B. International zuständiges Gericht 128
   I. Keine Gerichtsstandsvereinbarung 128
   II. Gerichtsstandsvereinbarung 130

Kapitel 6

Crowdworker in der Sozialversicherung 132

A. Sozialversicherungsrechtlicher Status der Crowdworker 132
    I. Abhängige Beschäftigung 133
    II. Heimarbeiter im Sinne des § 12 Abs. 2 SGB IV 137
    III. Selbständige 137
    IV. Interne Crowdwork und einheitliches Beschäftigungsverhältnis 139

B. Sozialversicherungsrecht in grenzüberschreitenden Sachverhalten 142

Kapitel 7

Perspektiven 143

A. Handlungsoptionen des Gesetzgebers 143
    I. Anpassung des Heimarbeitsrechts 144
    II. Erweiterung des Kreises der arbeitnehmerähnlichen Personen 148
    III. Mindestvergütungen 149
    IV. Altersversorgung 152
    V. International koordinierte Regulierung 155

B. Handlungsoptionen der Gewerkschaften 156

C. Handlungsoptionen der Crowdworker 160

D. Handlungsoptionen der Plattformbetreiber und der Crowdsourcer 161

Kapitel 8

Zusammenfassung 163

Literaturverzeichnis 169

Sachwortverzeichnis 190

Abkürzungsverzeichnis

a. A.	andere(r/n) Ansicht
a. a. O.	am angegebenen Ort
ABl.	Amtsblatt der Europäischen Union
abl.	ablehnend
Abs.	Absatz
ACM	Association for Computing Machinery
AcP	Archiv für die civilistische Praxis (Zeitschrift)
AEntG	Arbeitnehmer-Entsendegesetz
AEUV	Vertrag über die Arbeitsweise der Europäischen Union
a. F.	alte(r) Fassung
AG	Amtsgericht/Aktiengesellschaft
AGB	Allgemeine Geschäftsbedingungen
AGBG	Gesetz zur Regelung des Rechts der Allgemeinen Geschäftsbedingungen
AGG	Allgemeines Gleichbehandlungsgesetz
AIS	Arbeits- und Industriesoziologische Studien (Zeitschrift)
Alabama L. Rev.	Alabama Law Review (Zeitschrift)
AllgPersönlR	Allgemeines Persönlichkeitsrecht
a. M.	am Main
AMT	Amazon Mechanical Turk
Anh.	Anhang
Anm.	Anmerkung
AO	Abgabenordnung
AP	Arbeitsrechtliche Praxis (Rechtsprechungssammlung)
ArbG	Arbeitsgericht
ArbGG	Arbeitsgerichtsgesetz
AR-Blattei SD	Arbeitsrecht-Blattei Systematische Darstellungen
ArbSchG	Gesetz über die Durchführung von Maßnahmen des Arbeitsschutzes zur Verbesserung der Sicherheit und des Gesundheitsschutzes der Beschäftigten bei der Arbeit (Arbeitsschutzgesetz)
ArbZG	Arbeitszeitgesetz
Art.	Artikel
AuA	Arbeit und Arbeitsrecht (Zeitschrift)
Aufl.	Auflage
AuR	Arbeit und Recht (Zeitschrift)
AÜG	Gesetz zur Regelung der Arbeitnehmerüberlassung (Arbeitnehmerüberlassungsgesetz)
AÜG-ÄndG	Gesetz zur Änderung des Arbeitnehmerüberlassungsgesetzes und anderer Gesetze
BAG	Bundesarbeitsgericht
BAGE	Entscheidungen des Bundesarbeitsgerichts

BB	Betriebs-Berater (Zeitschrift)
BDSG	Bundesdatenschutzgesetz
BeckOGK	Beck-Online Großkommentar
BeckOK-ArbR	Beck'scher Online-Kommentar zum Arbeitsrecht
BeckOK-BGB	Beck'scher Online-Kommentar zum Bürgerlichen Gesetzbuch
BeckOK-UrhR	Beck'scher Online-Kommentar zum Urheberrecht
BeckRS	Beck-Rechtsprechung
BEEG	Gesetz zum Elterngeld und zur Elternzeit (Bundeselterngeld- und Elternzeitgesetz)
ber.	berichtigt(es)
BeschFG	Beschäftigungsförderungsgesetz
Beschl.	Beschluss
BetrKV	Verordnung über die Aufstellung von Betriebskosten (Betriebskostenverordnung)
BetrVG	Betriebsverfassungsgesetz
BGB	Bürgerliches Gesetzbuch
BGBl. I	Bundesgesetzblatt Teil I
BGBl. III	Bundesgesetzblatt Teil III
BGH	Bundesgerichtshof
BGHZ	Entscheidungen des Bundesgerichtshofes in Zivilsachen
BJELL	Berkeley Journal of Employment & Labor Law (Zeitschrift)
BLJ	Bucerius Law Journal (Zeitschrift)
BMAS	Bundesministerium für Arbeit und Soziales
BRat	Bundesrat
BReg	Bundesregierung
Brüssel I-VO	Verordnung (EG) Nr. 44/2001 des Rates vom 22. Dezember 2000 über die gerichtliche Zuständigkeit und die Anerkennung und Vollstreckung von Entscheidungen in Zivil- und Handelssachen
Brüssel Ia-VO	Verordnung (EU) Nr. 1215/2012 des Europäischen Parlaments und des Rates vom 12. Dezember 2012 über die gerichtliche Zuständigkeit und die Anerkennung und Vollstreckung von Entscheidungen in Zivil- und Handelssachen (Neufassung)
BSG	Bundessozialgericht
BSGE	Entscheidungen des Bundessozialgerichts
BT-Drs.	Bundestagsdrucksachen
BUrlG	Mindesturlaubsgesetz für Arbeitnehmer (Bundesurlaubsgesetz)
BVerfG	Bundesverfassungsgericht
BVerfGE	Entscheidungen des Bundesverfassungsgerichts
bzw.	beziehungsweise
CACM	Communications of the ACM (Zeitschrift)
CDU	Christlich Demokratische Union Deutschlands
CISG	United Nations Convention on Contracts for the International Sale of Goods (Übereinkommen der Vereinten Nationen über Verträge über den internationalen Warenkauf)
CLLPJ	Comparative Labor Law & Policy Journal (Zeitschrift)
CMR	Convention relative au Contrat de transport international des merchandises par route (Übereinkommen über den Beförderungsvertrag im internationalen Straßengüterverkehr)

CR	Computer und Recht (Zeitschrift)
CSU	Christlich-Soziale Union in Bayern
DB	Der Betrieb (Zeitschrift)
ders.	derselbe
DGB	Deutscher Gewerkschaftsbund
dies.	dieselbe(n)
Diss.	Dissertation
DJGA	Deutsch-Japanische Gesellschaft für Arbeitsrecht e. V.
DRV	Deutsche Rentenversicherung (Zeitschrift)
EDV	Elektronische Datenverarbeitung
EFZG	Gesetz über die Zahlung des Arbeitsentgelts an Feiertagen und im Krankheitsfall (Entgeltfortzahlungsgesetz)
EG	Europäische Gemeinschaft
EGBGB	Einführungsgesetz zum Bürgerlichen Gesetzbuche
Einf. v.	Einführung vor
endg.	endgültig (bei Dokumenten der Europäischen Kommission – Zitierweise bis 2012)
ErfK	Erfurter Kommentar zum Arbeitsrecht
EStG	Einkommensteuergesetz
EU	Europäische Union (European Union)
EuErbVO	Verordnung (EU) Nr. 650/2012 des Europäischen Parlaments und des Rates vom 4. Juli 2012 über die Zuständigkeit, das anzuwendende Recht, die Anerkennung und Vollstreckung von Entscheidungen und die Annahme und Vollstreckung öffentlicher Urkunden in Erbsachen sowie zur Einführung eines Europäischen Nachlasszeugnisses
EuGH	Europäischer Gerichtshof
EuGüVO	Verordnung (EU) 2016/1103 des Rates vom 24. Juni 2016 zur Durchführung einer Verstärkten Zusammenarbeit im Bereich der Zuständigkeit, des anzuwendenden Rechts und der Anerkennung und Vollstreckung von Entscheidungen in Fragen des ehelichen Güterstands
EuGVO	Verordnung (EG) Nr. 44/2001 des Rates vom 22. Dezember 2000 über die gerichtliche Zuständigkeit und die Anerkennung und Vollstreckung von Entscheidungen in Zivil- und Handelssachen
EuGVVO	Verordnung (EU) Nr. 1215/2012 des Europäischen Parlaments und des Rates vom 12. Dezember 2012 über die gerichtliche Zuständigkeit und die Anerkennung und Vollstreckung von Entscheidungen in Zivil- und Handelssachen (Neufassung)
EuIPR	Europäisches Internationales Privatrecht
EuPartVO	Verordnung (EU) 2016/1104 des Rates vom 24. Juni 2016 zur Durchführung der Verstärkten Zusammenarbeit im Bereich der Zuständigkeit, des anzuwendenden Rechts und der Anerkennung und Vollstreckung von Entscheidungen in Fragen güterrechtlicher Wirkungen eingetragener Partnerschaften
EuUnthVO	Verordnung (EG) Nr. 4/2009 des Rates vom 18. Dezember 2018 über die Zuständigkeit, das anwendbare Recht, die Anerkennung und Vollstreckung von Entscheidungen und die Zusammenarbeit in Unterhaltssachen

EuZA	Europäische Zeitschrift für Arbeitsrecht (Zeitschrift)
EuZPR	Europäisches Zivilprozessrecht
EuZW	Europäische Zeitschrift für Wirtschaftsrecht (Zeitschrift)
e. V.	eingetragener Verein
EWG	Europäische Wirtschaftsgemeinschaft
f.	folgende(r)
ff.	folgende
FactÜ	UNIDROIT Übereinkommen über Internationales Factoring
FAQ	Frequently Asked Questions
FDP	Freie Demokratische Partei
Fn.	Fußnote
FS	Festschrift
Georgia L. Rev.	Georgia Law Review (Zeitschrift)
GG	Grundgesetz für die Bundesrepublik Deutschland
GKV-VEG	Gesetz zur Beitragsentlastung der Versicherten in der gesetzlichen Krankenversicherung (GKV-Versichertenentlastungsgesetz)
Gliederungsnr.	Gliederungsnummer
GRUR	Gewerblicher Rechtsschutz und Urheberrecht (Zeitschrift)
GRUR-RS	Gewerblicher Rechtsschutz und Urheberrecht – Rechtsprechungssammlung
GVG	Gerichtsverfassungsgesetz
GWB	Gesetz gegen Wettbewerbsbeschränkungen
GWR	Gesellschafts- und Wirtschaftsrecht (Zeitschrift)
Habil.	Habilitationsschrift
HAG	Heimarbeitsgesetz
HAGDV 1	Erste Rechtsverordnung zur Durchführung des Heimarbeitsgesetzes
HeizkostenV	Verordnung über die verbrauchsabhängige Abrechnung der Heiz- und Warmwasserkosten (Verordnung über Heizkostenabrechnung)
HGB	Handelsgesetzbuch
HICSS	Hawaii International Conference on System Sciences (Zeitschrift)
Hk-BGB	Handkommentar zum Bürgerlichen Gesetzbuch
Hk-BUrlG	Handkommentar zum Bundesurlaubsgesetz
Hk-ZPO	Handkommentar zur Zivilprozessordnung
h. M.	herrschende Meinung
HRN	Hamburger Rechtsnotizen (Zeitschrift)
Hrsg.	Herausgeber
HS	Halbsatz
HT	Hypertext
HUntProt/HUP	Protokoll über das auf Unterhaltspflichten anzuwendende Recht (Haager Unterhaltsprotokoll)
IBM	International Business Machines Corporation
ICLQ	International & Comparative Law Quarterly (Zeitschrift)
i. d.	in der
i. d. F.	in der Fassung
i. E.	im Ergebnis
IG Metall	Industriegewerkschaft Metall
InTeR	Zeitschrift zum Innovations- und Technikrecht (Zeitschrift)
Internat.	Internationales (Privatrecht, Arbeitsrecht/Wirtschaftsrecht)

IntVertragsR	Internationales Vertragsrecht
IP	Intellectual Property (Geistiges Eigentum)
IPR	Internationales Privatrecht
IPRax	Praxis des Internationalen Privat- und Verfahrensrechts (Zeitschrift)
IStR	Internationales Steuerrecht (Zeitschrift)
IT	Informationstechnik
ITRB	IT-Rechtsberater (Zeitschrift)
i. V. m.	in Verbindung mit
JArbSchG	Gesetz zum Schutze der arbeitenden Jugend (Jugendarbeitsschutzgesetz)
JIS	Journal of Information Science (Zeitschrift)
JR	Juristische Rundschau (Zeitschrift)
JuS	Juristische Schulung (Zeitschrift)
JZ	JuristenZeitung (Zeitschrift)
Kap.	Kapitel
KG	Kammergericht
KOM	Kommissionsdokument(e) – deutsche Zitierweise bis 2012
KR	Gemeinschaftskommentar zum Kündigungsschutzgesetz und zu sonstigen kündigungsschutzrechtlichen Vorschriften
krit.	kritisch
KSchG	Kündigungsschutzgesetz
KSVG	Gesetz über die Sozialversicherung der selbständigen Künstler und Publizisten (Künstlersozialversicherungsgesetz)
LAG	Landesarbeitsgericht
LG	Landgericht
lit.	littera (Buchstabe)
LRP	Long Range Planning (Zeitschrift)
LS	Leitsatz
LSG	Landessozialgericht
LugÜ	Lugano-Übereinkommen
MA	Massachusetts
MiLoG	Mindestlohngesetz
MMR	Multimedia und Recht (Zeitschrift)
MuSchG	Gesetz zum Schutz von Müttern bei der Arbeit, in der Ausbildung und im Studium (Mutterschutzgesetz)
MünchKomm-BGB	Münchener Kommentar zum Bürgerlichen Gesetzbuch
m. w. N.	mit weiteren Nachweisen
NJW	Neue Juristische Wochenschrift (Zeitschrift)
NJW-RR	Neue Juristische Wochenschrift Rechtsprechungs-Report Zivilrecht (Zeitschrift)
NK-ArbR	Nomos-Kommentar zum gesamten Arbeitsrecht
NK-BGB	Nomos-Kommentar zum Bürgerlichen Gesetzbuch
NOZ	Neue Osnabrücker Zeitung
Nr.	Nummer
NVwZ	Neue Zeitschrift für Verwaltungsrecht (Zeitschrift)
NZA	Neue Zeitschrift für Arbeitsrecht (Zeitschrift)
NZBau	Neue Zeitschrift für Baurecht und Vergaberecht (Zeitschrift)
NZS	Neue Zeitschrift für Sozialrecht (Zeitschrift)

OLG	Oberlandesgericht
OS	Orientierungssatz
öAT	Zeitschrift für das öffentliche Arbeits- und Tarifrecht (Zeitschrift)
ÖGB	Österreichischer Gewerkschaftsbund
Proc. CHI	Proceedings of the ACM Conference on Human Factors in Computing Systems
ProstG	Gesetz zur Regelung der Rechtsverhältnisse der Prostituierten (Prostitutionsgesetz)
RabelsZ	Rabels Zeitschrift für ausländisches und internationales Privatrecht (Zeitschrift)
RdA	Recht der Arbeit (Zeitschrift)
RegE	Regierungsentwurf
RG	Reichsgericht
RGRK	Reichsgerichtsrätekommentar
RGZ	Entscheidungen des Reichsgerichts in Zivilsachen
RIW	Recht der Internationalen Wirtschaft (Zeitschrift)
Rn.	Randnummer(n)
Rom I-VO	Verordnung (EG) Nr. 593/2008 des Europäischen Parlaments und des Rates vom 17. Juni 2008 über das auf vertragliche Schuldverhältnisse anzuwendende Recht
Rom II-VO	Verordnung (EG) Nr. 864/2007 des Europäischen Parlaments und des Rates vom 11. Juli 2007 über das auf außervertragliche Schuldverhältnisse anzuwendende Recht
Rs.	Rechtssache
RVO	Reichsversicherungsordnung
S.	Seite(n)
SchiedsVZ	Zeitschrift für Schiedsverfahren (Zeitschrift)
SG	Sozialgericht
SGB	Sozialgesetzbuch
SGb	Die Sozialgerichtsbarkeit (Zeitschrift)
SGG	Sozialgerichtsgesetz
sog.	sogenannte(n)
SozR	Sozialrecht (Loseblattwerk)
SPA	Schnellbrief für Personalmanagement und Arbeitsrecht (Zeitschrift)
SPD	Sozialdemokratische Partei Deutschlands
SR	Soziales Recht (Zeitschrift)
StGB	Strafgesetzbuch
st. Rspr.	ständige Rechtsprechung
TV	Tarifverträge
TVG	Tarifvertragsgesetz
TzBfG	Gesetz über Teilzeitarbeit und befristete Arbeitsverträge (Teilzeit- und Befristungsgesetz)
u.	und
u. a.	und andere(n)
UAbs.	Unterabsatz
UCLF	University of Chicago Legal Forum (Zeitschrift)

UFITA	Archiv für Urheber-, Film- [ab 1954–1999], Funk- und Theaterrecht [1928–1944; 1954–1999]; Archiv für Urheber- und Medienrecht [1999–2018]; dann: Archiv für Medienrecht und Medienwissenschaft (Zeitschrift)
UK	United Kingdom (Vereinigtes Königreich)
UKlaG	Gesetz über Unterlassungsklagen bei Verbraucherrechts- und anderen Verstößen (Unterlassungsklagengesetz)
UNIDROIT	International Institute for the Unification of Private Law
UnterhaltsvorschussG	Gesetz zur Sicherung des Unterhalts von Kindern alleinstehender Mütter und Väter durch Unterhaltsvorschüsse oder -ausfallleistungen (Unterhaltsvorschussgesetz)
UrhG	Urheberrechtsgesetz
Urt.	Urteil
USA	United States of America (Vereinigte Staaten von Amerika)
USD	US-Dollar
UWG	Gesetz gegen den unlauteren Wettbewerb
v.	von/vom
v. a.	vor allem
ver.di	Vereinte Dienstleistungsgewerkschaft
vgl.	vergleiche
VKI	Verein für Konsumenteninformationen
VO	Verordnung
WärmeLV	Verordnung über die Umstellung auf gewerbliche Wärmelieferung für Mietwohnraum (Wärmelieferverordnung)
WD	Wissenschaftliche Dienste des Deutschen Bundestags
WI	Wirtschaftsinformatik (Zeitschrift)
WRP	Wettbewerb in Recht und Praxis (Zeitschrift)
ZAS	Zeitschrift für Arbeitsrecht und Sozialrecht (Zeitschrift)
ZAT	Zeitschrift für Arbeitsrecht und Tarifpolitik in Kirche und Caritas (Zeitschrift)
z. B.	zum Beispiel
ZESAR	Zeitschrift für europäisches Sozial- und Arbeitsrecht (Zeitschrift)
ZEuP	Zeitschrift für Europäisches Privatrecht (Zeitschrift)
ZFCM	Zeitschrift für Controlling & Management (Zeitschrift)
ZfPW	Zeitschrift für die gesamte Privatrechtswissenschaft (Zeitschrift)
ZIP	Zeitschrift für Wirtschaftsrecht (Zeitschrift)
ZPO	Zivilprozessordnung
ZRP	Zeitschrift für Rechtspolitik (Zeitschrift)
ZSR	Zeitschrift für Sozialreform (Zeitschrift)
zugl.	zugleich
zul.	zuletzt
ZUM	Zeitschrift für Urheber- und Medienrecht (Zeitschrift)
ZUM-RD	Zeitschrift für Urheber- und Medienrecht – Rechtsprechungsdienst (Zeitschrift)
ZWeR	Zeitschrift für Wettbewerbsrecht (Zeitschrift)
zzgl.	zuzüglich

Kapitel 1

Untersuchungsgegenstand

Digitale Plattformen sind die Grundlage einiger der erfolgreichsten Unternehmensgründungen seit der Kommerzialisierung des Internets: Unternehmen wie eBay, Google, Amazon oder Facebook ermöglichen den weltweiten sozialen und geschäftlichen Austausch zwischen zahlreichen verschiedenen Nutzern.[1] Auch die Arbeitswelt verändert sich. Mehr und mehr Aufgaben werden in den digitalen Raum „ausgelagert", in dem eine ganze Masse von Internetnutzern, sogenannten „Crowdworkern", bereitsteht, um sie gegen eine (teilweise nur geringe) Vergütung innerhalb kürzester Zeit zu erledigen.

Noch sind die Folgen dieser Entwicklung nicht in ihrer Gesamtheit erfasst. Im Idealfall können nicht nur die Plattformbetreiber, sondern auch diejenigen, von denen die vergebenen Aufgaben herrühren (die sogenannten „Crowdsourcer"), und die Crowdworker von ihr profitieren. Den Unternehmen, die sich die Crowd zunutze machen, bieten sich nicht nur erhebliche Kostensenkungspotenziale.[2] Personelle Engpässe lassen sich etwa rasch und bedarfsgerecht durch externe Dritte auffangen, überkommene Arbeitsvorgänge können effektiviert werden und durch die Verwendung globaler Wissens- und Kreativitätsressourcen können Innovationen vorangetrieben werden.[3] Crowdworker sollen (unter anderem) ihre Arbeitszeit flexibel gestalten können, ein größeres Maß an Selbstbestimmung genießen und Familie und

---

[1] Hierzu *Engert*, AcP 218 (2018), 304 (305); soweit in dieser Arbeit ausschließlich die maskuline Bezeichnung verwendet wird, geschieht dies allein aus Gründen der besseren Lesbarkeit; Frauen und Personen des dritten Geschlechts sind ebenfalls erfasst.

[2] Siehe hierzu etwa *Apt* u.a., Digitale Arbeitswelt, S. 22; *Däubler/Klebe*, NZA 2015, 1032 (1033); *Felstiner*, BJELL 32 (2011), 143 (152); *Hoffmann* u.a., in: Hoffmann/Bogedan, Arbeit der Zukunft, S. 503 (509); *Leimeister/Zogaj*, Neue Arbeitsorganisation, S. 56; Arnold/Günther/Lingemann/Chakrabarti, Kap. 2 C.I. Rn. 66; *Rio Antas*, in: Benner, Crowdwork, S. 323 (326); *Risak*, ZAS 2015, 11 (13); *Satzger* u.a., in: Rinderle-Ma/Toumani/Wolf, Business Process Management, S. 66 (67); *Schröder/Schwemmle*, in: Schröder/Urban, Gute Arbeit, S. 112 (114 f.); *Thüsing*, SR 2016, 87 (90).

[3] Siehe hierzu die Erörterungen bei *Apt* u.a., Digitale Arbeitswelt, S. 22; *Däubler/Klebe*, NZA 2015, 1032 (1033); *Felstiner*, BJELL 32 (2011), 143 (152); *Frey/Lüthje/Haag*, LRP 44 (2011), 397 (412); *Günther/Böglmüller*, NZA 2015, 1025 (1030); *Hammon/Hippner*, WI 2012, 165 (166 f.); *Nießen*, in: Benner, Crowdwork, S. 67 (70); *Risak*, ZAS 2015, 11 (13); *Satzger* u.a., in: Rinderle-Ma/Toumani/Wolf, Business Process Management, S. 66 (67); *Schröder/Schwemmle*, in: Schröder/Urban, Gute Arbeit, S. 112 (114); *Thüsing*, SR 2016, 87 (90); eine Übersicht zu den hier nicht behandelten Risiken auf Unternehmensseite findet sich bei *Leimeister/Zogaj*, Neue Arbeitsorganisation, S. 58 f. sowie bei *Pacha*, Crowdwork, S. 86–89.

Erwerbstätigkeit leichter miteinander vereinbaren können als Mitarbeiter in traditionellen Beschäftigungsformen.[4]

Gleichzeitig mehren sich jedoch die Warnungen vor der Entstehung eines „digitalen Prekariats"[5], einer „digitalen Arbeiterklasse"[6] oder gar „moderner Sklaverei"[7]. Untersuchungen im Auftrag des Bundesministeriums für Arbeit und Soziales (BMAS) ergaben, dass die auf einigen Plattformen gezahlten Entgelte oftmals nicht den gesetzlichen Mindestlohn erreichen und dass von den Kunden der Plattformen abgelehnte Arbeitsergebnisse schlicht überhaupt nicht vergütet würden.[8] Anstatt der vielgepriesenen größeren Flexibilität überwögen auf den Plattformen entgrenzte Arbeitszeiten, monotone Aufgaben und Existenzängste.[9] Angeprangert wird vor allem auch die (vermeintlich) fehlende soziale Sicherung der Crowdworker.[10]

Ob die beschriebenen Missstände nicht eher auf einer mangelnden Rechtsdurchsetzung beruhen als auf dem Fehlen notwendiger Schutzvorschriften zugunsten der Crowdworker, wurde noch nicht ausreichend erforscht. Vertrags-, AGB-, Arbeits- und Sozialrecht setzen etwa zwingende Vorgaben, die auch in der Plattformökonomie zu berücksichtigen sind. In der vorliegenden Arbeit soll die rechtliche Stellung der Crowdworker näher beleuchtet werden. So soll etwa ermittelt werden, ob und gegebenenfalls zwischen wem auf den verschiedenen Plattformen mit ihren unterschiedlichen Geschäftsmodellen Verträge geschlossen werden und wie

---

[4] Siehe *Apt* u. a., Digitale Arbeitswelt, S. 22; *Felstiner*, BJELL 32 (2011), 143 (154); *Klebe/Neugebauer*, AuR 2014, 4 (5); *Leimeister/Zogaj/Blohm*, in: Benner, Crowdwork, S. 9 (31); Arnold/Günther/*Lingemann/Chakrabarti*, Kap. 2 C.I. Rn. 66; *Prassl/Risak*, in: Singer/Bazzani, European Employment Policies, S. 67 (74); *dies.*, in: Meil/Kirov, Virtual Work, S. 273 (276); *Schröder/Schwemmle*, in: Schröder/Urban, Gute Arbeit, S. 112 (117).

[5] *Hoffmann* u. a., in: Hoffmann/Bogedan, Arbeit der Zukunft, S. 503 (509); *R. Krause*, Digitalisierung, S. B 103; in diese Richtung auch *Schröder/Schwemmle*, in: Schröder/Urban, Gute Arbeit, S. 112 (117).

[6] *Strube*, Die digitale Arbeiterklasse der Crowdworker, Goethe-Institut China März 2015 (www.goethe.de/ins/cn/de/kul/mag/20616718.html; zul. abgerufen am 23.09.2020).

[7] *Westdörp*, DGB-Chef Hoffmann beklagt „moderne Sklaverei", NOZ v. 28.04.2018 (www.noz.de/deutschland-welt/politik/artikel/1198644/dgb-chef-hoffmann-beklagt-moderne-sklaverei#gallery&0&0&1198644; zul. abgerufen am 23.09.2020).

[8] Siehe hierzu *Apt* u. a., Digitale Arbeitswelt, S. 20, 23; die teilweise „zu geringe[n]" oder „zu niedrig[en]" Vergütungen bemängeln auch Arnold/Günther/*Lingemann/Chakrabarti*, Kap. 2 C.I. Rn. 66 sowie *Schröder/Schwemmle*, in: Schröder/Urban, Gute Arbeit, S. 112 (117f.); *Tapper*, in: Hill/Martini/Wagner, Digitale Lebenswelt, S. 253 (270) spricht von „prekär[en]" Vergütungen.

[9] *Apt* u.a., Digitale Arbeitswelt, S. 23; *Cherry*, in: Benner, Crowdwork, S. 231 (233f.); *Leimeister* u.a., in: Hoffmann/Bogedan, Arbeit der Zukunft, S. 141 (153); *Müller-Gemmeke*, in: Benner, Crowdwork, S. 355 (359); von wöchentlichen Arbeitszeiten von bis zu 80 Stunden sprechen *Leimeister/Durward/Zogaj*, Crowd Worker, S. 10.

[10] *Apt* u.a., Digitale Arbeitswelt, S. 23; *Hoffmann* u.a., in: Hoffmann/Bogedan, Arbeit der Zukunft, S. 503 (509); *Leimeister* u.a., in: Hoffmann/Bogedan, Arbeit der Zukunft, S. 141 (153); Arnold/Günther/*Lingemann/Chakrabarti*, Kap. 2 C.I. Rn. 66; *Schröder/Schwemmle*, in: Schröder/Urban, Gute Arbeit, S. 112 (117).

Crowdworker arbeits- und sozialversicherungsrechtlich einzuordnen sind. Notwendigerweise wird hierzu untersucht werden müssen, was genau unter dem Begriff „Crowdwork" zu verstehen ist, wie sich die verschiedenen von dem Begriff erfassten Geschäftsmodelle kategorisieren lassen und wie die zu beschreibenden Sachverhalte in der Praxis umgesetzt werden. Die AGB der Plattformbetreiber und der Vergütungsschutz des BGB erfordern ebenfalls eine genauere Betrachtung. Die Ausführungen sollen sich zwar auf eine Beurteilung nach deutschem Recht beschränken. Aufgrund des oft grenzüberschreitenden Charakters der Rechtsbeziehungen soll aber auch untersucht werden, in welchen Konstellationen deutsches Recht anwendbar und die deutschen Gerichte international zuständig sind. Schließen wird die Bearbeitung mit Erörterungen zu verschiedenen Möglichkeiten, Crowdworkern weiteren Schutz zukommen zu lassen.

A. Begriffsbestimmung: Crowdwork

Der Begriff „Crowdwork" hat sich durchgesetzt. So sehr er aber (auch) im juristischen Wortschatz verwurzelt sein mag, so unklar ist doch sein genauer Bedeutungsgehalt. Der Begriff ist ein Neologismus aus den englischen Wörtern für „Menschenmenge" („crowd") und „Arbeit" („work").[11] Nach seinem Wortstamm beschreibt er demnach die Arbeit eines größeren Personenkreises, wobei dies allerdings eine Weite eröffnet, die den eigentlichen Begriffskern zu überspielen droht.

Präzisere, dem Begriffsverständnis eher entsprechende Umschreibungen finden sich im Schrifttum. Dort versteht man unter „Crowdwork" etwa eine auf ein Entgelt abzielende Leistungsform, bei der Unternehmen eine unbestimmte Anzahl von Personen über digitale Plattformen dazu aufrufen, bestimmte Aufgaben zu erledigen.[12] Nach einer anderen (engeren) Begriffsfassung soll es sich stattdessen um eine Form der Arbeitsorganisation handeln, bei der Aufgaben durch einen (wenn auch nur beschränkt) offenen Aufruf über eine Internetplattform an eine unbestimmte Menge an Menschen ausgelagert werden, welche die Aufträge[13] ortsungebunden gegen eine Vergütung erledigen.[14] Nicht selten wird „Crowdwork" auch mit „Crowdsourcing" gleichgesetzt.[15]

---

[11] Siehe auch *Pacha*, Crowdwork, S. 22.
[12] So die Begriffsfassung nach *Hensel*, Sozialer Fortschritt 2017, 897 (909).
[13] Soweit in dieser Arbeit von „Aufträgen", „Auftraggebern" oder „Auftragnehmern" die Rede ist, ist damit keine rechtliche Wertung verbunden, es sei denn, etwas anderes wird ausdrücklich hervorgehoben.
[14] Hierzu *Pacha*, Crowdwork, S. 39.
[15] Siehe etwa *Günther/Böglmüller*, NZA 2015, 1025 (1029); *Köhler*, in: Baker McKenzie, Arbeitswelt 4.0, S. 61 (62); Arnold/Günther/*Lingemann/Chakrabarti*, Kap. 2 C.I. Rn. 65; *Mandl* u. a., New forms of employment, S. 107; *Neufeld*, AuA 2015, 504 (505); *Ruland*, NZS 2019, 681 (683); *Sutschet*, in: Giesen/Junker/Rieble, Bewegliche Mitbestimmung, S. 15 (23).

Tatsächlich lässt sich eine gewisse Nähe zwischen „Crowdwork" und „Crowdsourcing" nicht leugnen. Eine Erleichterung der Begriffsdefinition ist hiervon allerdings nicht zu erwarten. Auch der materiale Gehalt des „Crowdsourcing" ist (weitgehend) ungeklärt.[16] Verwendung fand der Begriff erstmals im Jahre 2006 in einem Beitrag des US-amerikanischen Journalisten Jeff Howe für das Technik-Magazin „Wired".[17] Obwohl der Beitrag eine genaue Begriffsbestimmung vermissen ließ, brachte die Wortneuschöpfung den Unterschied zum „klassischen" Outsourcing doch auf den Punkt: Wurden die Aufträge beim Outsourcing an genau festgelegte Unternehmen oder Personen vergeben, richtet sich das Crowdsourcing an einen (in der Regel) unbestimmten Personenkreis.[18]

In seinem Weblog definiert Howe „Crowdsourcing" als „the act of taking a job traditionally performed by a designated agent (usually an employee) and outsourcing it to an undefined, generally large group of people in form of an open call."[19] Einem Forschungsbericht des Eurofound zufolge handele es sich um eine „employment form that uses an online platform to enable organisations or individuals to access an indefinite and unknown group of other organisations or individuals to solve specific problems or to provide specific services or products in exchange for payment".[20] In der deutschen Rechtswissenschaft dominieren drei (geringfügig) abweichende Begriffsfassungen: Nach einem verbreiteten Ansatz versteht man unter „Crowdsourcing" die Vergabe beziehungsweise die Auslagerung bestimmter Arbeiten an eine üblicherweise unbestimmte Menge von Menschen, bei der die Aufgaben auf eine Internetplattform gestellt werden und anschließend von Crowdworkern bear-

---

[16] Siehe nur die verschiedenen Begriffsdefinitionen bei *Estellés-Arolas/González-Ladrón-de-Guevara*, JIS 38 (2012), 189 (192 f.); *Vogl*, Crowdsourcing-Plattformen, S. 6 spricht von „rund 40 unterschiedliche[n] Begriffsfassungen von Crowdsourcing", wobei seit Veröffentlichung ihres Buches noch einige weitere Definitionsversuche hinzugekommen sein dürften.

[17] *Howe*, The Rise of Crowdsourcing, Wired Magazine v. 06.01.2006 (www.wired.com/2006/06/crowds/; zul. abgerufen am 23.09.2020).

[18] *Fock* u. a., SGb 2018, 591 (593); *Leimeister*, ZFCM 56 (2012), 388; *Leimeister/Zogaj*, Neue Arbeitsorganisation, S. 17; *Unterberg*, in: Michelis/Schildhauer, Social Media, S. 149 (154); *Warter*, Crowdwork, S. 28.

[19] *Howe*, Crowdsourcing: A Definition, Weblog v. 02.06.2006 (www.crowdsourcing.typepad.com/cs/2006/06/crowdsourcing_a.html; zul. abgerufen am 23.09.2020; eigene Übersetzung: „[...] die Auslagerung von Jobs, die traditionell von festgelegten Akteuren, üblicherweise einem Arbeitnehmer, durchgeführt werden, an eine unbestimmte, zumeist große Gruppe von Personen in Gestalt eines offenen Aufrufs.").

[20] *Mandl* u. a., New forms of employment, S. 107 (eigene Übersetzung: „[...] Arbeitsform, welche sich einer Internetplattform bedient, um Organisationen oder Individuen den Zugriff auf eine undefinierte und unbekannte Gruppe anderer Organisationen oder Individuen zu ermöglichen, die bestimmte Probleme lösen oder bestimmte Dienstleistungen oder Produkte im Austausch gegen ein Entgelt bereitstellen."); sehr ähnlich die Definition von Crowdwork bei *Warter*, Crowdwork, S. 33.

beitet werden können.²¹ Andere sehen „Crowdsourcing" als eine „Strategie des Auslagerns einer üblicherweise von Erwerbstätigen entgeltlich erbrachten Leistung durch eine Organisation oder Privatperson mittels eines offenen Aufrufs an eine Masse von unbekannten Akteuren, bei dem der Crowdsourcer und/oder die Crowdsourcees frei verwertbare und direkte wirtschaftliche Vorteile erlangen".²² Nach einer weiteren Auffassung beschreibt der Begriff „die Auslagerung von bestimmten Aufgaben durch ein Unternehmen oder eine Institution an eine undefinierte Masse von Menschen mittels eines offenen Aufrufs zumeist über das Internet".²³

Obwohl sie sich bloß in Nuancen unterscheiden, drohen die dargestellten Begriffsfassungen jedoch allesamt den „wahren" Bedeutungsgehalt unangemessen zu verkürzen. So wird meist nicht berücksichtigt, dass Crowdsourcing rein unternehmensintern erfolgen kann, der Crowdsourcer seine Aufgaben also auch allein gegenüber seiner eigenen Belegschaft ausschreiben kann.²⁴ Es ist zumindest ungenau, eine „Auslagerung" der Aufgaben als charakteristisches Begriffsmerkmal vorauszusetzen. Vorzugswürdig ist es, von einer „Vergabe" zu sprechen. Erfasst der Begriff auch Ausschreibungen gegenüber der eigenen Belegschaft des Crowdsourcers, ist es zudem unpräzise, zu verlangen, dass der Aufruf des Auftraggebers generell „unbestimmte" oder „unbekannte" Personen adressieren muss. Selbst wenn der angesprochene Personenkreis regelmäßig unbestimmt sein wird, ist er dem Crowdsourcer doch gerade bei einer Vergabe an seine eigene Belegschaft bekannt und klar abgrenzbar. Nicht erforderlich ist es zudem, dass die ausgeschriebenen Aufgaben von mehreren Plattformarbeitern gleichzeitig bearbeitet werden (können). Sofern sich der Aufruf des Auftraggebers an einen größeren Personenkreis richtet, genügt es, wenn die Bearbeitung einer konkreten Aufgabe nur einer einzigen Person übertragen wird.²⁵ Soweit die genannten Begriffsfassungen nicht berücksichtigen, dass der Aufruf zur Aufgabenbearbeitung beim Crowdsourcing über eine Internetplattform

---

²¹ Grundlegend *Däubler/Klebe*, NZA 2015, 1032 (1033) anschließend an die Begriffsbestimmung von *Leimeister/Zogaj/Blohm*, in: Benner, Crowdwork, S. 9 (15); enger *Thüsing/Lelley*, MiLoG/AEntG, § 13 MiLoG Rn. 19.

²² *Hötte*, MMR 2014, 795 in Anschluss an *Papsdorf*, Wie Surfen zu Arbeit wird, S. 69; *Neufeld*, AuA 2015, 504 (505).

²³ *Ruland*, NZS 2019, 681 (683).

²⁴ Siehe unten Kap. 1 B.

²⁵ Siehe etwa *Baaß*, HRN 2018, 44 (45); *Doan/Ramakrishnan/Halevy*, CACM 54:4 (2011), 86 (87); *Giesen/Kersten*, Arbeit 4.0, S. 107; *Klebe/Neugebauer*, AuR 2014, 4; *Klebe*, NZA-Beilage 2017, 77 (78); *Liebman*, SR 2017, 221 (223); *Schröder/Schwemmle*, in: Schröder/Urban, Gute Arbeit, S. 112 (116), die beispielsweise die Plattformen „Freelancer.com" oder „Elance-oDesk" (heute „Upwork") als Anbieter von Crowdwork einordnen, obwohl die Aufgaben auf diesen Portalen häufig einzelnen Plattformarbeitern übertragen werden; ebenso *Däubler*, Digitalisierung und Arbeitsrecht, § 1 III. 3. Rn. 26; *Mrass/Peters/Leimeister*, HICSS 2017, 4324 (4325); a. A. wohl *F. Schmidt*, Arbeitsmärkte, S. 7 u. 14, der die Arbeit auf sog. „Freelancer-Marktplätzen" nicht als Crowdwork einordnet, weil dort die Aufgaben bloß an ganz bestimmte Personen vergeben würden.

erfolgt, sind sie allerdings zu weit formuliert.[26] Der Begriff ist durch die besonderen Gegebenheiten des Internets geprägt, wurde in diesem Zusammenhang entwickelt und wird oft nur in diesem Zusammenhang verwendet. Abseits der Plattformen verbreitete Aufrufe zur Aufgabenbearbeitung sind nicht als Crowdsourcing anzusehen. Im Ergebnis ist unter Crowdsourcing daher die (online-)plattformgestützte, mit Hilfe eines an einen (regelmäßig) unbestimmten Personenkreis gerichteten Aufrufs durchgeführte, Vergabe bestimmter Arbeiten durch eine Organisation oder eine natürliche Person zu verstehen.

Ob die erbrachten Leistungen vergütet werden sollen, spielt keine Rolle. Crowdsourcing kann sowohl entgeltlich als auch unentgeltlich (zum Beispiel das Verfassen oder Bearbeiten von Artikeln bei Wikipedia)[27] betrieben werden. „Crowdwork" beschreibt stattdessen (jedenfalls nach überwiegender Auffassung) allein Arbeiten, die in Erwartung eines Entgelts erbracht werden.[28] „Crowdwork" und „Crowdsourcing" sind daher keinesfalls beliebig austauschbar. Die Begriffe sind nicht synonym verwendbar. „Crowdwork" ist enger und meint lediglich einen Ausschnitt der mit „Crowdsourcing" beschriebenen Fälle.[29]

Der Begriff „Crowdwork" bezeichnet außerdem nur jene crowdgesourcten Tätigkeiten, die ortsungebunden, also theoretisch von jedem beliebigen Ort aus, erledigt werden können.[30] Die Ortsungebundenheit der Leistungserbringung unter-

---

[26] Siehe nur *Ishida*, in: Düwell/Haase/Wolmerath, FS DJGA, S. 115 (116); Sassenberg/Faber/*Neighbour*, Teil 2 G. II. 1. Rn. 10.

[27] *Cherry/Poster*, in: Olleros/Zhegu, Digital Transformations, Teil II Kap. 14, S. 291; *Doan/Ramakrishnan/Halevy*, CACM 54:4 (2011), 86; *Kittur* u.a., in: Benner, Crowdwork, S. 173 (174); *Klebe/Neugebauer*, AuR 2014, 4; *Leist/Hießl/Schlachter*, Plattformökonomie, S. 16; *Pacha*, Crowdwork, S. 36; *Ruland*, NZS 2019, 681 (683).

[28] *Gärtner*, in: Dobreva u.a., Neue Arbeitsformen, S. 159 (160); *Greef/Schroeder*, Plattformökonomie und Crowdworking, S. 15; *Kittur* u.a., in: Benner, Crowdwork, S. 173 (174); *Mrass/Peters*, Crowdworking-Plattformen, S. 7; *Pacha*, Crowdwork, S. 36; *Tapper*, in: Hill/Martini/Wagner, Digitale Lebenswelt, S. 253 (267); *Walzer*, Arbeitsrechtlicher Schutz der Crowdworker, S. 48; *Warter*, Crowdwork, S. 30; a.A. *Ruland*, NZS 2019, 681 (683, 691); *F. Schmidt*, in: Benner, Crowdwork, S. 367 (374) u. *Strube*, in: Benner, Crowdwork, S. 75 (88), nach denen es ebenso Crowdarbeit ohne finanzielle Anreize geben soll.

[29] *Ishida*, in: Düwell/Haase/Wolmerath, FS DJGA, S. 115; *Pacha*, Crowdwork, S. 34; *Tapper*, in: Hill/Martini/Wagner, Digitale Lebenswelt, S. 253 (267); *Walzer*, Arbeitsrechtlicher Schutz der Crowdworker, S. 48; a.A. *Wisskirchen/Schwindling*, ZESAR 2017, 318 (319), wonach Crowdsourcing eine für „umfangreichere und bedeutungsvollere Aufgaben" reservierte Unterform von Crowdwork sei. Soweit ersichtlich hat diese Auffassung jedoch zu Recht keine Gefolgschaft gefunden.

[30] So auch *Aloisi*, CLLPJ 37 (2016), 653 (660 f.); *Däubler*, SR-Sonderausgabe Juli 2016, 2 (8); *De Stefano*, The rise of the „just-in-time workforce", S. 3; *Köhler*, in: Baker McKenzie, Arbeitswelt 4.0, S. 61; *Liebman*, SR 2017, 221 (223); *Pacha*, Crowdwork, S. 38; *Peters-Lange*, SGb 2019, 464 (464 f.); *Warter*, Crowdwork, S. 30; *Raif/Nann*, GWR 2016, 221 (222); a.A. *Greef/Schroeder*, Plattformökonomie und Crowdworking, S. 15, die Crowdwork in online erbrachte „Cloudwork" und in der „realen Welt" durchgeführte „Gigwork" unterteilen; offenbar auch *Meyer*, ZAT 2018, 133 (134); *Walzer*, Arbeitsrechtlicher Schutz der Crowdworker, S. 50.

scheidet „Crowdwork" von einer weiteren entgeltlichen Unterform des Crowdsourcing, der sogenannten „work-on-demand via apps"[31], bei der die zu bearbeitenden Aufgaben zwar ebenfalls über eine Webseite vergeben, aber stets „offline" an einem (gegebenenfalls auch nur durch den Inhalt der Aufgabe) vorgegebenen physischen Ort erledigt werden.[32]

Zusammenfassend beschreibt „Crowdwork" also eine entgeltliche Unterform des Crowdsourcing, bei der die Leistungen nicht nur an einem bestimmten, sondern potenziell an jedem beliebigen Ort erbracht werden können. „Crowdwork" ist demnach eine (online-)plattformgestützte Variante der Arbeitsorganisation, bei der natürliche Personen oder Organisationen ortsungebundene Aufgaben mittels eines an einen (regelmäßig) unbestimmten Personenkreis gerichteten Aufrufs vergeben, woraufhin diese Aufgaben gegen ein Entgelt bearbeitet werden können.

B. Kategorisierung

Von dieser Begriffsfassung ausgehend kann Crowdwork im Grunde in vier Kategorien unterteilt werden, von denen sich jeweils zwei quasi als Gegenbegriffe gegenüberstehen: „interne" und „externe" Crowdwork auf der einen Seite,[33] „direkte" und „indirekte" Crowdwork auf der anderen[34]. Beide Seiten können nicht getrennt voneinander betrachtet werden, sondern werden stets miteinander kombi-

---

[31] Zu diesem Begriff *Aloisi*, CLLPJ 37 (2016), 653 (660 f.) sowie *De Stefano*, The rise of the „just-in-time workforce", S. 2 f.; weitere gebräuchliche Bezeichnungen sind etwa „economy on demand", „On-Demand-Economy" oder schlicht „Work-on-demand", siehe hierzu *R. Krause*, NZA-Beilage 2017, 53 (59); *R. Krause*, Digitalisierung, S. B 99; Arnold/Günther/*Lingemann/Chakrabarti*, Kap. 2 B.I. Rn. 41; *Pacha*, Crowdwork, S. 36; *Ruland*, NZS 2019, 681 (682); ebenso *Dau-Schmidt*, UCLF 2017, 63 (74), der allerdings die Begriffe „Work On Demand" und „Crowdsourcing" als Gegenbegriffe gegenüberstellt.

[32] *Aloisi*, CLLPJ 37 (2016), 653 (661); Arnold/Günther/*Lingemann/Chakrabarti*, Kap. 2 B.I. Rn. 42; *Pacha*, Crowdwork, S. 38; *Warter*, Crowdwork, S. 30; nach *R. Krause*, Digitalisierung, S. B 99 richtet sich die Unterscheidung hingegen danach, ob die über die Internetplattform erbrachte Arbeit selbst das nachgefragte „Endprodukt" oder lediglich ausgelagerter Bestandteil einer Wertschöpfung sei.

[33] *Berg*, Income security, S. 2; *Blohm/Leimeister/Zogaj*, in: Brenner/Hess, FS Österle, S. 51 (54); *Däubler*, SR-Sonderausgabe Juli 2016, 2 (9); *Däubler/Klebe*, NZA 2015, 1032 (1033); *Klebe*, AuR 2016, 277 (278); *ders.*, in: Benner, Crowdwork, S. 277 (278); *Knitter*, BLJ 2017, 69; *Köhler*, in: Baker McKenzie, Arbeitswelt 4.0, S. 61 (63); *Leimeister/Durward/Zogaj*, Crowd Worker, S. 12; *Leimeister/Zogaj/Blohm*, in: Benner, Crowdwork, S. 9 (16); Arnold/Günther/*Lingemann/Chakrabarti*, Kap. 2 C.II. Rn. 68 f.; Sassenberg/Faber/*Neighbour*, Teil 2 G.II.1. Rn. 11; *Neufeld*, AuA 2015, 504 (505); *Prassl/Risak*, in: Singer/Bazzani, European Employment Policies, S. 67 (71); *dies.*, CLLPJ 37 (2016), 619 (623); *Risak*, in: Blanpain/Hendrickx/Waas, New Forms of Employment, S. 93 (94); *C. Schubert*, RdA 2018, 200 (202); *Sutschet*, in: Giesen/Junker/Rieble, Bewegliche Mitbestimmung, S. 15 (23); *Waas*, in: Waas u. a., Crowdwork, S. 13 (14).

[34] *Knitter*, BLJ 2017, 69; *Köhler*, in: Baker McKenzie, Arbeitswelt 4.0, S. 61 (63); Arnold/Günther/*Lingemann/Chakrabarti*, Kap. 2 C.II. Rn. 70 f.; *C. Schubert*, RdA 2018, 200 (202).

niert. Mit anderen Worten sind interne und externe Crowdwork jeweils immer in direkter oder indirekter Form anzutreffen.

Das Begriffspaar der internen und der externen Crowdwork betrifft zunächst die Adressaten des vom Crowdsourcer initiierten Aufrufs.[35] Bei der internen Crowdwork bedient sich der Auftraggeber einer Internetplattform, um Aufgaben an seine eigene Belegschaft zu verteilen.[36] Die Crowd besteht hierbei stets aus den eigenen Arbeitnehmern des Crowdsourcers.[37] Bei der externen Crowdwork adressiert der Crowdsourcer demgegenüber Arbeitskräfte, die sich (sofern er überhaupt über eine solche verfügt) von seiner eigenen Belegschaft unterscheiden.[38] Theoretisch kann dabei jede Person auf der Welt zur Crowd gehören. Voraussetzung ist aber, dass ein Internetanschluss besteht und dass der Plattformbetreiber den Zugang zu seiner Plattform nicht in irgendeiner Weise – etwa anhand geographischer Faktoren –

---

[35] *Berg*, Income security, S. 2; *Knitter*, BLJ 2017, 69; *Köhler*, in: Baker McKenzie, Arbeitswelt 4.0, S. 61 (63); *Neufeld*, AuA 2015, 504 (505); *Prassl/Risak*, CLLPJ 37 (2016), 619 (623); *Risak*, in: Blanpain/Hendrickx/Waas, New Forms of Employment, S. 93 (94); *Sutschet*, in: Giesen/Junker/Rieble, Bewegliche Mitbestimmung, S. 15 (23); *Waas*, in: Waas u. a., Crowdwork, S. 13 (14).

[36] *Berg*, Income security, S. 2; *Blohm/Leimeister/Zogaj*, in: Brenner/Hess, FS Österle, S. 51 (54); *Klebe*, AuR 2016, 277 (278); *ders.*, in: Benner, Crowdwork, S. 277 (278); *Leimeister/Durward/Zogaj*, Crowd Worker, S. 12; *Leimeister/Zogaj/Blohm*, in: Benner, Crowdwork, S. 9 (16); Sassenberg/Faber/*Neighbour*, Teil 2 G. II. 1. Rn. 11; *Neufeld*, AuA 2015, 504 (505); *Prassl/Risak*, CLLPJ 37 (2016), 619 (623); *Risak*, in: Blanpain/Hendrickx/Waas, New Forms of Employment, S. 93 (94); *Sutschet*, in: Giesen/Junker/Rieble, Bewegliche Mitbestimmung, S. 15 (23); *Waas*, in: Waas u. a., Crowdwork, S. 13 (14); weiter bei *Däubler*, Digitalisierung und Arbeitsrecht, § 18 I. 3. Rn. 8; *ders.*, SR-Sonderausgabe Juli 2016, 2 (36); *Däubler/Klebe*, NZA 2015, 1032 (1033), die (auch) die Ausschreibung von Aufgaben an die Arbeitnehmer eines anderen Unternehmens desselben Konzerns als interne Crowdwork erachten.

[37] *Klebe*, AuR 2016, 277 (279); *ders.*, in: Benner, Crowdwork, S. 277 (278); Sassenberg/Faber/*Neighbour*, Teil 2 G. II. 1. Rn. 11; *Neufeld*, AuA 2015, 504 (505); *Prassl/Risak*, CLLPJ 37 (2016), 619 (623); *C. Schubert*, RdA 2018, 200 (202); *Selzer*, in: Husemann/Wietfeld, Herausforderungen des Arbeitsrechts, S. 27 (40); *Sutschet*, in: Giesen/Junker/Rieble, Bewegliche Mitbestimmung, S. 15 (23); *Waas*, in: Waas u. a., Crowdwork, S. 13 (14); a. A. *Däubler*, Digitalisierung und Arbeitsrecht, § 18 I. 3. Rn. 8; *ders.*, SR-Sonderausgabe Juli 2016, 2 (36); *Däubler/Klebe*, NZA 2015, 1032 (1035); Richardi/*Richardi*, BetrVG, § 5 Rn. 85, die eine Ausschreibung gegenüber den Arbeitnehmern eines anderen Konzernunternehmens als erfasst ansehen.

[38] *Berg*, Income security, S. 2; *Blohm/Leimeister/Zogaj*, in: Brenner/Hess, FS Österle, S. 51 (54); *Däubler*, Digitalisierung und Arbeitsrecht, § 18 I. 3. Rn. 9; *Däubler/Klebe*, NZA 2015, 1032 (1033); *Knitter*, BLJ 2017, 69; *Köhler*, in: Baker McKenzie, Arbeitswelt 4.0, S. 61 (63); *Leimeister/Durward/Zogaj*, Crowd Worker, S. 12; *Leimeister/Zogaj/Blohm*, in: Benner, Crowdwork, S. 9 (16); Arnold/Günther/*Lingemann*/Chakrabarti, Kap. 2 C. II. Rn. 69; Sassenberg/Faber/*Neighbour*, Teil 2 G. II. 1. Rn. 11; *Neufeld*, AuA 2015, 504 (505); *Risak*, in: Blanpain/Hendrickx/Waas, New Forms of Employment, S. 93 (94); *C. Schubert*, RdA 2018, 200 (202); *Sutschet*, in: Giesen/Junker/Rieble, Bewegliche Mitbestimmung, S. 15 (23); *Waas*, in: Waas u. a., Crowdwork, S. 13 (14).

begrenzt hat.[39] Auch ist es möglich, dass der Crowdsourcer interne und externe Arbeitskräfte gleichermaßen adressiert. Die beiden Kategorien schließen einander nicht aus.[40]

Die Unterscheidung zwischen direkter und indirekter Crowdwork bezieht sich auf den Betreiber der Plattform, über die die Aufgaben ausgeschrieben werden.[41] Während der Crowdsourcer die Internetplattform bei der direkten Crowdwork selbst betreibt, ist bei der indirekten Crowdwork ein Dritter als Plattformbetreiber zwischengeschaltet.[42]

C. Praktische Umsetzung

Belastbare Untersuchungen zur praktischen Umsetzung finden sich bisher nur für die externe indirekte Crowdwork. Bezüglich der externen direkten und der internen Crowdwork besteht weiterer Forschungsbedarf. Untersuchungen zu dem (ehemals)[43] von IBM verwendeten „Liquid"-Portal zeigen aber, dass sich die praktische Umsetzung derjenigen bei der externen indirekten Crowdwork annähern kann.[44] Bei der externen indirekten Crowdwork gestalten sich die Vorgänge auf den Plattformen aus Sicht der Crowdworker immer ungefähr gleich: Zunächst begeben sie sich auf die Internetseite eines von ihnen gewählten Plattformbetreibers und füllen das von diesem bereitgestellte Registrierungsformular aus.[45] Geforderte Angaben sind re-

---

[39] *Blohm/Leimeister/Zogaj*, in: Brenner/Hess, FS Österle, S. 51 (54); *Däubler/Klebe*, NZA 2015, 1032 (1033); *Leimeister/Durward/Zogaj*, Crowd Worker, S. 12; *Strube*, in: Benner, Crowdwork, S. 75 (76).

[40] *Klebe*, in: Benner, Crowdwork, S. 277 (278); *Leimeister/Zogaj/Blohm*, in: Benner, Crowdwork, S. 9 (16); *Mrass/Peters/Leimeister*, HICSS 2017, 4324 (4324–4333); *Pacha*, Crowdwork, S. 41; *Waas*, in: Waas u. a., Crowdwork, S. 13 (14).

[41] *Köhler*, in: Baker McKenzie, Arbeitswelt 4.0, S. 61 (63); a. A. Arnold/Günther/*Lingemann/Chakrabarti*, Kap. 2 C. II. Rn. 70 f.; *C. Schubert*, RdA 2018, 200 (202), die die Begriffe der direkten und der indirekten Crowdwork – anders als hier – auf den Geschäftspartner beziehen; unklar bei *Knitter*, BLJ 2017, 69.

[42] *Köhler*, in: Baker McKenzie, Arbeitswelt 4.0, S. 61 (63).

[43] Nach *Pongratz/Bormann*, AIS 2017, 158 (162) hat IBM den Betrieb seiner Plattform in Deutschland zwischenzeitlich wieder eingestellt.

[44] Siehe zum „Liquid"-Portal von IBM *Boes* u. a., Cloudworking, S. 47–50, 56–58; *Bsirske/Stach*, in: Bsirske u. a., Grenzenlos vernetzt?, S. 115 (116); *Johns*, in: Vedder/Krause, Personal und Diversität, S. 81 (88); *Kawalec/Menz*, AIS 2013, 5 (8); *Lepke/Rehm*, in: IG Metall Vorstand, Crowdsourcing, S. 20 (26 f.); *Rehm*, in: Benner, Crowdwork, S. 61 (62); *Rio Antas/Wagner*, in: IG Metall Vorstand, Crowdsourcing, S. 58.

[45] Siehe hierzu nur die AGB der verschiedenen Plattformbetreiber: Nr. 1 lit. a) AGB AMT (2020) (www.mturk.com/participation-agreement; zul. abgerufen am 23.09.2020); § 2 Nr. 1 AGB clickworker (Clickworker) (2012) (www.clickworker.de/agb-datenschutz/; zul. abgerufen am 23.09.2020); § 2 Nr. 1 AGB Testbirds (Tester) (2016) (www.nest.testbirds.com/terms; zul. abgerufen am 23.09.2020); § 1 Nr. 3 AGB twago (2020) (www.twago.de/static/terms-and-condi

gelmäßig der vollständige Name des Crowdworkers, sein Geburtsdatum, eine gültige E-Mail-Adresse und ein Benutzername. Außerdem müssen sie sich mit der Geltung der Datenschutzbestimmungen und den Geschäftsbedingungen des Betreibers einverstanden erklären.[46] Meist werden die Crowdworker kurz nach dem Absenden des (ordnungsgemäß) ausgefüllten Registrierungsformulars per E-Mail dazu aufgefordert, ihre E-Mail-Adresse zu verifizieren.[47] Nach der Bestätigung ist der Registrierungsvorgang regelmäßig abgeschlossen und die Crowdworker werden für die Nutzung der Plattform freigeschaltet.[48] Auf einigen Plattformen können Crowdworker ihr Benutzerkonto noch um Angaben zu ihren Fähigkeiten ergänzen oder bestimmte Tests absolvieren, um Zugriff auf weitere, oftmals höher vergütete Aufgaben zu bekommen. Zwingend ist dies aber üblicherweise nicht.[49]

Aus einer Aufgabenliste können Crowdworker sodann einzelne Aufgaben auswählen, die sie bearbeiten möchten. Auf einigen Plattformen bekommen sie von vornherein nur solche Aufgaben angezeigt, deren (Qualifikations-)Anforderungen sie erfüllen; andere Betreiber zeigen ihnen sämtliche verfügbaren Aufträge an.[50] Je nach Aufgabenstellung kann die Auftragsbeschreibung mehr oder weniger detailliert sein.[51] Der Inhalt der Aufgaben kann von Plattform zu Plattform, aber auch bei ein und demselben Betreiber variieren;[52] regelmäßig erledigen Crowdworker Aufträge, deren Bearbeitung menschliche Intelligenz erfordert[53], für die eine Programmierung

---

tions/; zul. abgerufen am 23.09.2020); Nr. 6 AGB 99designs (2019) (www.99designs.de/legal/terms-of-use; zul. abgerufen am 23.09.2020).

[46] So etwa bei Testbirds (www.nest.testbirds.com/home/tester?_ga=2.191227178.1044054 598.1545494825-782819089.1526558192; zul. abgerufen am 23.09.2020) oder Clickworker (www.clickworker.de/jetzt-registrieren/; zul. abgerufen am 23.09.2020); anders z.B. bei twago (www.twago.de/provider/get-started/; zul. abgerufen am 23.09.2020).

[47] Siehe etwa die FAQ von clickworker (www.clickworker.de/faq/; zul. abgerufen am 23.09.2020); bei CrowdGuru enthält diese E-Mail auch die Zugangsdaten für das Benutzerkonto des Crowdworkers (www.crowdguru.de/guru-faq/; zul. abgerufen am 23.09.2020).

[48] Mitunter müssen die Crowdworker zuerst noch die Richtigkeit ihrer Angaben nachweisen, § 2 Nr. 2 AGB clickworker (Clickworker) (2012) (www.clickworker.de/agb-datenschutz/; zul. abgerufen am 23.09.2020); § 2 Nr. 2 AGB Testbirds (Tester) (2016) (www.nest.testbirds.com/terms; zul. abgerufen am 23.09.2020); Nr. 3.2 AGB CrowdGuru (Gurus) (www.crowdguru.de/guru-werden/guru-registrierung/; zul. abgerufen am 23.09.2020).

[49] *Gegenhuber/Ellmer/Scheba*, Partizipation von Crowdworkern, S. 29; *Pacha*, Crowdwork, S. 64.

[50] *Pacha*, Crowdwork, S. 64.

[51] *Pacha*, Crowdwork, S. 64.

[52] Siehe etwa *Börner/Kehl/Nierling*, Digitale Kommunikation, S. 61; *De Stefano*, The rise of the „just-in-time workforce", S. 2; *Felstiner*, BJELL 32 (2011), 143 (150); *Leimeister/Durward/Zogaj*, Crowd Worker, S. 18; *Liebman*, SR 2017, 221 (223); *Kocher*, JZ 2018, 862; Sassenberg/Faber/*Neighbour*, Teil 2 G.II.1. Rn. 10; *Waas*, in: Waas u.a., Crowdwork, S. 13 (15).

[53] *De Stefano*, The rise of the „just-in-time workforce", S. 2; *Gadiraju/Kawase/Dietze*, in: Ferres u.a., Hypertext 2014, S. 218; *Köhler*, in: Baker McKenzie, Arbeitswelt 4.0, S. 61 (63); *F. Schmidt*, Arbeitsmärkte, S. 15.

zu teuer erscheint[54] oder für deren zeitnahe Erfüllung die Beschäftigten des Auftraggebers nicht ausreichen. Oft geht es um sehr einfache und kleinteilige Aufgaben[55] (sogenannte „Microtasks") wie etwa die Kategorisierung von Bildern oder Produkten, das Verfassen von Texten mit Produktinformationen oder die Identifikation von Rechtschreibfehlern.[56] Aber auch anspruchsvollere und bedeutsamere Tätigkeiten wie die Entwicklung einer neuen Software, Anwalts- und Ingenieurleistungen oder Designaufgaben werden über die Plattformen vergeben.[57]

Bei einfacheren Aufgaben veranstalten die Auftraggeber zumeist zeitbasierte Wettbewerbe, bei denen nur die Leistung des Crowdworkers entlohnt werden soll, der entweder sich als erster dazu bereit erklärt hat, eine ausgeschriebene Aufgabe zu bearbeiten, oder der vor allen anderen das fertige Arbeitsergebnis eingereicht hat.[58] Die Vergütungshöhe und die maximale Bearbeitungszeit (sowie gegebenenfalls die Anzahl der zur Verfügung stehenden Aufgaben desselben Typs) lassen sich dabei üblicherweise dem Ausschreibungstext entnehmen.[59] Bei komplexeren Aufträgen erfolgt die Vergabe häufiger aufgrund eines gebotsbasierten Wettbewerbs: Feste Angaben zur Vergütung oder zur Leistungszeit existieren nicht. Stattdessen erklären die Crowdworker, zu welchem Preis und in welcher Zeit sie eine bestimmte Aufgabe erledigen können. Nach Ablauf einer vorher festgelegten „Angebotsfrist" wählt der Auftraggeber einen oder mehrere Crowdworker aus, dem oder denen er die Bearbeitung anvertraut.[60] Bei kreativen Aufgaben werden vermehrt erfolgsbasierte

---

[54] *F. Schmidt*, Arbeitsmärkte, S. 15.

[55] *F. Schmidt*, Arbeitsmärkte, S. 13, 15; *Kittur* u.a., in: Benner, Crowdwork, S. 173 (180); *Kocher*, JZ 2018, 862; *Leimeister/Durward/Zogaj*, Crowd Worker, S. 18; *Liebman*, SR 2017, 221 (223); Sassenberg/Faber/*Neighbour*, Teil 2 G.II.1. Rn. 10; *Waas*, in: Waas u.a., Crowdwork, S. 13 (15); *Waltermann*, RdA 2019, 94 (95).

[56] Zu den Beispielen siehe etwa *Aloisi*, CLLPJ 37, 3 (2016), 653 (666); *Felstiner*, BJELL 32 (2011), 143 (150); *Klös*, RdA 2019, 91 (94); *Kocher*, JZ 2018, 862; *Liebman*, SR 2017, 221 (223); *Prassl/Risak*, in: Singer/Bazzani, European Employment Policies, S. 67 (72); *dies.*, in: Meil/Kirov, Virtual Work, S. 273 (274); *F. Schmidt*, Arbeitsmärkte, S. 15; eine Kategorisierung verschiedener Microtasks präsentieren *Gadiraju/Kawase/Dietze*, in: Ferres u.a., Hypertext 2014, S. 218 (220 f.).

[57] *Börner/Kehl/Nierling*, Digitale Kommunikation, S. 61, 63; *Däubler/Klebe*, NZA 2015, 1032 (1033); *Köhler*, in: Baker McKenzie, Arbeitswelt 4.0, S. 61 (64); *F. Schmidt*, Arbeitsmärkte, S. 14; *Leimeister/Durward/Zogaj*, Crowd Worker, S. 18–20; *Liebman*, SR 2017, 221 (223); *Waas*, in: Waas u.a., Crowdwork, S. 13 (15).

[58] *Leimeister/Zogaj*, Neue Arbeitsorganisation, S. 64 f. bezeichnen dies als „zeitorientierten Wettbewerbsansatz", als Beispiele nennen sie unter anderem clickworker (www.clickworker.de; zul. abgerufen am 23.09.2020) und Amazon Mechanical Turk (www.mturk.com; zul. abgerufen am 23.09.2020); enger bei *Leimeister/Zogaj/Blohm*, in: Benner, Crowdwork, S. 9 (27); *Pacha*, Crowdwork, S. 49 u. *Sutschet*, in: Giesen/Junker/Rieble, Bewegliche Mitbestimmung, S. 15 (24).

[59] Siehe hierzu *Pacha*, Crowdwork, S. 64.

[60] So etwa das System der Auftragsvergabe auf den Webseiten von twago (www.twago.de; zul. abgerufen am 23.09.2020) oder Freelancer.com (www.freelancer.com; zul. abgerufen am 23.09.2020).

Wettbewerbe veranstaltet,[61] bei denen die Auftraggeber in der Aufgabenbeschreibung neben einem Preisgeld eine Frist setzen, innerhalb derer Crowdworker Lösungsvorschläge einreichen können. Nach Fristablauf wählt der Auftraggeber eines der eingereichten Ergebnisse aus und bezahlt die im Ausschreibungstext bezifferte Belohnung (nur) dem Crowdworker, der dieses dargeboten hat.[62] Teilweise können Crowdworker die von anderen eingereichten Ergebnisse einsehen, diskutieren und Änderungen vorschlagen.[63]

Auftraggeber- oder plattformseitige Kontrollen (etwa Stichprobenkontrollen[64] oder integrierte Tracking-Mechanismen[65]) sollen regelmäßig die Qualität der von Crowdworkern erbrachten Arbeiten gewährleisten. Manche Plattformen bieten zu diesem Zweck besondere „Apps" an, die etwa automatisch in gewissen Zeitabständen Bilder von den Bildschirmen der Crowdworker erstellen oder die Zeit aufzeichnen, die diese mit der Aufgabenbearbeitung verbringen.[66] In einigen Fällen dokumentieren die Programme sämtliche Mausklicks und Tastatureingaben oder erstellen Webcam-Fotos von den Auftragnehmern.[67]

Ist eine Aufgabe erledigt, übermitteln Crowdworker das Arbeitsergebnis an den Auftraggeber, der sodann überprüft, ob es den Anforderungen der Aufgabenstellung entspricht. Er bewertet[68] die erbrachte Leistung und befindet, ob die Aufgabe aus seiner Sicht ordnungsgemäß erfüllt wurde und ob er das Arbeitsergebnis abnimmt und bezahlt.[69] Gegebenenfalls wird der Abnahmeprozess gänzlich automatisiert,

---

[61] Zu dem synonymen Begriff des „ergebnisorientierten Wettbewerbsansatzes" siehe *Leimeister/Zogaj*, Neue Arbeitsorganisation, S. 63 f.; *Leimeister/Zogaj/Blohm*, in: Benner, Crowdwork, S. 9 (27).

[62] Siehe nur www.99designs.de (zul. abgerufen am 23.09.2020); www.designenlassen.de (zul. abgerufen am 23.09.2020); teilweise werden auch weitere Lösungsvorschläge wie etwa das zweit- und das drittbeste Ergebnis prämiert, vgl. auch *Leimeister/Zogaj*, Neue Arbeitsorganisation, S. 63.

[63] *Leimeister/Zogaj*, Neue Arbeitsorganisation, S. 65 f. u. *Leimeister/Zogaj/Blohm*, in: Benner, Crowdwork, S. 9 (27) bezeichnen dies als „zusammenarbeitsbasierten Ansatz".

[64] www.clickworker.de/so-funktionierts/ (zul. abgerufen am 23.09.2020).

[65] Nr. 3 lit. g) AGB AMT (2020) (www.mturk.com/participation-agreement; zul. abgerufen am 23.09.2020).

[66] Siehe etwa die Funktionen der „Freelancer Desktop App" (www.freelancer.com/desktop-app/; zul. abgerufen am 23.09.2020).

[67] Siehe das „Work Diary" von Upwork (www.upwork.com/hiring/community/upworks-work-diary/; zul. abgerufen am 23.09.2020).

[68] Zu den Bewertungssystemen siehe nur Nr. 3 lit. g) AGB AMT (2020) (www.mturk.com/participation-agreement; zul. abgerufen am 23.09.2020); § 5 Nr. 4 AGB twago (2020) (www.twago.de/static/terms-and-conditions/; zul. abgerufen am 23.09.2020).

[69] Bei AMT können eingereichte Arbeitsergebnisse aus wichtigem Grund abgelehnt werden, vgl. Nr. 3 lit. a) AGB AMT (2020) (www.mturk.com/participation-agreement; zul. abgerufen am 23.09.2020); clickworker sieht nur die Ablehnung mangelhafter Leistungen vor, § 3 Nr. 2 AGB clickworker (Clickworker) (2012) (www.clickworker.de/agb-datenschutz/; zul. abgerufen am 23.09.2020); ebenso Testbirds, § 3 Nr. 2 AGB Testbirds (2016) (www.nest.testbirds.com/terms; zul. abgerufen am 23.09.2020).

indem dieselbe Aufgabe a priori mehrfach ausgeschrieben wird, ein Computerprogramm die eingereichten Arbeitsergebnisse miteinander vergleicht und von der Masse abweichende Ergebnisse als fehlerhaft aussortiert.[70] Abgelehnte Arbeitsergebnisse werden nicht vergütet.[71] Auf manchen Plattformen können mangelhafte Leistungen innerhalb einer bestimmten Frist nachgebessert werden, sofern mit der Bearbeitung kein fixer Ablieferungstermin verbunden ist.[72]

Abhängig von der jeweiligen Aufgabenstellung und der Plattform, auf der die Crowdworker tätig werden, variiert die Höhe der Vergütung.[73] Für sehr kleinteilige Aufgaben werden mitunter lediglich wenige Cent gezahlt,[74] sodass selbst hauptberufliche Crowdworker nur schwer ein Einkommen auf Mindestlohnniveau erwirtschaften können.[75] Bei komplexeren Aufgabenstellungen sind die Entgelte höher und sollen bis zu 40 Euro[76] (teilweise auch mehrere hundert Euro)[77] in der Stunde betragen.[78] Bei ergebnisorientierten Wettbewerben werden nicht selten Preise im vier- oder fünfstelligen Bereich ausgelobt;[79] allerdings ist hier die Entlohnung alles andere als gesichert.[80]

---

[70] Krit. hierzu *F. Schmidt*, Arbeitsmärkte, S. 16.

[71] *F. Schmidt*, Arbeitsmärkte, S. 16.

[72] Siehe nur § 3 Nr. 2 AGB clickworker (Clickworker) (2012) (www.clickworker.de/agb-datenschutz/; zul. abgerufen am 23.09.2020): „dreitägige Frist zur Nacherfüllung"; Nr. 4.2 AGB CrowdGuru (www.crowdguru.de/guru-werden/guru-registrierung/; zul. abgerufen am 23.09.2020): „angemessene Frist […], falls […] Nacherfüllung zugelassen wurde."

[73] *Kuek* u.a., Online Outsourcing, S. 3 f.; *Leimeister/Durward/Zogaj*, Crowd Worker, S. 43–47; *Liebman*, SR 2017, 221 (223); *Nießen*, in: Benner, Crowdwork, S. 67 (70); *Selzer*, in: Husemann/Wietfeld, Herausforderungen des Arbeitsrechts, S. 27 (33).

[74] Nach *Mandl* u.a., New forms of employment, S. 115 werden etwa 90 % der Aufgaben bei Amazon Mechanical Turk mit weniger als 0,10 USD vergütet.

[75] Siehe nur *Cherry*, Alabama L. Rev. 60 (2009), 1077 (1093 f.); *dies.*, Georgia L. Rev. 45 (2011), 951 (994) sowie *Irani/Silberman*, in: Bødker u.a., Proc. CHI 2013, S. 611 (614) zum US-amerikanischen Mindestlohn; *Berg*, Income security, S. 11 berichtet von durchschnittlich 1–5,50 USD in der Stunde, wobei jedoch auch immerhin zehn Prozent der Arbeiter bei Amazon Mechanical Turk über 10 USD in der Stunde verdienen sollen; *Kuek* u.a., Online Outsourcing, S. 44 berichten von 2–3 USD in der Stunde bei ungeübten und 6–8 USD bei geübten Crowdworkern.

[76] *Nießen*, in: Benner, Crowdwork, S. 67 (70).

[77] So *Selzer*, in: Husemann/Wietfeld, Herausforderungen des Arbeitsrechts, S. 27 (33).

[78] Siehe aber auch *Leimeister/Durward/Zogaj*, Crowd Worker, S. 43–47; *Leimeister* u.a., in: Hoffmann/Bogedan, Arbeit der Zukunft, S. 141 (154) sprechen von 20–30 Euro in der Stunde bei sog. „Crowd-enabled Lean Start-Ups".

[79] *Nießen*, in: Benner, Crowdwork, S. 67 (70).

[80] Hierzu auch *Warter*, Crowdwork, S. 78.

Kapitel 2

Rechtliche Bindungen

In welcher rechtlichen Beziehung Crowdworker zu den Crowdsourcern und zu gegebenenfalls von diesen zu unterscheidenden Plattformbetreibern stehen, richtet sich nach den Umständen des Einzelfalls. An dieser Stelle soll es lediglich darum gehen, ob und gegebenenfalls auf welche Art und Weise auf den verschiedenen Plattformen rechtsgeschäftliche Bindungen begründet werden. Typologische Erwägungen werden (vorerst) nur berücksichtigt, soweit dies hierzu notwendig ist.

A. Externe direkte Crowdwork

Bei der externen direkten Crowdwork werden die zur Vergabe der Aufgaben an externe Crowdworker verwendeten Internetplattformen von den Crowdsourcern betrieben.[1] Plattformbetreiber und Crowdsourcer sind identisch, sodass sich alle rechtlich relevanten Vorgänge in einem Zwei-Personen-Verhältnis zwischen den Crowdworkern und den Crowdsourcern abspielen.

I. Nutzung der Plattformen

Der bloße Besuch der Webseite eines Crowdsourcers begründet dabei (regelmäßig) ebenso wenig eine vertragliche Beziehung zu diesem wie die bloße Nutzung der auf der Webseite öffentlich zur Verfügung gestellten Inhalte.[2] Grundsätzlich kommt ein Vertragsschluss daher frühestens in Betracht, wenn sich Crowdworker für die Nutzung einer Internetplattform registrieren.[3]

---

[1] Siehe oben unter Kap. 1 B.

[2] Siehe OLG Hamburg, Urt. v. 24.10.2012 – 5 U 38/10, GRUR-RS 2012, 22946 Rn. 156, wonach die Annahme eines Vertrages allein aufgrund der Nutzung einer Webseite „der Lebenserfahrung und der Nutzererwartung" widerspreche und deshalb einen reinen Realakt darstelle; ebenso *Podehl*, MMR 2001, 17 (18), wonach es sowohl dem Betreiber der Internetplattform als auch dem Nutzer erkennbar an einem Rechtsbindungswillen fehle; eingehend hierzu sowie allgemein zum sog. „Webseitennutzungsvertrag" *Kreutz*, ZUM 2018, 162 (162–168).

[3] Ebenso *Kocher*, JZ 2018, 862; *Kreutz*, ZUM 2018, 162 (165–167); zur externen indirekten Crowdwork auch *Pacha*, Crowdwork, S. 104–109; der Vertragsschlussmechanismus

Im bloßen Bereitstellen der Registrierungsformulare durch die Plattformbetreiber kann allerdings üblicherweise kein Angebot auf Abschluss eines Vertrages über die Nutzung einer Webseite gesehen werden.[4] Einer Auslegung als verbindlichem Antrag steht zwar meist keine mangelnde inhaltliche Bestimmtheit der Erklärungen entgegen.[5] Von einem verbindlichen Angebot ist aber nur auszugehen, wenn sich der Erklärende aus der Sicht eines objektiven Beobachters nach Treu und Glauben mit Rücksicht auf die Verkehrssitte mit seinem Verhalten rechtlich binden will.[6] Ein Bindungswille ist regelmäßig zu verneinen, wenn der Erklärende daran interessiert sein könnte, vor der Begründung einer Verbindlichkeit etwa seine eigene Leistungsfähigkeit oder die Person seines Vertragspartners zu überprüfen.[7] Da die von den Plattformbetreibern geschuldete Leistung beliebig reproduzierbar ist, besteht indes zwar keine Gefahr, dass sie sich über ihre Kapazitäten hinaus verpflichten und sich infolgedessen schadensersatzpflichtig machen.[8] Gegen einen Rechtsbindungswillen spricht jedoch, dass anderenfalls Verträge auch mit solchen Crowdworkern geschlossen würden, mit denen die Crowdsourcer offensichtlich nicht kontrahieren möchten, etwa weil sie diese zuvor wegen Verstößen gegen die Geschäftsbedingungen von der Nutzung ihrer Plattform ausgeschlossen haben.[9] Im Bereitstellen der Registrierungsformulare liegt also meist lediglich eine Aufforderung an die Crowdworker, ihrerseits ein Angebot auf Abschluss eines Vertrages über die Nutzung der Plattform abzugeben (invitatio ad offerendum).[10]

Crowdworker tragen dementsprechend einen Vertragsschluss an, sobald sie das ausgefüllte Registrierungsformular an die Crowdsourcer abschicken.[11] Ihr Rechtsbindungswille ergibt sich daraus, dass sie während des Registrierungsvorgangs die

---

unterscheidet sich dabei im virtuellen Raum nicht von dem in der „analogen" Welt, siehe hierzu nur HSH/*Kitz*, Teil 13.1 Rn. 4.

[4] Zur externen indirekten Crowdwork siehe auch *Pacha*, Crowdwork, S. 106 f., die zusätzlich auf die Geschäftsbedingungen der Plattformen abstellt.

[5] Nach *Pacha*, Crowdwork, S. 106 werden die Bedingungen eines möglichen Vertrages bei der externen indirekten Crowdwork durch die Geschäftsbedingungen der Plattformen hinreichend konkretisiert.

[6] So bereits BGH, Urt. v. 22.06.1956 – I ZR 198/54, BGHZ 21, 102 (106 f.) = NJW 1956, 1313.

[7] Statt vieler nur Staudinger/*Bork*, § 145 BGB Rn. 4; MünchKomm-BGB/*Busche*, § 145 BGB Rn. 11 f.

[8] Zur externen indirekten Crowdwork *Pacha*, Crowdwork, S. 106; siehe zu diesem Argument allgemein auch *Kreutz*, ZUM 2018, 162 (163); *Metzger*, JZ 2019, 577 (584) unter Fn. 63.

[9] So auch die Argumentation von *Kreutz*, ZUM 2018, 162 (163), nach dem deswegen der bloße Besuch einer Webseite keinen Vertrag zustande bringen könne; zu Internetforen auch *Maume*, MMR 2007, 620 (621); i.E. ebenso zur externen indirekten Crowdwork *Pacha*, Crowdwork, S. 107, die den fehlenden Bindungswillen jedoch daraus ableitet, dass die Plattformbetreiber vor der Freischaltung der Crowdworker zunächst noch eine Überprüfung von deren Identität oder Eignung vorbehalten, siehe hierzu auch oben unter Kap. 1 Fn. 48.

[10] I. E. ebenso zur externen indirekten Crowdwork *Pacha*, Crowdwork, S. 107.

[11] Zur externen indirekten Crowdwork *Pacha*, Crowdwork, S. 107 f.

Nutzungsbedingungen der Plattformen anerkennen müssen.[12] Die Webseitenbetreiber nehmen den Antrag an, indem sie die Crowdworker für die Nutzung der Plattform freischalten.[13] Nach § 151 Satz 1 BGB ist der Zugang der Annahmeerklärung entbehrlich.[14]

Aus dem Vertrag resultiert vor allem die Pflicht des Plattformbetreibers, den Crowdworkern die Nutzung des „Marktplatzes", also der für die Aufgabenbearbeitung notwendigen Infrastruktur, (regelmäßig unentgeltlich)[15] zu ermöglichen.[16] Abgesehen davon bleibt unklar, welche Leistungen erfasst sein sollen. Im Kern geht es um die Verschaffung der funktionierenden Möglichkeit, ausgeschriebene Aufgaben einzusehen, zu bearbeiten und erarbeitete Ergebnisse einzureichen. Im Übrigen wird das Vertragsverhältnis durch die Geschäftsbedingungen der Plattformbetreiber näher ausgestaltet.[17]

II. Aufgabenbearbeitung

Schwieriger zu beantworten ist die Frage, auf welcher rechtlichen Grundlage die einzelnen Aufgaben bearbeitet werden. Je nachdem, wie der Crowdsourcer seine Plattform ausgestaltet hat, können die Ausschreibungen etwa als bindende Vertragsangebote (ad incertas personas) oder als bloße Aufforderungen an die Crowdworker aufgefasst werden, ihrerseits einen Vertragsschluss anzutragen. Anstelle eines Vertrages können den Aufgabenbearbeitungen aber auch Auslobungen (§ 657 BGB) oder Preisausschreiben (§ 661 BGB), also nach herrschender Meinung ein-

---

[12] *Kreutz*, ZUM 2018, 162 (166 f.); in diese Richtung auch *Pacha*, Crowdwork, S. 107 f. zur externen indirekten Crowdwork.

[13] Siehe auch *Kreutz*, ZUM 2018, 162 (167) sowie zur externen indirekten Crowdwork *Pacha*, Crowdwork, S. 108.

[14] *Kreutz*, ZUM 2018, 162 (167); zum Vertragsschluss durch Registrierung bei einem Internetforum siehe LG München I, Urt. v. 25.10.2006 – 30 O 11973/05, ZUM-RD 2007, 261 (266 f.) sowie AG Kerpen, Urt. v. 10.04.2017 – 102 C 297/16, MMR 2017, 642 (643), welches allerdings – anders als hier – in der Veröffentlichung der Internetseite ein Angebot seitens des Forenbetreibers sieht.

[15] *Walzer*, Arbeitsrechtlicher Schutz der Crowdworker, S. 74–76; siehe zur Unentgeltlichkeit des Plattformnutzungsvertrages bei sozialen Netzwerken *Redeker*, IT-Recht, D. III. 2. n) Rn. 1277; zur hier nicht behandelten Frage von Daten als Gegenleistung siehe aber etwa auch *Bräutigam*, MMR 2012, 635 (635–640); *Faust*, Digitale Wirtschaft, S. A 16–A 30; *Hacker*, ZfPW 2019, 148 (167–177); *Schmidt-Kessel/Grimm*, ZfPW 2017, 84 (92–95); *Specht*, JZ 2017, 763 (763–770).

[16] *Walzer*, Arbeitsrechtlicher Schutz der Crowdworker, S. 74 f.; a. A. *Gärtner*, in: Dobreva u. a., Neue Arbeitsformen, S. 159 (165) sowie *Pacha*, Crowdwork, S. 114 f., wonach der Nutzungsvertrag bei der externen indirekten Crowdwork keinerlei Hauptleistungspflichten begründe.

[17] *Pacha*, Crowdwork, S. 109 zur externen indirekten Crowdwork.

seitige Rechtsgeschäfte,[18] zugrunde liegen. Im Folgenden wird zwischen den Ausschreibungen bei erfolgs-, zeit- und gebotsbasierten Wettbewerben unterschieden.[19]

1. Erfolgsbasierte Wettbewerbe

Der Crowdsourcer könnte die von ihm betriebene Plattform zum Beispiel nutzen, um für sein Unternehmen einen Prospekt gestalten zu lassen. In der Aufgabenbeschreibung könnte er grob erläutern, wie er sich den Prospekt vorstellt, ohne ein genaues Arbeitsergebnis vorzugeben. Innerhalb einer in der Ausschreibung bestimmten Frist könnten alle auf der Plattform des Crowdsourcers registrierten Crowdworker ihre Designvorschläge einreichen. Nach Fristablauf würde der Plattformbetreiber den Crowdworker auswählen, der den aus seiner Sicht besten Designvorschlag eingereicht hat und (nur) diesem die in der Aufgabenbeschreibung festgelegte Vergütung zahlen. Teilweise wird der rechtliche Verpflichtungsgrund für die Auszahlung des ausgeschriebenen Geldbetrags an den gewählten Crowdworker in solchen Fällen in einer vertraglichen Bindung gesehen.[20] Andere sehen die Aufgabenbeschreibung als Preisausschreiben an.[21]

Gegen eine Qualifizierung als Preisausschreiben werden vor allem die (vermeintlichen) Unterschiede zwischen erfolgsbasierten Wettbewerben für Crowdworker und „echten" Preisausschreiben, etwa bei Architektenwettbewerben, angeführt.[22] Beiden sei zwar gemein, dass nicht nur eine, sondern mehrere Personen Lösungsvorschläge einreichen könnten. Bei einem „echten" Preisausschreiben würden die eingereichten Ergebnisse jedoch bloß die Beschreibung einer erst künftig zu erbringenden Leistung enthalten. Die Umsetzung obliege allein demjenigen, der den Wettbewerb erfolgreich beendet habe. Erfolgsbasierte Wettbewerbe für Crowd-

---

[18] Sog. „Pollizitationstheorie", siehe hierzu nur BGH, Urt. v. 25.10.2012 – I ZR 169/10, NJW 2013, 2683 (2684); BGH, Urt. v. 23.09.2010 – III ZR 246/09, BGHZ 187, 86 (90) = NJW 2011, 139 (140); BGH, Urt. v. 23.09.1982 – III ZR 196/80, NJW 1983, 442 (443); OLG Köln, Beschl. v. 10.04.2014 – 11 W 64/13, NJW-RR 2014, 1138 (1139); *Crome*, System des Bürgerlichen Rechts II/2, S. 757; *Larenz*, Schuldrecht II/1, S. 406; *Mugdan*, Materialien II, S. 290; MünchKomm-BGB/*Schäfer*, § 657 BGB Rn. 5; Soergel/*v. Reden*, Vor §§ 657–661a BGB Rn. 3–8; a. A. bei Staudinger/*Bergmann*, § 657 BGB Rn. 13 f., sog. „Vertragstheorie"; der Meinungsstreit um die Rechtsnatur von Auslobung und Preisausschreiben wird vorliegend nicht behandelt.
[19] Zu den verschiedenen Wettbewerbsarten siehe oben unter Kap. 1 C.
[20] *Wank*, EuZA 2016, 143 (168); so wohl auch zur externen indirekten Crowdwork *Däubler/Klebe*, NZA 2015, 1032 (1038); *Gärtner*, in: Dobreva u. a., Neue Arbeitsformen, S. 159 (170); *Walzer*, Arbeitsrechtlicher Schutz der Crowdworker, S. 85.
[21] *Maschmann/Heise/Belovitzer*, Kap. 12 IV. 3. Rn. 83–87; *S. Müller*, InTeR 2017, 129 (131); *Selzer*, in: Husemann/Wietfeld, Herausforderungen des Arbeitsrechts, S. 27 (37).
[22] Hierzu *Däubler/Klebe*, NZA 2015, 1032 (1038); *Wank*, EuZA 2016, 143 (168).

worker seien mit diesem Modus lediglich „vergleichbar".[23] Andere berufen sich darauf, dass mangels öffentlicher Bekanntmachung der Aufgaben der Tatbestand des § 661 BGB nicht erfüllt sei.[24]

Gerade dies wird allerdings von einigen Vertretern der Gegenauffassung bestritten, die die Art der Auftragsvergabe umgekehrt als vom Tatbestand des § 661 BGB gedeckt ansehen.[25] Gleichfalls wird behauptet, es müsse sich bereits deshalb um Preisausschreiben handeln, weil bei erfolgsbasierten Wettbewerben die abschließende Entscheidung über die Auszahlung des ausgeschriebenen Honorars beim Auftraggeber liege.[26]

Die Annahme eines Preisausschreibens allein aus dem Grund, dass der Crowdsourcer entscheiden könne, ob die Vergütung ausgezahlt werde, unterliegt allerdings einem Zirkelschluss.[27] Eine entsprechende Entscheidungsprärogative ist dem Auftraggeber nur zuzubilligen, wenn zuvor festgestellt wurde, dass es sich bei dem Wettbewerb tatsächlich um ein Preisausschreiben handelt. Einem Arbeitnehmer ist demgegenüber sein Lohn auch dann zu zahlen, wenn das von ihm vorgelegte Arbeitsergebnis mangelhaft ist oder dem Arbeitgeber nicht gefällt.[28] Gleiches gilt für den freien Dienstvertrag, bei dem ebenfalls jede mit dem Einverständnis des Auftraggebers vorgenommene Leistung zu vergüten ist.[29] Wird anstelle einer Dienstleistung ein bestimmter Erfolg geschuldet, kann der Besteller die Abnahme des Werkes und folglich die Vergütungszahlung nach § 640 BGB nur verweigern, wenn die erbrachte Leistung mangelbehaftet ist. Das Gesetz gewährt dem Besteller zwar in § 648 Satz 1 BGB das Recht, den Werkvertrag bis zur Vollendung des Werkes jederzeit zu kündigen. Macht der Besteller von diesem Recht Gebrauch, bleibt er jedoch gemäß § 648 Satz 2 HS 1 BGB zur Zahlung der vereinbarten Vergütung verpflichtet. Werkunternehmer müssen sich lediglich ersparte Aufwendungen und einen anderweitigen Erwerb anrechnen lassen (§ 648 Satz 2 HS 2 BGB).[30]

Andererseits kann die Annahme eines Preisausschreibens nicht allein deshalb verneint werden, weil Crowdworker nicht bloß von ihnen selbst umzusetzende Planungsunterlagen oder Entwürfe, sondern aus ihrer Sicht direkt fertige Ergebnisse einreichen. Gegenstand eines Preisausschreibens ist nicht zwangsläufig die Be-

---

[23] So die Formulierung bei *Däubler/Klebe*, NZA 2015, 1032 (1038); i. E. ebenso *Däubler*, Digitalisierung und Arbeitsrecht, § 1 III. 3. b) Rn. 26 („Nähe eines Preisausschreibens") sowie DBD/*ders.*, AGB-Kontrolle, Anh. Rn. 167a („nach Art eines Preisausschreibens").

[24] Zur externen indirekten Crowdwork *Gärtner*, in: Dobreva u. a., Neue Arbeitsformen, S. 159 (170), der allerdings bei Bewerbungen gleicher Würdigkeit bezüglich der Rechtsfolgen die §§ 661 Abs. 3, 659 Abs. 2 Satz 1 BGB analog anwenden möchte.

[25] *S. Müller*, InTeR 2017, 129 (131).

[26] *Selzer*, in: Husemann/Wietfeld, Herausforderungen des Arbeitsrechts, S. 27 (37), dem folgend Maschmann/*Heise/Belovitzer*, Kap. 12 IV. 3. Rn. 83.

[27] Ablehnend auch *Gärtner*, in: Dobreva u. a., Neue Arbeitsformen, S. 159 (170).

[28] *Däubler*, in: Benner, Crowdwork, S. 243 (254); *Däubler/Klebe*, NZA 2015, 1032 (1038).

[29] *Däubler*, Digitalisierung und Arbeitsrecht, § 18 IV. 2. Rn. 25.

[30] *Däubler*, in: Benner, Crowdwork, S. 243 (254).

werbung auf eine erst nachträglich zu erbringende Leistung. Preisausschreiben zielen regelmäßig auf einen bestimmten Erfolg ab.[31] Neben der Herstellung von Plänen können sie etwa auf die Schaffung eines Kunstwerkes gerichtet sein, ohne dass dieses mit einer nachfolgenden Leistung in Verbindung stehen muss.[32] Abgesehen davon ist etwa auch der von einem Architekten gefertigte Entwurf als eigenständige Leistung anzuerkennen.

Sachgerecht lässt sich die Frage nach dem rechtlichen Charakter erfolgsbasierter Wettbewerbe nur anhand der Tatbestandsvoraussetzungen des § 661 BGB lösen.[33]

a) Preisausschreiben

§ 661 Abs. 1 BGB definiert das Preisausschreiben als Auslobung, die eine Preisbewerbung zum Gegenstand hat. Mit der Bezugnahme auf den Begriff der Auslobung wird die tatbestandliche Nähe zwischen den beiden Rechtsinstituten deutlich: Jedes Preisausschreiben hat auch die Anforderungen einer Auslobung zu erfüllen. Für die Auslobung ist nach § 657 BGB charakteristisch, dass im Wege einer öffentlichen Bekanntmachung eine Belohnung für die Vornahme einer durch den Auslobenden bestimmten Handlung ausgesetzt wird. Anders als die Auslobung sind Preisausschreiben aber nicht auf einen Erfolg gerichtet, der nur entweder eintreten kann oder nicht; bei Preisausschreiben gibt es nicht nur eine einzige „richtige" Lösung. Bei mehreren Bewerbungen entscheidet der Auslobende oder der von diesem gewählte Preisrichter über den Ausgang des Wettbewerbs.[34] Um zu verhindern, dass die Preisentscheidung hinausgezögert wird, bis eines der eingereichten Ergebnisse den Vorstellungen des Auslobenden entspricht, sieht das Gesetz für Preisausschreiben in § 661 Abs. 1 BGB als besondere Wirksamkeitsvoraussetzung vor, dass in der Bekanntmachung eine Frist für die Bewerbung bestimmt ist.[35]

Überträgt man diese Anforderungen auf den eingangs geschilderten Beispielsfall, liegt die Annahme eines Preisausschreibens nahe: Der Crowdsourcer beschreibt in der Ausschreibung eine bestimmte Handlung, deren Vornahme er wünscht (die

---

[31] *Crome*, System des Bürgerlichen Rechts II/2, S. 756 f.; MünchKomm-BGB/*Schäfer*, § 661 BGB Rn. 14.

[32] Siehe hierzu bereits die Motive bei *Mugdan*, Materialien II, S. 293; ebenso MünchKomm-BGB/*Schäfer*, § 661 BGB Rn. 14.

[33] So tendenziell auch *Walzer*, Arbeitsrechtlicher Schutz der Crowdworker, S. 85. An sich ist zu berücksichtigen, dass die Anwendung des § 661 BGB bei der Veranstaltung eines Wettbewerbs durch einen Träger der öffentlichen Hand aufgrund vorrangiger Regelungen des Vergaberechts ausgeschlossen sein kann, siehe Soergel/*v. Reden*, Vor §§ 657–661a BGB Rn. 20 f.; MünchKomm-BGB/*Schäfer*, § 661 BGB Rn. 8. Vergaberechtliche Besonderheiten werden nachfolgend jedoch ausgeblendet.

[34] Staudinger/*Bergmann*, § 661 BGB, Rn. 9; aus diesem Grunde wird auch das Preisausschreiben als „relative Auslobung" bezeichnet, während die Grundform des § 657 BGB „absolute Auslobung" genannt wird, siehe *v. Mayr*, Auslobung, S. 86.

[35] Zu Sinn und Zweck der Fristsetzung siehe BGH, Urt. v. 09.06.1983 – III ZR 74/82, NJW 1984, 1118 (1119); MünchKomm-BGB/*Schäfer*, § 661 BGB Rn. 16.

Gestaltung eines Prospekts). Er bestimmt die Höhe der Vergütung, die dem erfolgreichen Crowdworker gezahlt werden soll und setzt eine Frist, innerhalb derer Crowdworker ihre Designvorschläge einreichen können. Ist die Frist abgelaufen, entscheidet der Crowdsourcer über die Preiswürdigkeit der eingereichten Bewerbungen. Ungeklärt ist allerdings, ob die Preisgelder in solchen Fällen im Wege einer öffentlichen Bekanntmachung ausgesetzt werden.[36] Nach überkommenem Verständnis erfolgt eine Bekanntmachung öffentlich, wenn sie „nicht nur bestimmten Personen, sondern einem größeren, unbestimmten Personenkreis bekannt zu werden" geeignet ist.[37] Unerheblich ist, ob und in welchem Ausmaß die Kenntnisnahmemöglichkeit genutzt wird.[38]

Nach teilweise vertretener Auffassung soll die Bekanntmachung nicht öffentlich erfolgen, wenn die ausgeschriebenen Aufgaben allein von auf der jeweiligen Webseite registrierten und für die Bearbeitung der Aufträge freigeschalteten, angemeldeten Crowdworkern eingesehen werden können.[39] Aber auch wenn die Aufgaben ebenso von nicht angemeldeten Personen eingesehen werden können, sei keine andere Beurteilung gerechtfertigt, weil sich die Ausschreibungen doch nur an alle registrierten Personen richten würden. Sinn und Zweck des Tatbestandsmerkmals der öffentlichen Bekanntmachung würden es zudem nahelegen, dass eine Bindung durch ein einseitiges Versprechen nur in Frage kommen soll, wenn eine vertragliche Konstruktion wegen der Unbestimmtheit des adressierten Personenkreises ausgeschlossen sei.[40] Da aber mit Crowdworkern der Abschluss von Verträgen ohne größere Schwierigkeiten möglich sei, müsse eine Einordnung als Preisausschreiben ausscheiden.

Diese enge Auslegung des Begriffs der öffentlichen Bekanntmachung wird dessen tatsächlichem Bedeutungsgehalt nicht gerecht. Dass die öffentliche Bekanntmachung einen unbestimmten Personenkreis adressieren muss, heißt nicht, dass sich die Erklärung an jedermann richten muss.[41] Eine solche (absolute) Unbestimmtheit lässt sich kaum erreichen: Selbst wenn sich eine Erklärung beispielsweise auf alle Bewohner eines bestimmten Landes bezieht, richtet sie sich noch

---

[36] Zur Diskussion über die Relevanz des Merkmals der öffentlichen Bekanntmachung siehe nur Staudinger/*Bergmann*, § 657 BGB Rn. 50 f.

[37] So die Formulierung bei Staudinger/*Bergmann*, § 657 BGB, Rn. 52; siehe aber auch OLG Düsseldorf, Beschl. v. 14.01.1997 – 22 W 77/96, NJW 1997, 2122; OLG München, Urt. v. 11.11.1982 – 24 U 114/82, NJW 1983, 759; LAG Bremen, Urt. v. 18.02.1972 – 1 Sa 118/71, AP BGB § 657 Nr. 1 LS 1; *Crome*, System des Bürgerlichen Rechts II/2, S. 758; *v. Gierke*, Deutsches Privatrecht III, S. 319; *Larenz*, Schuldrecht II/1, S. 405; *v. Mayr*, Auslobung, S. 15–21.

[38] Siehe nur *Larenz*, Schuldrecht II/1, S. 405.

[39] Siehe hierzu und zur nachfolgenden Argumentation zur externen indirekten Crowdwork *Gärtner*, in: Dobreva u. a., Neue Arbeitsformen, S. 159 (168, 170).

[40] Anschließend an MünchKomm-BGB/*Schäfer*, § 657 BGB Rn. 25.

[41] RG, Urt. v. 01.08.1941 – III 12/41, RGZ 167, 225 (234); OLG München, Urt. v. 11.11.1982 – 24 U 114/82, NJW 1983, 759; *v. Mayr*, Auslobung, S. 18; BGB-RGRK/*Steffen*, § 657 BGB Rn. 4.

an einen abgrenzbaren Personenkreis,[42] obwohl in diesem Fall von einer öffentlichen Bekanntmachung auszugehen ist. Notwendig – aber auch ausreichend – ist vielmehr, dass der angesprochene Personenkreis individuell unbestimmt bleibt. Es darf nur nicht von vornherein feststehen, welche und wie viele Personen eine Kenntnisnahmemöglichkeit haben,[43] wobei die Annahme eines Preisausschreibens nicht nur dann möglich ist, wenn ein Vertragsschluss ausgeschlossen ist. Richtet sich das Belohnungsversprechen an eine bestimmte Personengruppe, etwa eine bestimmte Sportmannschaft,[44] ist entscheidend, in welcher Beziehung die Personen dieser Gruppe zueinander stehen.[45] Die Bekanntmachung erfolgt grundsätzlich öffentlich, wenn zwischen den einzelnen Personen des adressierten Kreises kein „inneres Band wechselseitiger persönlicher Beziehungen besteht, das diesem Kreise den Charakter der Geschlossenheit und bestimmten Abgrenzung nach außen verleiht".[46] Die Form der Bekanntmachung (mündlich, schriftlich oder elektronisch) ist gleichgültig.[47]

Unabhängig davon, ob die auf den Webseiten eingestellten Aufgaben nur von registrierten Mitgliedern der Plattformen bearbeitet werden können, ist demnach von einer öffentlichen Bekanntmachung auszugehen. Üblicherweise bestehen zwischen Crowdworkern keinerlei persönliche Beziehungen, die den Eindruck eines geschlossenen Personenkreises vermitteln. Individuell bleibt der Adressatenkreis gänzlich unbestimmt, woran sich regelmäßig auch nichts ändert, wenn die Bewerbung auf eine Ausschreibung den Nachweis einer bestimmten Qualifikation voraussetzt.

b) Abgrenzung zu den vertraglichen Schuldverhältnissen

Obwohl erfolgsbasierte Wettbewerbe grundsätzlich als Preisausschreiben einzuordnen sind, ist eine abweichende Qualifizierung aber nicht generell ausgeschlossen. Wie ein Preisausschreiben kann auch ein Vertragsantrag einen unbestimmten Personenkreis adressieren. Der wesentliche Unterschied besteht darin, dass Preisausschreiben eine bloß einseitige Verpflichtung des Auslobenden begründen sollen, während eine offerte ad incertas personas auf die Begründung gegenseitiger Leistungspflichten abzielt.[48] Die Abgrenzung erfolgt anhand Auslegung des objektiven Erklärungsverhaltens.[49] Besondere Bedeutung erlangt die Art und Weise, wie der Wille erklärt wird: Bei einer öffentlichen Bekanntmachung ist regelmäßig

---

[42] *v. Mayr*, Auslobung, S. 18.
[43] Staudinger/*Bergmann*, § 657 BGB, Rn. 52.
[44] Hierzu OLG München, Urt. v. 11.11.1982 – 24 U 114/82, NJW 1983, 759, welches in dem konkreten Fall eine öffentliche Bekanntmachung verneinte.
[45] *v. Mayr*, Auslobung, S. 18 f.
[46] So bereits *v. Mayr*, Auslobung, S. 18 f.
[47] *v. Mayr*, Auslobung, S. 17.
[48] Soergel/*v. Reden*, Vor §§ 657–661a BGB Rn. 19.
[49] Soergel/*v. Reden*, Vor §§ 657–661a BGB Rn. 19.

von einem Preisausschreiben auszugehen,[50] weshalb ein Vertragsschluss zwischen Crowdworkern und ihren Auftraggebern bei erfolgsbasierten Wettbewerben üblicherweise ausscheidet.[51]

Ein Vertragsschluss ist auch nicht ausnahmsweise anzunehmen, wenn sich Crowdworker bei der Registrierung auf einer Webseite einverstanden erklären, im Falle ihrer erfolgreichen Bewerbung dem Crowdsourcer sämtliche Immaterialgüterrechte an den von ihnen eingereichten Arbeitsergebnissen einzuräumen.[52] Anhand von § 661 Abs. 4 BGB lässt sich belegen, dass die Übertragung der Immaterialgüterrechte nicht als Gegenleistung für die Auszahlung des Preisgeldes zu erachten ist. Nach § 661 Abs. 4 BGB kann der Auslobende die Übertragung des Eigentums (einschließlich etwaiger Urheber-, Patent- oder Erfinderrechte)[53] an dem Arbeitserzeugnis nur verlangen, wenn er in der Auslobung bestimmt hat, dass es übertragen werden soll. Wäre die Rechteübertragung als Gegenleistung für das ausgelobte Preisgeld anzusehen, bliebe dieser Regelung keinerlei Anwendungsbereich: Immer wenn der Auslobende in der Ausschreibung bestimmen würde, dass die Übertragung des Eigentums einschließlich sämtlicher Immaterialgüterrechte erfolgen soll, wäre eine Gegenleistung vereinbart, weshalb die Annahme eines Preisausschreibens aufgrund der gegenseitigen Leistungspflichten abzulehnen wäre.[54]

Die Verpflichtung zur Rechteübertragung folgt nicht unmittelbar aus den Ausschreibungen, sondern basiert auf gesonderten vertraglichen Vereinbarungen zwischen den Crowdworkern und den Crowdsourcern.[55] Mit der Abgabe der Bewerbung nehmen Crowdworker regelmäßig das auf Abschluss des Vertrages über die Rechteübertragung gerichtete Angebot des Crowdsourcers an und geben zugleich ein auf dingliche Übertragung gerichtetes Angebot ab.[56] Sowohl die Annahmeerklärung als

---

[50] In diese Richtung wohl auch Soergel/*v. Reden*, Vor §§ 657–661a BGB Rn. 19, wobei allerdings unklar bleibt, ob neben der Art und Weise der Erklärungsabgabe noch weitere Bedingungen bei der Auslegung berücksichtigt werden sollen.

[51] A.A. *Walzer*, Arbeitsrechtlicher Schutz der Crowdworker, S. 85 f.

[52] Zur Unwirksamkeit von Bestimmungen, wonach auch die Rechte an nicht prämierten Erzeugnissen übergehen sollen, siehe noch unter Kap. 4 A. VI. 2.

[53] Siehe MünchKomm-BGB/*Schäfer*, § 661 BGB Rn. 39; Hk-BGB/*R. Schulze*, § 661 BGB Rn. 2.

[54] Hierzu scheint auch Soergel/*v. Reden*, § 661 BGB Rn. 37 zu tendieren, der die Regelung insoweit als „missverständlich" bezeichnet.

[55] Allgemein Fromm/Nordemann/*Czychowski*, UrhR, § 32 UrhG Rn. 123; BeckOGK/*Lohsse*, § 661 BGB Rn. 50; BeckOK-UrhR/*Soppe*, § 32 UrhG Rn. 97; bei der externen indirekten Crowdwork verweisen manche Plattformbetreiber schon in ihren AGB auf die mit Abschluss eines Wettbewerbs zustande kommenden Verträge, vgl. nur Nr. 2 AGB 99designs (2019) (www.99designs.de/legal/terms-of-use; zul. abgerufen am 23.09.2020) und § 6 Abs. 6 AGB www.designenlassen.de/ (Dienstleister) (www.designenlassen.de/agb.php?action=dienst leister; zul. abgerufen am 23.09.2020).

[56] BeckOGK/*Lohsse*, § 661 BGB Rn. 50; nach Soergel/*v. Reden*, § 661 BGB Rn. 37 soll auch die Angebotserklärung bezüglich des schuldrechtlichen Verpflichtungsgeschäftes von den Bewerbern ausgehen; auch Erman/*Berger*, § 661 BGB Rn. 6 sieht in der Bewerbung bereits ein Übereignungsangebot.

auch das Angebot stehen unter der aufschiebenden Bedingung, dass dem Crowdworker der ausgelobte Preis zugeteilt wird.[57] Im Preisgeld ist üblicherweise die Gegenleistung für die Nutzungsrechteübertragung enthalten.[58]

2. Zeitbasierte Wettbewerbe

Vergeben Crowdsourcer die Aufgaben auf ihrer Plattform nach zeitlichen Aspekten, kann die Gestaltung der Webseite variieren. Beispielsweise könnte der Betreiber eines Online-Shops eine Internetplattform unterhalten, über die er die Produktbeschreibungen der auf der Webseite des Online-Shops angebotenen Waren von Crowdworkern verfassen lässt. In den Aufgabenbeschreibungen würde der Crowdsourcer die zu schreibenden Texte näher definieren (etwa Sprache und Textlänge), die für die Bearbeitung zur Verfügung stehende Zeit festlegen und die Vergütung bestimmen, die einem Crowdworker für ein brauchbares Ergebnis gezahlt werden soll. Möglich wäre, dass alle Crowdworker gleichzeitig an einer Aufgabe arbeiten könnten, aber nur derjenige vergütet würde, der zuerst die geforderte Produktbeschreibung abliefert. Genauso ist aber auch denkbar, dass die Aufgaben nur von demjenigen Crowdworker bearbeitet werden könnten, der sich als erster dazu bereit erklärt, eine bestimmte Produktbeschreibung zu verfassen.

Die Ausschreibungen ließen sich dabei zunächst als invitatio ad offerendum deuten.[59] Crowdworker könnten dem Crowdsourcer den Angaben der Aufgabenbeschreibungen entsprechende Angebote unterbreiten, wobei für die Angebotserklärung unterschiedliche Verhaltensweisen in Betracht kommen würden: So ließe sich ein Angebot etwa in der Absendung eines fertigen Arbeitsergebnisses durch einen Crowdworker sehen. Mit der Abnahme durch den Crowdsourcer würde ein Vertrag geschlossen.[60] Vertragsschluss und Erfüllung würden zusammenfallen. Alternativ könnte das Angebot darin zu sehen sein, dass ein Crowdworker mit der Bearbeitung einer Aufgabe beginnen oder sich (gegebenenfalls durch Betätigen einer dazu vorgesehenen Bedienfläche) zur Bearbeitung einer Aufgabe bereit erklären würde. Die invitatio ad offerendum des Crowdsourcers könnte eine antizipierte Annahmeerklärung des Angebotes des Crowdworkers enthalten oder der Crowdsourcer könnte das Angebot durch eine gesonderte Erklärung (eventuell noch vor Beginn der Aufgabenbearbeitung) annehmen. Da § 151 Satz 1 BGB allein den Zugang von Annahmeerklärungen für entbehrlich erklärt, müsste aber gewährleistet werden, dass die Angebotserklärungen der Crowdworker dem Crowdsourcer zugehen.

---

[57] BeckOGK/*Lohsse*, § 661 BGB Rn. 50.
[58] Staudinger/*Bergmann*, § 661 BGB, Rn. 47; *S. Müller/Janicki/Wicker*, InTeR 2017, 183 (185).
[59] *Walzer*, Arbeitsrechtlicher Schutz der Crowdworker, S. 77.
[60] Zur externen indirekten Crowdwork *Risak*, in: Blanpain/Hendrickx/Waas, New Forms of Employment, S. 93 (97 f.); siehe auch zu diesem Vorgehen bei sog. „offenen Innovationsprozessen" *Söbbing*, ITRB 2011, 206 (207).

Anstelle einer Auslegung als invitatio ad offerendum könnten die Ausschreibungen aber auch als bindende Vertragsangebote an einen unbestimmten Personenkreis zu verstehen sein. Crowdworker könnten diese Angebote annehmen, indem sie mit der Bearbeitung einer Aufgabe beginnen,[61] ein Arbeitsergebnis einreichen[62] oder sich zur Bearbeitung einer Aufgabe ausdrücklich bereit erklären würden. Nach § 151 Satz 1 BGB wäre der Zugang der Annahmeerklärungen entbehrlich.

Möglich wäre es zudem, die Ausschreibungen als Auslobungen einzuordnen.[63] Der Ausschreibungstext enthielte das Versprechen des Crowdsourcers, demjenigen die angezeigte Belohnung zu entrichten, der als Erstes (vergleiche § 659 Abs. 1 BGB) die beschriebene Aufgabe löst und das Arbeitsergebnis abliefert.

a) Abgrenzung anhand des objektiven Rechtsbindungswillens

Vertragsangebote und Auslobungen sind Willenserklärungen.[64] Obwohl Auslobungen anders als Vertragsangebote nicht empfangsbedürftig sind, unterscheiden sie sich doch wie diese von der (bloßen) invitatio ad offerendum dadurch, dass sich der Erklärende aus der Sicht eines objektiven Beobachters nach Treu und Glauben mit Rücksicht auf die Verkehrssitte mit seiner Erklärung rechtlich binden will.[65] Bei mangelnder Erkennbarkeit eines Rechtsbindungswillens des Crowdsourcers liegt der Aufgabenbearbeitung daher jedenfalls keine Auslobung zugrunde.

aa) Auslegung unter Berücksichtigung von Vertragsabschlussklauseln

Bei der externen indirekten Crowdwork ergibt sich oft aus den AGB der Plattformbetreiber, welcher Gehalt den Erklärungen auf einer Plattform beigemessen werden soll. In den Geschäftsbedingungen wird regelmäßig klargestellt, dass die ausgeschriebenen Aufgaben lediglich als „Einladung zum Angebot" zu verstehen seien oder dass mit der Ausschreibung „kein verbindliches Angebot" verbunden

---

[61] Siehe zur externen indirekten Crowdwork *Risak*, in: Blanpain/Hendrickx/Waas, New Forms of Employment, S. 93 (97).

[62] Nach österreichischem Recht *Warter*, Crowdwork, S. 117–124, 126.

[63] *Risak*, in: Blanpain/Hendrickx/Waas, New Forms of Employment, S. 93 (98) zur externen indirekten Crowdwork; ausdrücklich gegen eine Auslobung *Hötte*, MMR 2014, 795 (796 f.).

[64] Dazu, dass es sich bei der Auslobung um eine Willenserklärung handelt, OLG Stuttgart, Urt. v. 16.02.2016 – 12 U 63/15, Juris Rn. 68; Erman/*Berger*, § 657 BGB Rn. 2; Staudinger/ *Bergmann*, § 657 BGB Rn. 14; Soergel/*v. Reden*, § 657 BGB Rn. 5; MünchKomm-BGB/ *Schäfer*, § 657 BGB Rn. 5.

[65] Siehe zum Rechtsbindungswillen bei der Auslobung OLG Stuttgart, Urt. v. 16.02.2016 – 12 U 63/15, Juris Rn. 68–72; BeckOGK/*Lohsse*, § 657 BGB Rn. 33; Soergel/*v. Reden*, § 657 BGB Rn. 6. Trotz fehlender Empfangsbedürftigkeit der Auslobung ist die Auslegung nicht auf den wirklichen Willen des Auslobenden zu beschränken, siehe BeckOGK/*Lohsse*, § 657 BGB Rn. 34 f.; Soergel/*v. Reden*, § 657 BGB Rn. 7; MünchKomm-BGB/*Schäfer*, § 657 BGB Rn. 6; BeckOK-BGB/*Wendtland*, § 133 BGB Rn. 31.

sei.⁶⁶ Bei der externen direkten Crowdwork ist die Verwendung vergleichbarer Vertragsabschlussklauseln zumindest denkbar. Ob der Crowdsourcer seinen Ausschreibungen in den AGB ausdrücklich rechtsverbindliche Wirkung verleiht oder seinen Bindungswillen ausschließt, ist eine Frage des Einzelfalls.⁶⁷ Die AGB der Crowdsourcer müssen sich zudem nicht notwendig auf den Bedeutungsgehalt der ausgeschriebenen Aufgaben beschränken. Mehr noch können sie etwa auch verdeutlichen, in welchem Verhalten der Crowdworker eine Willenserklärung gesehen werden können soll oder in welchem Zeitpunkt ein auf eine invitatio ad offerendum hin abgegebener Antrag angenommen werden soll.⁶⁸

bb) Auslegung ohne Berücksichtigung von Vertragsabschlussklauseln

Hat der Crowdsourcer den Vertragsschlussmechanismus nicht in seinen AGB geregelt, muss anhand der Umstände des Einzelfalls festgestellt werden, ob er sich bereits mit der Veröffentlichung seiner Aufgabe rechtlich binden will.⁶⁹ Werden die Aufgaben auf der Plattform des Crowdsourcers nur so lange angezeigt, bis sie vergeben oder bearbeitet werden, wird ein verständiger Beobachter zumeist keine Gefahr erkennen können, dass bei der Annahme eines Rechtsbindungswillens eine größere Zahl von Crowdworkern als von dem Plattformbetreiber gewollt dieselbe Aufgabe erledigt.⁷⁰ Auch wird es zumeist nicht notwendig sein, dass der Crowdsourcer vor der Vergabe einzelner Aufgaben seinen (potenziellen) Geschäftspartner überprüft.⁷¹ Es ist zu vermuten, dass auch auf von den Crowdsourcern betriebenen Plattformen stets nur solche Crowdworker zur Aufgabenbearbeitung zugelassen

---

⁶⁶ § 3 Nr. 1 AGB clickworker (Clickworker) (2012) (www.clickworker.de/agb-datenschutz/; zul. abgerufen am 23.09.2020); Nr. 4.1 AGB CrowdGuru (Gurus) (www.crowdguru.de/guru-werden/guru-registrierung/; zul. abgerufen am 23.09.2020); § 3 Nr. 1 AGB Testbirds (Tester) (2016) (www.nest.testbirds.com/terms; zul. abgerufen am 23.09.2020).

⁶⁷ Nach *Pacha*, Crowdwork, S. 133 soll die Bezeichnung der Aufgabenbeschreibungen als verbindlicher Antrag auf deutschen Plattformen der Regelfall sein. Allerdings bezieht sie sich dabei auf eine Plattform, die nach hier vertretener Ansicht nicht unter den Crowdwork-Begriff fällt.

⁶⁸ Zur externen indirekten Crowdwork siehe etwa § 3 Nr. 2 AGB clickworker (Clickworker) (2012) (www.clickworker.de/agb-datenschutz/; zul. abgerufen am 23.09.2020): „[…] Angebot eines Clickworkers […].“; nahezu wortgleich Nr. 4.2 AGB CrowdGuru (Gurus) (www.crowdguru.de/guru-werden/guru-registrierung/; zul. abgerufen am 23.09.2020): „[…] ein Angebot eines Gurus […].“

⁶⁹ *Pacha*, Crowdwork, S. 131–134 zur externen indirekten Crowdwork; nach *Warter*, Crowdwork, S. 122–124 könne bei der externen indirekten Crowdwork regelmäßig von einem Angebot des Auftraggebers ausgegangen werden; so auch für AMT nach amerikanischem Recht *Felstiner*, BJELL 32 (2011), 143 (161 f.).

⁷⁰ Zur externen indirekten Crowdwork *Pacha*, Crowdwork, S. 131 f.; *Warter*, Crowdwork, S. 122; *Gärtner*, in: Dobreva u. a., Neue Arbeitsformen, S. 159 (172 f.) merkt an, dass dies allein noch nicht für die Annahme eines Bindungswillens genügen könne.

⁷¹ *Pacha*, Crowdwork, S. 132 sowie *Warter*, Crowdwork, S. 123 zur externen indirekten Crowdwork.

werden, die die von dem Auftraggeber vorgegebenen Anforderungen erfüllen.[72] Verfügen Crowdworker nicht über die erforderlichen Qualifikationen, werden ihnen bestimmte Aufgaben entweder gar nicht erst angezeigt oder sie können sie jedenfalls nicht bearbeiten.[73] Der Rechtsbindungswille ist zudem nicht etwa zu verneinen, weil eine Aufgabe aufgrund technischer Fehler für einen größeren Personenkreis als vom Auftraggeber gewollt freigeschaltet werden könnte.[74] In diesem Fall bieten die §§ 119 ff. BGB eine angemessene Lösung. Auf die streitbefangene Frage, ob es gegen eine Auslegung der ausgeschriebenen Aufgaben als invitatio ad offerendum spreche, dass dies unbillige Ergebnisse zur Folge hätte, kommt es daher nicht an.[75]

b) Abgrenzung zwischen offerte ad incertas personas und Auslobung

Hat der Crowdsourcer bei seiner Ausschreibung aus der Sicht eines objektiven Beobachters mit Rechtsbindungswillen gehandelt, stellt sich noch die Frage, ob die im Ausschreibungstext enthaltene Willenserklärung eine Auslobung darstellt oder ob sie auf die Begründung eines vertraglichen Schuldverhältnisses gerichtet ist. Abgegrenzt wird anhand des objektiven Erklärungsverhaltens, wobei der Art und Weise der Ausschreibung besondere Bedeutung zukommt.[76] Da die Aufgaben auf den Internetplattformen öffentlich bekanntgemacht werden, liegt die Annahme einer Auslobung in Parallele zu der Annahme eines Preisausschreibens bei erfolgsbasierten Wettbewerben nahe.[77] Allerdings besteht zwischen zeit- und erfolgsbasierten Wettbewerben ein entscheidender Unterschied: Bei zeitbasierten Wettbewerben kann ein verständiger Beobachter in der Regel davon ausgehen, dass die Aufgaben nur einem einzigen Leistungserbringer übertragen werden. Im Gegensatz zu erfolgsbasierten Wettbewerben arbeiten regelmäßig nicht mehrere Crowdworker gleichzeitig an derselben Aufgabe. Wird aber nur eine einzige Person mit der Bearbeitung einer Aufgabe betraut, liegt trotz öffentlicher Bekanntmachung die Annahme eines Vertragsantrags näher als die einer Auslobung. Ungeachtet der öffentlichen Bekanntmachung der Ausschreibungen sind diese demnach bei zeitba-

---

[72] Hierzu bei der externen indirekten Crowdwork *Warter*, Crowdwork, S. 123; diese Möglichkeit wird auch anerkannt bei *Gärtner*, in: Dobreva u.a., Neue Arbeitsformen, S. 159 (172).

[73] So *Pacha*, Crowdwork, S. 132; *Warter*, Crowdwork, S. 123 zur externen indirekten Crowdwork; siehe hierzu auch bereits oben unter Kap. 1 C.

[74] Siehe hierzu auch *Pacha*, Crowdwork, S. 132, bei der allerdings unklar bleibt, ob die Möglichkeit technischer Fehler den Bindungswillen des Auftraggebers ausschließen soll.

[75] Zu diesem Ansatz bei der externen indirekten Crowdwork *Warter*, Crowdwork, S. 123 f.; a.A. *Gärtner*, in: Dobreva u.a., Neue Arbeitsformen, S. 159 (173); *Pacha*, Crowdwork, S. 132.

[76] Siehe bereits oben Kap. 2 A.II.1.b) zur Abgrenzung des Preisausschreibens von den vertraglichen Schuldverhältnissen.

[77] Zum Tatbestandsmerkmal der öffentlichen Bekanntmachung siehe oben unter Kap. 2 A.II.1.a); die öffentliche Bekanntmachung der Aufgaben bei den Anbietern von Microtasks verneinend *Pacha*, Crowdwork, S. 125 f.

sierten Wettbewerben üblicherweise als offerte ad incertas personas anzusehen. Im Einzelfall ist aber eine abweichende Beurteilung möglich.

3. Gebotsbasierte Wettbewerbe

Veranstaltet der Crowdsourcer auf seiner Plattform gebotsbasierte Wettbewerbe, etwa um eine neue Software von Crowdworkern programmieren zu lassen, wird er in der Aufgabenbeschreibung lediglich die wichtigsten Eigenschaften der zu erstellenden Software beschreiben und anstelle einer konkreten Preisvorstellung bloß einen ungefähren Rahmen vorgeben, wie viel er für die Aufgabenerledigung zu zahlen bereit ist. Innerhalb einer in der Ausschreibung bestimmten Frist könnten die auf der Plattform des Crowdsourcers registrierten Crowdworker Gebote einreichen, in denen sie darstellen würden, was sie für die Aufgabenbearbeitung qualifiziert und bis wann und zu welchem Preis sie die Software programmieren würden. Nach Fristablauf würde der Auftraggeber einen Crowdworker auswählen, dem er die Aufgabenbearbeitung übertragen würde.

Der gewollte Vertragsschlussmechanismus kann sich wiederum aus den AGB des Crowdsourcers ergeben.[78] Fehlt es an einer Vertragsabschlussklausel in den AGB des Plattformbetreibers scheidet die Annahme eines Vertragsangebots oder einer Auslobung bereits aufgrund fehlender inhaltlicher Bestimmtheit der in der Aufgabenbeschreibung enthaltenen Erklärung aus. Die Vergütungshöhe wird bei gebotsbasierten Wettbewerben offen gelassen. Davon abgesehen könnten bei einer Auslegung der Aufgabenbeschreibungen als verbindliche Angebote ad incertas personas alle auf der Plattform des Crowdsourcers registrierten Personen durch Abgabe eines Gebotes diese Anträge annehmen. Der Crowdsourcer wäre verpflichtet, jedem Crowdworker, der die Aufgabe bearbeitet und (abhängig vom jeweiligen Vertragstyp) ein mangelfreies Ergebnis abliefert, die von diesem vorgeschlagene Vergütung auszuzahlen. Der Crowdsourcer möchte aber offensichtlich nur mit einem von ihm ausgewähltem Crowdworker zu den von diesem dargebotenen Konditionen kontrahieren. Mit Rücksicht auf die unterschiedlichen Qualifikationen der Crowdworker will sich der Auftraggeber die Wahl des Vertragspartners vorbehalten.

In den Ausschreibungen enthaltene Erklärungen ließen sich ohnehin allenfalls dann als bindende Vertragsangebote einordnen, wenn man die bieterseitige Annahme dieser Anträge unter die aufschiebende Bedingung ihrer Auswahl durch den Auftraggeber stellen würde; eine auflösende Bedingung würde dem Willen des Crowdsourcers widersprechen, der ersichtlich nur einen einzigen Vertragspartner

---

[78] Bei der externen indirekten Crowdwork ergibt sich der gewollte Vertragsschlussmechanismus üblicherweise aus den AGB des Plattformbetreibers, siehe etwa Nr. 15 AGB Freelancer.com (2019) (www.freelancer.com/about/terms; zul. abgerufen am 23.09.2020) sowie § 3 Nr. 2 AGB twago (2020) (www.twago.de/static/terms-and-conditions/; zul. abgerufen am 23.09.2020).

haben möchte.[79] Der diese sogenannte „Wollensbedingung"[80] auslösende Willensakt des Plattformbetreibers, die Auswahl eines bestimmten Bieters, kann allerdings nicht von der Abgabe einer Willenserklärung (der Annahme eines bieterseitigen Angebots) unterschieden werden. Der rechtsfolgenauslösende Wille wird im Bürgerlichen Recht jedoch üblicherweise mittels Willenserklärung kundgetan.[81] Fehlen anderslautende Hinweise, ist nicht von einer Bedingung, sondern von der Abgabe einer „echten" Willenserklärung, somit der Annahme eines von den Crowdworkern vorgetragenen Angebots, auszugehen.[82]

Bei gebotsbasierten Wettbewerben geht der Vertragsantrag demnach üblicherweise von den Crowdworkern aus, die diesen durch die Abgabe eines Gebotes erklären. Der Crowdsourcer nimmt das Angebot an, indem er einen Bieter auswählt, der die Aufgabe erfüllen soll. Allerdings ist es denkbar, dass auf einzelnen Internetplattformen auch die Abgabe eines Gebotes durch die Crowdworker nicht von einem rechtlichen Bindungswillen getragen ist. Das Vertragsangebot liegt in solchen Fällen in dem Einverständnis des Crowdsourcers mit den von den Crowdworkern dargelegten Vertragskonditionen. Der Vertrag kommt dann erst zustande, wenn der Crowdworker das Angebot des Crowdsourcers akzeptiert.

B. Externe indirekte Crowdwork

Im Gegensatz zur externen direkten Crowdwork wird die zur Aufgabenvergabe genutzte Plattform bei der externen indirekten Crowdwork nicht von dem Crowdsourcer, sondern von einem Dritten betrieben. Statt in einem Zwei-Personen-Verhältnis zwischen Crowdworkern und Crowdsourcern vollziehen sich alle rechtlich relevanten Vorgänge in einem Drei-Personen-Verhältnis zwischen Crowdworkern, Crowdsourcern und Plattformbetreibern. Mit erfolgreicher Registrierung wird auch hier zwischen den Crowdworkern und den Plattformbetreibern ein Vertrag über die

---

[79] Nach BeckOGK/*Reymann*, § 158 BGB Rn. 77 folgt aus § 449 Abs. 1 Satz 2 BGB, dass bei einer Wollensbedingung (hierzu sogleich) „im Zweifel" von einer aufschiebenden Bedingung auszugehen sei; wird die Wirksamkeit eines Rechtsgeschäfts nicht an einen bereits bestehenden Zustand, sondern an ein Ereignis gebunden, ist nach NK-BGB/*Wackerbarth*, § 158 BGB Rn. 67 von einer aufschiebenden Bedingung auszugehen; nach *Enneccerus/Nipperdey*, AT Bürgerliches Recht II/2, § 194 III. 3 sei im Zweifel von einer aufschiebenden Bedingung auszugehen, da deren Bindungswirkung geringer sei als die einer auflösenden Bedingung; gegen letztere Auffassung Staudinger/*Bork*, § 158 BGB Rn. 4.

[80] Bei der Wollensbedingung wird die Wirksamkeit des Rechtsgeschäfts an den Willen eines der am Rechtsgeschäft Beteiligten geknüpft, siehe BeckOGK/*Reymann*, § 158 BGB Rn. 31; *Giesen*, in: Gödicke u.a., FS Schapp, S. 159; der streitbefangenen Frage, ob Wollensbedingungen zulässig sind, soll hier nicht weiter nachgegangen werden; eingehend hierzu *Giesen*, in: Gödicke u.a., FS Schapp, S. 159–176 m.w.N.

[81] *Giesen*, in: Gödicke u.a., FS Schapp, S. 159 (173 f.).

[82] Palandt/*Ellenberger*, Einf. v. § 158 BGB Rn. 10; *Giesen*, in: Gödicke u.a., FS Schapp, S. 159 (173 f., 176); BeckOGK/*Reymann*, § 158 BGB Rn. 33.2, 35.2.

Nutzung der von den Plattformbetreibern bereitgestellten Internetportale geschlossen. Bezüglich der einzelnen Aufgabenbearbeitungen ergeben sich gegenüber der externen direkten Crowdwork allerdings Besonderheiten:

So wird man sich stets zu fragen haben, wer in dem Drei-Personen-Verhältnis Geschäftspartner der Crowdworker ist: die Plattformbetreiber oder die Crowdsourcer? Der dogmatische Ausgangspunkt liegt in der Abgrenzung zwischen Stellvertretung und Botenschaft:[83] Ob Plattformbetreiber eigene Willenserklärungen abgeben, richtet sich nach dem objektiven Erwartungshorizont der Geschäftspartner.[84] Überbringen sie lediglich die Erklärungen der Crowdsourcer, werden Plattformbetreiber an diese Erklärungen selbst nicht gebunden. Die Plattformbetreiber scheiden als Auftraggeber der Crowdworker aus, wenn sie nach dem objektiven Erwartungshorizont als Bote agieren und die Willenserklärungen der Crowdsourcer weiterleiten.[85] Geben sie eigene Willenserklärungen ab, kommt es ergänzend darauf an, ob aus ihrer Erklärung oder den Umständen folgt, dass die Rechtsfolgen des Geschäfts den Crowdsourcer oder den Plattformbetreiber treffen sollen.[86] Auch ist denkbar, dass die Plattformbetreiber lediglich einen „Marktplatz" bereitstellen, auf dem Crowdworker und Crowdsourcer untereinander in Geschäftsbeziehungen treten können, ohne dass die Plattform als an der Abgabe der über die Webseite übermittelten Willenserklärungen beteiligt anzusehen ist.[87]

Meist versuchen die Plattformbetreiber den Erwartungshorizont der Plattformnutzer über ihre Geschäftsbedingungen zu beeinflussen. Einige Plattformbetreiber stellen in ihren AGB klar, dass nicht nur die Verträge über die Nutzung der Plattform, sondern auch die die einzelnen Aufgabenbearbeitungen betreffenden Verträge direkt mit der Plattform geschlossen würden.[88] Andere Betreiber weisen darauf hin, dass sie

---

[83] Ebenso *Bayreuther*, Leistungsbedingungen von (Solo-)Selbständigen, S. 59, 62; *Pacha*, Crowdwork, S. 118–124; *Waas*, in: Waas u. a., Crowdwork, S. 142 (144); grundsätzlich anders bei *Gärtner*, in: Dobreva u. a., Neue Arbeitsformen, S. 159 (177–179), der von vornherein darauf abstellt, wem bezüglich der ausgeschriebenen Aufgaben eine „Organisations-, Abwicklungs- und Kontrollfunktion" zukomme; zur parallelen Diskussion nach österreichischem Recht siehe *Risak*, ZAS 2015, 11 (15); *Risak*, in: Blanpain/Hendrickx/Waas, New Forms of Employment, S. 93 (97); *Warter*, Crowdwork, S. 108–117.

[84] Grundlegend zur Abgrenzung von Botenschaft und Stellvertretung BGH, Urt. v. 17.02.1954 – II ZR 63/53, BGHZ 12, 327 (334) = NJW 1954, 797 (798); siehe aber auch BAG, Urt. v. 13.12.2007 – AZR 145/07, BAGE 125, 208 (212) = AP KSchG 1969 § 1 Nr. 83 Rn. 15; a. A. *Hueck*, AcP 152 (1953), 432 (435–441).

[85] Siehe auch *Waas*, in: Waas u. a., Crowdwork, S. 142 (144).

[86] Zum Offenkundigkeitsgrundsatz siehe etwa BGH, Urt. v. 22.02.1994 – LwZR 4/93, BGHZ 125 (175 (178) = NJW 1994, 1649 (1650); BGH, Urt. v. 17.12.1987 – VII ZR 299/86, NJW-RR 1988, 475 (476); BGH, Urt. v. 05.10.1961 – VII ZR 207/60, BGHZ 36, 30 (33) = NJW 1961, 2251 (2253).

[87] *Bayreuther*, Leistungsbedingungen von (Solo-)Selbständigen, S. 59; *Waas*, in: Waas u. a., Crowdwork, S. 142 (144–146).

[88] Siehe etwa § 3 Nr. 1 AGB clickworker (Clickworker) (2012) (www.clickworker.de/agb-datenschutz/; zul. abgerufen am 23.09.2020); § 1 Nr. 4 AGB Testbirds (Tester) (2016) (www.

nicht an den Geschäften der Plattformnutzer beteiligt seien.[89] Bliebe man allein bei der Berücksichtigung des in den AGB enthaltenen Vertragstextes stehen, wäre es den Vertragsparteien (und insbesondere dem Verwender von AGB) unbenommen, durch geschickte vertragliche Formulierungen zwingende gesetzliche Vorgaben zu umgehen. Nicht nur der Geschäftstyp, sondern auch der „wahre" Geschäftspartner richtet sich deshalb nicht allein nach den Parteiabreden, sondern zusätzlich nach dem tatsächlichen Geschäftsinhalt.[90] Entscheidend ist der Erwartungshorizont der Plattformnutzer unter Berücksichtigung von Sinn und Zweck des Geschäftsmodells der Plattformbetreiber.[91]

Ungeachtet der Bezeichnung in den AGB spricht es gegen eine Geschäftsbeziehung mit den Plattformbetreibern, dass üblicherweise allen Beteiligten bewusst sein muss, dass die ausgeschriebenen Aufgaben ursprünglich von dem Crowdsourcer herrühren[92] und nicht von den Plattformbetreibern, sondern von deren Crowd bearbeitet werden[93]. Andererseits stellen die Plattformen die für die Aufgabenbearbeitung notwendige Webseite zur Verfügung,[94] koordinieren den gesamten Zahlungsverkehr[95] und nur sie bewerben ihr Geschäftsmodell am Markt[96]. Im Ergebnis

---

nest.testbirds.com/terms; zul. abgerufen am 23.09.2020); Nr. 1.3 AGB CrowdGuru (Gurus) (www.crowdguru.de/guru-werden/guru-registrierung/; zul. abgerufen am 23.09.2020).

[89] So bei Nr. 2 AGB AMT (2020) (www.mturk.com/participation-agreement; zul. abgerufen am 23.09.2020); §§ 1 Nr. 1 u. 3 Nr. 1 AGB twago (2020) (www.twago.de/static/terms-and-conditions/; zul. abgerufen am 23.09.2020).

[90] BAG, Urt. v. 03.04.1990 – 3 AZR 258/88, BAGE 65, 80 (84 f.) = AP HAG § 2 Nr. 11 unter II. 2. der Gründe; siehe hierzu auch BGH, Urt. v. 08.10.2009 – III ZR 93/09, NJW 2010, 150 (151); aus dem Schrifttum *Uffmann*, JZ 2016, 928 (932); dies verkennt *Waas*, in: Waas u. a., Crowdwork, S. 142 (144), wenn er Stellvertretung und Botenschaft allein aufgrund einer diese Rechtsinstitute ausschließenden Regelung in den AGB des Plattformbetreibers ablehnt.

[91] Hierzu auch BGH, Urt. v. 08.10.2009 – III ZR 93/09, NJW 2010, 150 (151); in diese Richtung ebenfalls *Engert*, AcP 218 (2018), 304 (313 f.), der dies aus § 305c Abs. 1 BGB ableitet; *Kocher*, JZ 2018, 862 (865–869) rekurriert auf das Umgehungsverbot des § 306a BGB, stellt aber letztlich allein auf den Erwartungshorizont der Crowdsourcer ab – richtigerweise wird man zur Vermeidung von Widersprüchen das gesamte Vertragsnetz beobachten, also auch die Erwartungshaltung der Crowdworker berücksichtigen müssen; zu einer vergleichbaren Problematik auf der Plattform Uber siehe LG Frankfurt a.M., Urt. v. 18.03.2015 – 3-08 O 136/14, BeckRS 2015, 8985 Rn. 98–102, allerdings soll die Frage nach dem „wahren" Vertragspartner in unterschiedlichen Rechtsbereichen verschiedentlich beantwortet werden können, *Engert*, AcP 218 (2018), 304 (312).

[92] So schon *Pacha*, Crowdwork, S. 120; a. A. für Plattformen, auf denen nicht der konkrete Crowdsourcer offengelegt werde, *Warter*, Crowdwork, S. 110 f., 116.

[93] *Kocher*, JZ 2018, 862 (867).

[94] Zu diesem Argument *Risak*, ZAS 2015, 11 (15); *Pacha*, Crowdwork, S. 123; krit. hierzu *Warter*, Crowdwork, S. 116.

[95] *Däubler*, in: Benner, Crowdwork, S. 243 (246); *Kocher*, JZ 2018, 862 (869); *Risak*, Fair Working Conditions, S. 9; *ders.*, in: Lutz/Risak, Gig-Economy, S. 44 (48); zur Relevanz der Zahlungsabwicklung durch die Plattformen *Bayreuther*, Leistungsbedingungen von (Solo-)Selbständigen, S. 62.

[96] Zur Bedeutung der „Präsentation in der Öffentlichkeit" siehe auch *Bayreuther*, Leistungsbedingungen von (Solo-)Selbständigen, S. 62.

ist die Frage nach dem „wahren" Geschäftspartner der Crowdworker einzelfallorientiert zu beantworten.[97] Auf den Plattformen, die bereits in ihren Nutzungsbedingungen davon ausgehen, dass der Plattformbetreiber zum Geschäftspartner der Crowdworker wird, kommunizieren Crowdworker meist allein mit dem Plattformbetreiber. Eine direkte Kommunikation zwischen Crowdworkern und Crowdsourcern findet nicht statt.[98] Regelmäßig zerlegen solche Plattformen die ihnen von den Crowdsourcern übertragenen Aufgaben in kleinere Teileinheiten,[99] deren Modalitäten sie selbst genauer umschreiben und für die sie selbst die Vergütungshöhe festsetzen[100]. Diese Plattformbetreiber treten gegenüber den Plattformnutzern selbst als Auftraggeber auf, weshalb sich die vertraglichen Abreden üblicherweise mit dem tatsächlichen Geschäftsinhalt decken und die Betreiber als Geschäftspartner der Crowdworker zu erachten sind.[101] Sind die Beschreibung der Aufgaben und die Festsetzung der Vergütung den Crowdsourcern überlassen und ermöglichen die Plattformen eine direkte Kommunikation zwischen den Plattformnutzern, sind regelmäßig die Crowdsourcer als Auftraggeber der Crowdworker anzusehen.[102]

Findet sich bei der externen indirekten Crowdwork in den AGB eines Plattformbetreibers eine Vertragsabschlussklausel, entfaltet diese zudem grundsätzlich nur dann unmittelbare Wirkung gegenüber den Crowdworkern, wenn ihr Auftraggeber der Plattformbetreiber ist. Grundsätzlich wird die Anwendung der AGB des Plattformbetreibers allein zwischen diesem und den Plattformnutzern, nicht aber im Verhältnis der Plattformnutzer untereinander vereinbart.[103] Da aber Crowdworker und Crowdsourcer bei der Registrierung die Geltung der AGB anerkennen, können sie im Verhältnis der Plattformnutzer untereinander bei der Auslegung der auf den

---

[97] So auch *Bayreuther*, ZESAR 2020, 99; *ders.*, Leistungsbedingungen von (Solo-)Selbständigen, S. 60.

[98] *Pacha*, Crowdwork, S. 119.

[99] *Selzer*, in: Husemann/Wietfeld, Herausforderungen des Arbeitsrechts, S. 27 (34); *Risak*, Fair Working Conditions, S. 9; *Strube*, in: Benner, Crowdwork, S. 75 (84); dazu, dass dies für die Plattform als Vertragspartner sprechen kann, *Bayreuther*, Leistungsbedingungen von (Solo-)Selbständigen, S. 62.

[100] *Strube*, in: Benner, Crowdwork, S. 75 (84).

[101] So i. E. auch *Däubler/Klebe*, NZA 2015, 1032 (1033); *Gärtner*, in: Dobreva u. a., Neue Arbeitsformen, S. 159 (178); *Köhler*, in: Baker McKenzie, Arbeitswelt 4.0, S. 61 (64); *Lutz*, in: Lutz/Risak, Gig-Economy, S. 62 (82 f.); *Pacha*, Crowdwork, S. 119–121; *Selzer*, in: Husemann/Wietfeld, Herausforderungen des Arbeitsrechts, S. 27 (34); *Strube*, in: Benner, Crowdwork, S. 75 (84); zum österreichischen Recht *Risak*, Fair Working Conditions, S. 9; *ders.*, in: Lutz/Risak, Gig-Economy, S. 44 (48); *ders.*, in: Blanpain/Hendrickx/Waas, New Forms of Employment, S. 93 (97); *Warter*, Crowdwork, S. 110 f.

[102] Siehe auch *Däubler/Klebe*, NZA 2015, 1032 (1033); *Gärtner*, in: Dobreva u. a., Neue Arbeitsformen, S. 159 (178); *Pacha*, Crowdwork, S. 121–124.

[103] Zur Bedeutung der AGB bei eBay BGH, Urt. v. 15.02.2017 – VIII ZR 59/16, NJW 2017, 1660 (1661); BGH, Urt. v. 11.05.2011 – VIII ZR 289/09, BGHZ 189, 346 (355) = NJW 2011, 2421 (2423); allgemein zu sog. „virtuellen Marktplätzen" *Rüfner*, MMR 2000, 597 (598).

Internetplattformen abgegebenen Erklärungen berücksichtigt werden,[104] es sei denn, der Auftraggeber misst der Erklärung erkennbar einen anderen Bedeutungsgehalt zu als in den Nutzungsbedingungen vorgesehen.[105]

C. Interne Crowdwork

Unabhängig davon, wer die zur Aufgabenvergabe genutzte Plattform betreibt, besteht bei der internen Crowdwork zwischen den Crowdworkern und den Crowdsourcern notwendigerweise ein Arbeitsverhältnis. Betreibt der Crowdsourcer die Plattform selbst oder ist auf einer von einem Dritten betriebenen Plattform in entsprechender Anwendung der oben dargelegten Grundsätze[106] der Crowdsourcer als Auftraggeber (auch) der in Crowdwork erbrachten Leistungen anzusehen, stellt sich die Frage, ob Crowdworker bei der Erfüllung einzelner Aufgaben aufgrund einer gesonderten Rechtsbeziehung zu ihrem Arbeitgeber tätig werden oder ob sie mit der Aufgabenbearbeitung vielmehr ihre Hauptleistungspflicht aus dem bestehenden Arbeitsvertrag erfüllen.[107] Grundsätzlich ist es möglich, neben dem Arbeitsverhältnis weitere Tätigkeiten für den Arbeitgeber auszuüben, sei es etwa auf der Grundlage eines Werk-, Dienst- oder Arbeitsvertrages.[108] Erforderlich ist aber, dass die in Crowdwork erbrachten Tätigkeiten nicht von dem arbeitsvertraglichen Weisungsrecht erfasst sind.[109] Ist auf einer von einem Dritten betriebenen Plattform der Plattformbetreiber als Auftraggeber der Crowdworker anzusehen, sind die mit den Crowdworkern begründeten Rechtsbeziehungen getrennt von dem Arbeitsverhältnis zwischen den Crowdworkern und den Crowdsourcern zu betrachten.

Der Umfang des Weisungsrechts ergibt sich zuvorderst aus dem Arbeitsvertrag. Präzisere Vereinbarungen bezüglich der geschuldeten Leistungen engen die Wei-

---

[104] Zu dieser sog. „Auslegungslösung" BGH, Urt. v. 15.02.2017 – VIII ZR 59/16, NJW 2017, 1660 (1661); BGH, Urt. v. 10.12.2014 – VIII ZR 90/14, NJW 2015, 1009 (1010); BGH, Urt. v. 11.05.2011 – VIII ZR 289/09, BGHZ 189, 346 (355 f.) = NJW 2011, 2421 (2423); BGH, Urt. v. 07.11.2001 – VIII ZR 13/01, BGHZ 149, 129 (135) = NJW 2002, 363 (364); *Rüfner*, MMR 2000, 597 (598); *Ulrici*, JuS 2000, 947 (948 f.); a. A. für einen Vertrag zugunsten Dritter *Wiebe*, MMR 2000, 323 (325); für den Abschluss eines Rahmenvertrages zwischen den Nutzern der Plattform *Sester*, CR 2001, 98 (107); *Spindler*, ZIP 2001, 809 (812).

[105] BGH, Urt. v. 15.02.2017 – VIII ZR 59/16, NJW 2017, 1660 (1661).

[106] Siehe oben unter Kap. 2 B.

[107] *Klebe*, in: Benner, Crowdwork, S. 277 (278); *Klebe/Neugebauer*, AuR 2014, 4 sowie *Neufeld*, AuA 2015, 504 (505) gehen davon aus, dass Crowdworker bei der internen Crowdwork stets in Erfüllung der Hauptleistungspflicht aus dem Arbeitsvertrag tätig würden; a. A. richtigerweise *Selzer*, in: Husemann/Wietfeld, Herausforderungen des Arbeitsrechts, S. 27 (41).

[108] BAG, Urt. v. 27.06.2017 – 9 AZR 852/16, BeckRS 2017, 128539 Rn. 35; BAG, Urt. v. 27.06.2017 – 9 AZR 851/16, AP BGB § 611 Lehrer, Dozenten Nr. 193 Rn. 34; *Hunold*, NZA 1995, 558; Schaub/*Linck*, § 42 Rn. 1.

[109] Vgl. BAG, Urt. v. 27.06.2017 – 9 AZR 851/16, AP BGB § 611 Lehrer, Dozenten Nr. 193 OS.

sungsbefugnis des Arbeitgebers ein.[110] Je allgemeiner die zu erbringenden Tätigkeiten umschrieben werden, desto weiter reicht grundsätzlich das Weisungsrecht des Arbeitgebers. Die Reichweite der arbeitsvertraglichen Festlegungen ist dabei durch Auslegung zu ermitteln.[111] Gegebenenfalls hat sich der Inhalt der Leistungspflicht eines Arbeitnehmers durch die langdauernde Arbeit in einem konkreten Bereich auf bestimmte Tätigkeiten konkretisiert.[112]

Gelangt man im Einzelfall zu dem Ergebnis, dass die in Crowdwork erbrachten Leistungen nicht von dem arbeitsvertraglichen Weisungsrecht gedeckt sind, schließt sich die Frage an, ob mit der Übernahme einzelner Aufgaben durch einen Crowdworker (konkludent) ein Änderungsvertrag geschlossen wird. Die Ausschreibungen der einzelnen Aufgaben ließen sich etwa als Angebote auf Erweiterung der arbeitsvertraglich geschuldeten Leistungen deuten, welche die Crowdworker durch die Übernahme oder die Bearbeitung einzelner Aufgaben annehmen könnten. Gegebenenfalls könnte das Angebot auf Vertragsänderung auch von den Crowdworkern ausgehen. Ob im Einzelfall eine Vertragsänderung angetragen wird, richtet sich nach dem objektiven Empfängerhorizont.[113]

Gleich, wer als Antragender eines möglichen Änderungsangebotes anzusehen wäre, ist der Abschluss eines Änderungsvertrages jedoch regelmäßig zu verneinen. Der konkludente Abschluss eines Änderungsvertrages entspricht regelmäßig nicht dem nach außen erkennbaren Willen der Crowdworker. Bei einer Erweiterung des arbeitsvertraglichen Pflichtenprogramms müssten die Arbeitnehmer jederzeit damit rechnen, dass ihnen anstelle der Tätigkeiten, die sie bisher ausgeführt haben, künftig nur noch die in Crowdwork erbrachten Arbeiten zugeteilt werden. Dies mag zwar bei der Ausschreibung besonders interessanter und abwechslungsreicher Arbeiten im Einzelfall im Interesse der Crowdworker liegen. Gerade wenn über eine Internetplattform vorwiegend monotone Aufgaben vergeben werden, wird eine Vertragsänderung aber nicht gewollt sein.

Grundsätzlich ist es zwar denkbar, dass die arbeitsvertraglich geschuldeten Tätigkeiten lediglich (auf die Zeit der Bearbeitung einer Aufgabe) befristet erweitert werden sollen. Die bloß vorübergehende Übertragung einzelner Aufgaben ist an sich

---

[110] *Hromadka*, NZA 2012, 233 (234); BeckOK-ArbR/*Joussen*, § 611a BGB Rn. 365; *Wank*, NZA-Beilage 2012, 41 (42).

[111] *Busemann*, NZA 2015, 705 (706); *Wank*, NZA-Beilage 2012, 41 (42).

[112] Neben dem Ablauf einer längeren Zeit ist erforderlich, dass „Umstände vorliegen, die ein schutzwürdiges Vertrauen des Arbeitnehmers auf Beibehaltung des bisherigen Leistungsinhalts für die Zukunft begründen", siehe BAG, Urt. v. 26.09.2012 – 10 AZR 336/11, AP BGB § 611 Fleischbeschauer-Dienstverhältnis Nr. 25 Rn. 14; ebenso etwa BAG, Urt. v. 17.08.2011 – 10 AZR 202/10, AP GewO § 106 Nr. 14 Rn. 19; BAG, Urt. v. 13.03.2007 – 9 AZR 433/06, AP BGB § 307 Nr. 26 Rn. 50; BAG, Urt. v. 07.12.2005 – 5 AZR 535/04, BAGE 116, 267 (273) = AP TzBfG § 12 Nr. 4 unter B. II. 1. der Gründe; BAG, Urt. v. 30.10.1991 – 5 AZR 6/91, BeckRS 1991, 30367746 unter II. 2. der Gründe.

[113] *Riesenhuber*, JuS 2018, 103 (106).

einvernehmlich möglich.[114] Allerdings werden die Crowdsourcer nach dem objektiven Empfängerhorizont oft nicht lediglich den bestehenden Arbeitsvertrag auf die Bearbeitung der ausgeschriebenen Aufgaben erweitern, sondern die Aufgabenbearbeitung auf eine neue Rechtsgrundlage stellen wollen. Aufgaben, die bei der internen Crowdwork nicht von dem arbeitsvertraglichen Weisungsrecht erfasst sind, sollen regelmäßig zusätzlich zu der den Arbeitnehmern übertragenen Tätigkeit bearbeitet werden. Die Crowdworker sollen die Aufträge außerhalb ihrer gewöhnlichen Arbeitszeit in ihrer Freizeit erledigen. Bei einer Erweiterung des arbeitsvertraglichen Tätigkeitsbereichs sind vor allem Verstöße gegen das ArbZG zu befürchten, welche die Crowdsourcer offensichtlich vermeiden wollen.

Die Aufgabenvergabe kann bei der internen Crowdwork parallel zur Aufgabenvergabe bei der externen Crowdwork gestaltet sein: Der Auftraggeber kann erfolgs-, zeit- und gebotsbasierte Wettbewerbe veranstalten. Ist der Auftraggeber ein Dritter, der die Plattform betreibt, oder erstreckt sich bei einer Aufgabenvergabe durch den Crowdsourcer das arbeitsvertragliche Weisungsrecht nicht auf die von einem Crowdworker bearbeitete Aufgabe und wird kein (gegebenenfalls befristeter) Änderungsvertrag geschlossen, können die obigen Ausführungen zu den rechtlichen Bindungen bei der externen Crowdwork auf die interne Crowdwork übertragen werden.

---

[114] Vgl. nur BAG, Urt. v. 24.02.2016 – 7 AZR 253/14, AP BGB § 307 Nr. 72 OS 1; BAG, Urt. v. 07.10.2015 – 7 AZR 945/13, AP BGB § 611 Musiker Nr. 44 OS 1.

Kapitel 3

Rechtlicher Status der Crowdworker

An diese Erkenntnisse anschließend kann untersucht werden, in welcher rechtlichen Beziehung Crowdworker zu ihrem Geschäftspartner stehen. Crowdworker, die als Arbeitnehmer des Auftraggebers einzuordnen sind, werden von Gesetzes wegen am umfangreichsten geschützt. Selbständige unterliegen allenfalls einem nur abgeschwächten Schutz über einzelne arbeitsrechtliche Vorschriften, wenn sie arbeitnehmerähnlich sind oder als Heimarbeiter tätig werden.

A. Arbeitnehmerstatus

Mit Gesetz vom 21. Februar 2017[1] hat der Gesetzgeber erstmals den Begriff des Arbeitsvertrages kodifiziert.[2] Der Arbeitnehmerbegriff wurde nicht direkt definiert, kann aber aus der Regelung des § 611a Abs. 1 BGB abgeleitet werden: Arbeitnehmer verpflichten sich aufgrund eines privatrechtlichen Vertrages dazu, im Dienste eines anderen weisungsgebunden und fremdbestimmt in persönlicher Abhängigkeit zu arbeiten.[3] Die Weisungsbefugnis kann sich auf Inhalt, Durchführung, Zeit und Ort der Tätigkeit beziehen. Wer nicht seine Tätigkeit im Wesentlichen frei gestalten und über seine Arbeitszeit bestimmen kann, ist weisungsgebunden. Die Eigenarten der Tätigkeit sind zu berücksichtigen. Maßgebend ist eine Gesamtbetrachtung aller Umstände des Einzelfalls, bei der es zuvorderst auf die tatsächliche Durchführung des Vertragsverhältnisses ankommt. Neuerungen gegenüber der vor Einführung des § 611a BGB geltenden Rechtslage sollten mit der Vorschrift nicht einhergehen. Ausweislich des Regierungsentwurfes ging es lediglich darum, die bisherige Rechtsprechung unverändert in das Gesetz zu übertragen.[4]

---

[1] Gesetz zur Änderung des Arbeitnehmerüberlassungsgesetzes und anderer Gesetze v. 21.02.2017, BGBl. I, S. 258.
[2] *Preis*, NZA 2018, 817; *Richardi*, NZA 2017, 36; MünchHdB-ArbR/*Schneider*, § 18 Rn. 10; *Wank*, AuR 2017, 140 (141).
[3] Siehe zum arbeitsrechtlichen Status der Crowdworker nach US-amerikanischem Recht *Pacha*, Crowdwork, S. 267, 275–314.
[4] Begründung des RegE AÜG-ÄndG, BT-Drs. 18/9232, 18.

Wie für jeden anderen auch ist der Arbeitnehmerbegriff für Crowdworker „nicht weniger als das Tor zum Arbeitsrecht":[5] Nicht nur der Rechtsweg zu den Arbeitsgerichten (§§ 2 und 5 ArbGG), sondern auch sämtliche arbeitnehmerschützenden Spezialregelungen knüpfen im Kern hieran an. Dies reicht etwa (nicht abschließend) vom Kündigungsschutz (§ 1 KSchG) über den Mindestlohn (§§ 1 Abs. 1, 22 MiLoG), den Schutz vor Benachteiligungen (§ 6 Abs. 1 Satz 1 Nr. 1 AGG) oder den Arbeitszeitschutz (§ 2 Abs. 2 ArbZG) bis hin zur Betriebsverfassung (§ 5 BetrVG), der Entgeltfortzahlung an Feiertagen und im Krankheitsfall (§ 1 Abs. 2 EFZG) oder den gesetzlichen Mindesturlaub (§ 1 BUrlG).

Momentan geht man überwiegend davon aus, dass jedenfalls interne Crowdworker als Arbeitnehmer der Crowdsourcer anzusehen seien.[6] Ist ihr Auftraggeber der Crowdsourcer und fallen die von den Crowdworkern übernommenen Tätigkeiten unter das arbeitsvertragliche Weisungsrecht des Crowdsourcers aus dem (Haupt-) Arbeitsverhältnis, ist dem zuzustimmen, da in diesem Fall von einem einheitlichen Arbeitsverhältnis auszugehen ist. Gehen die von internen Crowdworkern erbrachten Leistungen jedoch über das arbeitsvertragliche Weisungsrecht hinaus oder ist bei der internen indirekten Crowdwork ein von dem Crowdsourcer personenverschiedener Dritter als Auftraggeber der Crowdworker anzusehen, ist eine gesonderte Beurteilung notwendig.[7] Externe Crowdworker sind nach herrschender Auffassung im Schrifttum (regelmäßig) keine Arbeitnehmer.[8]

---

[5] So die Formulierung von MünchHdB-ArbR/*Schneider*, § 18 Rn. 1; siehe auch *Bauschke*, RdA 1994, 209: „definitorisches Eingangstor"; *Waltermann*, RdA 2019, 94 (96): „Eintrittskarte in den Schutzbereich des Arbeitsrechts".

[6] *Däubler/Klebe*, NZA 2015, 1032 (1035); *Klebe*, AuR 2016, 277 (279); *Klebe*, in: Benner, Crowdwork, S. 277 (278); *Klebe/Neugebauer*, AuR 2014, 4; *Neufeld*, AuA 2015, 504 (505); *C. Schubert*, RdA 2018, 200 (202); a. A. *Selzer*, in: Husemann/Wietfeld, Herausforderungen des Arbeitsrechts, S. 27 (41).

[7] Zur gesonderten Beurteilung von Nebentätigkeiten BAG, Urt. v. 27.06.2017 – 9 AZR 852/16, BeckRS 2017, 128539 Rn. 16 – 32; BAG, Urt. v. 27.06.2017 – 9 AZR 851/16, AP BGB § 611 Lehrer, Dozenten Nr. 193 Rn. 15 – 31; *Braun*, DB 2003, 2282; *Hunold*, NZA 1995, 558; Schaub/*Linck*, § 42 Rn. 1.

[8] *Däubler*, Digitalisierung und Arbeitsrecht, § 18 I. 2. Rn. 20, 27, 30; ders., SR-Sonderausgabe Juli 2016, 2 (35 – 37); ders., in: Benner, Crowdwork, S. 243 (246); *Däubler/Klebe*, NZA 2015, 1032 (1034 f.); *Franzen*, in: Giesen/Junker/Rieble, Industrie 4.0, S. 107 (114); *Fuhlrott/Oltmanns*, NJW 2020, 958 (961); *Giesen/Kersten*, Arbeit 4.0, S. 109 f.; *Günther/Böglmüller*, NZA 2015, 1025 (1030); Maschmann/*Heise/Belovitzer*, Kap. 12 III. 2. Rn. 20 – 28; *R. Krause*, Digitalisierung, S. B 104; Sassenberg/Faber/*Neighbour*, Teil 2 G. II. 1. Rn. 11 f.; *Pacha*, Crowdwork, S. 160 – 191; *Raif/Nann*, GWR 2016, 221 (222); *Schramm/Tietgen-Simonsen*, in: Hanau/Matiaske, Entgrenzung von Arbeitsverhältnissen, S. 11 (12 f.); *Selzer*, in: Husemann/Wietfeld, Herausforderungen des Arbeitsrechts, S. 27 (34 – 40); *Thüsing*, SR 2016, 87 (90); *Waas*, in: Waas u. a., Crowdwork, S. 142 (150 – 157); *Walzer*, Arbeitsrechtlicher Schutz der Crowdworker, S. 139 – 145; *Wisskirchen/Schwindling*, ZESAR 2017, 318 (320 – 325); a. A. wohl *Klebe*, AuR 2016, 277 (279 f.), der jedoch ebenfalls die Bedeutung des Einzelfalls betont.

I. Privatrechtlicher Vertrag

Arbeitnehmer werden auf der Grundlage eines privatrechtlichen Vertrages tätig.[9] Traditionell werden über dieses Merkmal etwa Beamte, Richter, Soldaten, Strafgefangene oder Familienangehörige, die aufgrund einer gesetzlichen Verpflichtung tätig werden, aus dem Arbeitnehmerbegriff ausgeklammert.[10] Aber auch Crowdworker, die ihre Leistungen auf Grundlage von Auslobungen oder Preisausschreiben erbringen,[11] können wegen des bloß einseitigen Charakters dieser Rechtsgeschäfte generell nicht als Arbeitnehmer ihrer Auftraggeber eingeordnet werden.

II. Verpflichtung zur Leistung von Diensten

Anderes ergibt sich auch nicht daraus, dass Crowdworker bei der Registrierung auf einer Webseite einen privatrechtlichen Vertrag über die Nutzung der von dem Webseitenbetreiber bereitgestellten Plattform abschließen.[12] Der Nutzungsvertrag ließe sich allenfalls dann als Arbeitsvertrag einordnen, wenn er Crowdworker (ausnahmsweise)[13] zur Leistung von Diensten verpflichten würde.[14] Üblicherweise bilden die Nutzungsverträge jedoch bloß den rechtlichen Rahmen für die gesondert geschlossenen Verträge bezüglich der einzelnen Arbeitsaufgaben, aus denen sich die für die Annahme eines Arbeitsverhältnisses notwendigen Leistungspflichten ergeben können.[15]

Die Pflicht des Arbeitnehmers, „Dienste" zu leisten, unterscheidet den Arbeitsvertrag zudem von anderen Vertragstypen wie dem Werkvertrag oder dem Werklieferungsvertrag. Die Abgrenzung zwischen Arbeitsverträgen und Werkverträgen ist allerdings etwas anders gelagert als die zwischen einem Werkvertrag und einem

---

[9] Zum Arbeitnehmerbegriff siehe unter Kap. 3 A.

[10] Siehe nur BeckOK-ArbR/*Joussen*, § 611a BGB Rn. 9.

[11] Siehe oben unter Kap. 2 A. II. 1., 2.

[12] Zum Nutzungsvertrag siehe oben unter Kap. 2 A. I.

[13] Nach *Pacha*, Crowdwork, S. 165 unter Fn. 717 kann eine Leistungspflicht angenommen werden, wenn eine Plattform die Bearbeitung zu weniger Aufgaben durch die Crowdworker pönalisiert; *Preis/Brose*, Neue Beschäftigungsformen, S. 51.

[14] *Gärtner*, in: Dobreva u. a., Neue Arbeitsformen, S. 159 (165 f.).

[15] *Pacha*, Crowdwork, S. 160 f.; *Preis/Brose*, Neue Beschäftigungsformen, S. 51; *Walzer*, Arbeitsrechtlicher Schutz der Crowdworker, S. 73, 139 f.; dazu, dass Rahmenvereinbarungen, die selbst keine Verpflichtungen zur Erbringung von Dienstleistungen begründen, nicht als Arbeitsverträge angesehen werden können BAG, Urt. v. 15.02.2012 – 10 AZR 111/11, AP BGB § 611 Abhängigkeit Nr. 122 Rn. 15; BAG, Beschl. v. 12.11.2008 – 7 ABR 73/07, AP BetrVG 1972 § 9 Nr. 13 unter B. II. 2. a) aa) der Gründe; BAG, Beschl. v. 07.05.2008 – 7 ABR 17/07, AP BetrVG 1972 § 9 Nr. 12 Rn. 15; BAG, Urt. v. 16.04.2003 – 7 AZR 187/02, BAGE 106, 79 (82) = AP BeschFG 1996 § 4 Nr. 1 unter I. 1. der Gründe; BAG, Urt. v. 31.07.2002 – 7 AZR 181/01, AP TzBfG § 12 Nr. 1 unter B. 1. a) der Gründe; neuerdings sucht das BAG die Lösung allerdings auf Ebene des Weisungsrechts, siehe BAG, Urt. v. 21.05.2019 – 9 AZR 295/18, AP BGB § 611 Abhängigkeit Nr. 131 Rn. 26 f.

freien Dienstvertrag: Freie Dienstverträge unterscheidet von Werkverträgen, dass bei einem Dienstvertrag ein Tätigwerden „an sich" geschuldet wird und gerade nicht (nur) ein konkretes Arbeitsergebnis.[16] Maßgebend ist, wer das Risiko des Erfolgseintritts trägt.[17] Der Arbeitsvertrag hebt sich demgegenüber sowohl vom Werkvertrag als auch vom freien Dienstvertrag durch den Grad der persönlichen Abhängigkeit des Schuldners von seinem Auftraggeber ab.[18] Entgegen einer im Schrifttum vertretenen Auffassung[19] kann der Arbeitnehmerstatus daher nicht allein deshalb abgelehnt werden, weil Crowdworkern regelmäßig eine Erfolgspflicht auferlegt wird.[20] Andernfalls könnten die Auftraggeber allein durch entsprechende vertragliche Formulierungen die zwingenden Rechte zum Schutz der Arbeitnehmer umgehen.[21]

III. Persönliche Abhängigkeit

Crowdworker, die auf Grundlage eines Vertrages tätig werden, sind als Arbeitnehmer einzuordnen, wenn ihre persönliche Abhängigkeit von dem Vertragspartner einen Grad erreicht, wie er typischerweise nur in einem Arbeitsverhältnis anzutreffen ist. Allgemeingültige Aussagen lassen sich nur schwer formulieren. Im Ergebnis entscheiden die Umstände des jeweiligen Einzelfalls. Die nachfolgenden Ausführungen können als Orientierung dienen.

1. Vertragsbezeichnung

Bei der externen indirekten Crowdwork sind die Vertragsbezeichnungen in den AGB der Plattformbetreiber für gewöhnlich von dem Bestreben geleitet, eine

---

[16] BAG, Urt. v. 25.09.2013 – 10 AZR 282/12, BAGE 146, 97 (103) = AP BGB § 611 Abhängigkeit Nr. 126 Rn. 15; BGH, Urt. v. 16.07.2002 – X ZR 27/01, BGHZ 151, 330 (332) = NJW 2002, 3323 (3324); BGH, Urt. v. 19.06.1984 – X ZR 93/83, NJW 1984, 2406 (2406 f.); *Boemke*, RdA 2015, 115 (117).

[17] *Richardi*, in: Stathopoulos u. a., FS Georgiades, S. 349 (355–358).

[18] Siehe nur BAG, Urt. v. 14.06.2016 – 9 AZR 305/15, BAGE 155, 264 (267) = AP BGB § 611 Abhängigkeit Nr. 129 Rn. 15; BAG, Urt. v. 19.11.1997 – 5 AZR 653/96, BAGE 87, 129 (135) = AP BGB § 611 Abhängigkeit Nr. 90 unter I. 1. a) der Gründe; BAG, Urt. v. 09.11.1994 – 7 AZR 217/94, BAGE 78, 252 (256) = AP AÜG § 1 Nr. 18 unter II. 2. der Gründe; speziell zur Abgrenzung zwischen Arbeitsvertrag und Werkvertrag siehe BAG, Urt. v. 25.09.2013 – 10 AZR 282/12, BAGE 146, 97 (103) = AP BGB § 611 Abhängigkeit Nr. 126 Rn. 16; BGH, Urt. v. 25.06.2002 – X ZR 83/00, AP ZPO § 139 Nr. 11 unter I. 2. b) aa) der Gründe; speziell zur Unterscheidung zwischen freiem Dienstvertrag und Arbeitsvertrag siehe BAG, Urt. v. 11.08.2015 – 9 AZR 98/14, AP BGB § 611 Abhängigkeit Nr. 128 Rn. 16.

[19] *Selzer*, in: Husemann/Wietfeld, Herausforderungen des Arbeitsrechts, S. 27 (35).

[20] Ebenso *Pacha*, Crowdwork, S. 163 unter Fn. 707.

[21] *Pacha*, Crowdwork, S. 163 f.

Qualifikation der Crowdworker als Arbeitnehmer zu verhindern.[22] Bei der externen direkten Crowdwork und bei der internen Crowdwork ist die Verwendung vergleichbarer Bestimmungen denkbar. Ausweislich des Gesetzeswortlauts ist die Bezeichnung des Vertragsverhältnisses zwar unerheblich, wenn die tatsächliche Durchführung den Bestand eines Arbeitsverhältnisses erkennen lässt. Im Rahmen der vorzunehmenden Gesamtabwägung kann eine entsprechende vertragliche Bezeichnung allerdings als Indiz für eine selbständige Tätigkeit herangezogen werden.[23] Bezeichnen die Vertragsparteien ihr Vertragsverhältnis ausdrücklich als Arbeitsverhältnis, kommt es auf die tatsächliche Durchführung grundsätzlich nicht mehr an. Den Vertragsparteien steht es kraft ihrer Privatautonomie frei, sich für einen Arbeitsvertrag zu entscheiden. Freien Mitarbeitern die Rechte eines Arbeitnehmers zu gewähren, ist ohne weiteres zulässig.[24] Spätere Wechsel von einem Arbeitsverhältnis zu einem freien Mitarbeiterverhältnis sind nur bei einer klaren und unmissverständlichen Vereinbarung (unter Beachtung des § 623 BGB) möglich.[25]

2. Zeitliches und örtliches Weisungsrecht

a) Zeitliche Weisungsfreiheit

Externe Crowdworker sind in Bezug auf ihre Arbeitszeit nicht an Weisungen ihrer Auftraggeber gebunden.[26] Der Vertragspartner entscheidet zwar, wann er eine

---

[22] So etwa bei Nr. 3 lit. e) AGB AMT (2020) (www.mturk.com/participation-agreement; zul. abgerufen am 23.09.2020); § 1 Nr. 1 AGB Testbirds (Tester) (2016) (www.nest.testbirds.com/terms; zul. abgerufen am 23.09.2020);

[23] BAG, Urt. v. 21.05.2019 – 9 AZR 295/18, AP BGB § 611 Abhängigkeit Nr. 131 Rn. 38; BAG, Urt. v. 21.11.2017 – 9 AZR 117/17, AP BGB § 611 Lehrer, Dozenten Nr. 194 Rn. 30, 44; BAG, Urt. v. 27.06.2017 – 9 AZR 851/16, AP BGB § 611 Lehrer, Dozenten Nr. 193 Rn. 24; BAG, Urt. v. 11.08.2015 – 9 AZR 98/14, AP BGB § 611 Abhängigkeit Nr. 128 Rn. 22; BAG, Urt. v. 09.06.2010 – 5 AZR 332/09, AP BGB § 611 Abhängigkeit Nr. 121 Rn. 19; krit. hierzu *Reinfelder*, RdA 2016, 87 (88), wenn der Leistungsschuldner faktisch keine Wahl hatte, ob er als freier Mitarbeiter oder als Arbeitnehmer tätig wird.

[24] BAG, Beschl. v. 08.09.2015 – 9 AZB 21/15, AP ArbGG 1979 § 5 Nr. 74 Rn. 13; BAG, Urt. v. 18.03.2014 – 9 AZR 694/12, AP TzBfG § 4 Nr. 25 Rn. 19; BAG, Beschl. v. 25.01.2007 – 5 AZB 49/06, AP SGB II § 16 Nr. 1 Rn. 12; BAG, Urt. v. 12.09.1996 – 5 AZR 1066/94, BAGE 84, 108 (113) = AP BGB § 611 Freier Mitarbeiter Nr. 1 unter II. 2. der Gründe; *Lunk/Leder*, NJW 2015, 1577 (1578).

[25] BAG, Beschl. v. 25.01.2007 – 5 AZB 49/06, AP SGB II § 16 Nr. 1 Rn. 12; BAG, Urt. v. 12.09.1996 – 5 AZR 1066/94, BAGE 84, 108 (113 f.) = AP BGB § 611 Freier Mitarbeiter Nr. 1 unter II. 2. der Gründe; *Reinfelder*, RdA 2016, 87 (88).

[26] *Bourazeri*, NZA 2019, 741 (744); *Däubler*, Digitalisierung und Arbeitsrecht, § 18 I. 2. Rn. 20; *ders.*, SR-Sonderausgabe Juli 2016, 2 (35); *Däubler/Klebe*, NZA 2015, 1032 (1034); *Fuhlrott/Oltmanns*, NJW 2020, 958 (961); *Giesen/Kersten*, Arbeit 4.0, S. 109 f.; *Heise*, NZA-Beilage 2019, 100 (103); *Maschmann/Heise/Belovitzer*, Kap. 12 III. 2. a) Rn. 24, 27; *Knitter*, BLJ 2017, 69 (70); *Köhler*, in: Baker McKenzie, Arbeitswelt 4.0, S. 61 (67 f.); *R. Krause*, Digitalisierung, S. B 104; *Sassenberg/Faber/Neighbour*, Teil 2 G. II. 1. Rn. 12; *Pacha*, Crowdwork, S. 166–170, die allerdings eine andere Beurteilung für möglich erachtet, wenn der

Aufgabe vergibt und legt eventuell fest, wie viel Zeit Crowdworker für die Bearbeitung haben.[27] Allein dies unterscheidet ihn jedoch nicht von einem Besteller bei einem Werkvertrag oder einem freien Dienstvertrag.[28] Bei diesen Verträgen kann ebenfalls ein Zeitpunkt vereinbart werden, zu dem die geschuldete Leistung fällig werden soll.[29] Es kommt vielmehr darauf an, ob eine Weisungsbindung bezüglich der Lage der Arbeitszeit, also Beginn und Ende der täglichen Arbeit und der Dauer und Lage der Pausen, besteht.[30] Da externe Crowdworker aber frei darin sind, ob sie sich überhaupt auf eine Aufgabe bewerben,[31] bestimmen sie selbst, wann sie ihre Arbeit aufnehmen.[32] Wann sie ihre Arbeit innerhalb des in der Aufgabenbeschreibung vorgegebenen Zeitraums beenden und wann sie Pausen einlegen, ist ebenfalls allein ihnen überlassen.[33] Abweichende Gestaltungen sind vor allem bei der internen Crowdwork denkbar.

b) Örtliche Weisungsfreiheit

An örtliche Weisungen sind externe Crowdworker ebenso wenig gebunden. Grundsätzlich ist eine örtliche Weisungsbefugnis des Auftraggebers zwar auch denkbar, wenn der Leistungsschuldner seiner Tätigkeit außerhalb betrieblicher Einrichtungen nachgeht. Eine örtliche Weisungsbindung besteht jedoch nur dann, wenn der Leistungsschuldner den Ort seiner Beschäftigung nicht frei wählen kann.[34] Verfügt der gewählte Tätigkeitsort über die erforderlichen technischen Voraussetzungen, also insbesondere einen Internetanschluss, steht es externen Crowdworkern

---

Bearbeitungszeitraum so kurz ist, dass eine freie Zeiteinteilung faktisch nicht möglich ist; *Raiff/Nann*, GWR 2016, 221 (222); *Selzer*, in: Husemann/Wietfeld, Herausforderungen des Arbeitsrechts, S. 27 (38); *Walzer*, Arbeitsrechtlicher Schutz der Crowdworker, S. 56, 142 f.; *Wisskirchen/Schwindling*, ZESAR 2017, 318 (320).

[27] *Däubler/Klebe*, NZA 2015, 1032 (1034 f.); *Felstiner*, BJELL 32 (2011), 143 (175); *Kocher/Hensel*, NZA 2016, 984 (986); *Pacha*, Crowdwork, S. 166; *Walzer*, Arbeitsrechtlicher Schutz der Crowdworker, S. 142.

[28] *Däubler/Klebe*, NZA 2015, 1032 (1034 f.); *Günther/Böglmüller*, NZA 2015, 1025 (1030); *Pacha*, Crowdwork, S. 166; *Walzer*, Arbeitsrechtlicher Schutz der Crowdworker, S. 142.

[29] Siehe hierzu etwa BAG, Urt. v. 13.03.2008 – 2 AZR 1037/06, AP KSchG 1969 § 1 Betriebsbedingte Kündigung Nr. 176 Rn. 22–24; BAG, Urt. v. 09.10.2002 – 5 AZR 405/01, AP BGB § 611 Abhängigkeit Nr. 114 unter II. 2. b) bb) der Gründe; BAG, Urt. v. 22.08.2001 – 5 AZR 502/99, AP BGB § 611 Abhängigkeit Nr. 109 unter II. 2. b) der Gründe; BAG, Urt. v. 27.03.1991 – 5 AZR 194/90, AP BGB § 611 Abhängigkeit Nr. 53 unter III. 4. der Gründe.

[30] *Günther/Böglmüller*, NZA 2015, 1025 (1030); siehe hierzu auch *Wank*, AuR 2017, 140 (146).

[31] *Rio Antas*, in: Benner, Crowdwork, S. 323 (326); *Walzer*, Arbeitsrechtlicher Schutz der Crowdworker, S. 143.

[32] *Walzer*, Arbeitsrechtlicher Schutz der Crowdworker, S. 143; *Warter*, Crowdwork, S. 175.

[33] *Günther/Böglmüller*, NZA 2015, 1025 (1030); *Pacha*, Crowdwork, S. 167.

[34] Siehe BAG, Urt. v. 06.05.1998 – 5 AZR 247/97, AP BGB § 611 Abhängigkeit Nr. 102 unter I. 1. c) der Gründe.

aber frei, wo sie die ausgeschriebenen Aufgaben bearbeiten.[35] Es ist unerheblich, wenn die Aufgaben allein auf den Webseiten der Plattformbetreiber erledigt werden können, den Crowdworkern also gewissermaßen ein „virtueller Arbeitsplatz"[36] vorgegeben wird.[37] Die für Arbeitnehmer typische Weisungsbindung besteht nur, wenn der Auftraggeber einen physischen Arbeitsort vorgeben kann.[38] Bei der internen Crowdwork ist eine örtliche Weisungsbindung demgegenüber vorstellbar.

c) Relativierung von zeitlicher und örtlicher Weisungsfreiheit

Bei neuartigen Arbeitsmodellen wie der Gleitzeit, dem Home-Office oder der Telearbeit ist die Bedeutung der zeitlichen und der örtlichen Weisungsfreiheit oder -bindung allerdings zumindest geschmälert.[39] Typische Arbeitsverhältnisse kennzeichnen sich heute weniger als früher durch eine Tätigkeit in den Betriebsräumen des Arbeitgebers bei einer festen Arbeitszeit. Bei der Telearbeit etwa besteht zwar eine telekommunikative Anbindung an die Betriebsstätte des Auftraggebers. Die geschuldeten Leistungen erbringen Telearbeiter jedoch mit Hilfe informationstechnischer Arbeitsmittel außerhalb der Betriebsstätte.[40] Es ist auch denkbar, dass der Mitarbeiter an einem von ihm gewählten Ort tätig wird, ohne dass er gleichzeitig einen Arbeitsplatz in den Räumlichkeiten des Auftraggebers hat.[41] Ob interne Crowdworker als Telearbeiter anzusehen sind, ist eine Frage des jeweiligen Einzelfalls. Externe Crowdworker sind jedenfalls als Telearbeiter einzuordnen.[42] Es ist unschädlich, dass sie nie auch nur einen Fuß in den Betrieb des Vertragspartners setzen. Eine Eingliederung in die Arbeitsorganisation des Vertragspartners ist nicht

---

[35] *Däubler*, Digitalisierung und Arbeitsrecht, § 18 I. 2. Rn. 20; *ders.*, SR-Sonderausgabe Juli 2016, 2 (35); *Däubler/Klebe*, NZA 2015, 1032 (1034); *Fuhlrott/Oltmanns*, NJW 2020, 958 (961); *Giesen/Kersten*, Arbeit 4.0, S. 109 f.; *Günther/Böglmüller*, NZA 2015, 1025 (1030); *Heise*, NZA-Beilage 2019, 100 (103); Maschmann/*Heise/Belovitzer*, Kap. 12 III. 2. a) Rn. 24, 27; *Knitter*, BLJ 2017, 69 (70); *Köhler*, in: Baker McKenzie, Arbeitswelt 4.0, S. 61 (67); Sassenberg/Faber/*Neighbour*, Teil 2 G. II. 1. Rn. 12; *Pacha*, Crowdwork, S. 170; *Selzer*, in: Husemann/Wietfeld, Herausforderungen des Arbeitsrechts, S. 27 (38); *Walzer*, Arbeitsrechtlicher Schutz der Crowdworker, S. 56, 143; *Wisskirchen/Schwindling*, ZESAR 2017, 318 (320).

[36] Zum Begriff des „virtuellen Arbeitsplatzes" bereits *Haupt/Wollenschläger*, NZA 2001, 289 (290).

[37] *Pacha*, Crowdwork, S. 170–172.

[38] *Pacha*, Crowdwork, S. 171 f.; in diese Richtung wohl auch *Wank*, NZA 1999, 225 (231).

[39] *Pacha*, Crowdwork, S. 170, 172; *Peter*, DB 1998, 573 (574); *Reinecke*, NZA-RR 2016, 393 (396); ebenso zum sozialversicherungsrechtlichen Beschäftigtenbegriff des § 7 SGB IV: SG Augsburg, Urt. v. 24.02.2017 – S 4 R 1035/14, BeckRS 2017, 102603 Rn. 40.

[40] Zum Begriff der Telearbeit siehe etwa *Kappus*, Telearbeit, S. 5; *Kilian/Borsum/Hoffmeister*, NZA 1987, 401 (403); *dies.*, Telearbeit und Arbeitsrecht, S. 4; *Lenk*, Telearbeit, S. 25; *Wedde*, Entwicklung der Telearbeit, S. 9.

[41] *Kilian/Borsum/Hoffmeister*, Telearbeit und Arbeitsrecht, S. 6; *Lenk*, Telearbeit, S. 28 f.; *Wedde*, Entwicklung der Telearbeit, S. 22 f.

[42] *Selzer*, in: Husemann/Wietfeld, Herausforderungen des Arbeitsrechts, S. 27 (38 f.), nach dem es sich jedoch lediglich „regelmäßig" um Telearbeit handeln soll.

notwendig. Die Eingliederung spielt nur bei der Bestimmung eine Rolle, ob es sich bei der in Rede stehenden Rechtsbeziehung um ein Arbeitsverhältnis oder um eine selbständige Tätigkeit handelt. Telearbeit kann aber sowohl von Selbständigen als auch von Arbeitnehmern verübt werden.[43] Entscheidend ist, dass Crowdworker ihrer Tätigkeit an einem Computer oder einem anderen internetfähigen Gerät wie einem Laptop, Tablet oder Smartphone nachgehen und über das Internet eine Anbindung an den Vertragspartner besteht. Betreibt der Crowdsourcer selbst die Internetplattform oder schließen Crowdworker bei der internen oder der externen indirekten Crowdwork den Vertrag über eine Aufgabe mit dem Plattformbetreiber, zeigt sich die Anbindung bereits darin, dass sie ihre Arbeitsergebnisse direkt an ihren Vertragspartner übergeben. Unerheblich ist, dass die Webseitenbetreiber die Ergebnisse anschließend an die Crowdsourcer weiterleiten. Kontrahieren Crowdworker bei der internen oder der externen indirekten Crowdwork mit den Crowdsourcern, kann eine Anbindung an den Auftraggeber ebenfalls nicht verneint werden. Die Verbindungslinie wird nicht dadurch durchtrennt, dass sie lediglich über die Webseite eines Dritten hergestellt wird.

3. Inhaltliches Weisungsrecht

Gehobene Bedeutung erlangt das Recht des Auftraggebers, inhaltliche Weisungen zu erteilen. Bloße Vorgaben zum Leistungsergebnis genügen jedoch nicht, um auf ein derartiges Weisungsrecht zu schließen. Auch bei selbständig ausgeübten Tätigkeiten konkretisiert der Besteller den Leistungsinhalt.[44] Mit dem arbeitsvertraglichen Weisungsrecht konkretisiert der Arbeitgeber demgegenüber die Art und Weise, wie die geschuldete Leistung zu erbringen ist.[45] Nicht notwendig ist, dass das Weisungsrecht ständig ausgeübt wird. Maßgebend ist vielmehr, ob erteilte Weisungen befolgt werden würden.[46]

a) Berücksichtigung der Qualität der Aufgabenstellung

Die Weisungsbindung ist nicht per se ausgeschlossen, wenn Crowdworker einer höherqualifizierten Tätigkeit wie etwa der Entwicklung einer neuen Software oder

---

[43] *Peter*, DB 1998, 573 (574); *Simon/Kuhne*, BB 1987, 201 (202); *Wank*, NZA 1999, 225 (230).

[44] BAG, Urt. v. 14.06.2016 – 9 AZR 305/15, BAGE 155, 264 (270f.) = AP BGB § 611 Abhängigkeit Nr. 129 Rn. 26.

[45] BAG, Urt. v. 14.06.2016 – 9 AZR 305/15, BAGE 155, 264 (271) = AP BGB § 611 Abhängigkeit Nr. 129 Rn. 26; *Wank*, AuR 2017, 140 (146).

[46] BAG, Beschl. v. 25.01.2007 – 5 AZB 49/06, AP SGB II § 16 Nr. 1 Rn. 12; BAG, Urt. v. 12.09.1996 – 5 AZR 1066/94, BAGE 84, 108 (113) = AP BGB § 611 Freier Mitarbeiter Nr. 1 unter II.2. der Gründe; *Wank*, AuR 2017, 140 (147).

der Erstellung eines juristischen Gutachtens nachgehen.[47] Werden bei solchen Aufgaben keine Weisungen erteilt, ist dies nicht zwingend auf das Fehlen einer Weisungsbefugnis zurückzuführen. Eine mangelnde Weisungserteilung kann auch daher rühren, dass dem Vertragspartner das erforderliche Know-how fehlt, um steuernd auf die Aufgabenbearbeitung einzuwirken.[48]

Bei untergeordneten und einfacheren Tätigkeiten geht die Rechtsprechung demgegenüber eher von einer Weisungsbindung aus als bei gehobeneren Aufträgen.[49] Da bei solchen Aufgaben von vornherein bloß ein geringer Gestaltungsspielraum bestünde, würden schon wenige organisatorische Weisungen ausreichen, um die Annahme einer im Wesentlichen freien Tätigkeitsgestaltung auszuschließen.[50] Allerdings werden bei sehr einfachen Aufgaben zumeist keine Weisungen erteilt.[51] Schafft der Webseitenbetreiber die technischen Voraussetzungen für eine Kommunikation zwischen den Crowdworkern und ihrem Auftraggeber, ist die Erteilung von Weisungen zwar grundsätzlich denkbar. Gerade bei untergeordneten Aufgaben steht aber ohnehin fest, was von den Crowdworkern verlangt wird.[52] Da die Auftraggeber üblicherweise nicht dazu verpflichtet sind, Anfragen von Crowdworkern zu beantworten,[53] werden Weisungen oft aus betriebswirtschaftlichen Gründen nicht erteilt.[54] Weisungen werden daher vermehrt nur bei anspruchsvolleren Aufgaben ausgesprochen.[55]

---

[47] Allgemein hierzu BAG, Urt. v. 30.09.1998 – 5 AZR 563/97, BAGE 90, 36 (47) = AP BGB § 611 Abhängigkeit Nr. 103 unter I. der Gründe; BAG, Urt. v. 13.11.1991 – 7 AZR 31/91, AP BGB § 611 Abhängigkeit Nr. 60 unter III. 5. d) cc) der Gründe; BAG, Urt. v. 27.07.1961 – 2 AZR 255/60, BAGE 11, 225 (227 f.) = NJW 1961, 2085.

[48] BAG, Urt. v. 27.07.1961 – 2 AZR 255/60, BAGE 11, 225 (227) = NJW 1961, 2085; *Hromadka*, NZA 1997, 569 (576).

[49] BAG, Urt. v. 30.09.1998 – 5 AZR 563/97, BAGE 90, 36 (47) = AP BGB § 611 Abhängigkeit Nr. 103 unter I. der Gründe sowie BAG, Urt. v. 16.07.1997 – 5 AZR 312/96, BAGE 86, 170 (175) = AP BGB § 611 Zeitungsausträger Nr. 4 unter I. der Gründe, wobei das Gericht jedoch nicht direkt auf die Weisungsbindung, sondern auf das Merkmal der Eingliederung in eine fremde Arbeitsorganisation abstellt.

[50] BAG, Urt. v. 16.07.1997 – 5 AZR 312/96, BAGE 86, 170 (175) = AP BGB § 611 Zeitungsausträger Nr. 4 unter I. der Gründe.

[51] Siehe hierzu zur externen Crowdwork *Däubler*, SR-Sonderausgabe Juli 2016, 2 (35 f.); *Pacha*, Crowdwork, S. 173; *Waas*, in: Waas u. a., Crowdwork, S. 142 (156); *Warter*, Crowdwork, S. 177; ohne Differenzierung nach der Komplexität der Aufgaben *Heise*, NZA-Beilage 2019, 100 (103); a. A. wohl Arnold/Günther/*Lingemann*/Chakrabarti, Kap. 2 C. IV. 2. Rn. 90.

[52] *Waas*, in: Waas u. a., Crowdwork, S. 142 (154).

[53] *Irani/Silberman*, in: Benner, Crowdwork, S. 131 (143) zur externen indirekten Crowdwork.

[54] *Irani/Silberman*, in: Benner, Crowdwork, S. 131 (143 f.) wiederum zur externen indirekten Crowdwork.

[55] So zur externen Crowdwork *Däubler*, SR-Sonderausgabe Juli 2016, 2 (36); a. A. wohl Arnold/Günther/*Lingemann*/Chakrabarti, Kap. 2 C. IV. 2. Rn. 90.

b) Vorwegnahme von Weisungen in der Leistungsbeschreibung

Nicht selten legen die Auftraggeber bereits in der Aufgabenbeschreibung detailliert und abschließend fest, welche Leistungen wie zu erbringen sind. Ergänzende Weisungen werden dadurch obsolet.[56] Nach der Rechtsprechung des BAG und des BGH deuten sehr detaillierte, die Freiheit eines Mitarbeiters erheblich begrenzende Leistungsbeschreibungen auf eine persönliche Abhängigkeit des Leistungserbringers hin.[57] Nach einer anderen Auffassung lasse sich eine detaillierte Leistungsbeschreibung nicht mit der wiederholten Erteilung von Weisungen vergleichen:[58] Während der Leistungsschuldner „echten" Weisungen einfach ausgesetzt würde, stimme er deren Vorwegnahme bei Vertragsschluss zumindest zu. Das Schutzbedürfnis unterscheide sich dabei maßgeblich.

Auch die Vertreter der zweiten Ansicht müssen allerdings anerkennen, dass die Vertragsgestaltung regelmäßig nicht auf einer freien Entscheidung der Leistungserbringer beruht, sondern sie den Auftraggebern bei den Vertragsverhandlungen nicht selten unterlegen sind und sich deren (einseitigen) Vorgaben beugen müssen.[59] Ihre Entscheidungsfreiheit beschränkt sich vielfach auf das „Ob" eines Vertragsschlusses zu den von dem wirtschaftlich stärkeren Auftraggeber gestellten Bedingungen. Beließe man es dabei, die Vorwegnahme von Weisungen im Vertrag der Weisungserteilung nicht gleichzustellen, könnten die Auftraggeber die zwingenden Rechte zum Schutz von Arbeitnehmern durch geschickte vertragliche Formulierungen umgehen.[60] Es kann keinen Unterschied machen, ob der Vertragspartner den Leistungserbringer während der Vertragsdurchführung laufend anleitet oder ob er andernfalls erforderliche Weisungen bereits bei Vertragsschluss vorwegnimmt.[61]

---

[56] Zur externen Crowdwork *Däubler/Klebe*, NZA 2015, 1032 (1034); *Fuhlrott/Oltmanns*, NJW 2020, 958 (961); Arnold/Günther/*Lingemann/Chakrabarti*, Kap. 2 C.IV. 2. Rn. 88; *Pacha*, Crowdwork, S. 173 f.; *Warter*, Crowdwork, S. 177.

[57] BAG, Urt. v. 15.02.2012 – 10 AZR 111/11, AP BGB § 611 Abhängigkeit Nr. 122 Rn. 14; BAG, Urt. v. 30.09.1998 – 5 AZR 563/97, BAGE 90, 36 (50) = AP BGB § 611 Abhängigkeit Nr. 103 unter IV. 2. der Gründe; BAG, Urt. v. 19.11.1997 – 5 AZR 653/96, BAGE 87, 129 (135) = AP BGB § 611 Abhängigkeit Nr. 90 unter I. 1. a) der Gründe; BGH, Beschl. v. 16.10.2002 – VIII ZB 27/02, NJW-RR 2003, 277 (280); BGH, Beschl. v. 27.01.2000 – III ZB 67/99, NJW-RR 2000, 1436 (1437); BGH, Beschl. v. 21.10.1998 – VIII ZB 54/97, NJW 1999, 648 (649); a. A. wohl wieder bei BAG, Urt. v. 11.08.2015 – 9 AZR 98/14, AP BGB § 611 Abhängigkeit Nr. 128 Rn. 23 sowie noch bei BAG, Urt. v. 13.11.1991 – 7 AZR 31/91, AP BGB § 611 Abhängigkeit Nr. 60 LS 1 c); BAG, Beschl. v. 30.10.1991 – 7 ABR 19/91, AP BGB § 611 Abhängigkeit Nr. 59 LS.

[58] Dazu und zur nachfolgenden Argumentation *Waas*, in: Waas u. a., Crowdwork, S. 142 (154) sowie *Walzer*, Arbeitsrechtlicher Schutz der Crowdworker, S. 141 f.; siehe aber auch *Lunk/Leder*, NJW 2015, 1577 (1578); *C. Schubert*, RdA 2018, 200 (203).

[59] *Pacha*, Crowdwork, S. 175; *Reinecke*, NZA-RR 2016, 393 (399); so auch die Einsicht von *Waas*, in: Waas u. a., Crowdwork, S. 142 (154).

[60] *Bauschke*, RdA 1994, 209 (212); *Pacha*, Crowdwork, S. 175; tendenziell auch *Däubler*, SR-Sonderausgabe Juli 2016, 2 (36).

[61] *Bauschke*, RdA 1994, 209 (212); *Pacha*, Crowdwork, S. 175; *Wank*, AuR 2017, 140 (147).

Kann eine detaillierte vertragliche Leistungsbeschreibung auf eine persönliche Abhängigkeit von Crowdworkern hindeuten,[62] wird man zu fragen haben, wie präzise die Leistung beschrieben sein muss, um mit dem Ausspruch von Weisungen gleichgestellt werden zu können.[63] Abstrakte Leitlinien lassen sich nur schwer formulieren. Nicht notwendig ist jedenfalls, dass von der Gestaltungsfreiheit des Leistungsschuldners nichts mehr übrig bleibt. Ob der erforderliche Detaillierungsgrad erreicht wird, hängt entscheidend von Art und Gegenstand der konkreten Aufgabe ab: Sehr einfache Aufträge können potenziell leichter konkretisiert werden als komplexe Aufgaben.[64]

Bei einfacheren Aufgaben wird allerdings öfter aus wirtschaftlichen Gründen auf eine eingehende Konkretisierung der Aufgabenstellung verzichtet werden. Werden einfache Aufgaben des gleichen Typs bloß in geringer Zahl ausgeschrieben, lohnt es sich für den Auftraggeber eher, die Arbeit selbst zu erledigen. Da diese Aufträge auch mit einer oberflächlicheren Beschreibung richtig erledigt werden können, ist es zudem möglicherweise sinnvoller, dieselbe Aufgabe mehrfach zu vergeben und auf nur ein einziges brauchbares Ergebnis zu hoffen, als zu viel Zeit in eine fehlerausschließende Konkretisierung zu investieren. Bei einer massenhaften Vergabe miteinander vergleichbarer einfacher Aufgaben kann der Nutzen einer detaillierten Leistungsbeschreibung die entstehenden Kosten eher rechtfertigen.

4. Eingliederung in die Arbeitsorganisation des Vertragspartners

Sollten Crowdworker in die Arbeitsorganisation ihres Vertragspartners eingegliedert werden, deutet dies auf eine persönliche Abhängigkeit hin.[65] Für eine

---

[62] So speziell für Crowdworker auch *Pacha*, Crowdwork, S. 175 f., die allerdings die grundsätzliche Frage, ob eine Vorwegnahme von Weisungen im Vertrag für die persönliche Abhängigkeit eines Leistungserbringers spricht, offen lässt; a. A. wohl bei *Däubler/Klebe*, NZA 2015, 1032 (1035).

[63] Diese Frage wird auch aufgeworfen bei *Waas*, in: Waas u. a., Crowdwork, S. 142 (153 f.).

[64] Allgemein hierzu *Reinecke*, NZA-RR 2016, 393 (399).

[65] Siehe nur BAG, Urt. v. 14.06.2016 – 9 AZR 305/15, BAGE 155, 264 (271) = AP BGB § 611 Abhängigkeit Nr. 129 Rn. 27; BAG, Urt. v. 25.09.2013 – 10 AZR 282/12, BAGE 146, 97 (106) = AP BGB § 611 Abhängigkeit Nr. 126 Rn. 22 f.; BAG, Urt. v. 13.08.1980 – 4 AZR 592/78, AP BGB § 611 Abhängigkeit Nr. 37 unter Gründe; BAG, Urt. v. 07.05.1980 – 5 AZR 293/78, AP BGB § 611 Abhängigkeit Nr. 35 unter 3.a) der Gründe. Die Grenzen zur Weisungsbindung sind mitunter unklar, weshalb auch die Rechtsprechung die Eingliederung aus der Weisungsbindung (aber nicht nur hieraus) abgeleitet hat, siehe BAG, Urt. v. 30.11.1994 – 5 AZR 704/93, BAGE 78, 343 (347 f.) = AP BGB § 611 Abhängigkeit Nr. 74 unter B. I. 1. der Gründe; BAG, Urt. v. 13.01.1983 – 5 AZR 149/82, BAGE 41, 247 (253 f.) = AP BGB § 611 Abhängigkeit Nr. 42 unter B. II. 1. der Gründe. Nach *Boemke*, RdA 2015, 115 (117) beschreibt die Eingliederung nichts anderes als die arbeitsrechtliche Weisungsgebundenheit. In der Begriffsbestimmung des § 611a Abs. 1 BGB findet sich das Merkmal der Eingliederung nicht unmittelbar wieder, allerdings wird teilweise davon ausgegangen, dass sich die dort angesprochene Fremdbestimmung in der Eingliederung zeige, siehe *Wank*, AuR 2017, 140 (143)

Eingliederung spricht etwa, wenn sie ihre Arbeitsmittel von dem Auftraggeber gestellt bekommen,[66] in die betrieblichen Arbeitsabläufe des Vertragspartners eingebunden werden oder auf eine ständige Zusammenarbeit mit dessen Beschäftigten angewiesen sind[67]. Auch kann berücksichtigt werden, ob sie zur Teilnahme an Schulungen oder Fortbildungsveranstaltungen des Auftraggebers verpflichtet sind.[68]

a) Verwendung eigener oder fremder Arbeitsmittel

Gegen eine Eingliederung in die Arbeitsorganisation der Plattformbetreiber oder der Crowdsourcer ließe sich zunächst anführen, dass jedenfalls externe Crowdworker ihre Aufgaben überwiegend mit eigenen Arbeitsmitteln[69] erledigen.[70] Bei der internen Crowdwork ist es eher denkbar, dass die Arbeitsmittel einmal von dem Auftraggeber gestellt werden. Da die von Crowdworkern bearbeiteten Aufgaben über das Internet vergeben, nur an einem internetfähigen Endgerät erledigt und die Arbeitsergebnisse nur über die Plattformen eingereicht werden können, sind Crowdworker notwendigerweise auf den Besitz eines entsprechenden Gerätes und eine Internetverbindung angewiesen. Unerheblich ist, ob die Arbeitsgeräte in ihrem Eigentum stehen oder ob sie selbst die Kosten der Internetanbindung tragen. Maßgebend ist allein, ob die Arbeitsmittel vom Vertragspartner gestellt werden. Nur

---

sowie ErfK/*Preis*, § 611a BGB Rn. 41, nach dem die beiden Begriffe jedoch nicht synonym zu verwenden seien.

[66] BAG, Urt. v. 14.06.2016 – 9 AZR 305/15, BAGE 155, 264 (271) = AP BGB § 611 Abhängigkeit Nr. 129 Rn. 27; BAG, Urt. v. 15.03.1978 – 5 AZR 819/76, AP BGB § 611 Abhängigkeit Nr. 26 unter B. II. 2. b) der Gründe sowie ErfK/*Preis*, § 611a BGB Rn. 41 zur Fremdbestimmung; a. A. *Boemke*, RdA 2015, 115 (117).

[67] BAG, Urt. v. 14.06.2016 – 9 AZR 305/15, BAGE 155, 264 (271) = AP BGB § 611 Abhängigkeit Nr. 129 Rn. 27; unklar, ob dies Bestandteil der Eingliederung ist, bei BAG, Urt. v. 11.08.2015 – 9 AZR 98/14, AP BGB § 611 Abhängigkeit Nr. 128 Rn. 29; bei BAG, Urt. v. 13.08.1980 – 4 AZR 592/78, AP BGB § 611 Abhängigkeit Nr. 37 unter Gründe sowie bei BAG, Urt. v. 16.08.1977 – 5 AZR 290/76, AP BGB § 611 Abhängigkeit Nr. 23 unter I. 1. a) der Gründe u. BAG, Urt. v. 09.03.1977 – 5 AZR 110/76, AP BGB § 611 Abhängigkeit Nr. 21 unter 2. c) der Gründe wird die Notwendigkeit einer ständigen Zusammenarbeit als gesondertes Kriterium neben der Eingliederung in den Betrieb des Auftraggebers genannt; BAG, Urt. v. 15.03.1978 – 5 AZR 819/76, AP BGB § 611 Abhängigkeit Nr. 26 unter B. II. 2. b) der Gründe zur Fremdbestimmtheit.

[68] In diese Richtung auch LAG Nürnberg, Urt. v. 26.01.1999 – 7 Sa 658/98, ZIP 1999, 769 (771); ArbG Nürnberg, Urt. v. 31.07.1996 – 2 Ca 4546/95, NZA 1997, 37 (39); *Hopt*, DB 1998, 863 (865).

[69] *Fuhlrott/Oltmanns*, NJW 2020, 958 (961 f.); *Maschmann/Heise/Belovitzer*, Kap. 12 III. 2. a) Rn. 24; *Kocher/Hensel*, NZA 2016, 984 (987); *Sassenberg/Faber/Neighbour*, Teil 2 G. II. 1. Rn. 12; *Pacha*, Crowdwork, S. 180; *Preis/Brose*, Neue Beschäftigungsformen, S. 28; *Ruland*, NZS 2019, 681 (691); *Walzer*, Arbeitsrechtlicher Schutz der Crowdworker, S. 56 f., 143 f.; auch *Günther/Böglmüller*, NZA 2015, 1025 (1030) bemerken, dass Crowdworker nicht immer eigene Arbeitsmittel bereithalten.

[70] *Pacha*, Crowdwork, S. 180; *Walzer*, Arbeitsrechtlicher Schutz der Crowdworker, S. 143 f.

wenn sie von dem Auftraggeber gestellt werden, können sie als Anzeichen für eine persönliche Abhängigkeit von dem Vertragspartner gewertet werden.

Man wird aber zu berücksichtigen haben, dass Crowdworker ihre eigenen, nicht von dem Vertragspartner gestellten Arbeitsmittel regelmäßig nicht speziell zu Arbeitszwecken anschaffen. Die zur Aufgabenbearbeitung verwendeten Endgeräte dienen oftmals zugleich der „allgemeinen Lebensführung" und werden „auch von Arbeitnehmern auf eigene Kosten vorgehalten".[71] Beachtet man zudem, dass die Verwendung etwa des eigenen Computers oder der eigenen Internetverbindung zu Betriebszwecken auch unter Arbeitnehmern weit verbreitet ist, kann daraus nur schwer auf die arbeitsrechtliche Stellung der Crowdworker geschlossen werden.[72]

Anderes kann allerdings für Aufgaben (insbesondere in der Softwareentwicklung oder im Designbereich) gelten, deren sachgerechte Bearbeitung weitere, über die allgemeine Lebensführung hinausgehende, Arbeitsmittel erfordert. Benötigen Crowdworker etwa besondere Programme und werden diese von dem Vertragspartner gestellt, kann dies auf eine persönliche Abhängigkeit hindeuten. Bringen sie die Programme selbst ein, spricht dies für eine selbständige Tätigkeit. Zu beachten ist aber, dass die Bearbeitung kreativer Aufgaben maßgeblich durch das besondere Know-how der Crowdworker geprägt ist und die verwendeten Arbeitsmittel daher im Kreativbereich beziehungsweise allgemein bei geistigen Tätigkeiten an Bedeutung verlieren.[73]

Keine Rolle spielt es zudem, dass Crowdworker ihre Leistungen ohne die Arbeitnehmer und die Webseiten der Plattformbetreiber nicht erbringen könnten.[74] Es ist unerheblich, dass Crowdworker auf die Infrastruktur der Plattformbetreiber, also etwa deren Programme, Server und Mitarbeiter angewiesen sind, um Aufgaben bearbeiten zu können.

b) Einbindung in fremde Arbeitsabläufe

Ob Crowdworker in die Arbeitsabläufe des Auftraggebers eingebunden werden, richtet sich zuvorderst danach, ob den Crowdworkern die Verfügungsmöglichkeit über ihre eigene Arbeitskraft verbleibt. Wird ihnen eine ständige Dienstbereitschaft abverlangt, spricht dies für eine persönliche Abhängigkeit.[75] Von einer ständigen

---

[71] Siehe zu dieser Argumentation die sozialgerichtliche Rechtsprechung, BSG, Urt. v. 30.10.2013 – B 12 KR 17/11 R, BeckRS 2014, 66942 Rn. 38 zu § 7 Abs. 1 SGB IV.
[72] Ähnlich zum sozialversicherungsrechtlichen Beschäftigtenbegriff LSG Baden-Württemberg, Urt. v. 30.07.2014 – L 5 R 3157/13, BeckRS 2014, 72689 unter II. 2. der Gründe; LSG Baden-Württemberg, Urt. v. 09.04.2014 – L 5 R 2000/13, BeckRS 2014, 72687 unter II.2. der Gründe; a. A. wohl *Preis/Brose*, Neue Beschäftigungsformen, S. 28.
[73] *Günther/Böglmüller*, NZA 2015, 1025 (1030).
[74] Allgemein hierzu LAG Rheinland-Pfalz, Urt. v. 18.09.2008 – 2 Sa 349/08, BeckRS 2009, 53359 unter II. der Gründe; i. E. ebenso *Pacha*, Crowdwork, S. 181.
[75] Siehe etwa BAG, Urt. v. 17.04.2013 – 10 AZR 272/12, BAGE 145, 26 (31) = AP BGB § 611 Abhängigkeit Nr. 125 Rn. 18; BAG, Urt. v. 15.02.2012 – 10 AZR 301/10, AP BGB § 611

Dienstbereitschaft ist etwa auszugehen, wenn der Vertragspartner die Crowdworker ohne vorherige Absprache in seine Dienstpläne einbinden[76] beziehungsweise ihnen Aufgaben einseitig zuweisen kann[77]. Crowdworker können jedoch grundsätzlich selbst entscheiden, ob und welche Aufgaben sie bearbeiten möchten.[78] Sie können regelmäßig auf mehreren Plattformen und für verschiedene Crowdsourcer tätig werden, ohne dass ihnen die Tätigkeit für weitere Auftraggeber vertraglich verwehrt wäre. Ob sie ihre Arbeitskraft tatsächlich mehreren Personen anbieten, ist nicht von Bedeutung.[79]

c) Ständige Zusammenarbeit mit Beschäftigten des Auftraggebers

Auf eine ständige Zusammenarbeit mit den Beschäftigten der Crowdsourcer oder der Plattformbetreiber sind (jedenfalls externe) Crowdworker nicht angewiesen.[80] Auch wenn auf einzelnen Plattformen die Möglichkeit besteht, die von anderen Crowdworkern eingereichten Arbeitsergebnisse einzusehen und weiterzuentwickeln, ist dies nicht mit einem arbeitsteiligen Zusammenwirken gleichzusetzen.[81]

Abhängigkeit Nr. 123 Rn. 17 u. BAG, 13.04.2007 – 5 AZR 499/06, AP BGB § 611 Arbeitnehmerähnlichkeit Nr. 13 Rn. 28, wonach die ständige Dienstbereitschaft jedoch Bestandteil der zeitlichen Weisungsbindung sei; BAG, Urt. v. 22.04.1998 – 5 AZR 191/97, AP BGB § 611 Abhängigkeit Nr. 96 unter II. 2. der Gründe; BAG, Urt. v. 19.11.1997 – 5 AZR 653/96, BAGE 87, 129 (140) = AP BGB § 611 Abhängigkeit Nr. 90 unter I. 3. c) der Gründe; BAG, Urt. v. 30.11.1994 – 5 AZR 704/93, BAGE 78, 343 (352 f.) = AP BGB § 611 Abhängigkeit Nr. 74 unter B. II. 2. b) (3) der Gründe; BAG, Urt. v. 07.05.1980 – 5 AZR 293/78, AP BGB § 611 Abhängigkeit Nr. 35 unter 3. d) der Gründe, wo die ständige Dienstbereitschaft allerdings nicht als Ausprägung der Eingliederung in eine fremdbestimmte Arbeitsorganisation gesehen wird; BAG, Urt. v. 09.03.1977 – 5 AZR 110/76, AP BGB § 611 Abhängigkeit Nr. 21 unter 2. b) der Gründe.

[76] Nach BAG, Urt. v. 17.04.2013 – 10 AZR 272/12, BAGE 145, 26 (31) = AP BGB § 611 Abhängigkeit Nr. 125 Rn. 18 ist dies dagegen kein Bestandteil der ständigen Dienstbereitschaft; wie hier BAG, Urt. v. 15.02.2012 – 10 AZR 301/10, AP BGB § 611 Abhängigkeit Nr. 123 Rn. 17 sowie BAG, 13.04.2007 – 5 AZR 499/06, AP BGB § 611 Arbeitnehmerähnlichkeit Nr. 13 Rn. 28; unklar, ob dies Ausdruck einer ständigen Dienstbereitschaft sein soll, noch bei BAG, Urt. v. 22.04.1998 – 5 AZR 191/97, AP BGB § 611 Abhängigkeit Nr. 96 unter II. 2. der Gründe; BAG, Urt. v. 30.11.1994 – 5 AZR 704/93, BAGE 78, 343 (353) = AP BGB § 611 Abhängigkeit Nr. 74 unter B. II. 2. b) (3) der Gründe.

[77] Bei BAG, Urt. v. 17.04.2013 – 10 AZR 272/12, BAGE 145, 26 (31) = AP BGB § 611 Abhängigkeit Nr. 125 Rn. 18 sowie BAG, Urt. v. 15.02.2012 – 10 AZR 301/10, AP BGB § 611 Abhängigkeit Nr. 123 Rn. 17 u. BAG, Urt. v. 22.04.1998 – 5 AZR 191/97, AP BGB § 611 Abhängigkeit Nr. 96 unter II. 2. der Gründe stellt das Gericht die einseitige Aufgabenzuweisung der ständigen Dienstbereitschaft gegenüber.

[78] Siehe nur *C. Schubert*, RdA 2018, 200 (204) zur externen Crowdwork.

[79] BAG, Urt. v. 30.09.1998 – 5 AZR 563/97, BAGE 90, 36 (52) = AP BGB § 611 Abhängigkeit Nr. 103 unter IV. 3. b) der Gründe.

[80] *Pacha*, Crowdwork, S. 186 f.

[81] *Pacha*, Crowdwork, S. 186.

A. Arbeitnehmerstatus

d) Notwendigkeit der Durchführung von Qualifizierungsmaßnahmen

Crowdworker sind regelmäßig nicht dazu verpflichtet, an Fortbildungen oder Schulungen der Crowdsourcer oder der Plattformbetreiber teilzunehmen. Mit der Teilnahme an Schulungsveranstaltungen ist es zwar möglicherweise vergleichbar, wenn Crowdworker auf einer Plattform bestimmte Qualifizierungsmaßnahmen durchlaufen müssen bevor sie mit der eigentlichen Aufgabenbearbeitung beginnen können. Allerdings können für gewöhnlich weder die Crowdsourcer noch die Plattformbetreiber die Durchführung solcher Maßnahmen von den Crowdworkern verlangen. Nicht anders als freie Dienst- oder Werkunternehmer sind Crowdworker selbst für die zur Aufgabenbearbeitung notwendige Qualifikation verantwortlich.[82]

5. Kontrollmechanismen

a) Kontrollen während der Aufgabenbearbeitung

Crowdworker können zudem persönlich abhängig sein, wenn sie ihr Vertragspartner im Zuge der Aufgabenbearbeitung laufend kontrolliert,[83] um notwendigenfalls über Weisungen auf die Leistungserbringung einzuwirken.[84] Kontrollen,[85] die nicht der Weisungserteilung dienen sollen, sind nicht zu berücksichtigen. Lohnt sich der Ausspruch von Weisungen aus betriebswirtschaftlichen Gründen nicht (also vor allem bei sehr einfachen Tätigkeiten),[86] wird es den Vertragspartnern der Crowdworker zumeist nur um eine Vorabkontrolle des Arbeitsergebnisses gehen. Weisungen sollen dann regelmäßig nicht erteilt werden.[87] Bei anspruchsvolleren Aufgaben sollen die Kontrollen es den Auftraggebern stattdessen ermöglichen, sich über den Bearbeitungsstand zu erkundigen und den Crowdworkern gegebenenfalls mit-

---

[82] Vgl. hierzu auch ArbG Nürnberg, Urt. v. 31.07.1996 – 2 Ca 4546/95, NZA 1997, 37 (39).

[83] *Bauschke*, öAT 2016, 225 (225 f.); *R. Krause*, Digitalisierung, S. B 104; *Selzer*, in: Husemann/Wietfeld, Herausforderungen des Arbeitsrechts, S. 27 (39); *Wisskirchen/Schwindling*, ZESAR 2017, 318 (322).

[84] Zu einer möglicherweise aus vereinbarten Berichtspflichten folgenden Weisungsbindung siehe BAG, Urt. v. 25.05.2005 – 5 AZR 347/04, BAGE 115, 1 (9) = AP BGB § 611 Abhängigkeit Nr. 117 unter II.1. c) der Gründe; zum sozialversicherungsrechtlichen Beschäftigtenbegriff ebenso BSG, Urt. v. 30.10.2013 – B 12 KR 17/11 R, BeckRS 2014, 66942 Rn. 34; in diese Richtung auch BSG, Urt. v. 28.10.1960 – 3 RK 13/56, BSGE 13, 130 (133) = SozR § 165 RVO Nr. 20 Rn. 22 sowie *Brose*, NZS 2017, 7 (11), die allerdings auch die Frage aufwirft, ob es nicht doch auch auf eine persönliche Abhängigkeit hindeuten könne, wenn die Kontrollen nicht zur Grundlage von Weisungen gemacht werden sollen.

[85] Zu den von den Plattformen verwendeten Kontrollmechanismen siehe oben Kap. 1 C.

[86] Siehe hierzu oben unter Kap. 3 A. III. 3. a).

[87] *Pacha*, Crowdwork, S. 182 f. zur externen Crowdwork; auch nach *Selzer*, in: Husemann/Wietfeld, Herausforderungen des Arbeitsrechts, S. 27 (39) geht es den Auftraggebern nicht um eine Kontrolle der Arbeit, sondern des Arbeitsergebnisses.

zuteilen, ob die bisherigen Ergebnisse ihren Vorstellungen entsprechen oder welche Änderungen vorgenommen werden sollten.[88]

b) Nachgelagerte Kontrollen

Abgesehen von den laufenden Kontrollen während der Aufgabenbearbeitung bedienen sich die Vertragspartner der Crowdworker auch der Aufgabenbearbeitung nachgelagerter Kontrollmechanismen. Die Geschäftsmodelle der Plattformbetreiber beinhalten regelmäßig, dass sich Crowdworker innerhalb der auf einer Webseite eingerichteten Bewertungssysteme eine Art „digitale Reputation"[89] erarbeiten können.[90] Positive Bewertungen oder gute Quoten bei der Abnahme ihrer Arbeitsergebnisse ermöglichen es, auf weitere Aufgaben zuzugreifen oder verbessern die Aussichten auf neue Aufträge.[91] Negative Bewertungen bewirken regelmäßig das genaue Gegenteil, gegebenenfalls droht der Ausschluss von der Plattform.[92]

Theoretisch können sich solche Bewertungssysteme auf das Verhalten der Crowdworker auswirken.[93] Zur Verbesserung ihrer Stellung könnten sich Crowdworker gezwungen sehen, weitere Aufgaben zu übernehmen[94] oder besonders sorgfältig zu arbeiten. Weil eine einmal erworbene Reputation nicht auf eine andere Plattform übertragen werden kann, entsteht zudem eine faktische Bindung an eine bestimmte Webseite.[95] Gleichzeitig liegt es jedoch in der Natur der Sache, dass die Leistungen immer erst bewertet werden, nachdem sie erbracht wurden.[96] Da aber auch bei einem Werkvertrag überprüft wird, ob das Arbeitsergebnis die vereinbarte

---

[88] Siehe nur die Funktionsweise der „Freelancer Desktop App" (www.freelancer.com/desktop-app/; zul. abgerufen am 23.09.2020).

[89] So die Formulierung bei *Boes* u.a., Cloudworking, S. 43; *Pacha*, Crowdwork, S. 68; *Warter*, Crowdwork, S. 60.

[90] *De Stefano*, CLLPJ 37 (2016), 461 (463–465); *Kocher/Hensel*, NZA 2016, 984 (986); *Pacha*, Crowdwork, S. 67f.; *Warter*, Crowdwork, S. 60; *Boes* u.a., Cloudworking, S. 43–45, 50, 58.

[91] *De Stefano*, CLLPJ 37 (2016), 461 (464); *Pacha*, Crowdwork, S. 68; *Selzer*, in: Husemann/Wietfeld, Herausforderungen des Arbeitsrechts, S. 27 (44); *Warter*, Crowdwork, S. 60; *Boes* u.a., Cloudworking, S. 50.

[92] *De Stefano*, CLLPJ 37 (2016), 461 (463f.); *Kocher/Hensel*, NZA 2016, 984 (986); *Warter*, Crowdwork, S. 60.

[93] Siehe hierzu Arnold/Günther/*Lingemann/Chakrabarti*, Kap. 2 C.IV. 2. Rn. 89; *C. Schubert*, RdA 2018, 200 (204); ebenso zur „work-on-demand via apps" *Lingemann/Otte*, NZA 2015, 1042 (1044).

[94] Arnold/Günther/*Lingemann/Chakrabarti*, Kap. 2 C.IV. 2. Rn. 89; *C. Schubert*, RdA 2018, 200 (204).

[95] Siehe hierzu auch *Waas*, in: Waas u.a., Crowdwork, S. 142 (154) unter Fn. 54; *Warter*, Crowdwork, S. 184 spricht von einer „faktischen Abhängigkeit".

[96] *Waas*, in: Waas u.a., Crowdwork, S. 142 (154).

Qualität aufweist, unterscheiden sich nachgelagerte Kontrollen grundsätzlich nicht von der werkvertraglichen Abnahme.[97]

Gehen die Bewertungssysteme allerdings über eine reine Qualitätskontrolle hinaus und dienen der Wahrung bestimmter (Mindest-)Standards soll dies nach einer im Schrifttum vertretenen Ansicht für eine persönliche Abhängigkeit sprechen.[98] Nach vorzugswürdiger Meinung ist die entstehende Abhängigkeit jedoch nicht persönlicher, sondern (bloß) wirtschaftlicher Natur.[99] Die wirtschaftliche Abhängigkeit kann aber über den Arbeitnehmerstatus keinen Aufschluss geben.[100] Die von einer negativen Bewertung ausgehende Disziplinierungswirkung ist nicht anders zu beurteilen als die einer Vertragsstrafe. Vertragsstrafenabreden finden sich aber auch in Verträgen mit Selbständigen, sodass sie für die Abgrenzung ohne Bedeutung sind.[101] Auch wird man zu fragen haben, warum nachgelagerte Kontrollen den Bestand eines Arbeitsverhältnisses nahelegen können sollen, wenn die Leistungen eines Crowdworkers tatsächlich vollkommen unbeeinflusst bleiben.[102]

6. Höchstpersönlichkeit der Leistungspflicht

Ob es für eine persönliche Abhängigkeit streitet, wenn der Leistungsschuldner die geschuldeten Arbeiten in eigener Person zu erbringen hat, wird ebenfalls nicht einheitlich beurteilt.[103] Nach § 613 Satz 1 BGB haben nicht nur Arbeitnehmer,

---

[97] *Pacha*, Crowdwork, S. 184 f.; tendenziell auch *Deinert*, Soloselbstständige, Rn. 23; zum sozialversicherungsrechtlichen Beschäftigtenbegriff siehe zudem *Brose*, NZS 2017, 7 (11 f.); *Preis/Brose*, Neue Beschäftigungsformen, S. 28.

[98] Arnold/Günther/*Lingemann/Chakrabarti*, Kap. 2 C. IV. 2. Rn. 89; ebenso zur „work-on-demand via apps" *Lingemann/Otte*, NZA 2015, 1042 (1044); *C. Schubert*, RdA 2018, 200 (204) verweist auf den insoweit noch bestehenden Forschungsbedarf.

[99] *Waas*, in: Waas u. a., Crowdwork, S. 142 (154 f.).

[100] So die st. Rspr., siehe nur BAG, Urt. v. 14.06.2016 – 9 AZR 305/15, BAGE 155, 264 (270) = AP BGB § 611 Abhängigkeit Nr. 129 Rn. 25; BAG, Urt. v. 21.07.2015 – 9 AZR 484/14, NZA-RR 2016, 344 (347); BAG, Urt. v. 15.02.2012 – 10 AZR 111/11, AP BGB § 611 Abhängigkeit Nr. 122 Rn. 20; BAG, Urt. v. 20.01.2010 – 5 AZR 99/09, AP BGB § 611 Abhängigkeit Nr. 119 Rn. 22; BAG, Urt. v. 13.03.2008 – 2 AZR 1037/06, AP KSchG 1969 § 1 Betriebsbedingte Kündigung Nr. 176 Rn. 17; BAG, Urt. v. 25.08.1982 – 5 AZR 7/81, BAGE 39, 329 (332) = AP BGB § 611 Lehrer, Dozenten Nr. 32 unter I. der Gründe; BAG, Urt. v. 08.06.1967 – 5 AZR 461/66, BAGE 19, 324 (329) = NJW 1967 (1982).

[101] *Waas*, in: Waas u. a., Crowdwork, S. 142 (155).

[102] *Waas*, in: Waas u. a., Crowdwork, S. 142 (155) unter Fn. 55.

[103] Befürwortet etwa bei BAG, Urt. v. 19.11.1997 – 5 AZR 653/96, BAGE 87, 129 (137 f.) = AP BGB § 611 Abhängigkeit Nr. 90 unter I. 2. c) aa) der Gründe; wiederholt hat das Gericht es auch als Indiz gegen ein Arbeitsverhältnis gewertet, wenn der Dienstnehmer die ihm übertragenen Aufgaben nur unter Hinzuziehung weiterer Personen fristgerecht erfüllen kann, siehe nur BAG, Urt. v. 20.01.2010 – 5 AZR 99/09, AP BGB § 611 Abhängigkeit Nr. 119 OS 1; BAG, Urt. v. 16.07.1997 – 5 AZR 312/96, BAGE 86, 170 = AP BGB § 611 Zeitungsausträger Nr. 4 LS 2; a. A. BAG, Urt. v. 27.06.2017 – 9 AZR 852/16, BeckRS 2017, 128539 Rn. 31; BAG, Urt. v. 27.06.2017 – 9 AZR 851/16, AP BGB § 611 Lehrer, Dozenten Nr. 193 Rn. 30; BAG, Urt. v.

sondern ebenso freie Dienstleister im Zweifel persönlich zu leisten.[104] Abweichende Abreden werden allerdings nur selten in Arbeitsverträgen getroffen, weshalb davon ausgegangen werden kann, dass Arbeitnehmer typischerweise in eigener Person zu leisten haben.[105] Stellt ein Plattformbetreiber daher in seinen Nutzungsbedingungen klar, dass die auf seiner Webseite tätig werdenden Crowdworker ihre Arbeiten nicht durch Dritte erledigen lassen dürfen, weist dies auf den Bestand eines Arbeitsverhältnisses hin.[106] Fehlt eine entsprechende Klausel, wird zumindest auf andere Weise deutlich, dass ein Benutzerkonto nur von demjenigen genutzt werden darf, auf den die bei der Registrierung angegebenen Daten verweisen.[107] Die von den Plattformen errichteten Qualitätssicherungsmechanismen würden versagen, wenn die Aufgaben von Dritten erledigt werden dürften, die gegebenenfalls nicht über die gleiche Reputation oder Qualifikation verfügen wie der beauftragte Crowdworker.[108]

7. Unerhebliche Kriterien

Unerheblich ist die regelmäßig nur geringe Dauer der Aufgabenbearbeitung.[109] Genauso wenig wie ein Arbeitsverhältnis zwangsläufig auf einen längeren Zeitraum angelegt sein muss, können freie Mitarbeiterverhältnisse nicht nur kurzzeitige Tätigkeiten zum Gegenstand haben.[110] Entsprechend hat das BAG den Abschluss von auf die Dauer eines einzigen Tages befristeten Arbeitsverhältnissen gebilligt („Ein-Tages-Arbeitsverhältnisse").[111]

13.11.1991 – 7 AZR 31/91, AP BGB § 611 Abhängigkeit Nr. 60 unter III. 4. d) der Gründe; *Boemke*, RdA 2015, 115 (120).

[104] BAG, Urt. v. 13.11.1991 – 7 AZR 31/91, AP BGB § 611 Abhängigkeit Nr. 60 unter III. 4. d) der Gründe.

[105] BAG, Urt. v. 19.11.1997 – 5 AZR 653/96, BAGE 87, 129 (138) = AP BGB § 611 Abhängigkeit Nr. 90 unter I. 2. c) aa) der Gründe.

[106] *Walzer*, Arbeitsrechtlicher Schutz der Crowdworker, S. 144; siehe etwa zur externen indirekten Crowdwork Nr. 1 lit. c) AGB AMT (2020) (www.mturk.com/participation-agreement; zul. abgerufen am 23.09.2020); § 3 Nr. 3 AGB clickworker (Clickworker) (2012) (www.clickworker.de/agb-datenschutz/; zul. abgerufen am 23.09.2020); Nr. 4.3 AGB CrowdGuru (Gurus) (www.crowdguru.de/guru-werden/guru-registrierung/; zul. abgerufen am 23.09.2020).

[107] A.A. *Fuhlrott/Oltmanns*, NJW 2020, 958 (962); nach *Warter*, Crowdwork, S. 163 würden alle Plattformbetreiber die Höchstpersönlichkeit der Leistungspflicht in ihren AGB statuieren.

[108] *Warter*, Crowdwork, S. 164.

[109] BAG, Beschl. v. 30.10.1991 – 7 ABR 19/91, AP BGB § 611 Abhängigkeit Nr. 59 unter B. II. 3. c) der Gründe; BAG, Urt. v. 27.03.1991 – 5 AZR 194/90, AP BGB § 611 Abhängigkeit Nr. 53 unter III. 7. der Gründe; BAG, Urt. v. 15.03.1978 – 5 AZR 819/76, AP BGB § 611 Abhängigkeit Nr. 26 unter B. I. 2. b) der Gründe; *Däubler*, SR-Sonderausgabe Juli 2016, 2 (34); a. A. *Wank*, NZA 1999, 225 (227).

[110] BAG, Beschl. v. 30.10.1991 – 7 ABR 19/91, AP BGB § 611 Abhängigkeit Nr. 59 unter B. II. 3. c) der Gründe; BAG, Urt. v. 27.03.1991 – 5 AZR 194/90, AP BGB § 611 Abhängigkeit Nr. 53 unter III. 7. der Gründe.

[111] BAG, Urt. v. 16.05.2012 – 5 AZR 268/11, BAGE 141, 349 (353 f.) = AP BGB § 138 Nr. 66 Rn. 21.

A. Arbeitnehmerstatus

Auch die Art der Vergütung sowie die Frage, ob der Auftraggeber für den Leistungsschuldner Lohnsteuer abgeführt und Beiträge zur Sozialversicherung entrichtet hat, sind für die Abgrenzung ohne Bedeutung.[112] Die steuer- und sozialversicherungsrechtliche Behandlung der Mitarbeiter basiert regelmäßig auf der (möglicherweise falschen) Rechtsauffassung des Vertragspartners.[113] Ebenso wie Arbeitnehmer eine (vermeintlich für eine Selbständigkeit sprechende) leistungsorientierte Vergütung erhalten können, lassen sich grundsätzlich auch Selbständige nach Zeitabschnitten bezahlen.[114] Maßgebend sind die tatsächlichen Leistungsbedingungen, nicht die formale Behandlung des Vertragsverhältnisses.[115]

In der Vergangenheit hat das BAG bei der Abgrenzung zwischen Arbeitnehmern und Selbständigen zudem berücksichtigt, ob der Mitarbeiter ein eigenes Unternehmerrisiko getragen hat.[116] Inzwischen ist das Gericht hiervon jedoch abgerückt und

---

[112] BAG, Urt. v. 21.05.2019 – 9 AZR 295/18, AP BGB § 611 Abhängigkeit Nr. 131 Rn. 21 f.; BAG, Urt. v. 27.06.2017 – 9 AZR 851/16, AP BGB § 611 Lehrer, Dozenten Nr. 193 Rn. 29; BAG, Urt. v. 15.02.2012 – 10 AZR 301/10, AP BGB § 611 Abhängigkeit Nr. 123 Rn. 28; BAG, Urt. v. 14.03.2007 – 5 AZR 499/06, AP BGB § 611 Arbeitnehmerähnlichkeit Nr. 13 Rn. 34; BAG, Urt. v. 16.07.1997 – 5 AZR 312/96, BAGE 86, 170 (174) = AP BGB § 611 Zeitungsausträger Nr. 4 unter I. der Gründe; BAG, Urt. v. 30.11.1994 – 5 AZR 704/93, BAGE 78, 343 (348) = AP BGB § 611 Abhängigkeit Nr. 74 unter B.I.2. der Gründe; BAG, Beschl. v. 30.10.1991 – 7 ABR 19/91, AP BGB § 611 Abhängigkeit Nr. 59 unter B.II.3.a)aa) u. bb) der Gründe; in diese Richtung auch BAG, Urt. v. 03.10.1975 – 5 AZR 427/74, AP BGB § 611 Abhängigkeit Nr. 16 unter II.2.c) der Gründe; a.A. BGH, Urt. v. 11.03.1982 – I ZR 27/80, AP HGB § 84 Nr. 3 unter II.1.d) der Gründe, wo die Vergütung ausschließlich über Provisionen als Indiz für eine selbständige Tätigkeit gewertet wurde; BAG, Urt. v. 08.06.1967 – 5 AZR 461/66, BAGE 19, 324 (330) = NJW 1967, 1982; LAG Berlin, Urt. v. 29.12.1989 – 9 Sa 83/89, AP BGB § 611 Abhängigkeit Nr. 50 unter I.2. der Gründe; LAG Berlin, Urt. v. 16.08.1983 – 9 Sa 23/83, AP BGB § 611 Abhängigkeit Nr. 44 unter 1.a) der Gründe; *Waas*, in: Waas u.a., Crowdwork, S. 142 (149).

[113] BAG, Beschl. v. 30.10.1991 – 7 ABR 19/91, AP BGB § 611 Abhängigkeit Nr. 59 unter B.II.3.a)aa) der Gründe; BAG, Urt. v. 09.03.1977 – 5 AZR 110/76, AP BGB § 611 Abhängigkeit Nr. 21 unter 3.a) der Gründe; basiert die steuer- und sozialversicherungsrechtliche Behandlung nicht nur auf der Rechtsauffassung des Auftraggebers, soll ihr nach BAG, Urt. v. 03.10.1975 – 5 AZR 427/74, AP BGB § 611 Abhängigkeit Nr. 16 unter II.2.c) der Gründe zumindest „schwache Indizwirkung" zukommen.

[114] BAG, Beschl. v. 30.10.1991 – 7 ABR 19/91, AP BGB § 611 Abhängigkeit Nr. 59 unter B.II.3.a)bb) der Gründe; siehe auch *Maschmann*, NZA 2013, 1305 (1306); *Richardi*, NZA 2017, 36 (38).

[115] BAG, Urt. v. 14.03.2007 – 5 AZR 499/06, AP BGB § 611 Arbeitnehmerähnlichkeit Nr. 13 Rn. 34; BAG, Urt. v. 16.07.1997 – 5 AZR 312/96, BAGE 86, 170 (174) = AP BGB § 611 Zeitungsausträger Nr. 4 unter I. der Gründe; BAG, Urt. v. 30.11.1994 – 5 AZR 704/93, BAGE 78, 343 (348) = AP BGB § 611 Abhängigkeit Nr. 74 unter B.I.2. der Gründe; BAG, Beschl. v. 30.10.1991 – 7 ABR 19/91, AP BGB § 611 Abhängigkeit Nr. 59 unter B.II.3.a)aa) u. bb) der Gründe.

[116] BAG, Urt. v. 09.05.1996 – 2 AZR 438/95, BAGE 83, 127 (142 f.) = AP KSchG 1969 § 1 Betriebsbedingte Kündigung Nr. 79 unter B.I.2.c)aa)(2) der Gründe; BAG, Urt. v. 13.08.1980 – 4 AZR 592/78, AP BGB § 611 Abhängigkeit Nr. 37 unter Gründen; BAG, Urt. v. 21.01.1966 – 3 AZR 183/65, BAGE 18, 87 (91, 102 f.) = BeckRS 1966, 30701518 unter II.1. u. 6. der Gründe; BAG, Urt. v. 27.07.1961 – 2 AZR 255/60, BAGE 11, 225 (229) = NJW 1961, 2085 (2086).

hat ausdrücklich klargestellt, dass das unternehmerische Risiko für den Arbeitnehmerstatus unerheblich sei.[117] Wirtschaftliche Entscheidungsspielräume und unternehmerische Risiken könnten demnach zwar auf eine wirtschaftliche, nicht aber auf eine persönliche Abhängigkeit hindeuten. Die umfangreiche Diskussion, ob der Arbeitnehmerbegriff nicht generell eher anhand der Verteilung unternehmerischer Risiken und Chancen bestimmt werden sollte,[118] wird hier zwar bewusst nicht aufgegriffen. Allerdings soll bei alledem nicht unterschlagen werden, dass der neunte Senat des BAG erst vor kurzem festgestellt hat, dass Selbständige das wirtschaftliche Risiko ihrer Tätigkeit üblicherweise selbst tragen würden.[119]

IV. Durchgängiges Arbeitsverhältnis

Ist die Rechtsbeziehung zwischen einem Crowdworker und seinem Vertragspartner im Einzelfall als Arbeitsverhältnis zu qualifizieren, stellt sich die Frage, ob bei einer Erledigung mehrerer Aufgaben mehrere kurzfristige Arbeitsverträge aneinandergereiht werden oder ob ein durchgängiges Arbeitsverhältnis entsteht.[120] Da die Aufgabenbeschreibung meist eine Angabe darüber enthält, bis wann der konkrete Auftrag zu erledigen ist, sind die Arbeitsverträge von Crowdworkern regelmäßig kalendermäßig befristet und unterliegen deshalb den Regelungen des TzBfG.[121]

Ob ein sachlicher Grund für die Befristung besteht, richtet sich nach dem jeweiligen Einzelfall.[122] Bei einem Vertragsschluss zwischen einem Crowdworker und einem Crowdsourcer ist es zwar an sich denkbar, dass der Bedarf an der Arbeitsleistung, beispielsweise zum Auffangen einer Auftragsspitze, bloß vorübergehend besteht (§ 14 Abs. 1 Satz 2 Nr. 1 TzBfG) oder der Crowdworker zur Vertretung eines anderen Arbeitnehmers beschäftigt wird (§ 14 Abs. 1 Satz 2 Nr. 3 TzBfG). Unabhängig davon, wer in concreto als Vertragspartner eines Crowdworkers anzusehen ist, wird aber eine Befristung aufgrund der Eigenart der Arbeitsleistung (§ 14 Abs. 1 Satz 2 Nr. 4 TzBfG) regelmäßig ebenso wenig gerechtfertigt sein, wie eine Befris-

---

[117] Dazu und zum Folgenden BAG, Urt. v. 25.05.2005 – 5 AZR 347/04, BAGE 115, 1 (11) = AP BGB § 611 Abhängigkeit Nr. 117 unter II. 6. der Gründe.

[118] Grundlegend hierzu *Wank*, Arbeitnehmer und Selbständige, S. 122–133.

[119] BAG, Urt. v. 14.06.2016 – 9 AZR 305/15, BAGE 155, 264 (274) = AP BGB § 611 Abhängigkeit Nr. 129 Rn. 36.

[120] Zu dieser Frage im österreichischen Recht *Risak*, ZAS 2015, 11 (17); *Warter*, Crowdwork, S. 193–197.

[121] *Selzer*, in: Husemann/Wietfeld, Herausforderungen des Arbeitsrechts, S. 27 (36 f.) zur externen Crowdwork; zur Befristungskontrolle von auf Basis einer Rahmenvereinbarung geschlossener Einzelarbeitsverträge siehe BAG, Urt. v. 16.05.2012 – 5 AZR 268/11, BAGE 141, 349 (353 f.) = AP BGB § 138 Nr. 66 Rn. 21; BAG, Urt. v. 15.02.2012 – 10 AZR 111/11, AP BGB § 611 Abhängigkeit Nr. 122 Rn. 24; BAG, Urt. v. 16.04.2003 – 7 AZR 187/02, BAGE 106, 79 (82 f.) = AP BeschFG 1996 § 4 Nr. 1 unter I. 2. der Gründe; BAG, Urt. v. 31.07.2002 – 7 AZR 181/01, AP TzBfG § 12 Nr. 1 unter I. B. 3. a) der Gründe; *Bieder*, RdA 2015, 388 (390).

[122] *Bayreuther*, RdA 2020, 241 (242).

tung wegen in der Person des Crowdworkers liegenden Gründen (§ 14 Abs. 1 Satz 2 Nr. 6 TzBfG). Es kann vor allem nicht unterstellt werden, dass Crowdworker sich in der Regel gegen ein unbefristetes Arbeitsverhältnis entscheiden würden, wenn sie vor die Wahl zwischen einer befristeten und einer unbefristeten Anstellung gestellt würden.[123]

Die sachgrundlose kalendermäßige Befristung eines Arbeitsvertrages erlaubt das TzBfG bis zu einer Dauer von zwei Jahren, wobei der Vertrag innerhalb dieses Zeitraums maximal dreimal verlängert werden kann (§ 14 Abs. 2 Satz 1 TzBfG). Crowdworker werden allerdings in der Regel nicht ohne Unterbrechungen für ein und denselben Auftraggeber tätig. Meist bestehen zwischen den Arbeitseinsätzen Übergangszeiten, in denen sie sich nach neuen Aufgaben umschauen müssen. Bei der internen Crowdwork, bei der externen direkten Crowdwork sowie in den Fällen der externen indirekten Crowdwork, in denen Crowdworker die Verträge über die einzelnen Aufgabenbearbeitungen mit dem Plattformbetreiber abschließen, wird der sachgrundlosen Befristung des Arbeitsvertrages deshalb regelmäßig das Vorbeschäftigungsverbot des § 14 Abs. 2 Satz 2 TzBfG entgegenstehen. Über den ersten Auftrag hinausgehende sachgrundlose Befristungen ihrer Arbeitsverträge sind üblicherweise nur bei der externen indirekten Crowdwork denkbar, wenn die Crowdsourcer als Arbeitgeber der Crowdworker anzusehen sind und Crowdworker mit ständig wechselnden Vertragspartnern kontrahieren.

Unabhängig davon, ob die Befristung des Arbeitsvertrages eines Sachgrundes bedarf, scheitert die Annahme einer Mehrzahl kurzfristiger Arbeitsverträge zumeist daran, dass die Befristungsabreden der gesetzlich vorgeschriebenen Form ermangeln: Entgegen § 14 Abs. 4 TzBfG werden die Befristungsabreden nicht in schriftlicher Form abgefasst.[124] Die Schriftform kann zwar gemäß § 126 Abs. 3 BGB grundsätzlich durch die elektronische Form ersetzt werden. Gleichsam erfordert die elektronische Form jedoch, dass die Vertragsparteien ein (gleichlautendes) elektronisches Dokument mit einer qualifizierten elektronischen Signatur versehen haben (§ 126a BGB). Da auch dies ersichtlich nicht der Fall ist, führen die unwirksamen Befristungsabreden nach § 16 Satz 1 HS 1 TzBfG dazu, dass die Arbeitsverträge als auf unbestimmte Zeit geschlossen gelten, womit durchgängige Arbeitsverhältnisse entstehen.[125]

---

[123] *Leimeister/Durward/Zogaj*, Crowd Worker, S. 49 f.; so aber *Risak*, ZAS 2015, 11 (17); dazu, dass der Wunsch des Arbeitnehmers, bloß befristet angestellt zu werden, grundsätzlich als sachlicher Grund einer Befristung anzuerkennen ist, siehe nur BAG, Urt. v. 18.01.2017 – 7 AZR 236/15, AP BGB § 620 Aufhebungsvertrag Nr. 49 Rn. 30.

[124] Nach *Bayreuther*, RdA 2020, 241 (242) sei es bei Crowdwork „kaum möglich", dem Schriftformerfordernis gerecht zu werden.

[125] Zu demselben Ergebnis gelangt auch *R. Krause*, Digitalisierung, S. B 104, der allerdings nicht darauf eingeht, woraus sich die Unwirksamkeit der Befristungen ergibt.

V. Abgrenzung zur Arbeitnehmerüberlassung

Bei der externen und der internen indirekten Crowdwork ließe sich wegen der dreipoligen Rechtsbeziehungen zwischen Crowdworkern, Plattformbetreibern und Crowdsourcern darüber nachdenken, ob die Webseitenbetreiber (verdeckte) Arbeitnehmerüberlassungen betreiben.[126] Jedoch ist „nicht jeder drittbezogene Arbeitseinsatz eine Arbeitnehmerüberlassung".[127] Arbeitnehmerüberlassungen sind „vielmehr durch eine spezifische Ausgestaltung der Vertragsbeziehungen" der Beteiligten gekennzeichnet: Der Verleiher verpflichtet sich dazu, dem Entleiher Arbeitnehmer zur Verfügung zu stellen, mit denen er selbst zuvor einen Leiharbeitsvertrag abgeschlossen hat. Die überlassene Person steht in einem Arbeitsverhältnis allein zu dem Verleiher, nicht auch zu dem Entleiher.[128]

A priori scheidet eine Arbeitnehmerüberlassung demnach aus, wenn Crowdworker die Verträge über die einzelnen Aufgaben direkt mit den Crowdsourcern abschließen. Bei einem Vertragsschluss zwischen den Crowdworkern und den Plattformbetreibern fehlt es üblicherweise an der nach § 1 Abs. 1 Satz 2 AÜG für eine Arbeitnehmerüberlassung erforderlichen Weisungsbindung und Eingliederung in den Betrieb des Entleihers.[129] Etwaige Weisungsbefugnisse verbleiben allein bei dem Plattformbetreiber und die Crowdworker werden allenfalls in dessen Arbeitsorganisation eingegliedert.[130]

B. Arbeitnehmerähnliche Personen

Selbständige Crowdworker sind vom Anwendungsbereich des KSchG und grundsätzlich auch von dem des BetrVG ausgenommen. Auch sie können sich jedoch etwa auf das BUrlG (§ 2 Satz 2 BUrlG), das ArbSchG (§ 2 Abs. 2 Nr. 3 ArbSchG), das AGG (§ 6 Abs. 1 Satz 1 Nr. 3 AGG) und das BDSG (§ 26 Abs. 8 Satz 1 Nr. 6

---

[126] Arnold/Günther/*Lingemann/Chakrabarti*, Kap. 2 C.IV. 4. Rn. 94; *Pacha*, Crowdwork, S. 191 f.; *Waas*, in: Waas u. a., Crowdwork, S. 142 (144); siehe auch zur „work-on-demand via apps" *Lingemann/Otte*, NZA 2015, 1042 (1046); zur Arbeitskräfteüberlassung nach österreichischem Recht *Warter*, Crowdwork, S. 246.

[127] Siehe zum Ganzen BAG, Urt. v. 17.01.2017 – 9 AZR 76/16, AP AÜG § 1 Nr. 40 Rn. 21; BAG, Urt. v. 20.09.2016 – 9 AZR 735/15, AP AÜG § 1 Rn. 39 Rn. 29; BAG, Urt. v. 15.04.2014 – 3 AZR 395/11, AP BetrVG § 1 Nr. 71 Rn. 20; BAG, Urt. v. 18.01.2012 – 7 AZR 723/10, AP AÜG § 9 Nr. 10 Rn. 27; BAG, Urt. v. 19.03.2003 – 7 AZR 267/02, AP AÜG § 13 Nr. 4 unter III.5.a) der Gründe; BAG, Urt. v. 03.12.1997 – 7 AZR 764/96, BAGE 87, 186 (188 f.) = AP AÜG § 1 Nr. 24 unter I.1. der Gründe; LAG Berlin-Brandenburg, Urt. v. 15.12.2015 – 7 Sa 387/15, BeckRS 2016, 67049 Rn. 34.

[128] Deutlich bei BAG, Urt. v. 17.01.2017 – 9 AZR 76/16, AP AÜG § 1 Nr. 40 Rn. 21.

[129] Auch Arnold/Günther/*Lingemann/Chakrabarti*, Kap. 2 C.IV. 4. Rn. 94 sehen nur eine geringe Gefahr der Eingliederung in den Betrieb des Crowdsourcers.

[130] I. E. ebenso KKM/*Mahnhold*, Teil 7 II. 1. Rn. 5; für Österreich auch *Warter*, Crowdwork, S. 246.

BDSG) berufen, wenn sie als arbeitnehmerähnliche Personen anzusehen sind. Für Streitigkeiten mit dem Auftraggeber ist aufgrund von § 5 Abs. 1 Satz 2 ArbGG der Rechtsweg zu den Arbeitsgerichten eröffnet und § 12a TVG ermöglicht den Abschluss von Tarifverträgen für Arbeitnehmerähnliche. Selbständige sind arbeitnehmerähnlich, wenn sie, erstens, von ihrem Auftraggeber wirtschaftlich abhängig und, zweitens, einem Arbeitnehmer vergleichbar sozial schutzbedürftig sind.[131] Nach wohl allgemeiner Auffassung sollen (externe) Crowdworker in bestimmten Konstellationen als arbeitnehmerähnliche Personen zu erachten sein.[132]

I. Wirtschaftliche Abhängigkeit

Die wirtschaftliche Abhängigkeit ersetzt bei den arbeitnehmerähnlichen Personen die einen Arbeitnehmer kennzeichnende persönliche Abhängigkeit.[133] Crowdworker sind wirtschaftlich abhängig, wenn sie zur Bestreitung ihrer Existenz auf das von

---

[131] BAG, Beschl. v. 21.12.2010 – 10 AZB 14/10, AP ArbGG 1979 § 5 Nr. 68 Rn. 8; BAG, Urt. v. 17.01.2006 – 9 AZR 61/05, BeckRS 2006, 42231 Rn. 14; BAG, Urt. v. 15.11.2005 – 9 AZR 626/04, AP BGB § 611 Arbeitnehmerähnlichkeit Nr. 12 unter I. 1. a) bb) der Gründe; BAG, Beschl. v. 30.08.2000 – 5 AZB 12/00, AP ArbGG 1979 § 2 Nr. 75 unter II. 2. b) der Gründe; BAG, Beschl. v. 11.04.1997 – 5 AZB 33/96, AP ArbGG 1979 § 5 Nr. 30 unter II. 1. der Gründe; BAG, Beschl. v. 15.04.1993 – 2 AZB 32/92, AP ArbGG 1979 § 5 Nr. 12 unter III. 2. b) aa) der Gründe; BAG, Urt. v. 28.06.1973 – 5 AZR 568/72, BAGE 25, 248 (251) = AP BUrlG § 2 Nr. 2 unter 2. der Gründe; BAG, Urt. v. 23.12.1961 – 5 AZR 53/61, BAGE 12, 158 (163) = NJW 1962, 1125; LAG Berlin-Brandenburg, Beschl. v. 31.08.2010 – 6 Ta 1011/10, NZA-RR 2010, 657. Die Begriffsdefinition in § 12a TVG ist außerhalb dieses Gesetzes nicht unmittelbar heranzuziehen, siehe BAG, Urt. v. 17.01.2006 – 9 AZR 61/05, BeckRS 2006, 42231 Rn. 13; BAG, Urt. v. 17.10.1990 – 5 AZR 639/89, BAGE 66, 113 (119 f.) = AP ArbGG 1979 § 5 Nr. 9 unter II. 3. d) der Gründe; *Mikosch*, in: Rieble, FS Löwisch, S. 189 (191 f.); a. A. wohl ErfK/*Gallner*, § 2 BUrlG Rn. 2.

[132] Antwort der BReg auf die Kleine Anfrage der Fraktion DIE LINKE (BT-Drs. 18/2727), BT-Drs. 18/3032, 4; *Däubler*, Digitalisierung und Arbeitsrecht, § 18 VII. 3. Rn. 58–60; *ders.*, SR-Sonderausgabe Juli 2016, 2 (38); *ders.*, in: Benner, Crowdwork, S. 243 (246 f.); *Däubler/Klebe*, NZA 2015, 1032 (1036); *Deinert*, Soloselbständige, Rn. 23; *Franzen*, in: Giesen/Junker/Rieble, Industrie 4.0, S. 107 (114); *Hanau*, NJW 2016, 2613 (2616); Maschmann/*Heise/Belovitzer*, Kap. 12 III. 2. a) Rn. 25; *Klebe/Neugebauer*, AuR 2014, 4 (5); *Köhler*, in: Baker McKenzie, Arbeitswelt 4.0, S. 61 (69 f.); *R. Krause*, Digitalisierung, S. B 105; Sassenberg/Faber/*Neighbour*, Teil 2 G. II. 1. Rn. 13; *Preis/Brose*, Neue Beschäftigungsformen, S. 53; Richardi/*Richardi*, BetrVG, § 5 Rn. 85; *Selzer*, in: Husemann/Wietfeld, Herausforderungen des Arbeitsrechts, S. 27 (44 f.); *Waas*, in: Waas u. a., Crowdwork, S. 142 (162); *Walzer*, Arbeitsrechtlicher Schutz der Crowdworker, S. 149–152.

[133] BAG, Beschl. v. 21.12.2010 – 10 AZB 14/10, AP ArbGG 1979 § 5 Nr. 68 Rn. 8; BAG, Beschl. v. 21.02.2007 – 5 AZB 52/06, BAGE 121, 304 (307) = AP ArbGG 1979 § 5 Nr. 64 Rn. 11; BAG, Urt. v. 17.01.2006 – 9 AZR 61/05, BeckRS 2006, 42231 Rn. 14; BAG, Urt. v. 15.11.2005 – 9 AZR 626/04, AP BGB § 611 Arbeitnehmerähnlichkeit Nr. 12 unter I. 1. a) bb) der Gründe; BAG, Beschl. v. 26.09.2002 – 5 AZB 19/01, BAGE 103, 20 (30) = AP ArbGG 1979 § 2 Nr. 83 unter B. III. 1. der Gründe; BAG, Beschl. v. 11.04.1997 – 5 AZB 33/96, AP ArbGG 1979 § 5 Nr. 30 unter II. 1. der Gründe; BAG, Urt. v. 17.10.1990 – 5 AZR 639/89, BAGE 66, 113 (116) = AP ArbGG 1979 § 5 Nr. 9 unter II. 3. a) der Gründe.

dem Auftraggeber bezogene Einkommen und die Verwertung ihrer Arbeitskraft für denselben angewiesen sind.[134] Dies ist vor allem anzunehmen, wenn sie nur einen einzigen Auftraggeber haben.[135] Bei einem Tätigwerden für mehrere Vertragspartner kommt es darauf an, ob die Tätigkeit für einen der Auftraggeber überwiegt und das Einkommen aus dieser Tätigkeit die entscheidende Existenzgrundlage bildet.[136] Auf Crowdworker, die mehrere Tätigkeiten für denselben Vertragspartner ausüben, sind diese Grundsätze übertragbar.[137] Nicht aus einer Erwerbstätigkeit herrührendes anderes Einkommen (einschließlich solches aus einer vergangenen Erwerbstätigkeit, etwa Renten oder Pensionen) ist nicht zu berücksichtigen.[138] Auch muss die Beziehung zu dem Auftraggeber von einer gewissen Dauer sein; ein bloß einmaliges Tätigwerden kann keine wirtschaftliche Abhängigkeit begründen.[139] Unklar ist zwar, welche Mindestdauer zu fordern ist.[140] In der Rechtsprechung wurde allerdings ein Zeitraum von „mehr als neun Monaten" als ausreichend erachtet.[141]

---

[134] Allgemein zur näheren Bestimmung der wirtschaftlichen Abhängigkeit BAG, Beschl. v. 21.12.2010 – 10 AZB 14/10, AP ArbGG 1979 § 5 Nr. 68 Rn. 8; BAG, Beschl. v. 21.02.2007 – 5 AZB 52/06, BAGE 121, 304 (307) = AP ArbGG 1979 § 5 Nr. 64 Rn. 11; BAG, Urt. v. 17.01.2006 – 9 AZR 61/05, BeckRS 2006, 42231 Rn. 14; BAG, Beschl. v. 26.09.2002 – 5 AZB 19/01, BAGE 103, 20 (30) = AP ArbGG 1979 § 2 Nr. 83 unter B. III. 1. der Gründe.

[135] BAG, Urt. v. 17.01.2006 – 9 AZR 61/05, BeckRS 2006, 42231 Rn. 14.

[136] Siehe hierzu BAG, Beschl. v. 21.12.2010 – 10 AZB 14/10, AP ArbGG 1979 § 5 Nr. 68 Rn. 8; BAG, Urt. v. 15.11.2005 – 9 AZR 626/04, AP BGB § 611 Arbeitnehmerähnlichkeit Nr. 12 unter I. 1. a) bb) (1) der Gründe; BAG, Beschl. v. 11.04.1997 – 5 AZB 33/96, AP ArbGG 1979 § 5 Nr. 30 unter II. 1. der Gründe; BAG, Urt. v. 28.06.1973 – 5 AZR 568/72, BAGE 25, 248 (253) = AP BUrlG § 2 Nr. 2 unter 2. der Gründe; BAG, Urt. v. 08.06.1967 – 5 AZR 461/66, BAGE 19, 324 (330) = NJW 1967, 1982.

[137] Auch *Walzer*, Arbeitsrechtlicher Schutz der Crowdworker, S. 147, 235 erkennt, dass es genau genommen darauf ankommen muss, dass das Einkommen im Wesentlichen aus einem einzigen Rechtsverhältnis stammt.

[138] *Däubler/Reinecke/Rachor*, TVG, § 12a Rn. 49; a. A. LAG Rheinland-Pfalz, Beschl. v. 12.12.2008 – 7 Ta 202/08, BeckRS 2009, 54316 unter II. 4. der Gründe; *Kunze*, UFITA 74 (1975), 19 (33); zu aus der Arbeitskraft des Leistungsschuldners herrührendem Einkommen ausdrücklich offen gelassen bei BAG, Beschl. v. 21.12.2010 – 10 AZB 14/10, AP ArbGG 1979 § 5 Nr. 68 Rn. 14; ebenso speziell zur Rente bei BAG, Urt. v. 17.01.2006 – 9 AZR 61/05, BeckRS 2006, 42231 Rn. 17, wo auch angemerkt wird, dass zumindest eine Rente außer Betracht zu bleiben habe, die nicht hoch genug sei, um allein die Existenz des Auftragnehmers zu sichern; *Willemsen/Müntefering*, NZA 2008, 193 (195 f.) wollen dagegen „Lohnersatzleistungen und Einnahmen aus früheren beruflichen Verrichtungen" berücksichtigen.

[139] BAG, Urt. v. 17.01.2006 – 9 AZR 61/05, BeckRS 2006, 42231 Rn. 14; BAG, Urt. v. 15.11.2005 – 9 AZR 626/04, AP BGB § 611 Arbeitnehmerähnlichkeit Nr. 12 unter I. 1. a) bb) (1) der Gründe; BAG, Urt. v. 06.04.1974 – 5 AZR 418/74, AP BGB § 611 Abhängigkeit Nr. 14 unter 2. der Gründe; *Däubler/Reinecke/Rachor*, TVG, § 12a Rn. 45; *Willemsen/ Müntefering*, NZA 2008, 193 (195).

[140] So auch *Willemsen/Müntefering*, NZA 2008, 193 (194 f.), die selbst eine Mindestdauer von sechs Monaten fordern.

[141] BAG, Urt. v. 15.11.2005 – 9 AZR 626/04, AP BGB § 611 Arbeitnehmerähnlichkeit Nr. 12 unter I. 1. a) bb) (1) der Gründe.

Bei der externen indirekten Crowdwork wird die wirtschaftliche Abhängigkeit von Crowdworkern regelmäßig nur bejaht werden können, wenn sie nicht mit den Crowdsourcern, sondern allein mit den Plattformbetreibern kontrahieren. Andernfalls kann zwar im Einzelfall die Tätigkeit für alle Auftraggeber zusammengenommen die Existenz der Crowdworker absichern. Nur in seltenen Ausnahmefällen wird sich jedoch ermitteln lassen, dass die Arbeit für einen der Crowdsourcer die entscheidende Lebensgrundlage bildet.[142] Bei der externen direkten Crowdwork oder wenn Crowdworker bei der externen indirekten Crowdwork mit den Plattformbetreibern kontrahieren, ist die wirtschaftliche Abhängigkeit unschwer zu erkennen, wenn Crowdworker langfristig nur auf einer einzigen Plattform tätig werden, ohne gegebenenfalls in der „realen Welt" einen weiteren Auftraggeber[143] zu haben.[144] Bei einem Tätigwerden für mehrere Plattformbetreiber oder wenn weitere Auftraggeber abseits der Plattformen existieren, wird es darauf ankommen, ob bei einem der Auftraggeber die entscheidende Existenzgrundlage erwirtschaftet wird.[145] Wegen der von den Plattformen eingerichteten Bewertungssysteme und der mangelnden Möglichkeit, eine einmal erworbene Reputation zu einem anderen Plattformbetreiber mitzunehmen, werden sich jedoch die meisten Crowdworker auf eine einzige Plattform konzentrieren.[146] Bei der internen Crowdwork wird die wirtschaftliche Abhängigkeit in der Tätigkeit als Crowdworker regelmäßig zu verneinen sein, weil die entscheidende Existenzgrundlage aus der (Haupt-)Tätigkeit bei dem Crowdsourcer bezogen wird.

Schließen Crowdworker ihre Verträge bei der externen und der internen indirekten Crowdwork nicht mit den Plattformbetreibern, sondern mit den (einzelnen) Crowdsourcern, ergibt sich eine wirtschaftliche Abhängigkeit von den Plattformbetreibern auch nicht daraus, dass diese erst den Vertragsschluss zwischen den

---

[142] Zu demselben Ergebnis gelangen auch *Däubler*, Digitalisierung und Arbeitsrecht, § 18 VII. 3. Rn. 59; *Däubler/Klebe*, NZA 2015, 1032 (1036); *Deinert*, Soloselbstständige, Rn. 24; *Köhler*, in: Baker McKenzie, Arbeitswelt 4.0, S. 61 (70); *Waas*, in: Waas u.a., Crowdwork, S. 142 (162).

[143] Nach *Pacha*, Crowdwork, S. 199 sind die meisten Crowdworker schon deswegen nicht als arbeitnehmerähnliche Personen anzusehen, weil für sie die Arbeit in der Crowd lediglich einen Nebenverdienst darstellt. Gestützt wird diese These durch die Untersuchungsergebnisse von *Leimeister/Durward/Zogaj*, Crowd Worker, S. 48, wonach lediglich für 21 % der Crowdworker die Arbeit auf den Internetplattformen die Haupttätigkeit darstellt.

[144] *Pacha*, Crowdwork, S. 200; *Walzer*, Arbeitsrechtlicher Schutz der Crowdworker, S. 150.

[145] *Däubler*, Digitalisierung und Arbeitsrecht, § 18 VII.3. Rn. 58; *ders.*, SR-Sonderausgabe Juli 2016, 2 (38); *Däubler/Klebe*, NZA 2015, 1032 (1036); *Köhler*, in: Baker McKenzie, Arbeitswelt 4.0, S. 61 (69f.).

[146] *Risak*, ZAS 2015, 11 (13); bestätigt wird dies auch von den Ergebnissen bei *Berg*, Income security, S. 24 unter Fn. 62; a. A. bei *Köhler*, in: Baker McKenzie, Arbeitswelt 4.0, S. 61 (70), der sich auf die Ergebnisse einer Studie beruft, derzufolge Crowdworker regelmäßig auf zwei verschiedenen Plattformen tätig würden; die angesprochene Studie ermittelt dabei zwar tatsächlich einen Durchschnittswert von zwei Plattformen, auf denen Crowdworker aktiv seien, allerdings bestehen danach auch teilweise sehr hohe Abweichungen, woraus sich der höhere Durchschnittswert erklären ließe, siehe *Leimeister/Durward/Zogaj*, Crowd Worker, S. 31.

Plattformnutzern ermöglichen.[147] Nach der gesetzlichen Konzeption entspringt die Schutzbedürftigkeit arbeitnehmerähnlicher Personen der Höhe des ihnen versprochenen Entgelts.[148] Eröffnen die Plattformbetreiber den Crowdworkern bloß eine Verdienstmöglichkeit, richtet sich die wirtschaftliche Existenz der Arbeiter nicht nach der Vergütungshöhe, sondern lediglich nach Art und Umfang der selbständigen Tätigkeit.[149]

II. Soziale Schutzbedürftigkeit

Die einem Arbeitnehmer vergleichbare soziale Schutzbedürftigkeit ist gegeben, wenn die wirtschaftliche Abhängigkeit[150] der Crowdworker einen Grad erreicht, wie er grundsätzlich nur in einem Arbeitsverhältnis anzutreffen ist und wenn „die geleisteten Dienste nach ihrer soziologischen Typik mit denen eines Arbeitnehmers vergleichbar sind".[151] Ausschlaggebend sind die Umstände des jeweiligen Falles, die in ihrer Gesamtheit zu würdigen sind.[152] Crowdworker, die besonders hohe Einkommen erzielen[153] oder deren wirtschaftliche Existenz über anderweitige Einkünfte

---

[147] Siehe hierzu und zur nachfolgenden Argumentation zur externen Crowdwork *Däubler*, Digitalisierung und Arbeitsrecht, § 18 VII. 3. Rn. 59; *ders.*, SR-Sonderausgabe Juli 2016, 2 (38); *Däubler/Klebe*, NZA 2015, 1032 (1036); *Köhler*, in: Baker McKenzie, Arbeitswelt 4.0, S. 61 (70); *Pacha*, Crowdwork, S. 201 f.

[148] Dazu und zum Folgenden BAG, Beschl. v. 21.02.2007 – 5 AZB 52/06, BAGE 121, 304 (308) = AP ArbGG 1979 § 5 Nr. 64 Rn. 12 zum arbeitsrechtlichen Status einer Beleghebamme.

[149] Nach *Walzer*, Arbeitsrechtlicher Schutz der Crowdworker, S. 236–240 sollte allerdings erwogen werden, speziell Crowdworker als von einem Plattformbetreiber wirtschaftlich abhängig zu erachten, wenn sie ihre Existenzgrundlage im Wesentlichen nur auf der Plattform dieses einen Betreibers erwirtschaften. Solange eine Übertragung der bei diesem Plattformbetreiber erarbeiteten digitalen Reputation zu einem anderen Plattformbetreiber nicht möglich sei, sei dabei zu vermuten, dass die Crowdworker aufgrund der mit der Reputation einhergehenden Bindung an den Plattformbetreiber einem Arbeitnehmer vergleichbar schutzbedürftig seien. Bei den derzeit bestehenden terminologischen Unklarheiten bezüglich des Crowdwork-Begriffs ist dies jedoch kaum umsetzbar.

[150] Dass nur die wirtschaftliche Abhängigkeit gemeint sein kann, erkennen auch *v. Hase/Lembke*, BB 1997, 1095 (1096) u. *Willemsen/Müntefering*, NZA 2008, 193 (194).

[151] St. Rspr., BAG, Urt. v. 17.01.2006 – 9 AZR 61/05, BeckRS 2006, 42231 Rn. 14; BAG, Urt. v. 15.11.2005 – 9 AZR 626/04, AP BGB § 611 Arbeitnehmerähnlichkeit Nr. 12 unter I. 1. a) bb) (2) der Gründe; BGH, Beschl. v. 21.10.1998 – VIII ZB 54/97, NJW 1999, 648 (650); BAG, Urt. v. 02.10.1990 – 4 AZR 106/90, BAGE 66, 95 (104) = AP TVG § 12a Nr. 1 unter Gründe; BAG, Urt. v. 13.12.1962 – 2 AZR 128/62, BAGE 14, 17 (20 f.); BAG, Urt. v. 23.12.1961 – 5 AZR 53/61, BAGE 12, 158 (163) = NJW 1962, 1125.

[152] BAG, Urt. v. 17.01.2006 – 9 AZR 61/05, BeckRS 2006, 42231 Rn. 14; BAG, Urt. v. 02.10.1990 – 4 AZR 106/90, BAGE 66, 95 (104) = AP TVG § 12a Nr. 1 unter Gründe; BAG, Urt. v. 23.12.1961 – 5 AZR 53/61, BAGE 12, 158 (163) = NJW 1962, 1125.

[153] BAG, Beschl. v. 19.12.2000 – 5 AZB 16/00, AP ArbGG 1979 § 2 Zuständigkeitsprüfung Nr. 9 unter II. 3. b) bb) der Gründe; BAG, Beschl. v. 30.08.2000 – 5 AZB 12/00, AP ArbGG 1979 § 2 Nr. 75 unter II. 2. b) der Gründe; BAG, Urt. v. 02.10.1990 – 4 AZR 106/90, BAGE 66, 95 (104) = AP TVG § 12a Nr. 1 unter Gründe; a. A. *v. Hase/Lembke*, BB 1997, 1095 (1096).

abgesichert ist,[154] sind nicht schutzbedürftig. Für ihre soziale Schutzbedürftigkeit streitet zuvorderst die Pflicht der Crowdworker, ihre Leistungen persönlich zu erbringen.[155] Dass Crowdworker anders als „klassische" Selbständige nicht selbst am Markt auftreten und ihr Zugriff auf die ausgeschriebenen Aufgaben maßgeblich von den Plattformen beeinflusst wird, spricht ebenso für eine mit Arbeitnehmern vergleichbare Schutzbedürftigkeit.[156]

C. Heimarbeiter im Sinne des § 2 Abs. 1 HAG

Selbständige Crowdworker könnten zudem vom Anwendungsbereich des Heimarbeitsgesetzes[157] erfasst sein. Das Gesetz gewährt in Heimarbeit Beschäftigten (Heimarbeitern und Hausgewerbetreibenden[158], § 1 Abs. 1 HAG) nicht nur einen besonderen Arbeitszeit- und Gefahrenschutz. Wichtig sind vor allem auch der besondere Kündigungs- (§§ 29, 29a HAG) und Entgeltschutz, von dem Heimarbeiter und Hausgewerbetreibende profitieren. Für Gewerbezweige und Beschäftigungsarten, in denen in nennenswertem Umfang Heimarbeit geleistet wird,[159] errichtet die nach § 3 HAG zuständige Behörde gemäß § 4 HAG Heimarbeitsausschüsse.[160] Bestehen für den Zuständigkeitsbereich eines Ausschusses keine Gewerkschaften oder Auftraggebervereinigungen oder gehört diesen lediglich ein geringer Teil der Auftraggeber oder Beschäftigten an, kann der Heimarbeitsausschuss Entgelte und sonstige Vertragsbedingungen mit bindender Wirkung für alle Auftraggeber oder Beschäftigten seines Zuständigkeitsbereichs festsetzen, wenn die gezahlten Entgelte oder sonstigen Vertragsbedingungen unzulänglich sind (§ 19 Abs. 1 Satz 1 HAG).

---

[154] Anders als bei der wirtschaftlichen Abhängigkeit sind hier also auch anderweitige Einnahmen zu berücksichtigen, siehe BAG, Urt. v. 02.10.1990 – 4 AZR 106/90, BAGE 66, 95 (104) = AP TVG § 12a Nr. 1 unter Gründe.

[155] BAG, Beschl. v. 21.12.2010 – 10 AZB 14/10, AP ArbGG 1979 § 5 Nr. 68 Rn. 12; BAG, Beschl. v. 19.12.2000 – 5 AZB 16/00, AP ArbGG 1979 § 2 Zuständigkeitsprüfung Nr. 9 unter II. 3. b) bb) der Gründe; BAG, Beschl. v. 30.08.2000 – 5 AZB 12/00, AP ArbGG 1979 § 2 Nr. 75 unter II. 2. b) der Gründe.

[156] *Pacha*, Crowdwork, S. 203; *Preis/Brose*, Neue Beschäftigungsformen, S. 53; nach MünchHdB-ArbR/*Schneider*, § 21 Rn. 30 schließt dagegen die Weisungsfreiheit der Crowdworker hinsichtlich Art, Ort und Zeit der Aufgabenbearbeitung die soziale Schutzbedürftigkeit in der Regel aus. Ließe sich jedoch gegenteilig eine entsprechende Weisungsbindung feststellen, würde eine Qualifikation als arbeitnehmerähnliche Personen üblicherweise schon daran scheitern, dass die Crowdworker als Arbeitnehmer zu erachten wären.

[157] Heimarbeitsgesetz v. 14.03.1951 i.d. bereinigten Fassung, BGBl. III, Gliederungsnr. 804-1.

[158] Dazu, dass Crowdworker nicht als Hausgewerbetreibende anzusehen sind, *Walzer*, Arbeitsrechtlicher Schutz der Crowdworker, S. 161.

[159] Gelangt man zu dem Schluss, dass Crowdworker als Heimarbeiter angesehen werden können, ist nach *Pacha*, Crowdwork, S. 227 ein Heimarbeitsausschuss für sie zu errichten.

[160] Zu den Aufgaben der Heimarbeitsausschüsse siehe nur *Pacha*, Crowdwork, S. 228.

Werden die festgesetzten Entgelte nicht erreicht, können die Länder die den in Heimarbeit Beschäftigten zustehenden Minderbeträge prozessstandschaftlich[161] geltend machen (§ 25 HAG). In Heimarbeit Beschäftigte haben zudem gemäß § 11 EFZG Anspruch auf Feiertagsbezahlung, erhalten nach § 10 EFZG für den Krankheitsfall Zuschläge zum Entgelt und unterliegen eigenen urlaubsrechtlichen Regelungen (§ 12 BUrlG). Nach § 5 Abs. 1 Satz 2 BetrVG findet das Betriebsverfassungsgesetz Anwendung, wenn in Heimarbeit Beschäftigte in der Hauptsache für den Betrieb arbeiten, und wie (andere) arbeitnehmerähnliche Personen gelten sie als Arbeitnehmer im Sinne des ArbGG (§ 5 Abs. 1 Satz 2 ArbGG).

Der Heimarbeiterbegriff ist in § 2 Abs. 1 Satz 1 HAG legaldefiniert. Heimarbeiter ist, „wer in selbstgewählter Arbeitsstätte (eigener Wohnung oder selbstgewählter Betriebsstätte) allein oder mit seinen Familienangehörigen [...] im Auftrag von Gewerbetreibenden oder Zwischenmeistern erwerbsmäßig arbeitet, jedoch die Verwertung der Arbeitsergebnisse dem unmittelbar oder mittelbar auftraggebenden [sic!] Gewerbetreibenden überläßt [sic!]". Maßgebend sind die objektiven Umstände, nicht die subjektiven Ansichten des Auftraggebers.[162] Ob Crowdworker die Anforderungen dieser Begriffsbestimmung erfüllen (können), ist nicht abschließend geklärt, wird jedoch nicht selten zumindest für den Regelfall verneint.[163]

I. Aktive Aufgabenzuweisung durch den Ausgeber von Heimarbeit

Gegen eine Anwendung des HAG auf Crowdworker wird angeführt, dass die Art und Weise, wie die Aufgaben auf den Internetplattformen an sie verteilt würden, nicht vom Gesetz in seiner derzeitigen Fassung gedeckt sei: Im Gegensatz zu „traditionellen" Heimarbeitern würden sich Crowdworker selbst um die Zuteilung von Aufgaben bewerben. Da lediglich ein einziger Arbeiter für die Erbringung der Leistung ausgewählt werde, drohe die Vorschrift des § 11 Abs. 1 HAG, wonach die ausgegebene Arbeitsmenge gleichmäßig auf die in Heimarbeit Beschäftigten zu

---

[161] BAG, Urt. v. 05.11.2002 – 9 AZR 409/01, BAGE 103, 218 (222) = AP HAG § 8 Nr. 2 unter A.I. der Gründe; BAG, Urt. v. 13.09.1983 – 3 AZR 343/81, BAGE 44, 132 (135) = AP HAG § 19 Nr. 11 unter II. der Gründe; BAG, Urt. v. 05.05.1981 – 3 AZR 574/78, BAGE 35, 234 (235) = AP HAG § 8 Nr. 1 unter 1. der Gründe.

[162] BAG, Urt. v. 21.01.1965 – 5 AZR 223/64, AP HAG § 1 Nr. 1 LS 1.

[163] *Däubler*, Digitalisierung und Arbeitsrecht, § 18 VII.3. Rn. 61–64; *ders.*, SR-Sonderausgabe Juli 2016, 2 (38); *ders.*, in: Benner, Crowdwork, S. 243 (247); *Däubler/Klebe*, NZA 2015, 1032 (1036); *Deinert*, RdA 2018, 359 (363); *Franzen*, in: Giesen/Junker/Rieble, Industrie 4.0, S. 107 (114); *Hensel*, Sozialer Fortschritt 2017, 897 (905 f.); *Klein*, SPA 2017, 93 (95); *R. Krause*, Digitalisierung, S. B 105; *Preis/Brose*, Neue Beschäftigungsformen, S. 56; *C. Schubert*, RdA 2018, 200 (204); *Walzer*, Arbeitsrechtlicher Schutz der Crowdworker, S. 157–159; *Wisskirchen/Schwindling*, ZESAR 2017, 318 (325); a.A. *Giesen/Kersten*, Arbeit 4.0, S. 110 f.; *Pacha*, Crowdwork, S. 206–225; *Selzer*, in: Husemann/Wietfeld, Herausforderungen des Arbeitsrechts, S. 27 (45–47); *Sutschet*, in: Giesen/Junker/Rieble, Bewegliche Mitbestimmung, S. 15 (25 f.); *Waltermann*, RdA 2019, 94 (98).

verteilen ist, leer zu laufen.[164] Auch die Wortlaute des § 11 HAG („ausgibt") und des mit § 2 Abs. 1 HAG (weitgehend) deckungsgleichen[165] sozialversicherungsrechtlichen Heimarbeiterbegriffs in § 12 SGB IV („vergibt") würden belegen, dass Heimarbeit eine Verteilung der Aufträge im Sinne einer aktiven Aufgabenzuweisung durch den Auftraggeber voraussetze.[166] Eine aktive Aufgabenzuweisung an die Crowdworker sei jedoch (regelmäßig) zu verneinen.[167] Allenfalls wenn Crowdworker durch Sanktionsmechanismen zur Bewältigung eines gewissen Mindestkontingents an Aufgaben „gezwungen" würden, könne von einer Vergabe zu sprechen sein.[168]

Vertreter der Gegenauffassung betonen, dass es auch „klassischen" Heimarbeitern frei stehe, einzelne Aufgaben abzulehnen.[169] Auch ihnen würde der Auftraggeber die Aufgaben nicht einseitig zuweisen. Die Auftragsverteilung durch die Plattformen oder die Crowdsourcer unterscheide sich hiervon lediglich dadurch, dass die Aufgaben nicht mehr konkreten Personen angeboten würden, sondern die Ausschreibungen kollektiv alle Crowdworker adressieren würden, die die verlangten Anforderungen erfüllen. Warum dies für die Frage, ob jemand als Heimarbeiter einzuordnen sei, relevant sein solle, erschließe sich nicht. Ebenso wird der Wortlaut des § 2 Abs. 1 Satz 1 HAG nutzbar gemacht, dem das Erfordernis einer aktiven Aufgabenzuweisung durch den Ausgeber von Heimarbeit nicht zu entnehmen sei.[170] Derjenige, der sich erfolgreich um die Zuteilung einer Aufgabe bewerbe, werde ebenso „im Auftrag" eines anderen tätig wie derjenige, dem eine Aufgabe aktiv angetragen werde.[171] Der Anwendungsbereich des HAG erfahre durch § 11 HAG keine Begrenzung.[172]

Gestützt wird diese Ansicht dadurch, dass sich nicht erklären lässt, wieso der Begriff der „Vergabe" oder der der „Ausgabe" allein aktive Aufgabenzuweisungen durch den Ausgeber erfassen solle. Der Vergabebegriff wird in anderem Zusammenhang, namentlich bei der Vergabe öffentlicher Aufträge, in einem deutlich weiteren Sinn verstanden: Auch im Vergaberecht bedient sich die öffentliche Hand

---

[164] So die Argumentation bei *Däubler*, Digitalisierung und Arbeitsrecht, § 18 VII. 3. Rn. 62; *Däubler/Klebe*, NZA 2015, 1032 (1036).

[165] Begründung des Regierungsentwurfs für ein Sozialgesetzbuch – Gemeinsame Vorschriften für die Sozialversicherung, BT-Drs. 7/4122, 32; Krauskopf/*Stäbler*, § 12 SGB IV Rn. 5; KassKomm/*Zieglmeier*, § 12 SGB IV Rn. 16.

[166] Zu § 12 SGB IV siehe *Brose*, NZS 2017, 7 (13); zu § 11 HAG siehe *Preis/Brose*, Neue Beschäftigungsformen, S. 56.

[167] *Brose*, NZS 2017, 7 (13) zu § 12 SGB IV; *Hensel*, Sozialer Fortschritt 2017, 897 (905); *Preis/Brose*, Neue Beschäftigungsformen, S. 56.

[168] *Brose*, NZS 2017, 7 (13) zu § 12 SGB IV.

[169] Eingehend hierzu und zum Folgenden *Pacha*, Crowdwork, S. 219–222.

[170] *Giesen/Kersten*, Arbeit 4.0, S. 111 unter Fn. 369; *Pacha*, Crowdwork, S. 223; *Sutschet*, in: Giesen/Junker/Rieble, Bewegliche Mitbestimmung, S. 15 (26).

[171] *Sutschet*, in: Giesen/Junker/Rieble, Bewegliche Mitbestimmung, S. 15 (26).

[172] *Giesen/Kersten*, Arbeit 4.0, S. 111 unter Fn. 369; *Pacha*, Crowdwork, S. 223.

eines Ausschreibungsverfahrens, bei dem die Bewerber ihrerseits eigene Angebote abgeben.[173] Verbliebe § 11 Abs. 1 HAG wegen dieses weiten Begriffsverständnisses auf den Internetplattformen kein Anwendungsbereich, wäre dies unerheblich. Die Regelung in § 11 Abs. 1 HAG ist eine bloße „Soll"-Vorschrift, deren Nichtbeachtung keinerlei Sanktionen nach sich zieht.[174] In der Folge kann ein Verstoß nicht bewirken, dass der Mitarbeiter nicht als Heimarbeiter zu erachten ist. Die Art und Weise der Aufgabenverteilung steht einer Qualifikation der Crowdworker als Heimarbeiter demnach nicht entgegen.

II. Wirtschaftliche Abhängigkeit und soziale Schutzbedürftigkeit

Nach herrschender Meinung zählen Heimarbeiter zu den arbeitnehmerähnlichen Personen.[175] Abweichende Auffassungen, wonach es sich bei ihren Rechtsverhältnissen lediglich um Dauerrechtsverhältnisse sui generis handele,[176] können schon allein deshalb nicht überzeugen, weil der Gesetzgeber bei der Schaffung verschiedener Vorschriften verdeutlicht hat, dass es sich bei Heimarbeitern um arbeitnehmerähnliche Personen handeln muss. So heißt es etwa in § 5 Abs. 1 Satz 2 ArbGG, dass als Arbeitnehmer im Sinne des ArbGG auch die in Heimarbeit Beschäftigten gelten „sowie sonstige Personen, die wegen ihrer wirtschaftlichen Unselbständigkeit als arbeitnehmerähnliche Personen anzusehen sind". Genannt seien aber auch § 2 Abs. 2 Nr. 3 ArbSchG, wonach der Beschäftigtenbegriff des Gesetzes „arbeitnehmerähnliche Personen [...], ausgenommen die in Heimarbeit Beschäftigten" erfasse oder das AGG, das sich in seinem persönlichen Anwendungsbereich auf „Personen, die wegen ihrer wirtschaftlichen Unselbständigkeit als arbeitnehmerähnliche Personen anzusehen sind" erstreckt, wobei zu diesen ausdrücklich auch die in Heimarbeit Beschäftigten gerechnet werden (§ 6 Abs. 1 Satz 1 Nr. 3 AGG). Nicht anders als andere arbeitnehmerähnliche Personen sind Heimarbeiter wirtschaftlich von ihrem Auftraggeber abhängig.[177] Umstritten ist jedoch, ob die wirtschaftliche Ab-

---

[173] Siehe nur *Hertwig*, Öffentliche Auftragsvergabe, Rn. 272.

[174] *K. Schmidt* u.a., § 11 HAG Rn. 4.

[175] Siehe nur die Begründung des Regierungsentwurfs für ein Gesetz zur Änderung des Heimarbeitsgesetzes und anderer arbeitsrechtlicher Vorschriften, BT-Drs. 7/975, 13 sowie der Bericht des Ausschusses für Arbeit zu den Gesetzentwürfen der SPD-Fraktion (BT-Drs. IV/142) und der CDU/CSU-Fraktion (BT-Drs. IV/207), BT-Drs. IV/785, 2; BAG, Beschl. v. 12.02.1992 – 7 ABR 42/91, AP BetrVG 1972 § 5 Nr. 52 unter II. 1. der Gründe; LAG Köln, Urt. v. 21.05.2015 – 7 Sa 1117/14, BeckRS 2016, 68265 Rn. 23; *Heuschmid/Klebe*, in: Faber u.a., FS Kohte, S. 73 (78); *Klein*, SPA 2017, 93 (94); ErfK/*Preis*, § 611a BGB Rn. 84; a. A. *Otten*, NZA 1995, 289 (289–294); *Schliemann*, in: Henssler u.a., FS Wank, S. 531 (537).

[176] So etwa *Otten*, NZA 1995, 289 (289–294); daran anschließend *K. Schmidt* u.a., Anh. § 19 HAG Rn. 11, die allerdings der Auffassung sind, dass dies einer Zuordnung der Heimarbeiter zu den arbeitnehmerähnlichen Personen nicht im Wege stehe; krit. hierzu MünchHdB ArbR/*Heinkel*, § 200 Rn. 2.

[177] BVerfG, Beschl. v. 11.02.1976 – 2 BvL 2/73, BVerfGE 41, 314 (322) = BeckRS 1976 705 unter B. II. 3. b) der Gründe; BAG, Urt. v. 03.04.1990 – 3 AZR 258/88, BAGE 65, 80 (85) =

hängigkeit von Heimarbeitern bereits dann gegeben ist, wenn die in § 2 Abs. 1 Satz 1 HAG genannten Voraussetzungen erfüllt sind[178] oder ob es sich bei der wirtschaftlichen Abhängigkeit um ein besonderes ungeschriebenes Tatbestandsmerkmal handelt, ohne dessen Erfüllung ein Heimarbeitsverhältnis von vornherein nicht bestehen kann[179].

Jene, die in der wirtschaftlichen Abhängigkeit ein eigenständiges Tatbestandsmerkmal erblicken, sehen sich vor allem durch ein Urteil des BAG[180] bestätigt, in der das Gericht die Heimarbeiterstellung von (möglicherweise) hausgewerbetreibenden Näherinnen an das Ausmaß ihrer wirtschaftlichen Abhängigkeit geknüpft hatte.[181] Andere rekurrieren auf § 1 Abs. 2 HAG, wonach Personen den in Heimarbeit Beschäftigten (nur) gleichgestellt werden können, wenn dies wegen des Grades ihrer wirtschaftlichen Abhängigkeit gerechtfertigt erscheint.[182] Da die Gleichstellung an der wirtschaftlichen Abhängigkeit ansetze, sei auch die Schutzbedürftigkeit der Heimarbeiter gesondert an dem Ausmaß ihrer wirtschaftlichen Abhängigkeit festzumachen.[183]

Von der Gegenseite wird aus § 1 Abs. 2 HAG gefolgert, dass gerade nur bei den Heimarbeitern Gleichgestellten, nicht aber bei Heimarbeitern selbst, gesondert geprüft werden müsse, ob sie wirtschaftlich abhängig seien.[184] Dem HAG sei das Er-

---

AP HAG § 2 Nr. 11 unter II.3. der Gründe; LAG Köln, Urt. v. 21.05.2015 – 7 Sa 1117/14, BeckRS 2016, 68265 Rn. 23; *Hensel*, Sozialer Fortschritt 2017, 897 (905 f.); *Otten*, NZA 1995, 289 (292); *Pacha*, Crowdwork, S. 210–212; *K. Schmidt* u. a., Anh. § 19 HAG Rn. 9; *Waniorek*, Teleheimarbeit, S. 153–155; für die Sozialversicherung BSG, Urt. v. 10.09.1987 – 12 RK 13/85, NZA 1988, 629; LSG Schleswig-Holstein, Urt. v. 25.03.2009 – L 5 KR 28/07, BeckRS 2009, 66787 unter Gründe.

[178] In diese Richtung BVerfG, Beschl. v. 11.02.1976 – 2 BvL 2/73, BVerfGE, 41, 314 (322) = BeckRS 1976, 705 unter B.II.3. b) der Gründe; *Pacha*, Crowdwork, S. 211 f.

[179] So LAG Hamm, Beschl. v. 10.10.2005 – 2 Ta 332/05, BeckRS 2005, 43588 unter II. der Gründe; *Däubler*, Digitalisierung und Arbeitsrecht, § 18 VII.3. Rn. 61; *ders.*, in: Benner, Crowdwork, S. 243 (247); *Deinert*, RdA 2018, 359 (363); *Hensel*, Sozialer Fortschritt 2017, 897 (905 f.); *Klein*, SPA 2017, 93 (95); *R. Krause*, Digitalisierung, S. B 105; *Selzer*, in: Husemann/Wietfeld, Herausforderungen des Arbeitsrechts, S. 27 (46); *Waas*, in: Waas u. a., Crowdwork, S. 142 (165 f.); *Waniorek*, Teleheimarbeit, S. 153–155; auch in diese Richtung zum sozialversicherungsrechtlichen Heimarbeiterbegriff LSG Schleswig-Holstein, Urt. v. 25.03.2009 – L 5 KR 28/07, BeckRS 2009, 66787 unter Gründe.

[180] Siehe BAG, Urt. v. 03.04.1990 – 3 AZR 258/88, BAGE 65, 80 (85 f.) = AP HAG § 2 Nr. 11 unter II.3. der Gründe.

[181] *Däubler*, Digitalisierung und Arbeitsrecht, § 18 VII.3. Rn. 61; *ders.*, in: Benner, Crowdwork, S. 243 (247) unter Fn. 11; *Deinert*, RdA 2018, 359 (363); *R. Krause*, Digitalisierung, S. B 105 unter Fn. 537.

[182] Zu einer möglichen Gleichstellung von Crowdworkern mit Heimarbeitern siehe *Walzer*, Arbeitsrechtlicher Schutz der Crowdworker, S. 161–163.

[183] *Waas*, in: Waas u. a., Crowdwork, S. 142 (165 f.); so wohl auch *Selzer*, in: Husemann/Wietfeld, Herausforderungen des Arbeitsrechts, S. 27 (46).

[184] *Pacha*, Crowdwork, S. 212.

fordernis wirtschaftlicher Abhängigkeit nicht zu entnehmen[185] und entgegen der anderen Auffassung habe sich das BAG inzwischen gegen es ausgesprochen[186].

Angesprochen ist eine Entscheidung des neunten Senats, in der dieser erörterte, dass „[w]eder der gesetzlichen Regelung noch den Gesetzesmaterialien [...] eine Beschränkung auf [...] die Feststellung einer nach der Verkehrsanschauung bestehenden Schutzbedürftigkeit zu entnehmen" sei. Wo der Gesetzgeber „die Prüfung einer besonderen Schutzbedürftigkeit [...] für erforderlich gehalten" habe, habe er diese „ausdrücklich als Tatbestandsmerkmal normiert".[187] Betrachtet man das Urteil genauer, fällt jedoch auf, dass sich das Gericht bei seinen Ausführungen lediglich auf die (zumindest bis dahin) streitbefangene Frage bezog, ob auch höherqualifizierte Angestelltentätigkeiten in Heimarbeit erbracht werden können:[188] So führte der Senat aus, dass das HAG in seiner Fassung vom 14. März 1951 noch eine „gewerbliche" Tätigkeit des Heimarbeiters (§ 2 Abs. 1 Satz 1 HAG a. F.) gefordert habe. Nach damaliger Rechtsprechung hätten sich den „gewerblichen" Tätigkeiten allenfalls solche Angestelltentätigkeiten zuordnen lassen, die sich nach der Verkehrsanschauung als „gewerbliche Arbeiten" dargestellt hätten. Durch die Neufassung des § 2 Abs. 1 Satz 1 HAG vom 29. Oktober 1974,[189] in welcher der Ausdruck „gewerblich" durch „erwerbsmäßig" ersetzt wurde, habe der Gesetzgeber jedoch geklärt, dass (jegliche) Angestelltentätigkeiten, die die Voraussetzungen der Heimarbeit erfüllen, vom HAG erfasst seien. Deswegen sei es nun für den Einbezug von Angestelltentätigkeiten in den Anwendungsbereich des HAG nicht mehr erforderlich, dass diese nach der Verkehrsanschauung als besonders schutzbedürftig gölten.[190] Es ist unwahrscheinlich, dass das Gericht gleichzeitig zur Notwendigkeit einer wirtschaftlichen Abhängigkeit Stellung beziehen wollte, zumal es den Begriff der wirtschaftlichen Abhängigkeit im Zusammenhang mit Heimarbeitern gar nicht nennt.[191] Andererseits wäre eine separate Behandlung ohnehin obsolet gewesen, wenn das BAG auf diese Voraussetzung verzichtet. Angesichts des Umstands, dass unklar ist, ob das Gericht überhaupt jemals eine gesonderte Prüfung der wirt-

---

[185] *Sutschet*, in: Giesen/Junker/Rieble, Bewegliche Mitbestimmung, S. 15 (26).

[186] *Sutschet*, in: Giesen/Junker/Rieble, Bewegliche Mitbestimmung, S. 15 (26); siehe auch Schwab/Weth/*Kliemt*, ArbGG, § 5 ArbGG Rn. 194.

[187] BAG, Urt. v. 14.06.2016 – 9 AZR 305/15, BAGE 155, 264 (276) = AP BGB § 611 Abhängigkeit Nr. 129 Rn. 48; diese Passagen werden auch ausdrücklich in Bezug genommen von *Bayreuther*, Leistungsbedingungen von (Solo-)Selbständigen, S. 20.

[188] Dies umso mehr, als dass sich die von dem BAG zitierten Beiträge allesamt ebenfalls nur mit dieser Fragestellung und gerade nicht mit dem Erfordernis wirtschaftlicher Abhängigkeit auseinandersetzen.

[189] Gesetz zur Änderung des Heimarbeitsgesetzes und anderer arbeitsrechtlicher Vorschriften v. 29.10.1974, BGBl. I S. 2879.

[190] Zum Ganzen BAG, Urt. v. 14.06.2016 – 9 AZR 305/15, BAGE 155, 264 (276) = AP BGB § 611 Abhängigkeit Nr. 129 Rn. 48.

[191] Der Begriff fällt lediglich im Zusammenhang mit der Abgrenzung zum Arbeitsverhältnis, BAG, Urt. v. 14.06.2016–9 AZR 305/15, BAGE 155, 264 (270) = AP BGB § 611 Abhängigkeit Nr. 129 Rn. 25.

schaftlichen Abhängigkeit (auch) von Heimarbeitern verlangt hat,[192] wäre eine Klarstellung in diesem Sinne zu erwarten gewesen.

Gegen eine gesonderte Prüfung der wirtschaftlichen Abhängigkeit sprechen allerdings die Absätze 3 und 4 des § 29 HAG. Die dort getroffenen Regelungen statuieren besondere Kündigungsfristen für Heimarbeiter, die zum Zeitpunkt der Kündigung[193] ihres Beschäftigungsverhältnisses „überwiegend" für (nur) einen Auftraggeber oder Zwischenmeister tätig werden. Heimarbeiter werden nach herrschender Auffassung dann „überwiegend" für einen Auftraggeber oder Zwischenmeister tätig, wenn sie mehr als die Hälfte ihrer insgesamt für Heimarbeitsverhältnisse aufgewendeten Zeit für diesen arbeiten. Es kommt grundsätzlich allein auf das zeitliche Verhältnis mehrerer Heimarbeitsverhältnisse zueinander an.[194] Hinge die Heimarbeitereigenschaft wie bei anderen arbeitnehmerähnlichen Personen davon ab, dass die Tätigkeit für einen einzigen Auftraggeber die entscheidende Existenzgrundlage bildet,[195] wären mehrere Heimarbeitsverhältnisse nebeneinander nicht denkbar. Die in § 29 Abs. 3 und 4 HAG genannte Voraussetzung einer „überwiegenden" Tätigkeit für einen (von mehreren) Auftraggebern oder Zwischenmeistern wäre hinfällig.[196] Allenfalls ließe sich behaupten, dass die wirtschaftliche Abhängigkeit von Heimarbeitern nach anderen Kriterien zu ermitteln sei als bei anderen arbeitnehmerähnlichen Personen.[197] Richtigerweise wird man jedoch die wirtschaftliche Abhängigkeit von Heimarbeitern bereits daraus ableiten können, dass sie „die Verwertung der Arbeitsergebnisse dem unmittelbar oder mittelbar auftraggebenden [sic!] Gewerbetreibenden" überlassen.[198] Eine darüber hinausgehende Prüfung der sozialen Schutzbedürftigkeit von Heimarbeitern erübrigt sich.[199]

---

[192] Mit berechtigten Zweifeln etwa *Sutschet*, in: Giesen/Junker/Rieble, Bewegliche Mitbestimmung, S. 15 (26).

[193] *Brecht*, § 29 HAG Rn. 24; *K. Schmidt* u.a., § 29 HAG Rn. 56.

[194] Dieterich/Neef/Schwab/*Mehrle*, AR-Blattei SD, 910 Rn. 129; bei zeitlich vergleichbarem Umfang soll nach *Brecht*, § 29 HAG Rn. 16 sowie KR/*Rost/Kreutzberg-Kowalczyk*, §§ 29, 29a HAG Rn. 29 das Einkommen aber berücksichtigt werden können; weiter bei *K. Schmidt*, NJW 1976, 930 (932) u. *K. Schmidt* u.a., § 29 HAG Rn. 48 wonach es für eine überwiegende Beschäftigung durch einen Auftraggeber oder Zwischenmeister ebenso genügen soll, wenn der Heimarbeiter mehr als die Hälfte seines in Heimarbeit erwirtschafteten Einkommens von diesem bezieht.

[195] Siehe oben unter Kap. 3 B. I.

[196] So auch *Pacha*, Crowdwork, S. 211.

[197] *Waas*, in: Waas u.a., Crowdwork, S. 142 (166).

[198] BVerfG, Beschl. v. 11.02.1976 – 2 BvL 2/73, BVerfGE 41, 314 (322) = BeckRS 1976, 705 unter B. II. 3. b) der Gründe.

[199] BVerfG, Beschl. v. 11.02.1976 – 2 BvL 2/73, BVerfGE 41, 314 (322) = BeckRS 1976, 705 unter B. II. 3. b) der Gründe; Schwab/Weth/*Kliemt*, ArbGG, § 5 ArbGG Rn. 194; siehe auch *Waniorek*, Teleheimarbeit, S. 155–157.

III. Erwerbsmäßige Arbeit

Heimarbeiter kann nur sein, wer „erwerbsmäßig" arbeitet. Die Tätigkeit der Crowdworker muss auf eine gewisse Dauer angelegt und auf die Bestreitung ihres Lebensunterhalts ausgerichtet sein.[200] Ob sie allein dazu geeignet ist, die wirtschaftliche Existenz abzusichern, ist unerheblich, wenn die Tätigkeit zur Lebenserhaltung beitragen soll. Die Vergütungshöhe spielt ebenso wenig eine Rolle wie die Frage, ob Crowdworker etwa wegen einer schlechten Auftragslage nur gelegentlich Aufgaben bearbeiten können.[201] Da eine „gewerbliche" Tätigkeit nicht (mehr) gefordert ist, können sowohl sehr einfache als auch anspruchsvollere (Angestellten-) Tätigkeiten in Heimarbeit erbracht werden.[202]

Man wird allerdings zu fragen haben, ob eine Tätigkeit nur dann erwerbsmäßig ausgeübt wird, wenn die Arbeit gerade für den konkreten Auftraggeber auf eine gewisse Dauer angelegt ist. Bedeutung erlangt dies vor allem bei der externen indirekten Crowdwork, wenn Crowdworker ihre Aufgaben nicht von den Plattformbetreibern bekommen, sondern direkt mit den Crowdsourcern kontrahieren. Die Begriffsbestimmung in § 2 Abs. 1 Satz 1 HAG ist jedenfalls weit genug, um generell erwerbsmäßig ausgeführte Arbeiten zu erfassen, ohne dass es auf die für die konkreten Auftraggeber geplante Dauer der Tätigkeiten ankommen würde.[203]

Die Konzeption des Heimarbeitsrechts legt allerdings gegenteilig nahe, dass die Tätigkeit gerade für den konkreten Auftraggeber auf eine gewisse Dauer angelegt sein muss:[204] Die Regelungen zur Feiertagsbezahlung (§ 11 EFZG) oder zum Urlaub von in Heimarbeit Beschäftigten (§ 12 BUrlG) lassen sich nur schwer auf einen einmaligen Leistungsaustausch anwenden. Sofern daher bei der externen indirekten Crowdwork die Crowdsourcer als Auftraggeber der Crowdworker anzusehen sind, scheidet eine Tätigkeit als Heimarbeiter wegen des regelmäßig bloß punktuellen Charakters der Rechtsbeziehung in aller Regel aus.

---

[200] Allgemein zur Erwerbsmäßigkeit BAG, Urt. v. 14.06.2016 – 9 AZR 305/15, BAGE 155, 264 (275) = AP BGB § 611 Abhängigkeit Nr. 129 Rn. 45; BAG, Urt. v. 12.07.1988 – 3 AZR 569/86, AP HAG § 2 Nr. 10 unter 2.a) der Gründe.

[201] BAG, Urt. v. 14.06.2016 – 9 AZR 305/15, BAGE 155, 264 (276) = AP BGB § 611 Abhängigkeit Nr. 129 Rn. 49; BAG, Urt. v. 12.07.1988 – 3 AZR 569/86, AP HAG § 2 Nr. 10 unter 2.a) der Gründe.

[202] BAG, Urt. v. 14.06.2016 – 9 AZR 305/15, BAGE 155, 264 (275f.) = AP BGB § 611 Abhängigkeit Nr. 129 Rn. 47f.; ebenso bereits *Kappus*, NZA 1987, 408 (409); *Kilian/Borsum/Hoffmeister*, NZA 1987, 401 (404); a.A. etwa *Körner*, NZA 1999, 1190 (1193).

[203] *Sutschet*, in: Giesen/Junker/Rieble, Bewegliche Mitbestimmung, S. 15 (25f.).

[204] So auch *Bayreuther*, Leistungsbedingungen von (Solo-)Selbständigen, S. 20f.; *Pacha*, Crowdwork, S. 213; *Walzer*, Arbeitsrechtlicher Schutz der Crowdworker, S. 157.

IV. Allein oder mit seinen Familienangehörigen

Keine Schwierigkeiten bereitet üblicherweise die Voraussetzung, dass Heimarbeiter nur allein beziehungsweise allenfalls zusammen mit ihren Familienangehörigen im Sinne des § 2 Abs. 5 HAG tätig werden dürfen. Da die Leistungen regelmäßig persönlich zu erbringen sind und eine Nutzung des Plattformzugangs durch andere Personen üblicherweise in den AGB der Plattformbetreiber untersagt wird, arbeiten Crowdworker zumeist allein.[205]

V. Selbstgewählte Arbeitsstätte

Crowdworker werden in selbstgewählter Arbeitsstätte tätig, wenn sie ihre Arbeiten von zuhause aus erledigen.[206] Weniger eindeutig ist dies, wenn sie sich „nach draußen" begeben und Aufgaben von unterwegs bearbeiten.[207] Man wird dann zu fragen haben, ob dies noch von dem Begriff der Heimarbeit, wie er dem Gesetz zugrunde liegt, gedeckt ist.

Obwohl eine weite Auslegung angesichts des Wortlauts nicht ausgeschlossen ist, schwebt der Regelung des § 2 Abs. 1 Satz 1 HAG eine Aufgabenbearbeitung an einem festen Arbeitsort vor. Der Gesetzgeber konkretisiert den Begriff der „selbstgewählten Arbeitsstätte" über die Begriffe der „eigenen Wohnung" und der „selbstgewählten Betriebsstätte". Die Regelung des § 12 AO[208] verdeutlicht, dass nicht nur die Wohnung, sondern auch die Betriebsstätte üblicherweise eine feststehende Einrichtung bezeichnet. Die steuerrechtliche Begriffsfassung zwingt zwar nicht dazu, die gleichen Begriffe in anderen Regelungszusammenhängen genauso auszulegen. Gerade die Gegenüberstellung des Begriffs der Betriebsstätte mit dem der Wohnung belegt jedoch, dass die selbstgewählte Arbeitsstätte allein feste Arbeitsorte umfassen soll.[209]

Andererseits ist nicht ersichtlich, warum der Gesetzgeber den Heimarbeiterschutz allein auf Personen hätte beschränken sollen, die von einem festen Arbeitsort aus

---

[205] Siehe *Pacha*, Crowdwork, S. 215 u. *Walzer*, Arbeitsrechtlicher Schutz der Crowdworker, S. 157 zur externen Crowdwork.

[206] *Giesen/Kersten*, Arbeit 4.0, S. 110; *Preis/Brose*, Neue Beschäftigungsformen, S. 38; *Selzer*, in: Husemann/Wietfeld, Herausforderungen des Arbeitsrechts, S. 27 (45).

[207] Keine Probleme sehen hier *Selzer*, in: Husemann/Wietfeld, Herausforderungen des Arbeitsrechts, S. 27 (45) und *Walzer*, Arbeitsrechtlicher Schutz der Crowdworker, S. 157; a. A. *Bayreuther*, Leistungsbedingungen von (Solo-)Selbständigen, S. 23; *Preis/Brose*, Neue Beschäftigungsformen, S. 38.

[208] Abgabenordnung v. 16.03.1976 i.d.F. der Bekanntmachung v. 01.10.2002, BGBl. I (2002), S. 3866, ber. BGBl. I (2003), S. 61.

[209] Bezüglich des Wortlauts i.E. ebenso *Deinert*, RdA 2018, 359 (363).

tätig werden.[210] Die gewählte Formulierung lässt sich vielmehr darauf zurückführen, dass für den Gesetzgeber eine „mobile Heimarbeit" bei Schaffung des HAG schlicht nicht denkbar war. Nach Sinn und Zweck des § 2 Abs. 1 Satz 1 HAG ist nur entscheidend, ob die Arbeitsstätte des Heimarbeiters räumlich und organisatorisch vom Auftraggeber getrennt und seiner Verfügungsmacht entzogen ist.[211] Nicht notwendig ist, dass dem Heimarbeiter auch das Verfügungsrecht über die von ihm gewählte Arbeitsstätte zusteht.[212]

VI. Im Auftrag von Gewerbetreibenden oder Zwischenmeistern

Um als Heimarbeiter eingeordnet werden zu können, müssten Crowdworker zudem im Auftrag von Gewerbetreibenden oder Zwischenmeistern (oder Nichtgewerbetreibenden im Sinne des § 2 Abs. 4 HAG) arbeiten. Gewerbetreibende in diesem Sinne sind Selbständige, die planmäßig eine auf Dauer angelegte Tätigkeit mit der Absicht betreiben, aus ihr einen Gewinn zu erwirtschaften.[213] Bei der internen Crowdwork und bei der externen direkten Crowdwork wird der Auftraggeber nahezu immer als Gewerbetreibender auftreten. Bei der externen indirekten Crowdwork können ebenfalls sowohl die Plattformbetreiber als auch die Crowdsourcer als Gewerbetreibende anzusehen sein.[214] Sofern aber bei der externen indirekten Crowdwork nicht die Plattformbetreiber, sondern die Crowdsourcer als Auftraggeber der Crowdworker auftreten, werden Crowdworker nicht in Heimarbeit beschäftigt, wenn der Crowdsourcer die an den Begriff des Gewerbetreibenden zu stellenden Anforderungen nicht erfüllt.

Unklar ist allerdings, ob die Webseitenbetreiber bei der internen oder der externen indirekten Crowdwork Zwischenmeister im Sinne des § 2 Abs. 3 HAG sind. Ausweislich des Gesetzeswortlauts ist Zwischenmeister, wer die ihm von einem Gewerbetreibenden übertragenen Aufgaben an Heimarbeiter oder Hausgewerbetreibende weitergibt, ohne Arbeitnehmer zu sein. Zwischenmeister übernehmen die vollständige Organisation der Arbeitsvorgänge, von der Auswahl der einzelnen Heimarbeiter über die Kontrolle der Arbeitsergebnisse bis hin zur Abrechnung.[215] Da von einem Zwischenmeister beauftragte Heimarbeiter zu dem Gewerbetreibenden

---

[210] Siehe dazu und zur nachfolgenden Argumentation *Deinert*, RdA 2018, 359 (363) sowie *Preis/Brose*, Neue Beschäftigungsformen, S. 38.

[211] Ebenso *K. Schmidt* u. a., § 2 HAG Rn. 13.

[212] A. A. MünchHdB-ArbR/*Heinkel*, § 200 Rn. 5; Schaub/*Vogelsang*, § 163 Rn. 4.

[213] BAG, Beschl. v. 25.03.1992 – 7 ABR 52/91, AP BetrVG 1972 § 5 Nr. 48 unter II. 2. b) der Gründe.

[214] Hierzu auch *Giesen/Kersten*, Arbeit 4.0, S. 110; a. A. offenbar *Franzen*, in: Giesen/Junker/Rieble, Industrie 4.0, S. 107 (114), der daher allenfalls eine Gleichstellung nach § 1 Abs. 2 lit. a) HAG für möglich erachtet.

[215] *K. Schmidt* u. a., § 2 HAG Rn. 43.

nicht in einer rechtlichen Beziehung stehen (dürfen),[216] können die Plattformbetreiber allenfalls dann als Zwischenmeister angesehen werden, wenn die Verträge über die einzelnen Aufgabenbearbeitungen nicht mit den Crowdsourcern geschlossen werden.[217] Kontrahieren Crowdworker direkt mit dem Plattformbetreiber, entspricht die Rolle der Plattform aber der eines Zwischenmeisters: Der Webseitenbetreiber entscheidet, welche Crowdworker für die Bearbeitung freigeschaltet werden, kontrolliert die Arbeitsergebnisse und vergütet die abgenommenen Arbeiten.[218]

Allerdings geht das HAG davon aus, dass Zwischenmeister natürliche Personen sind, wie schon der Wortlaut des § 2 Abs. 3 HAG („ohne Arbeitnehmer zu sein") und die Regelung des § 1 Abs. 2 Satz 1 lit. d) HAG verdeutlichen.[219] Noch durchgreifender gegen eine Einordnung als Zwischenmeister ist der Einwand, dass die Plattformbetreiber nicht nur die ihnen von Gewerbetreibenden übertragenen Aufgaben weitergeben, sondern eigenständig Arbeiten an die Crowdworker verteilen.[220] Plattformbetreiber, die selbst als Auftrag gebende Gewerbetreibende auftreten, sind nicht zugleich als Zwischenmeister anzusehen.

VII. Verwertung der Arbeitsergebnisse durch den Auftraggeber

Gemäß § 2 Abs. 1 Satz 1 HAG überlassen Heimarbeiter die Verwertung ihrer Arbeitsergebnisse dem unmittelbar oder mittelbar Auftrag gebenden Gewerbetreibenden. Heimarbeiter müssen ihre Arbeitsergebnisse an den Auftraggeber überführen und dürfen sie nicht selbst Dritten anbieten.[221] Ob der Auftraggeber die Ergebnisse selbst verwertet oder sie an einen Dritten weitergibt, ist unerheblich.[222] Es macht daher keinen Unterschied, ob Crowdworker ihre Aufgaben von den Plattformbetreibern erhalten, die diese zur Verwertung an die Crowdsourcer weiterleiten, oder ob sie die Aufträge von den Crowdsourcern bekommen, die die Arbeitsergebnisse gegebenenfalls selbst verwerten; in jedem Fall bieten Crowdworker ihre Arbeitsergebnisse allein ihrem Auftraggeber an.[223]

---

[216] *Bayreuther*, Leistungsbedingungen von (Solo-)Selbständigen, S. 60; NK-ArbR/*Horcher*, § 2 HAG Rn. 22.

[217] Zurückhaltender *Preis/Brose*, Neue Beschäftigungsformen, S. 47 zu § 12 SGB IV; a. A. wohl *Selzer*, in: Husemann/Wietfeld, Herausforderungen des Arbeitsrechts, S. 27 (45 f.), der die Internetplattformen unabhängig von der jeweiligen Vertragsgestaltung als Zwischenmeister einzuordnen scheint.

[218] *Pacha*, Crowdwork, S. 215 f. zur externen Crowdwork.

[219] *Bayreuther*, Leistungsbedingungen von (Solo-)Selbständigen, S. 63.

[220] *Waas*, in: Waas u. a., Crowdwork, S. 142 (181 f.).

[221] *Brecht*, § 2 HAG Rn. 13; *K. Schmidt* u. a., § 2 HAG Rn. 23.

[222] *K. Schmidt* u. a., § 2 HAG Rn. 22 f.

[223] Zur externen Crowdwork *Pacha*, Crowdwork, S. 216 u. *Walzer*, Arbeitsrechtlicher Schutz der Crowdworker, S. 158; zweifelnd *Däubler*, Digitalisierung und Arbeitsrecht, § 18 VII. 3. Rn. 63.

Kapitel 4

AGB-Kontrolle und Vergütungsschutz

Unabhängig von ihrem rechtlichen Status werden Crowdworker vor allem durch die ersten beiden Bücher des BGB, das Urheberrecht und das Kartellrecht geschützt. Gegenstand dieser Arbeit sollen in diesem Zusammenhang zuvorderst die AGB der Plattformbetreiber und der durch § 138 BGB gewährleistete Vergütungsschutz sein. Urheberrechtliche Fragestellungen werden lediglich inzident aufgegriffen. Kartellrechtliche Probleme werden mangels notwendiger empirischer Erkenntnisse über die Marktverhältnisse in der Plattformökonomie ausgeklammert.[1] Im Falle einer marktbeherrschenden Stellung oder relativer Marktmacht eines Plattformbetreibers sind aber Verstöße gegen die §§ 19 f. GWB[2] und damit einhergehend Ansprüche aus den §§ 33 f. GWB grundsätzlich denkbar.[3]

A. AGB-Kontrolle

Grundsätzlich müssen Crowdworker bei der Registrierung auf einer Plattform die AGB des Plattformbetreibers anerkennen.[4] Standardisierte Vertragsbedingungen ermöglichen es den Betreibern, die zahlreichen Rechtsverhältnisse mit den Crowdworkern detailliert zu regeln, die Geschäftsabwicklung wird erleichtert und rationalisiert.[5] Gleichzeitig wird versucht, über die AGB (sämtliche) Risiken der mit den Crowdworkern begründeten Rechtsgeschäfte auf diese umzulagern.[6] Crowdworker

---

[1] Auf die fehlenden empirischen Untersuchungen hat bereits *Däubler*, Digitalisierung und Arbeitsrecht, § 18 VII. 4. c) aa) Rn. 103; *ders.*, in: Benner, Crowdwork, S. 243 (263) verwiesen; siehe allerdings unten unter Kap. 7 B. zur Bedeutung des europarechtlichen Kartellverbots des Art. 101 AEUV für den Abschluss von Tarifverträgen für Crowdworker.

[2] Gesetz gegen Wettbewerbsbeschränkungen (GWB) v. 26.08.1998 i.d.F. der Bekanntmachung v. 26.06.2013, BGBl. I, S. 1750, ber. BGBl. I, S. 3245.

[3] Siehe hierzu *Däubler*, Digitalisierung und Arbeitsrecht, § 18 VII. 4. c) Rn. 99–105; *ders.*, in: Benner, Crowdwork, S. 243 (262–265); *C. Schubert*, RdA 2018, 200 (204), allerdings noch zum GWB a.F.

[4] Siehe oben unter Kap. 1 C.

[5] Allgemein hierzu bereits die Begründung des Regierungsentwurfs für ein Gesetz zur Regelung des Rechts der Allgemeinen Geschäftsbedingungen, BT-Drs. 7/3919, 9; *Kötz*, AGB und Formularverträge, S. A 23–25.

[6] So auch schon allgemein die Begründung des RegE AGBG, BT-Drs. 7/3919, 9; ebenso MünchKomm-BGB/*Basedow*, Vor § 305 BGB Rn. 3.

sind den einseitig gestellten Bedingungen ausgeliefert. Sollten sie versuchen, die Nutzungsbedingungen abzuändern, wird dies nur selten erfolgreich sein. In der Regel werden sich die Verwender nicht auf Verhandlungen mit den Crowdworkern einlassen.[7] Um vergleichbaren Risikoabwälzungstendenzen zu begegnen, hat der Gesetzgeber in den §§ 307 bis 309 BGB die Bestimmungen zur Inhaltskontrolle von AGB geschaffen.[8]

Gegenstand der nachfolgenden Erörterungen sind allein die AGB der Plattformbetreiber bei der externen indirekten Crowdwork.[9] Ist bei der externen indirekten Crowdwork nicht der Plattformbetreiber, sondern sind die Crowdsourcer als Auftraggeber der Crowdworker zu erachten, fügen die Crowdsourcer den Aufgaben zwar teilweise ihre eigenen AGB bei. Da diese aber inhaltlich deutlich voneinander abweichen können, werden sie vorliegend nicht berücksichtigt.

I. Unternehmer im Sinne des § 14 Abs. 1 BGB

Bei der AGB-Kontrolle ist stets zu untersuchen, ob die Crowdworker bei Abschluss des Vertrages über die Nutzung einer Plattform als Verbraucher oder als Unternehmer tätig werden. Gegenüber Unternehmern verwendete AGB unterliegen nach § 310 Abs. 1 Satz 1 BGB einer eingeschränkten Kontrolle: So richtet sich die Einbeziehung der AGB in den Vertrag nicht nach § 305 Abs. 2, 3 BGB, sondern nach allgemeinem Vertragsrecht (§§ 145 ff. BGB).[10] Die in § 308 Nr. 1, 2 bis 8 BGB enthaltenen Klauselverbote finden gegenüber Unternehmern ebenso wenig Anwendung wie § 309 BGB. Bei Verbraucherverträgen sind bei der Feststellung einer unangemessenen Benachteiligung nach § 307 Abs. 1, 2 BGB die den Vertragsschluss begleitenden Umstände zu berücksichtigen (§ 310 Abs. 3 Nr. 3 BGB).[11]

Der Unternehmerbegriff des § 14 Abs. 1 BGB erfasst natürliche oder juristische Personen oder rechtsfähige Personengesellschaften, die ein Rechtsgeschäft in Ausübung ihrer gewerblichen oder selbständigen beruflichen Tätigkeit abschließen. Gewerblichen und selbständigen beruflichen Tätigkeiten ist gemein, dass sie ein auf eine gewisse Dauer angelegtes, selbständiges und planmäßiges Anbieten entgeltli-

---

[7] Siehe *Walzer*, Arbeitsrechtlicher Schutz der Crowdworker, S. 104 dazu, dass Crowdworker bei der externen Crowdwork regelmäßig nicht ihre eigenen AGB zur Anwendung bringen können.
[8] Zu den verschiedenen Begründungsansätzen für die Inhaltskontrolle siehe nur *Hellwege*, JZ 2015, 1130 (1132–1134) m.w.N.
[9] Zur AGB-rechtlichen Wirksamkeit weiterer, hier nicht thematisierter Bestimmungen siehe *Walzer*, Arbeitsrechtlicher Schutz der Crowdworker, S. 109–123.
[10] So bereits BGH, Urt. v. 12.02.1992 – VIII ZR 84/91, BGHZ 117, 190 (194 f.) = NJW 1992, 1232; BGH, Urt. v. 20.03.1985 – VIII ZR 327/83, NJW 1985, 1838 (1839); BGH, Urt. v. 07.06.1978 – VIII ZR 146/77, NJW 1978, 2243.
[11] Zu einer Erweiterung des § 310 Abs. 3 BGB auf Solo-Selbständige de lege ferenda siehe *Bepler*, SR-Sonderausgabe Juli 2019, 12 (12–14).

cher Leistungen am Markt voraussetzen.[12] Maßgebend ist die objektive, anhand der Umstände des Einzelfalls zu ermittelnde Zweckrichtung des konkreten Rechtsgeschäfts.[13] Selbständig tätige Crowdworker sind als Unternehmer einzuordnen, wenn sie bereits bei Abschluss des Vertrages über die Nutzung einer Plattform objektiv nicht nur gelegentlich Aufgaben bearbeiten wollen, sondern darauf abzielen, ein Einkommen zu erwirtschaften.[14] Der bloße Umstand, dass Crowdworker entgeltlich tätig werden, genügt hingegen angesichts des Wortlauts von § 14 Abs. 1 BGB nicht, um sie als Unternehmer einzuordnen.[15] Gefordert ist gerade eine „selbständige" berufliche Tätigkeit.

II. Änderungen der AGB

Oft behalten sich die Plattformbetreiber in ihren AGB vor, die Nutzungsbedingungen während der laufenden Vertragsbeziehungen abzuändern. In einigen AGB ist vorgesehen, dass die Änderungen durch das bloße Veröffentlichen auf der Webseite des Betreibers wirksam werden sollen.[16] Anderen zufolge sollen sich die Crowdworker durch die fortgesetzte Nutzung der Internetplattform mit den geänderten Bedingungen einverstanden erklären.[17] Auf manchen Plattformen sollen die

---

[12] St. Rspr., siehe BGH, Urt. v. 18.10.2017 – VIII ZR 32/16, NJW 2018, 150 (153); BGH, Urt. v. 27.09.2017 – VIII ZR 271/16, NJW 2018, 146 (149); BGH, Urt. v. 13.03.2013 – VIII ZR 186/12, NJW 2013, 2107; BGH, Urt. v. 29.03.2006 – VIII ZR 173/05, BGHZ 167, 40 (44) = NJW 2006, 2250 (2251).

[13] Siehe BGH, Urt. v. 18.10.2017 – VIII ZR 32/16, NJW 2018, 150 (153); BGH, Urt. v. 27.09.2017 – VIII ZR 271/16, NJW 2018, 146 (149); BAG, Urt. v. 12.12.2013 – 8 AZR 829/12, AP BGB § 611 Arbeitgeberdarlehen Nr. 5 Rn. 26; BGH, Urt. v. 13.03.2013 – VIII ZR 186/12, NJW 2013, 2107; BGH, Urt. v. 15.11.2007 – III ZR 295/06, NJW 2008, 435 (436); a. A. LG Hamburg, Urt. v. 16.12.2008 – 309 S 96/08, MMR 2009, 350 (350 f.); LG Bonn, Urt. v. 25.02.2005 – 2 O 426/03, BeckRS 2005, 9998 Rn. 16; *Markus Müller*, NJW 2003, 1975 (1979), wonach der objektive Empfängerhorizont maßgeblich sein soll; offen gelassen bei BGH, Urt. v. 30.09.2009 – VIII ZR 7/09, NJW 2009, 3780 (3780 f.); BGH, Urt. v. 22.12.2004 – VIII ZR 91/04, NJW 2005, 1045.

[14] Siehe auch *Däubler*, Digitalisierung und Arbeitsrecht, § 18 VII. 4. a) Rn. 69–71; *ders.*, in: Benner, Crowdwork, S. 243 (249 f.); *Däubler/Klebe*, NZA 2015, 1032 (1037) sowie Maschmann/*Heise/Belovitzer*, Kap. 12 III. 3. a) Rn. 32; *Walzer*, Arbeitsrechtlicher Schutz der Crowdworker, S. 101, bei denen der maßgebliche Zeitpunkt allerdings jeweils nicht deutlich wird.

[15] So aber wohl die Auffassung von *Meyer-Michaelis/Falter/Schäfer*, DB 2016, 2543 (2544), die hierzu auf *Hötte*, MMR 2014, 795 (796) verweisen; dabei wird jedoch übersehen, dass Letzterer sich nicht auf die innerstaatlichen Unternehmer- und Verbraucherbegriffe bezieht, sondern allein auf den autonom auszulegenden Verbraucherbegriff des Art. 6 Rom I-VO; mehr hierzu unten unter Kap. 5 A. II. 2.

[16] Nr. 1 AGB Freelancer.com (2019) (www.freelancer.com/about/terms; zul. abgerufen am 23.09.2020).

[17] Nr. 12 lit. b) AGB AMT (2020) (www.mturk.com/participation-agreement; zul. abgerufen am 23.09.2020).

Crowdworker erst über geplante Änderungen unterrichtet werden, wobei die Änderungen automatisch wirksam werden sollen, wenn Crowdworker nicht innerhalb einer angegebenen Frist widersprechen. Auf die Bedeutung des Schweigens würden die Plattformnutzer bei Bekanntgabe der jeweiligen Änderung gesondert hingewiesen und im Falle des Widerspruchs wären beide Vertragsparteien berechtigt, die Vertragsbeziehung zu beenden.[18]

Auch wenn die Unterschiede zwischen den genannten Vertragsbestimmungen lediglich sprachlicher Natur zu sein scheinen, rechtfertigen sie doch eine differenzierte rechtliche Bewertung. So ist stets in einem ersten Schritt zu untersuchen, ob es sich bei einer solchen Klausel um einen „echten" Änderungsvorbehalt (§ 308 Nr. 4 BGB) handelt oder ob eine Willenserklärung der Crowdworker fingiert werden soll (§ 308 Nr. 5 BGB): § 308 Nr. 4 BGB erfasst nur einseitige Änderungsbefugnisse des Verwenders.[19] § 308 Nr. 5 BGB betrifft stattdessen Klauseln, nach denen der Vertragspartner einer geplanten Änderung zwar zustimmen soll,[20] die Zustimmung aber in einem in der Klausel bestimmten Verhalten gesehen werden können soll.[21] Sieht eine Klausel vor, dass die fortgesetzte Nutzung der Internetplattform oder das Schweigen eines Crowdworkers auf die Bekanntgabe geplanter Änderungen seine Zustimmung fingieren soll, ist diese Bestimmung nicht an § 308 Nr. 4 BGB, sondern an § 308 Nr. 5 BGB zu messen.[22] Nach § 310 Abs. 1 Satz 1 BGB ist die Anwendung von § 308 Nr. 4, 5 BGB zwar ausgeschlossen, wenn Crowdworker bei Abschluss des Vertrages über die Nutzung der Plattform unternehmerisch tätig werden.[23] Gemäß § 310 Abs. 1 Satz 2 HS 1 BGB kann aber auch eine Bestimmung, die von einer der ausgeschlossenen Regelungen erfasst ist, dem Unwirksamkeitsverdikt des § 307 BGB unterliegen. Die Grundgedanken von § 308 Nr. 4, 5 BGB lassen sich übertragen.[24]

---

[18] § 1 Nr. 3 AGB clickworker (Clickworker) (2012) (www.clickworker.de/agb-datenschutz/; zul. abgerufen am 23.09.2020).

[19] Staudinger/*Coester-Waltjen*, § 308 Nr. 4 Rn. 2; WLP/*Dammann*, § 308 Nr. 4 BGB Rn. 6; *Matusche-Beckmann*, NJW 1998, 112 (114).

[20] BGH, Urt. v. 09.12.2015 – VIII ZR 349/14, NJW 2016, 2101 (2103); BGH, Urt. v. 04.10.1984 – III ZR 119/83, NJW 1985, 617; AG Kassel, Urt. v. 07.04.1989 – 85 C 1853/88, NJW-RR 1989, 1525; WLP/*Dammann*, § 308 Nr. 5 BGB Rn. 18; *Matusche-Beckmann*, NJW 1998, 112 (115); a.A. *Hoeren*, NJW 1992, 3263 (3267), dem zufolge bereits die Vorgängervorschrift des § 308 Nr. 5 BGB keine Vertragsänderungen erfasst habe.

[21] BGH, Urt. v. 11.10.2007 – III ZR 63/07, NJW-RR 2008, 134 (136).

[22] A.A. *Däubler*, Digitalisierung und Arbeitsrecht, § 18 VII. 4. a) Rn. 75 f.; *ders.*, in: Benner, Crowdwork, S. 243 (251 f.), der solche Bestimmungen grundsätzlich anhand von § 308 Nr. 4 BGB überprüfen möchte; nach *Walzer*, Arbeitsrechtlicher Schutz der Crowdworker, S. 105–108 sind solche Bestimmungen sowohl an § 308 Nr. 4 BGB als auch an § 308 Nr. 5 BGB zu messen.

[23] Siehe oben unter Kap. 4 A. I.

[24] OLG München, Urt. v. 06.02.2008 – 7 U 3993/07, NJW-RR 2009, 458 (460); OLG Celle, Urt. v. 06.09.1995 – 2 U 127/94, BeckRS 1996, 00161 Rn. 5; Maschmann/*Heise/Belovitzer*, Kap. 12 III. 3. b) Rn. 36.

1. Änderungsvorbehalte

§ 308 Nr. 4 BGB findet nur Anwendung, wenn sich der Verwender ausbedingt, die von ihm geschuldete „Leistung" abzuändern. Bestimmungen, die auf eine einseitige Änderung von AGB abzielen, sind (nur) erfasst, wenn sie sich auf das Leistungsversprechen des Verwenders beziehen.[25] Unerheblich ist regelmäßig, dass die aus dem Nutzungsvertrag folgende Hauptleistungspflicht der Plattformbetreiber, den Crowdworkern die Nutzung ihrer Webseite zu gewähren, nicht unmittelbar durch einen die AGB betreffenden Änderungsvorbehalt berührt wird. Oft berechtigen die AGB die Plattformbetreiber dazu, sich etwa im Falle eines Verstoßes gegen die Regeln der Plattformnutzung durch einen Crowdworker wieder von dem Vertrag mit diesem zu lösen.[26] Erstreckt sich ein Änderungsvorbehalt auf eine solche Klausel, etwa weil er eine Änderung der Gründe für eine Vertragsbeendigung ermöglicht, erfasst er automatisch das Leistungsversprechen der Internetplattform und unterliegt den Anforderungen des § 308 Nr. 4 BGB.

Nach § 308 Nr. 4 BGB sind Bestimmungen in AGB unwirksam, in denen dem Verwender das Recht eingeräumt wird, die von ihm versprochene Leistung zu ändern oder von ihr abzuweichen, wenn der Änderungsvorbehalt nicht (ausnahmsweise)[27] für den Vertragspartner zumutbar ist. Änderungsvorbehalte sind wirksam, wenn das Interesse des Plattformbetreibers an der Änderungsmöglichkeit das Interesse der Crowdworker an der Unveränderlichkeit der Leistung überwiegt oder diesem zumindest gleichwertig ist.[28] Tatbestand und Rechtsfolgen der Vertragsbestimmung müssen die möglichen Leistungsänderungen für den Vertragspartner zu einem gewissen Grad kalkulierbar machen.[29] Grund und Reichweite der möglichen Änderungen oder Abweichungen müssen angegeben werden.[30] Die AGB der Plattformbetreiber werden dem regelmäßig nicht gerecht.[31]

---

[25] WLP/*Dammann*, § 308 Nr. 4 BGB Rn. 6; *Matusche-Beckmann*, NJW 1998, 112 (114).

[26] Siehe nur § 2 Nr. 7 AGB clickworker (Clickworker) (2012) (www.clickworker.de/agb-datenschutz/; zul. abgerufen am 23.09.2020); Nr. 3.5 AGB CrowdGuru (Gurus) (www.crowdguru.de/guru-werden/guru-registrierung; zul. abgerufen am 23.09.2020); § 2 Nr. 5 AGB Testbirds (Tester) (2016) (www.nest.testbirds.com/terms; zul. abgerufen am 23.09.2020).

[27] Wie sich bereits aus dem Gesetzeswortlaut ergibt, wird die Unwirksamkeit eines Änderungsvorbehaltes vermutet, siehe auch die Stellungnahme des BRates zum RegE AGBG, BT-Drs. 7/3919, 49; BGH, Urt. v. 15.11.2007 – III ZR 247/06, NJW 2008, 360 (362); BGH, Urt. v. 17.02.2004 – XI ZR 140/03, BGHZ 158, 149 (154) = NJW 2004, 1588.

[28] BGH, Urt. v. 15.11.2007 – III ZR 247/06, NJW 2008, 360 (362); BGH, Urt. v. 21.09.2005 – VIII ZR 284/04, NJW 2005, 3567 (3569); BGH, Urt. v. 17.02.2004 – XI ZR 140/03, BGHZ 158, 149 (154) = NJW 2004, 1588.

[29] BGH, Urt. v. 15.11.2007 – III ZR 247/06, NJW 2008, 360 (362); BGH, Urt. v. 21.09.2005 – VIII ZR 284/04, NJW 2005, 3567 (3569); BGH, Urt. v. 17.02.2004 – XI ZR 140/03, BGHZ 158, 149 (154 f.) = NJW 2004, 1588; BGH, Urt. v. 12.01.1994 – VIII ZR 165/92, BGHZ 124, 351 (361 f.) = NJW 1994, 1060 (1063).

[30] WLP/*Dammann*, § 308 Nr. 4 BGB Rn. 33.

[31] Zum Ganzen auch *Däubler*, Digitalisierung und Arbeitsrecht, § 18 VII. 4. a) Rn. 74–76 sowie *ders.*, in: Benner, Crowdwork, S. 243 (251–253), dem zufolge ein allgemein gehaltener

Unklar ist, ob die Unzumutbarkeit eines Änderungsvorbehaltes kompensiert werden kann, indem dem Vertragspartner das Recht eingeräumt wird, sich im Falle einer Änderung von dem Vertrag mit dem Verwender zu lösen.[32] Im Zusammenhang mit sogenannten „Preisanpassungs-" oder „Preisänderungsklauseln" hat der BGH entschieden, dass die für den Fall einer Preiserhöhung gewährte Beendigungsmöglichkeit die mit einer solchen Bestimmung verbundene unangemessene Benachteiligung ausgleichen könne.[33] Ob die Beendigungsmöglichkeit die mit der Vertragsbestimmung verbundenen Nachteile kompensieren könne, richte sich nach der Art des jeweiligen Vertrages, der konkreten Ausgestaltung des Beendigungstatbestandes, den Interessen der Vertragsparteien und den die Klausel begleitenden sonstigen Regelungen.[34] Jedenfalls darf dem Verwender eine (weitere) Begrenzung der möglichen Änderungen und ihrer Voraussetzungen nicht mehr möglich sein.[35] Da den Internetplattformen eine Beschränkung der von ihnen verwendeten Änderungsvorbehalte auf einzelne Bestimmungen der AGB oder eine (präzisere) Angabe der Änderungsvoraussetzungen unschwer möglich wäre, braucht vorliegend nicht entschieden werden, ob diese Rechtsprechung auf unzumutbare AGB-Änderungsvorbehalte übertragen werden kann. Die an eine Kompensationswirkung zu stellenden Anforderungen werden derzeit – soweit ersichtlich – nicht erfüllt.

2. Fingierte Erklärungen

Vertragsbestimmungen, nach denen ein bestimmtes Verhalten der Crowdworker die Zustimmung zu einer Änderung der AGB fingieren soll, sind grundsätzlich unwirksam (§ 308 Nr. 5 BGB). Nur wenn den Crowdworkern eine angemessene Frist zur Abgabe einer ausdrücklichen Erklärung eingeräumt ist und sich der Plattform-

---

Änderungsvorbehalt schon deswegen unwirksam sei, weil er es auch ermöglichen würde, die Vergütung der Crowdworker abzusenken; in diese Richtung wohl auch *C. Schubert*, RdA 2018, 200 (205); wie hier *Walzer*, Arbeitsrechtlicher Schutz der Crowdworker, S. 106 f.

[32] Gegen die Kompensationswirkung argumentierend *Däubler*, Digitalisierung und Arbeitsrecht, § 18 VII.4.a) Rn. 75 sowie *ders.*, in: Benner, Crowdwork, S. 243 (252), da Crowdworker ein berechtigtes Interesse an dem Fortbestand des Vertragsverhältnisses haben könnten.

[33] BGH, Urt. v. 21.09.2016 – VIII ZR 27/16, NJW 2017, 325 (326 f.); BGH, Urt. v. 13.01.2010 – VIII ZR 81/08, NJW-RR 2010, 1202 (1203 f.); BGH, Urt. v. 15.11.2007 – III ZR 247/06, NJW 2008, 360 (361); BGH, Urt. v. 13.12.2006 – VIII ZR 25/06, NJW 2007, 1054 (1056 f.); BGH, Urt. v. 26.05.1986 – VIII ZR 218/85, NJW 1986, 3134 (3136); BGH, Urt. v. 07.10.1981 – VIII ZR 229/80, BGHZ 82, 21 (27) = NJW 1982, 331 (332); offen gelassen bei BGH, Urt. v. 15.07.2009 – VIII ZR 225/07, BGHZ 182, 59 (72 f.) = NJW 2009, 2662 (2666).

[34] BGH, Urt. v. 21.09.2016 – VIII ZR 27/16, NJW 2017, 325 (327); BGH, Urt. v. 15.07.2009 – VIII ZR 225/07, BGHZ 182, 59 (73) = NJW 2009, 2662 (2666); BGH, Urt. v. 15.11.2007 – III ZR 247/06, NJW 2008, 360 (361); BGH, Urt. v. 13.12.2006 – VIII ZR 25/06, NJW 2007, 1054 (1056).

[35] BGH, Urt. v. 21.09.2016 – VIII ZR 27/16, NJW 2017, 325 (327); BGH, Urt. v. 15.11.2007 – III ZR 247/06, NJW 2008, 360 (361); BGH, Urt. v. 13.12.2006 – VIII ZR 25/06, NJW 2007, 1054 (1056); BGH, Urt. v. 26.05.1986 – VIII ZR 218/85, NJW 1986, 3134 (3136).

betreiber verpflichtet, sie bei Beginn dieser Frist auf die Folgen ihres Verhaltens hinzuweisen, kann eine solche Bestimmung ausnahmsweise wirksam sein. Sollen sich Crowdworker allein durch die fortgesetzte Nutzung einer Plattform mit den geänderten Bedingungen einverstanden erklären, ohne dass sie über die geplanten Änderungen unterrichtet würden und ihnen eine Frist für eine ausdrückliche Zustimmung oder Verweigerung eingeräumt würde, genügt dies nicht. Anderes kann für Vertragsbestimmungen gelten, denen zufolge Crowdworker den Änderungen der AGB innerhalb einer in der Klausel angegebenen Frist widersprechen können. Da sich die Plattformbetreiber üblicherweise dazu verpflichten, die Crowdworker bei Bekanntgabe der jeweiligen Änderung nochmals auf die Folgen ihres Schweigens hinzuweisen, steht § 308 Nr. 5 BGB der Wirksamkeit nicht entgegen, wenn die Frist von angemessener Dauer ist. Bei einer entsprechenden Klausel in den AGB der T-Online AG hat der BGH eine Frist von sechs Wochen für unbedenklich erachtet.[36]

Ist der Anwendungsbereich des § 308 Nr. 5 BGB eröffnet, ohne dass die Anwendung dieser Vorschrift zur Unwirksamkeit einer Vertragsbestimmung führt, bedeutet dies nicht, dass die entsprechende Klausel einer Kontrolle anhand der übrigen Regelungen der §§ 307 ff. BGB gänzlich entzogen ist.[37] Bestimmungen, die einschränkungslos Änderungen aller von dem Verwender geschuldeten Leistungen ermöglichen, sind nach § 307 Abs. 1 Satz 1 BGB unwirksam, weil sie den Vertragspartner unangemessen benachteiligen.[38]

III. Bezahlung nach Art eines Preisausschreibens

Bemängelt werden zudem Bestimmungen in AGB, nach denen allein das „beste" Arbeitsergebnis vergütet werde, die Bezahlung auf einer Internetplattform also „nach Art eines Preisausschreibens" erfolgen solle.[39] Nach teilweise vertretener Ansicht seien entsprechende Klauseln nach § 307 Abs. 2 Nr. 1 BGB unwirksam, weil sie wesentlichen Grundgedanken des Dienst- und Werkvertragsrechts widersprächen, wonach jede mit Zustimmung des Bestellers erbrachte Leistung (zwingend) zu vergüten sei.[40] Andere verneinen einen Verstoß gegen § 307 Abs. 2 Nr. 1 BGB, weil in den angesprochenen Fällen erst mit der Auswahl eines Gewinners nur mit diesem ein Vertrag über die Leistungserbringung geschlossen werde.[41]

---

[36] BGH, Urt. v. 11.10.2007 – III ZR 63/07, NJW-RR 2008, 134 (136).

[37] BGH, Urt. v. 11.10.2007 – III ZR 63/07, NJW-RR 2008, 134 (136); UBH/*H. Schmidt*, § 308 Nr. 5 BGB Rn. 7.

[38] BGH, Urt. v. 11.10.2007 – III ZR 63/07, NJW-RR 2008, 134 (136).

[39] Hierzu und zur nachfolgenden Argumentation *Bayreuther*, Leistungsbedingungen von (Solo-)Selbständigen, S. 47; *Däubler*, Digitalisierung und Arbeitsrecht, § 18 VII. 4. a) Rn. 79–81; *ders.*, in: Benner, Crowdwork, S. 243 (255); DBD/*ders.*, AGB-Kontrolle, Anh. Rn. 167a; *Däubler/Klebe*, NZA 2015, 1032 (1038).

[40] Näher hierzu bereits oben unter Kap. 2 A. II. 1.

[41] *Walzer*, Arbeitsrechtlicher Schutz der Crowdworker, S. 110.

Beide Auffassungen beruhen auf der Annahme, dass Crowdworker bei erfolgsbasierten Wettbewerben Verträge mit ihren Auftraggebern schließen.[42] Geht man jedoch mit der vorliegend vertretenen Meinung davon aus, dass ergebnisorientierten Wettbewerben Preisausschreiben zugrunde liegen, sind solche Vertragsbestimmungen der Inhaltskontrolle regelmäßig (weitgehend) entzogen.[43] § 307 Abs. 1, 2 BGB und die §§ 308, 309 BGB finden nur auf AGB Anwendung, mit denen von Rechtsvorschriften abgewichen wird oder diese ergänzt werden (§ 307 Abs. 3 Satz 1 BGB). Da bei Preisausschreiben ohnehin nur die von dem Auftraggeber oder dem Preisrichter gewählte Bewerbung vergütet wird, ist eine Abweichung von den gesetzlichen Vorgaben nicht zu erkennen.[44] In der Regel wird sich eine Unwirksamkeit allenfalls daraus ergeben können, dass die Bestimmung nicht klar und verständlich formuliert ist, § 307 Abs. 3 Satz 2 BGB i. V. m. § 307 Abs. 1 Satz 2 BGB i. V. m. § 307 Abs. 1 Satz 1 BGB.

IV. Grundlose Ablehnung erbrachter Leistungen

Ermächtigt eine Bestimmung in den AGB eines Plattformbetreibers diesen oder den Crowdsourcer dazu, bei Werk- oder Dienstverträgen eingereichte Arbeitsergebnisse ohne Begründung abzulehnen und die ausgeschriebene Vergütung einzubehalten, ist dies mit wesentlichen Grundgedanken des Dienst- und Werkvertragsrechts unvereinbar. Sofern entsprechende Klauseln noch verwendet werden sollten,[45] sind sie nach § 307 Abs. 1 Satz 1, Abs. 2 Satz 1 BGB unwirksam, weil bei Werk- und Dienstverträgen die erbrachten (bei Werkverträgen mangelfreien) Leistungen zwingend zu vergüten sind.[46]

V. Pauschalierte Nacherfüllungsfristen

Manche Plattformbetreiber bestimmen in ihren Geschäftsbedingungen konkrete Fristen, innerhalb derer Crowdworker von ihnen eingereichte mangelhafte Arbeitsergebnisse korrigieren können. Gelingt es den Crowdworkern etwa innerhalb von drei Tagen nicht, ein mangelfreies Ergebnis zu erzeugen oder verweigern sie die

---

[42] Siehe dazu und zu der hier vertretenen Auffassung oben unter Kap. 2 A. II. 1.

[43] *Selzer*, in: Husemann/Wietfeld, Herausforderungen des Arbeitsrechts, S. 27 (37 f.) unter Fn. 33.

[44] Nach *Selzer*, in: Husemann/Wietfeld, Herausforderungen des Arbeitsrechts, S. 27 (37 f.) unter Fn. 33 folgt die mangelnde Kontrollfähigkeit der in Rede stehenden Klauseln daraus, dass die Hauptleistungspflicht des Auslobenden betroffen sei; *ders.* verweist zudem a. a. O. richtigerweise darauf, dass dies anders zu beurteilen sei, wenn ein Preisausschreiben verboten sein sollte; siehe auch *Walzer*, Arbeitsrechtlicher Schutz der Crowdworker, S. 111.

[45] *Warter*, Crowdwork, S. 272 verweist unter Fn. 1044 auf eine Klausel in den AGB von AMT, die sich in einer neueren Fassung der Geschäftsbedingungen nicht mehr findet.

[46] *Däubler/Klebe*, NZA 2015, 1032 (1037); siehe auch bereits oben unter Kap. 2 A. II. 1.

„Nacherfüllung"[47], tritt der Plattformbetreiber von dem Vertrag über die Bearbeitung der Aufgabe zurück.[48] In Abweichung von der gesetzlichen Grundkonzeption wird keine „angemessene" Frist (§ 323 Abs. 1 BGB) zur erneuten Leistungserbringung gewährt, sondern pauschal ein fester Erfüllungszeitraum niedergelegt. Auch eine dreitägige Frist kann sich zwar als angemessen erweisen.[49] Gerade bei umfangreicheren Aufgaben kann dies aber anders sein.[50] Die Angemessenheit der Frist bestimmt sich stets anhand der Umstände des jeweiligen Einzelfalls.[51] Unangemessen kurze Fristen setzen zwar grundsätzlich angemessene Fristen in Gang.[52] Dies gilt jedoch nicht, wenn der Verwender die Dauer der Frist in seinen AGB niedergelegt hat.[53] Erfasst die Bestimmung in den AGB des Plattformbetreibers Fälle, in denen die festgelegte Frist nicht ausreicht, so ist sie nach § 307 Abs. 1 Satz 1 BGB unwirksam.[54] Nur wenn die in den AGB genannte Frist in jedem denkbaren Fall angemessen ist, dürfte die Bestimmung ausnahmsweise wirksam sein.[55]

VI. Nutzungsrechteeinräumungen

In einigen Fällen schaffen Crowdworker urheberrechtlich geschützte Werke: Sie erstellen Texte (§ 2 Abs. 1 Nr. 1 UrhG), entwickeln Computerprogramme (§ 2 Abs. 1 Nr. 1 UrhG i. V. m. § 69a Abs. 1, 2 UrhG), designen neue Produkte (§ 2 Abs. 1 Nr. 4 UrhG) oder fertigen wissenschaftliche oder technische Darstellungen (§ 2 Abs. 1 Nr. 7 UrhG).[56] Um den Crowdsourcern die Nutzung solcher Arbeitsergebnisse zu ermöglichen, sehen die Plattformbetreiber in ihren AGB die Einräumung ausschließlicher, räumlich, zeitlich und inhaltlich unbegrenzter Nutzungsrechte an

---

[47] Der Begriff der „Nacherfüllung" wird an dieser Stelle etwa verwendet in § 3 Nr. 2 AGB clickworker (Clickworker) (2012) (www.clickworker.de/agb-datenschutz/; zul. abgerufen am 23.09.2020), tatsächlich handelt es sich jedoch nicht um den Nacherfüllungsanspruch, sondern um den ursprünglichen Erfüllungsanspruch, da nach den AGB der Plattform die Abnahme erst erfolgen soll, wenn eine mangelfreie Leistung erbracht wurde.

[48] § 3 Nr. 2 AGB clickworker (Clickworker) (2012) (www.clickworker.de/agb-datenschutz/; zul. abgerufen am 23.09.2020).

[49] *Däubler*, Digitalisierung und Arbeitsrecht, § 18 VII.4.a) Rn. 83; *ders.*, in: Benner, Crowdwork, S. 243 (255).

[50] *Däubler*, Digitalisierung und Arbeitsrecht, § 18 VII.4.a) Rn. 83; *ders.*, in: Benner, Crowdwork, S. 243 (255 f.); *Walzer*, Arbeitsrechtlicher Schutz der Crowdworker, S. 114.

[51] BGH, Urt. v. 21.06.1985 – V ZR 134/84, NJW 1985, 2640.

[52] St. Rspr., siehe nur BGH, Urt. v. 12.08.2009 – VIII ZR 254/08, NJW 2009, 3153 (3154); BGH, Urt. v. 21.06.1985 – V ZR 134/84, NJW 1985, 2640; BGH, Urt. v. 10.02.1982 – VIII ZR 27/81, NJW 1982, 1279 (1280).

[53] OLG Hamm, Urt. v. 10.01.1995 – 28 U 251/93, NJW-RR 1995, 503 (504).

[54] *Däubler*, Digitalisierung und Arbeitsrecht, § 18 VII.4.a) Rn. 83; *ders.*, in: Benner, Crowdwork, S. 243 (255 f.); *Klebe/Neugebauer*, AuR 2014, 4 (6); *Walzer*, Arbeitsrechtlicher Schutz der Crowdworker, S. 114.

[55] Siehe ebenso für Österreich *Warter*, Crowdwork, S. 277.

[56] *Hötte*, MMR 2014, 795 (796).

den eingereichten Arbeiten vor. Die Vertragsbestimmungen erfassen regelmäßig sämtliche Nutzungsarten sowie das Recht, die Nutzungsrechte auf Dritte zu übertragen oder Dritten die gleichen Rechte einzuräumen.[57] Da die Plattformbetreiber den Crowdsourcern die Arbeitsergebnisse andernfalls nicht zugänglich machen könnten, findet sich die Befugnis, die Nutzungsrechte Dritten einzuräumen oder zu übertragen, typischerweise auf Plattformen, die selbst als Auftraggeber der Crowdworker agieren. Die Nutzungsrechteeinräumung soll teilweise durch die bei Vertragsschluss vereinbarte Vergütung (mit-)abgegolten sein,[58] teilweise werden gesonderte Vergütungsvereinbarungen getroffen[59]. Auch gibt es AGB, denen zufolge die Nutzungsrechte dem Vertragspartner unmittelbar mit der Abgabe des Arbeitsergebnisses eingeräumt werden sollen (unabhängig davon, ob die erbrachte Arbeitsleistung akzeptiert und vergütet wird).[60]

1. Umfang der Nutzungsrechteeinräumung

Geht die Nutzungsrechteeinräumung in den AGB in ihrem Umfang über das vom Vertragszweck geforderte Maß hinaus, könnte eine entsprechende Bestimmung nach § 307 Abs. 1 Satz 1, Abs. 2 Nr. 1 BGB i. V. m. § 31 Abs. 5 UrhG unwirksam sein. Nach der aus § 31 Abs. 5 UrhG abgeleiteten „Übertragungszwecklehre" (auch „Zweckübertragungslehre")[61] dürfen „im Zweifel keine weitergehenden Rechte eingeräumt werden, als dies der Zweck des Nutzungsvertrags erfordert".[62] Nach zutreffender Auffassung des BGH ist § 31 Abs. 5 UrhG allerdings eine bloße Auslegungsregel,[63] deren Grundgedanke, den Urheber möglichst umfassend an den

---

[57] So etwa in § 5 Nr. 1 AGB clickworker (Clickworker) (2012) (www.clickworker.de/agb-datenschutz/; zul. abgerufen am 23.09.2020); § 6 Abs. 1 AGB designenlassen.de (Dienstleister) (www.designenlassen.de/agb.php?action=dienstleister; zul. abgerufen am 23.09.2020).

[58] § 5 Nr. 1 AGB clickworker (Clickworker) (2012) (www.clickworker.de/agb-datenschutz/; zul. abgerufen am 23.09.2020); § 4 Nr. 3 AGB Testbirds (Tester) (2016) (www.nest.testbirds.com/terms; zul. abgerufen am 23.09.2020).

[59] Siehe hierzu § 6 Abs. 6 AGB designenlassen.de (Dienstleister) (www.designenlassen.de/agb.php?action=dienstleister; zul. abgerufen am 23.09.2020); Nr. 2 AGB 99designs (2019) (www.99designs.de/legal/terms-of-use; zul. abgerufen am 23.09.2020).

[60] Nr. 3 lit. c) AGB AMT (2020) (www.mturk.com/participation-agreement; zul. abgerufen am 23.09.2020).

[61] So etwa der Begriff bei BGH, Urt. v. 27.09.1995 – I ZR 215/93, BGHZ 131, 8 (12) = NJW 1995, 3252 (3253).

[62] St. Rspr., BGH, Urt. v. 31.05.2012 – I ZR 73/10, BGHZ 193, 268 (281) = GRUR 2012, 1031 (1035); BGH, Urt. v. 27.09.1995 – I ZR 215/93, BGHZ 131, 8 (12) = NJW 1995, 3252 (3253); siehe auch etwa BGH, Urt. v. 22.01.1998 – I ZR 189/95, BGHZ 137, 387 (392) = NJW 1998, 3716 (3717); BGH, Urt. v. 01.03.1984 – I ZR 217/81, NJW 1984, 2818 (2819); BGH, Urt. v. 13.05.1982 – I ZR 103/80, GRUR 1982, 727 (730); BGH, Urt. v. 13.06.1980 – I ZR 45/78, GRUR 1981, 196 (197).

[63] So schon BGH, Urt. v. 22.01.1998 – I ZR 189/95, BGHZ 137, 387 (392) = NJW 1998, 3716 (3717); BGH, Urt. v. 27.09.1995 – I ZR 215/93, BGHZ 131, 8 (12) = NJW 1995, 3252

wirtschaftlichen Erzeugnissen der Verwertung seines Werkes zu beteiligen,[64] nicht als gesetzliche Regelung im Sinne des § 307 Abs. 2 Nr. 1 BGB anzusehen ist.[65] Als Auslegungsregel findet § 31 Abs. 5 UrhG erst Anwendung, wenn über den Umfang der Rechteeinräumung keine Absprache getroffen wurde oder die Vereinbarung unklar bleibt.[66] Im Übrigen hat die Privatautonomie der Vertragsparteien Vorrang.[67] Gestützt wird diese Ansicht durch den Umstand, dass sich der bei § 31 Abs. 5 UrhG anzulegende „konkret-individuelle" Maßstab nicht mit dem von den Umständen des Einzelfalls losgelösten „abstrakt-generelle[n]" Prüfungsmaßstab, der der AGB-rechtlichen Inhaltskontrolle zugrunde liegt, verträgt.[68] Selbst wenn über den Vertragszweck hinausgehende Rechte eingeräumt werden sollen, ist eine Nutzungsrechteeinräumung in den AGB eines Plattformbetreibers allein deswegen nicht unwirksam.

§ 31 Abs. 5 UrhG ist allerdings unabhängig von den Regelungen der §§ 305 ff. BGB anwendbar. Die Rechteeinräumung in einer zu allgemein formulierten Vertragsbestimmung reduziert sich auf den dem Vertragszweck entsprechenden Umfang.[69] Da allerdings regelmäßig sämtliche Nutzungsarten in den AGB der Plattformbetreiber ebenso konkret benannt werden wie die Art des Nutzungsrechts (einfach oder ausschließlich) und die Einschränkungen, denen es unterliegt, spielt dies praktisch eine untergeordnete Rolle.

2. Vergütung der Nutzungsrechteeinräumung

Bestimmungen in AGB, nach denen den Auftraggebern die Nutzungsrechte an urheberrechtlich geschützten Arbeitsergebnissen der Crowdworker direkt mit deren

---

(3253); BGH, Urt. v. 22.09.1983 – I ZR 40/81, NJW 1984, 1112 (1113); BGH, Urt. v. 18.02.1982 – I ZR 81/80, GRUR 1984, 45 (49).

[64] BGH, Urt. v. 18.02.1982 – I ZR 81/80, GRUR 1984, 45 (49); BGH, Urt. v. 26.04.1974 – I ZR 137/72, GRUR 1974, 786 (787); siehe aber auch BGH, Urt. v. 22.01.1998 – I ZR 189/95, BGHZ 137, 387 (392 f.) = NJW 1998, 3716 (3717); BGH, Urt. v. 27.09.1995 – I ZR 215/93, BGHZ 131, 8 (12) = NJW 1995, 3252 (3253).

[65] BGH, Urt. v. 31.05.2012 – I ZR 73/10, BGHZ 193, 268 (281) = GRUR 2012, 1031 (1035); zu der verbreiteten a. A. etwa OLG Rostock, Urt. v. 09.05.2012 – 2 U 18/11, ZUM 2012, 706 (709); OLG Hamburg, Urt. v. 01.06.2011 – 5 U 113/09, GRUR-RR 2011, 293 (294 f.); OLG Zweibrücken, Urt. v. 07.12.2000 – 4 U 12/00, ZUM 2001, 346 (347); LG Bochum, Urt. v. 24.11.2011 – I-8 O 277/11, ZUM-RD 2012, 217 (222 f.); LG Braunschweig, Urt. v. 21.09.2011 – 9 O 1352/11, ZUM 2012, 66 (72); *Berberich*, ZUM 2006, 205 (207); *Donle*, Bedeutung des § 31 Abs. 5 UrhG, S. 268 f.; *G. Schulze*, GRUR 2012, 993 (994).

[66] BGH, Urt. v. 31.05.2012 – I ZR 73/10, BGHZ 193, 268 (281 f.) = GRUR 2012, 1031 (1035); BGH, Urt. v. 22.09.1983 – I ZR 40/81, NJW 1984, 1112 (1113); BGH, Urt. v. 18.02.1982 – I ZR 81/80, GRUR 1984, 45 (49).

[67] BGH, Urt. v. 31.05.2012 – I ZR 73/10, BGHZ 193, 268 (282) = GRUR 2012, 1031 (1035).

[68] BGH, Urt. v. 31.05.2012 – I ZR 73/10, BGHZ 193, 268 (282 f.) = GRUR 2012, 1031 (1035); ebenso *Castendyk*, ZUM 2007, 169 (173 f.).

[69] *J. B. Nordemann*, NJW 2012, 3121 (3122).

Abgabe eingeräumt werden sollen, werden nach § 305c Abs. 1 BGB nicht in den Vertrag über die Nutzung der Plattform einbezogen. Da derartige Klauseln die Nutzungsrechteeinräumung an abgelehnten (und nicht vergüteten) Arbeitsergebnissen erfassen, widersprechen sie nicht nur den Erwartungen der Crowdworker,[70] sondern sind auch allgemein ungewöhnlich.[71] Der Überraschungseffekt ließe sich zwar aufheben, indem die Plattformbetreiber die Crowdworker bei Vertragsschluss gesondert auf eine entsprechende Klausel hinweisen oder sie „drucktechnisch hervorheben" und gegebenenfalls ihre Bedeutung erklären würden.[72] Praktiziert wird dies jedoch soweit ersichtlich nicht.[73] Im Übrigen benachteiligen solche Bestimmungen Crowdworker unangemessen, weil sie vom gesetzlichen Leitbild des § 11 Satz 2 UrhG[74] abweichen, nach dem der Urheber für die Nutzung seines Werkes angemessen zu vergüten ist. Sie sind daher gemäß § 307 Abs. 1 Satz 1, Abs. 2 Nr. 1 BGB unwirksam.[75]

Anderes gilt für AGB-Bestimmungen, die sich nicht lediglich mittelbar über eine Regelung des Zeitpunktes der Rechteeinräumung auf das „Ob" der Vergütung beziehen, sondern die vielmehr regeln, „wie" die Nutzungsrechteeinräumung vergütet werden soll. Gemeint sind etwa Vertragsbedingungen, nach denen die Nutzungsrechteeinräumung durch die in der Aufgabenbeschreibung angegebene Vergütung (mit-)abgegolten sein soll. Nach verbreiteter Auffassung seien solche Klauseln zwar an § 307 Abs. 1 Satz 1, Abs. 2 Nr. 1 BGB i. V. m. § 11 Satz 2 UrhG zu messen, weil

---

[70] S. *Müller/Janicki/Wicker*, InTeR 2017, 183 (185).

[71] Für das österreichische Recht ebenso *Warter*, Crowdworker, S. 262 f.

[72] BAG, Urt. v. 28.05.2009 – 8 AZR 896/07, AP BGB § 306 Nr. 6 Rn. 25; BAG, Urt. v. 14.08.2007 – 8 AZR 973/06, AP BGB § 307 Nr. 28 Rn. 21; BAG, Urt. v. 27.04.2000 – 8 AZR 301/99, BeckRS 2009, 56447 unter I. 2. a) der Gründe; BAG, Urt. v. 29.11.1995 – 5 AZR 447/94, BAGE 81, 317 (321) = AP AGB-Gesetz § 3 Nr. 1 unter II. 3. der Gründe; BGH, Urt. v. 04.10.1995 – XI ZR 215/94, BGHZ 131, 55 (59) = NJW 1996, 191 (192).

[73] *Warter*, Crowdwork, S. 263.

[74] Dazu, dass das Prinzip der angemessenen Vergütung bei der AGB-Kontrolle anhand von § 11 Satz 2 UrhG als wesentlicher Grundgedanke des Urheberrechts zu berücksichtigen ist, Bericht des Rechtsausschusses zu den Gesetzentwürfen der BReg (BT-Drs. 14/7564) und der SPD-Fraktion sowie der GRÜNEN-Fraktion (BT-Drs. 14/6433), BT-Drs. 14/8058, 17 f.

[75] *Bourazeri*, NZA 2019, 741 (744); Maschmann/*Heise/Belovitzer*, Kap. 12 III. 3. b) Rn. 40; i. E. ebenso *Däubler*, Digitalisierung und Arbeitsrecht, § 18 VII. 4. a) Rn. 82; *ders.*, in: Benner, Crowdwork, S. 243 (257), der hierbei allerdings nicht auf § 11 Satz 2 UrhG abstellt; siehe auch *Waas*, in: Waas u. a., Crowdwork, S. 142 (175), der die Unwirksamkeit mit einem Verstoß gegen § 32 Abs. 1 UrhG begründet; die Unwirksamkeit nach § 307 Abs. 1 Satz 1, Abs. 2 Nr. 1 BGB ist insbesondere für Verbandsprozesse nach dem UKlaG oder dem UWG relevant, da dort § 305c Abs. 1 BGB keine Anwendung findet, siehe BGH, Urt. v. 15.10.1991 – XI ZR 192/90, BGHZ 116, 1 (3) = NJW 1992, 179 (179 f.); BGH, Urt. v. 31.05.1990 – IX ZR 257/89, NJW 1990, 2313 (2314); BGH, Urt. v. 14.07.1987 – X ZR 38/86, BGHZ 101, 307 (315) = NJW 1987, 2818 (2819); BGH, Urt. v. 11.03.1987 – VIII ZR 203/86, NJW 1987, 1886 (1887); BGH, Urt. v. 25.06.1986 – IVa ZR 263/84, NJW-RR 1987, 45 (46); BGH, Urt. v. 18.02.1982 – I ZR 81/80, GRUR 1984, 45 (47); OLG Düsseldorf, Urt. v. 30.06.2005 – 6 U 19/05, NJW-RR 2005, 1692; *J. B. Nordemann*, NJW 2012, 3121; a. A. *Ackmann*, JZ 1990, 925 (927); *Koller*, in: Baur/Hopt/Mailänder, FS Steindorff, 667 (685).

sie nicht die Vergütungshöhe, sondern nur die Vergütungsstruktur betreffen würden.[76] Richtigerweise sind sie jedoch als unmittelbare Preisabreden gemäß § 307 Abs. 3 Satz 1 BGB im Grunde kontrollfrei. Da über solche Bestimmungen festgelegt wird, welche Gegenleistung von der versprochenen Vergütung abgedeckt ist, betreffen sie direkt das Äquivalenzverhältnis der gegenseitigen Hauptleistungspflichten.[77] Der abstrakt-generelle Prüfungsmaßstab der Inhaltskontrolle wäre unpassend, weil die Angemessenheit der vereinbarten Vergütung nur anhand des konkreten Einzelfalls bestimmt werden kann.[78] Ist eine Inhaltskontrolle aufgrund von § 307 Abs. 3 Satz 1 BGB ausgeschlossen, sichern die §§ 32 f. UrhG die angemessene Beteiligung des Urhebers an den Früchten seines Werkes.[79] (Nur) im Anwendungsbereich der AGB-Kontrolle ist das Prinzip der angemessenen Vergütung nach § 11 Satz 2 UrhG zu berücksichtigen.[80]

3. Übertragung der Nutzungsrechte

Ob Vertragsbedingungen, die den Plattformbetreibern die Übertragung der ihnen eingeräumten Nutzungsrechte an die Crowdsourcer ermöglichen sollen, der AGB-Kontrolle unterliegen, ist streitig. Gemäß § 34 Abs. 1 Satz 1 UrhG bedarf die Übertragung der Nutzungsrechte der Zustimmung des Urhebers. Soweit behauptet wird, die in den AGB erteilte Zustimmung zur Übertragung der Nutzungsrechte sei gemäß § 307 Abs. 3 Satz 1 BGB von einer Kontrolle ausgenommen, weil sie unmittelbar die Hauptleistung des Urhebers betreffe,[81] ist dies aber abzulehnen. Vereinbarungen über die Übertragbarkeit von Nutzungsrechten betreffen nicht die Nutzungsrechteeinräumung, weshalb sie sich nicht auf die kontrollfreie Hauptleistungspflicht des Urhebers beziehen.[82] Übertragungsklauseln weichen von den Anforderungen des § 34 UrhG ab und sind daher einer Inhaltskontrolle unterworfen.[83]

---

[76] OLG Jena, Urt. v. 09.05.2012 – 2 U 61/12, ZUM-RD 2012, 393 (394); OLG Hamburg, Urt. v. 01.06.2011 – 5 U 113/09, GRUR-RR 2011, 293 (296f.); OLG München, Urt. v. 21.04.2011 – 6 U 4127/10, GRUR-RR 2011, 401 (403f.); Dreier/Schulze/*G. Schulze*, UrhG, § 31 UrhG Rn. 117.

[77] BGH, Urt. v. 31.05.2012 – I ZR 73/10, BGHZ 193, 268 (285 f.) = GRUR 2012, 1031 (1036).

[78] BGH, Urt. v. 31.05.2012 – I ZR 73/10, BGHZ 193, 268 (286) = GRUR 2012, 1031 (1036); dem zustimmend *Berberich*, WRP 2012, 1055 (1057); siehe auch *Dorner*, MMR 2011, 780 (782); *Wille*, ZUM 2011, 206 (209 f.).

[79] Bericht des Rechtsausschusses zu den Gesetzentwürfen der BReg (BT-Drs. 14/7564) und der SPD-Fraktion sowie der GRÜNEN-Fraktion (BT-Drs. 14/6433), BT-Drs. 14/8058, 18; *Dorner*, MMR 2011, 780 (782).

[80] Bericht des Rechtsausschusses zu den Gesetzentwürfen der BReg (BT-Drs. 14/7564) und der SPD-Fraktion sowie der GRÜNEN-Fraktion (BT-Drs. 14/6433), BT-Drs. 14/8058, 18.

[81] Fromm/Nordemann/*J. B. Nordemann*, UrhR, § 34 UrhG Rn. 42; offenbar auch LG Rostock, Urt. v. 12.05.2011 – 6 HK O 45/10, BeckRS 2011, 21812 unter 3. der Gründe.

[82] Schricker/Loewenheim/*Ohly*, UrhR, § 34 UrhG Rn. 55.

A. AGB-Kontrolle

Es stellt sich deshalb die Frage, ob die formularmäßige Zustimmungserteilung zur Weiterübertragung der Nutzungsrechte AGB-rechtlich wirksam ist. Eingewandt wird etwa, dass derartige Vertragsbedingungen die persönlichkeitsrechtliche Bindung des Urhebers zu seinem Werk nahezu vollständig auflösen und daher dem in § 34 Abs. 1 BGB enthaltenen Schutzgedanken widersprechen würden.[84] Der Urheber verliere jede Einwirkungsmöglichkeit auf die Übertragung der dem Vertragspartner eingeräumten Nutzungsrechte.[85] Dem (vermeintlichen) Willen des Gesetzgebers entsprechend könne die Weitergabe der Nutzungsrechte nur Gegenstand einer Individualvereinbarung sein.[86] Auch wird sich auf eine Entscheidung des BGH berufen,[87] in der dieser die Unwirksamkeit einer Übertragungsklausel festgestellt haben soll.[88] Nur wenn die Übertragungsklausel klar formuliert und der Umstand hervorgehoben sei, dass von der gesetzlichen Grundregel abgewichen werde, erscheine die Annahme der Wirksamkeit (nach teilweise vertretener Ansicht) denkbar.[89]

Unklar ist allerdings, warum der Urheber durch eine besondere Hervorhebung einer Übertragungsklausel in AGB gewarnt werden müsse.[90] Der Gesetzgeber hat von dem Zustimmungserfordernis des § 34 Abs. 1 Satz 1 UrhG abweichende Vereinbarungen ausdrücklich zugelassen (§ 34 Abs. 5 Satz 2 UrhG). Dem Wortlaut ist nicht zu entnehmen, dass der gewährte Gestaltungsspielraum nicht durch AGB genutzt werden könne.[91] Der Wille des Gesetzgebers ist nicht eindeutig darauf gerichtet, die Übertragung der Nutzungsrechte nur durch Individualvertrag zuzulassen. Die von der Gegenauffassung in Bezug genommene Entwurfsbegründung bezieht sich allein auf das in § 34 Abs. 4 UrhG genannte Erfordernis einer „ausdrücklichen" Zustimmung. In § 34 Abs. 1 Satz 1 UrhG wird eine „ausdrückliche" Zustimmung

---

[83] *Acker/Thum*, GRUR 2008, 671 (672 f.); Schricker/Loewenheim/*Ohly*, UrhR, § 34 UrhG Rn. 55.

[84] *Hoeren*, CR 2013, 345 (349 f.); in diese Richtung auch *Gialeli/v. Olenhusen*, ZUM 2012, 389 (392), die jedoch nicht explizit auf § 34 UrhG verweisen; zum Grundgedanken des § 34 Abs. 1 UrhG siehe auch *Acker/Thum*, GRUR 2008, 671 (674).

[85] OLG Zweibrücken, Urt. v. 07.12.2000 – 4 U 12/00, ZUM 2001, 346 (347).

[86] LG Bochum, Urt. v. 24.11.2011 – I-8 O 277/11, ZUM-RD 2012, 217 (223 f.) sowie LG Hamburg, Urt. v. 06.09.2011 – 312 O 316/11, ZUM 2013, 53 (63), jeweils mit Verweis auf die Begründung des Gesetzentwurfs der SPD-Fraktion und der GRÜNEN-Fraktion für ein Gesetz zur Stärkung der vertraglichen Stellung von Urhebern und ausübenden Künstlern, BT-Drs. 14/6433, 16.

[87] Gemeint ist BGH, Urt. v. 18.02.1982 – I ZR 81/80, GRUR 1984, 45 (52).

[88] So etwa OLG Zweibrücken, Urt. v. 07.12.2000 – 4 U 12/00, ZUM 2001, 346 (347); Dreier/Schulze/*G. Schulze*, UrhG, § 34 UrhG Rn. 51 sowie Wandtke/Bullinger/*Wandtke/Grunert*, UrhR, § 34 UrhG Rn. 40.

[89] OLG Zweibrücken, Urt. v. 07.12.2000 – 4 U 12/00, ZUM 2001, 346 (347).

[90] Fromm/Nordemann/*J. B. Nordemann*, UrhR, § 34 UrhG Rn. 42a.

[91] OLG Hamburg, Urt. v. 01.06.2011 – 5 U 113/09, GRUR-RR 2011, 293 (300); LG Berlin, Urt. v. 05.06.2007 – 16 O 106/07, ZUM-RD 2008, 18 (23); *Acker/Thum*, GRUR 2008, 671 (676); BeckOK-UrhR/*Soppe*, § 34 UrhG Rn. 38.

jedoch nicht gefordert.[92] Auch der Verweis auf die Rechtsprechung des BGH kann nicht überzeugen:[93] In der angeführten Entscheidung beanstandete das Gericht nicht die formularmäßige Zustimmungserteilung zur Übertragung der Nutzungsrechte. Stattdessen monierte es eine Klausel, nach der der Vertragspartner des Urhebers die Möglichkeit haben sollte, Nutzungsrechteverträge mit Dritten im Namen des Urhebers abzuschließen.[94] Die unangemessene Benachteiligung rührte weniger aus der in den AGB erteilten Übertragungsbefugnis als aus der formularmäßigen Vollmachterteilung.

Übertragungsklauseln sind nicht generell mit wesentlichen Grundgedanken des § 34 Abs. 1 Satz 1 UrhG unvereinbar. Oft wird eine einzelfallorientierte Prüfung befürwortet.[95] Praktische Bedürfnisse sollen etwa eine formularmäßige Übertragung von Nutzungsrechten rechtfertigen können.[96] Bei Unternehmen, deren Geschäftsmodell auf die massenweise Verwertung und Weitergabe von Nutzungsrechten angewiesen sei, könne der Geschäftsbetrieb unangemessen beeinträchtigt werden, wenn die Zustimmung in jedem Einzelfall gesondert eingeholt werden müsste.[97] Auch wird betont, dass Urheber im Massengeschäft mit urheberrechtlich geschützten Werken von geringerer Schöpfungshöhe nicht schutzbedürftig seien, weil sie üblicherweise nicht daran interessiert seien, wer die Nutzungsrechte verwertet.[98] Allein bei anspruchsvolleren Werken von größerer Schöpfungshöhe und mit besonderem urheberpersönlichkeitsrechtlichem Einschlag sei der Urheber schutzwürdig, weshalb eine Übertragungsklausel nach § 307 Abs. 2 Nr. 1 BGB eine unangemessene Benachteiligung darstelle.[99] Nach anderer Ansicht sollen Übertragungsklauseln auch bei solchen Werken wirksam sein.[100] Bei diesen Werken könne ebenso ein Bedürfnis

---

[92] Dies wird auch vom LG Bochum, Urt. v. 24.11.2011 – I-8 O 277/11, ZUM-RD 2012, 217 (223 f.) sowie vom LG Hamburg, Urt. v. 06.09.2011 – 312 O 316/11, ZUM 2013, 53 (63) erkannt, die die Aussagen der Entwurfsbegründung entgegen des Gesetzeswortlauts wohl trotzdem für verallgemeinerungsfähig halten.

[93] OLG München, Urt. v. 21.04.2011 – 6 U 4127/10, GRUR-RR 2011, 401 (405); Fromm/Nordemann/*J. B. Nordemann*, UrhR, § 34 UrhG Rn. 41.

[94] So auch gedeutet bei OLG München, Urt. v. 21.04.2011 – 6 U 4127/10, GRUR-RR 2011, 401 (405).

[95] *Acker/Thum*, GRUR 2008, 671 (676 f.); Schricker/Loewenheim/*Ohly*, UrhR, § 34 UrhG Rn. 55.

[96] *Acker/Thum*, GRUR 2008, 671 (676); Schricker/Loewenheim/*Ohly*, UrhR, § 34 UrhG Rn. 55; wohl auch OLG München, Urt. v. 21.04.2011 – 6 U 4127/10, GRUR-RR 2011, 401 (405).

[97] OLG München, Urt. v. 21.04.2011 – 6 U 4127/10, GRUR-RR 2011, 401 (405); *Acker/Thum*, GRUR 2008, 671 (676 f.); *Schippan*, ZUM 2012, 771 (780); zu diesem Argument auch Fromm/Nordemann/*J. B. Nordemann*, UrhR, § 34 UrhG Rn. 41; *ders.*, NJW 2012, 3121 (3123).

[98] So *Acker/Thum*, GRUR 2008, 671 (676) zum Massengeschäft von Medienunternehmen.

[99] *Acker/Thum*, GRUR 2008, 671 (677).

[100] Fromm/Nordemann/*J. B. Nordemann*, UrhR, § 34 UrhG Rn. 42; *ders.*, NJW 2012, 3121 (3123); tendenziell auch OLG Hamburg, Urt. v. 01.06.2011 – 5 U 113/09, GRUR-RR 2011, 293 (300) sowie LG Berlin, Urt. v. 05.06.2007 – 16 O 106/07, BeckRS 2007, 19792 unter Gründe,

an einer formularmäßigen Zustimmungserteilung bestehen. Da ein gutgläubiger Erwerb von Nutzungsrechten ausscheide, müsse sich der Dritte auf eine Nutzungsrechteübertragung in AGB verlassen können.[101] Die Übertragungsklausel sei nur unwirksam, wenn die formularmäßig erteilte Zustimmung gestaltungsmissbräuchlich sei.[102]

Jedenfalls im vorliegenden Kontext sind formularmäßige Zustimmungserteilungen zur Übertragung der Nutzungsrechte wirksam. Das Geschäftsmodell der Plattformbetreiber kann nur funktionieren, wenn die von den Crowdworkern eingereichten Arbeitsergebnisse zu den Crowdsourcern gelangen. Übertragen Crowdworker ihre Arbeitsergebnisse zunächst an die Plattform, muss diese die Erzeugnisse einschließlich der daran bestehenden Nutzungsrechte an die Crowdsourcer weitergeben können. Für jede einzelne Aufgabe eine individuelle Zustimmung zu verlangen, würde einen nicht zu bewältigenden Aufwand für die Plattformbetreiber bedeuten. Crowdworker sind nicht schutzbedürftig, weil ihnen von vornherein bewusst sein muss, dass ihre Arbeitsergebnisse nicht von den Plattformbetreibern, sondern von den Crowdsourcern verwertet werden.

VII. Kontaktverbote

Unwirksam sind Bestimmungen in AGB, die es den Nutzern einer Plattform verbieten, auf anderem Wege als über die Webseite mit anderen Nutzern derselben Plattform zu kommunizieren. Die untersuchten Geschäftsbedingungen sehen zwar eine Ausnahme vor, wenn die Beziehung zu einem anderen Nutzer bereits vor der Registrierung auf der Plattform bestand.[103] Da eine solche Regelung aber das allgemeine Persönlichkeitsrecht der Crowdworker ohne ersichtliche Rechtfertigung beeinträchtigt, benachteiligt sie die Crowdworker unangemessen (§ 307 Abs. 1 Satz 1 BGB).[104] Gleiches gilt im Ergebnis für Klauseln, nach denen Crowdworker die Plattformbetreiber umgehend über den Versuch einer Kontaktaufnahme seitens anderer Nutzer zu unterrichten haben.[105]

---

welche die von den Vertretern der obigen Auffassung diskutierten Einschränkungen nicht thematisieren.

[101] *J. B. Nordemann*, NJW 2012, 3121 (3123).

[102] Fromm/Nordemann/*J. B. Nordemann*, UrhR, § 34 UrhG Rn. 42.

[103] Nr. 13 AGB Freelancer.com (2019) (www.freelancer.com/about/terms; zul. abgerufen am 23.09.2020).

[104] *Klebe/Neugebauer*, AuR 2014, 4 (6).

[105] *Däubler*, Digitalisierung und Arbeitsrecht, § 18 VII.4.a) Rn. 86 f.; *ders.*, in: Benner, Crowdwork, S. 243 (257); *Däubler/Klebe*, NZA 2015, 1032 (1038); *Klebe/Neugebauer*, AuR 2014, 4 (6), die richtigerweise auch Bestimmungen für unwirksam erachten, die eine Kontaktaufnahme mit den Nutzern anderer Plattformen verbieten.

VIII. Sperrklauseln

Problematisch sind zudem Bestimmungen, nach denen es den Plattformbetreibern gestattet sei, ohne ersichtlichen Grund den Zugriff der Crowdworker zu deren Benutzerkonto oder einzelnen Anwendungen der Plattform zu sperren.[106] Da sie den Betreibern die Änderung ihrer Leistung ermöglichen, ohne dass dies den Crowdworkern zumutbar wäre, sind solche Klauseln nach § 308 Nr. 4 BGB unwirksam.[107] Anders können Sperrklauseln zu behandeln sein, die etwa an einen Verstoß gegen gesetzliche Vorgaben oder ein vertragswidriges Verhalten der Crowdworker anknüpfen.[108] Grundsätzlich dienen solche Bestimmungen einem berechtigten Interesse der Plattformbetreiber, indem sie bezwecken, die „Seriosität und Verlässlichkeit" des Plattformgeschehens (auch im Interesse der Plattformnutzer) zu erhalten.[109] Die Plattformbetreiber haben ein legitimes Interesse daran, Personen von der Nutzung ihrer Webseite oder einzelner Anwendungen auszuschließen, wenn deren Verhalten die Funktionsfähigkeit der Plattform beeinträchtigen könnte.

B. Vergütungskontrolle

Bei der Inhaltskontrolle nach den §§ 307 ff. BGB wird das Äquivalenzverhältnis der gegenseitigen Leistungspflichten von Crowdworkern und ihren Geschäftspartnern gemäß § 307 Abs. 3 Satz 1 BGB grundsätzlich nicht berücksichtigt. Die AGB-Kontrolle bietet keinen Schutz vor einer unangemessen niedrigen Vergütung. Die privatautonome Gestaltungsfreiheit findet allerdings ihre Schranken, wenn die versprochene Vergütung gegen gesetzliche Verbote (§ 134 BGB) oder gegen die guten Sitten (§ 138 Abs. 1 BGB) verstößt oder die Grenzen zum Wucher (§ 138 Abs. 2 BGB) überschritten sind.[110] Crowdworker, die bei der Aufgabenbearbeitung

---

[106] So etwa bei Nr. 11 AGB AMT (2020) (www.mturk.com/participation-agreement; zul. abgerufen am 23.09.2020).

[107] Siehe zu einer vergleichbaren Bestimmung in den AGB eines Forumbetreibers AG Kerpen, Urt. v. 10.04.2017 – 102 C 297/16, MMR 2017, 642 (644); krit. zu den von den Plattformbetreibern verwendeten Sperrklauseln auch *Däubler*, Digitalisierung und Arbeitsrecht, § 18 VII. 4. a) Rn. 84; *ders.*, in: Benner, Crowdwork, S. 243 (256).

[108] *Walzer*, Arbeitsrechtlicher Schutz der Crowdworker, S. 122; zu solchen Klauseln siehe etwa § 10 Abs. 1 AGB designenlassen.de (Dienstleister) (www.designenlassen.de/agb.php?action=dienstleister; zul. abgerufen am 23.09.2020) oder Nr. 8.5 AGB 99designs (2019) (www.99designs.de/legal/terms-of-use; zul. abgerufen am 23.09.2020).

[109] KG, Urt. v. 05.08.2005 – 13 U 4/05, NJW-RR 2005, 1630; OLG Brandenburg, Beschl. v. 15.01.2009 – 12 W 1/09, MMR 2009, 262 zu einer Sperrklausel in den AGB von eBay; *Walzer*, Arbeitsrechtlicher Schutz der Crowdworker, S. 122.

[110] Die Vergütungskontrolle nach Maßgabe des § 138 BGB wird auch für möglich gehalten bei *Däubler*, Digitalisierung und Arbeitsrecht, § 18 VII. 4. b) Rn. 97; *ders.*, in: Benner, Crowdwork, S. 243 (261); *Däubler/Klebe*, NZA 2015, 1032 (1038), bei denen die Kontrolle des Äquivalenzverhältnisses aber letztlich unmittelbar auf die Rechtsprechungsgrundsätze des BVerfG gestützt wird. Das BVerfG verweist in der in Bezug genommenen Entscheidung al-

I. Wucher

Gemäß § 138 Abs. 2 BGB sind Rechtsgeschäfte nichtig, durch die jemand sich selbst oder einem Dritten unter Ausbeutung der Zwangslage, der Unerfahrenheit, des Mangels an Urteilsvermögen oder der erheblichen Willensschwäche eines anderen für eine Leistung Vermögensvorteile versprechen oder gewähren lässt, die in einem auffälligen Missverhältnis zu der Leistung stehen. Nach herrschender Auffassung verdrängt die Vorschrift § 134 BGB i. V. m. § 291 StGB.[111] Vorbehaltlich des bei der Vergütung von Urheberrechten vorrangig anzuwendenden § 32 UrhG[112] ist § 138 Abs. 2 BGB jedenfalls anwendbar, wenn Crowdworker mit ihren Auftraggebern in vertragliche Beziehungen treten. Unklar ist allerdings, ob Auslobungen oder Preisausschreiben den Tatbestand des § 138 Abs. 2 BGB erfüllen können.[113]

Nach Ansicht des BGH ist § 138 Abs. 2 BGB nur dann anzuwenden, wenn sich zwei Leistungen im Austauschverhältnis gegenüber stehen.[114] Für Schenkungen, Bürgschaften und unverzinsliche Darlehen wurde dies ausdrücklich verneint.[115] Anders als diese Rechtsgeschäfte sind die Auslobung und das Preisausschreiben jedoch stets entgeltlicher Natur.[116] Die Belohnung wird „für die Vornahme einer

---

lerdings darauf, dass die Folgen „strukturell ungleicher Verhandlungsstärke […] im Rahmen der Generalklauseln des geltenden Zivilrechts" zu korrigieren seien, siehe BVerfG, Beschl. v. 19.10.1993 – 1 BvR 567/89 u. 1 BvR 1044/89, BVerfGE 89, 214 (234) = AP GG Art. 2 Nr. 35 unter C. II. 2. c) der Gründe.

[111] MünchKomm-BGB/*Armbrüster*, § 138 BGB Rn. 4; Palandt/*Ellenberger*, § 138 BGB Rn. 65; NK-BGB/Looschelders, § 138 BGB Rn. 357; Staudinger/*Sack/Fischinger*, § 138 BGB Rn. 238; BeckOGK/*Vossler*, § 134 BGB Rn. 22; a. A. Jauernig/*Mansel*, § 138 BGB Rn. 19 sowie BeckOK-BGB/*Wendtland*, § 138 BGB Rn. 6, 42 u. 42.1, die für einen Vorrang von § 134 BGB i. V. m. § 291 StGB plädieren; nach Erman/*Schmidt-Räntsch*, § 138 BGB Rn. 10 sollen § 138 Abs. 2 BGB und § 134 BGB i. V. m. § 291 StGB nebeneinander Anwendung finden.

[112] Fromm/Nordemann/*Czychowski*, UrhR, § 32 UrhG Rn. 152.

[113] Abl. wohl Hk-BGB/*Dörner*, § 138 BGB Rn. 15 sowie Staudinger/*Sack/Fischinger*, § 138 BGB Rn. 240 nach denen die Anwendung des § 138 Abs. 2 BGB eines auf einen Leistungsaustausch gerichteten „Vertrages" bedürfe; siehe oben unter Kap. 2 A. II. zu den Nachweisen dafür, dass Auslobung und Preisausschreiben nach h. M. kein vertragliches Schuldverhältnis begründen.

[114] BGH, Urt. v. 26.04.2001 – IX ZR 337/98, NJW 2001, 2466 (2467); BGH, Urt. v. 04.07.1990 – IV ZR 121/89, BeckRS 1990, 31065347 unter 1. der Gründe; BGH, Urt. v. 07.06.1988 – IX ZR 245/86, AP BGB § 123 Nr. 33 unter II. 4. der Gründe; BGH, Urt. v. 08.07.1982 – III ZR 1/81, NJW 1982, 2767.

[115] BGH, Urt. v. 26.04.2001 – IX ZR 337/98, NJW 2001, 2466 (2467); BGH, Urt. v. 04.07.1990 – IV ZR 121/89, BeckRS 1990, 31065347 unter 1. der Gründe; BGH, Urt. v. 07.06.1988 – IX ZR 245/86, AP BGB § 123 Nr. 33 unter II. 4. der Gründe.

[116] BeckOGK/*Lohsse*, § 657 BGB Rn. 18; Soergel/*v. Reden*, § 657 BGB Rn. 3 u. 13.

Handlung" ausgesetzt, weshalb sich nicht behaupten lässt, dass die Belohnung nicht im Austausch für die Handlung aufgebracht wird.[117] Der Wortlaut stellt (bloß) einseitige Rechtsgeschäfte nicht kategorisch vom Sittenwidrigkeitsverdikt des § 138 Abs. 2 BGB frei. Die Vorschrift beschränkt die Nichtigkeitsfolge nicht auf „Verträge", sondern bezieht sich auf „Rechtsgeschäfte". Außerdem kann der Tatbestand nicht nur verwirklicht werden, indem jemand sich oder einem Dritten Vermögensvorteile „versprechen [...] lässt". Ebenso erfasst ist, wer sich oder einem Dritten entsprechende Vorteile „gewähren lässt". Herkömmlicherweise wird aus dieser Formulierung zwar (lediglich) gefolgert, dass nicht nur wucherische Verpflichtungsgeschäfte, sondern auch die zu deren Erfüllung vorgenommenen Verfügungsgeschäfte des Bewucherten nach § 138 Abs. 2 BGB nichtig seien.[118] Dies ist jedoch keinesfalls zwingend: Die Entstehungsgeschichte der Regelung legt nahe, die Worte „gewähren lässt" (zumindest auch) auf „die Gewährung nicht vorher versprochener Vermögensvorteile" zu erstrecken.[119] Grundsätzlich kann daher die von § 657 BGB geforderte „Vornahme einer Handlung" unter § 138 Abs. 2 BGB subsumiert werden. Es ist unerheblich, dass niemand dazu verpflichtet ist, die Handlung durchzuführen. Die Annahme einer Anwendbarkeit des § 138 Abs. 2 BGB auf einseitige Rechtsgeschäfte wird zudem durch seine systematische Stellung im zweiten Titel des dritten Abschnitts des ersten Buches des BGB („Willenserklärung") gestützt.

Der Normzweck des § 138 Abs. 2 BGB scheint zunächst nicht auf vertragliche Schuldverhältnisse beschränkt zu sein, sondern ebenso Auslobungen und Preisausschreiben, bei denen die ausgelobte Belohnung in einem auffälligen Missverhältnis zu den aus der gewünschten Handlung resultierenden Vermögensvorteilen steht, zu erfassen. Generell bezweckt § 138 BGB, missbräuchliche Inanspruchnahmen der Privatautonomie zu unterbinden.[120] Der zweite Absatz richtet sich zudem speziell gegen die wirtschaftliche Ausbeutung von Personen in einer der dort genannten Schwächesituationen.[121] Bedenkt man, dass die Bewerber auf eine Auslobung oder ein Preisausschreiben etwa durch eine Zwangslage zur Vornahme der von dem Auslobenden gewünschten Handlung motiviert werden können, sind auch bei

---

[117] NK-BGB/*Ring*, § 661 BGB Rn. 1; MünchKomm-BGB/*Schäfer*, § 657 BGB Rn. 28.
[118] BGH, Urt. v. 08.07.1982 – III ZR 1/81, NJW 1982, 2767 (2768); RG, Urt. v. 18.11.1924 – VI 164/24, RGZ 109, 201 (202).
[119] Eingehend hierzu *Zimmermann*, JR 1985, 48 (49).
[120] BGH, Urt. v. 14.05.1998 – I ZR 10/96, NJW 1998, 2531 (2532); BGH, Urt. v. 25.01.1990 – I ZR 19/87, BGHZ 110, 156 (174) = AP GG Art. 9 Nr. 58 unter 3. a) aa) der Gründe; BGH, Urt. v. 12.03.1981 – III ZR 92/79, BGHZ 80, 153 (156) = NJW 1981, 1206 (1207); OLG Koblenz, Urt. v. 27.11.2014 – 3 U 437/14, NJW-RR 2015, 467 (468); MünchKomm-BGB/*Armbrüster*, § 138 BGB Rn. 1; Palandt/*Ellenberger*, § 138 BGB Rn. 1; BGB-RGRK/*Krüger-Nieland/Zöller*, § 138 BGB Rn. 1; teilweise wird § 138 BGB (neben weiteren Zwecken) auch eine Abschreckungsfunktion entnommen, siehe hierzu MünchKomm-BGB/*Armbrüster*, § 138 BGB Rn. 2 f.; *Lindacher*, AcP 173 (1973), 124 (125); Staudinger/*Sack/Fischinger*, § 138 BGB Rn. 5; krit. zu der Abschreckungsfunktion NK-BGB/*Looschelders*, § 138 BGB Rn. 5.
[121] BeckOK-BGB/*Wendtland*, § 138 BGB Rn. 40.

diesen Rechtsgeschäften missbräuchliche Gestaltungen nicht per se ausgeschlossen. Gerade bei Crowdwork entscheiden zudem geringfügige Unterschiede in der Gestaltung der Aufgabenvergabe darüber, ob ein Vertrag zustande kommt oder ob die Aufgabenbearbeitung auf einem einseitigen Rechtsgeschäft beruht.[122] Geringfügige Abweichungen in der Art und Weise der Aufgabenvergabe würden daher bei fehlender Anwendbarkeit des § 138 Abs. 2 BGB auf einseitige Rechtsgeschäfte zu zwei gänzlich verschiedenen Ergebnissen bei nahezu identischem Sachverhalt führen: Bei Abschluss eines Vertrages könnte dieser Vertrag nach § 138 Abs. 2 BGB nichtig sein. Eine Auslobung oder ein Preisausschreiben wäre dagegen wirksam. Eine Anwendung des § 138 Abs. 2 BGB auf einseitige Rechtsgeschäfte könnte dies vermeiden.

Bei alledem sind aber die Rechtsfolgen zu berücksichtigen, die sich im Falle der Nichtigkeit ergeben würden. Nichtige Vergütungsabreden in Arbeits- oder freien Dienst- oder Werkverträgen werden gemäß § 612 BGB beziehungsweise gemäß § 632 BGB durch die „übliche" Vergütung ersetzt.[123] Da die §§ 657 ff. BGB keine entsprechende Regelung beinhalten, würde bei einer nichtigen Auslobung oder einem nichtigen Preisausschreiben der Anspruch auf die ausgeschriebene Belohnung von vornherein nicht entstehen. Nimmt jemand die gewünschte Handlung in Unkenntnis der Nichtigkeit vor, wäre ihm mit dieser Rechtsfolge nicht gedient: Anstelle einer sittenwidrig niedrigen Belohnung würde er keine Vergütung bekommen. Er könnte zwar die durch seine Handlung beim Auslobenden entstandenen Vermögensvorteile kondizieren. Den Wert seiner Leistung bekäme er nach § 818 Abs. 2 BGB allerdings nur ersetzt, wenn dem Auslobenden die Herausgabe des erlangten Etwas nicht möglich wäre oder dieser aus einem anderen Grund zur Herausgabe außerstande wäre. Bekommt er lediglich das erlangte Etwas wieder, wird ihm dies häufig nichts nutzen. Der Bewucherte stünde bei Nichtigkeit einer Auslobung oder eines Preisausschreibens oft schlechter als bei deren Wirksamkeit.

Korrigieren ließe sich dies durch eine analoge Anwendung der §§ 612, 632 BGB oder über § 242 BGB. Nichtige Belohnungsversprechen könnten mit einer für die Vornahme einer entsprechenden Handlung üblichen Belohnung aufrechterhalten werden. Praktikabel ist dies jedoch nur, wenn die Auslobung eine Handlung zum Gegenstand hat, die einen objektiv feststellbaren Wert hat. Hat die vorzunehmende Handlung einen vornehmlich subjektiv geprägten Wert, wie etwa beim Versprechen der Belohnung für das Wiederbringen eines entlaufenen Haustieres, scheidet eine Anpassung von vornherein aus. Ohnehin wird man sich zu fragen haben, ob die für eine Analogie erforderliche planwidrige Regelungslücke besteht. Näher liegt, dass der Gesetzgeber in den §§ 657 ff. BGB bewusst auf eine Regelung verzichtet hat, nach der bei fehlendem Aussetzen einer Belohnung die übliche Belohnung zu entrichten sei. Eine Korrektur über § 242 BGB wird aus diesem Grund ebenfalls nicht in

---

[122] Besonders deutlich werden die nur geringen Unterschiede anhand der Abgrenzung zwischen vertraglichen Schuldverhältnissen und Auslobungen auf den Internetplattformen, siehe hierzu unter Kap. 2 A. II. 1. b).

[123] Zu freien Dienst- und Werkverträgen *Bayreuther*, NJW 2017, 357.

Betracht kommen. Da der Wortlaut des § 138 Abs. 2 BGB aber weit genug ist, um auch einseitige Rechtsgeschäfte zu erfassen, werden Auslobungen und Preisausschreiben im Wege einer teleologischen Reduktion aus dem Anwendungsbereich auszuklammern sein. Es widerspricht Sinn und Zweck des § 138 Abs. 2 BGB, dass derjenige, der die in der Ausschreibung geforderte Handlung vornimmt, keine Belohnung verlangen kann, nur weil der Auslobende die Vergütung sittenwidrig zu gering angesetzt hat.

Findet § 138 Abs. 2 BGB im Einzelfall Anwendung, das heißt, schließen Crowdworker mit dem Aufgabensteller einen Vertrag, muss untersucht werden, ob sich die Crowdworker bei Vertragsschluss in einer der im Gesetz genannten Schwächesituationen befanden. Selbst wenn dies der Fall sein sollte, tritt die Nichtigkeitsfolge nur ein, wenn der Auftraggeber diesen Umstand ausgebeutet hat. Er muss das auffällige Missverhältnis zwischen Leistung und Gegenleistung und die Schwächesituation eines Crowdworkers gekannt und sich die Schwächesituation vorsätzlich zunutze gemacht haben.[124] Etwaige Zwangslagen, Willensmängel oder Ähnliches bleiben den Plattformbetreibern und den Crowdsourcern allerdings zumeist verborgen.[125] Angaben hierzu werden von den Crowdworkern nicht verlangt. Sogar bei einem besonders groben Äquivalenzmissverhältnis wird eine Ausbeutung nicht vermutet.[126] Auch kann nicht vermutet werden, dass die Auftraggeber generell davon ausgehen würden, dass nur Crowdworker in einer Schwächesituation zu besonders niedrigen Vergütungen tätig würden. Auf den Internetplattformen werden auch Personen tätig, die die Aufgabenbearbeitung lediglich als Zeitvertreib erachten oder die aus Ländern mit geringeren Lebenshaltungskosten stammen.[127] Diese Crowdworker werden auch bei nach hiesigen Standards geringen Vergütungen nicht notwendig aufgrund einer Schwächesituation tätig, weshalb eine entsprechende Vermutung nicht gerechtfertigt ist. Eine Nichtigkeit nach § 138 Abs. 2 BGB kommt daher regelmäßig mangels Kenntnis von einer etwaigen Schwächesituation der Crowdworker nicht in Frage.[128]

---

[124] BGH, Urt. v. 01.06.2017 – VII ZR 95/16, BGHZ 215, 306 (310) = NJW 2017, 2403 (2404); BGH, Urt. v. 25.02.2011 – V ZR 208/09, NJW-RR 2011, 880 (881); BGH, Urt. v. 19.06.1990 – XI ZR 280/89, NJW-RR 1990, 1199; BGH, Urt. v. 24.05.1985 – V ZR 47/84, NJW 1985, 3006 (3007); BGH, Urt. v. 08.07.1982 – III ZR 1/81, NJW 1982, 2767 (2768).

[125] Maschmann/*Heise/Belovitzer*, Kap. 12 III. 4. b) Rn. 52; *Walzer*, Arbeitsrechtlicher Schutz der Crowdworker, S. 98; *Warter*, Crowdwork, S. 288.

[126] So wohl BGH, Urt. v. 25.02.2011 – V ZR 208/09, NJW-RR 2011, 880 (881); a. A. noch BGH, Urt. v. 20.06.2000 – XI ZR 237/99, NJW-RR 2000, 1431 (1432 f.); BGH, Urt. v. 08.02.1994 – XI ZR 77/93, NJW 1994, 1275; BGH, Urt. v. 19.06.1990 – XI ZR 280/89, NJW-RR 1990, 1199; BGH, Urt. v. 08.07.1982 – III ZR 1/81, NJW 1982, 2767 (2768), wonach zwar ein „auffälliges" oder ein „grobes" Missverhältnis nicht genüge, ein „besonders grobes" Äquivalenzmissverhältnis aber eine für eine Vermutung des Vorliegens der subjektiven Tatbestandsmerkmale tragfähige Grundlage bilde.

[127] *Warter*, Crowdwork, S. 288.

[128] Maschmann/*Heise/Belovitzer*, Kap. 12 III. 4. b) Rn. 52; *Walzer*, Arbeitsrechtlicher Schutz der Crowdworker, S. 98.

II. Wucherähnliche Rechtsgeschäfte

Vertragliche Vereinbarungen zwischen Crowdworkern und ihren Auftraggebern sind allerdings gemäß § 138 Abs. 1 BGB nichtig, wenn sie wucherähnlich sind.[129] Wie der Wucher bedarf das wucherähnliche Rechtsgeschäft eines auffälligen Missverhältnisses zwischen Leistung und Gegenleistung.[130] Die Ausbeutung einer Schwächesituation des Vertragspartners ist aber nicht erforderlich. Es genügt eine verwerfliche Gesinnung.[131] Bei einem besonders groben Äquivalenzmissverhältnis wird die verwerfliche Gesinnung (zumindest) tatsächlich vermutet.[132] Ab welchem Grad eine grobe Äquivalenzstörung zwischen den objektiven Marktwerten[133] der gegenseitigen Leistungen indiziert ist, ist in Bezug auf Crowdwork nicht geklärt.[134] Vergleicht man die Vergütungen der Crowdworker mit dem Entgelt, das Arbeitnehmern für vergleichbare Tätigkeiten gezahlt wird, bleiben die gezahlten Beträge oft so deutlich hinter dem Wert der Leistungen zurück, dass ein grobes Missverhältnis anzunehmen ist. Crowdworker arbeiten teilweise zu Vergütungen, die wesentlich unter dem für Arbeitnehmer vorgeschriebenen Mindestlohn liegen.[135] Der Vergleich mit den Entgelten (anderer) Arbeitnehmer ist aber nur gerechtfertigt, wenn

---

[129] Bezüglich Auslobungen und Preisausschreiben dürften die Ausführungen unter Kap. 4 B. I. übertragbar sein.

[130] St. Rspr., siehe nur BGH, Urt. v. 23.02.2018 – V ZR 302/16, NJW 2018, 2261 (2263); BGH, Urt. v. 25.02.2011 – V ZR 208/09, NJW-RR 2011, 880 (881); BGH, Urt. v. 19.01.2001 – V ZR 437/99, BGHZ 146, 298 (301) = NJW 2001, 1127; BGH, Urt. v. 24.01.1979 – VIII ZR 16/78, NJW 1979, 758; BGH, Urt. v. 05.03.1951 – IV ZR 107/50, NJW 1951, 397.

[131] BGH, Urt. v. 01.06.2017 – VII ZR 95/16, BGHZ 215, 306 (311) = NJW 2017, 2403 (2404); BGH, Urt. v. 25.02.2011 – V ZR 208/09, NJW-RR 2011, 880 (881); BGH, Urt. v. 19.01.2001 – V ZR 437/99, BGHZ 146, 298 (301 f.) = NJW 2001, 1127; BGH, Urt. v. 24.01.1979 – VIII ZR 16/78, NJW 1979, 758; BGH, Urt. v. 05.03.1951 – IV ZR 107/50, NJW 1951, 397.

[132] Siehe etwa BGH, Urt. v. 01.06.2017 – VII ZR 95/16, BGHZ 215, 306 (311) = NJW 2017, 2403 (2404); BGH, Urt. v. 24.01.2014 – V ZR 249/12, NJW 2014, 1652; bei BGH, Urt. v. 09.10.2009 – V ZR 178/08, NJW 2010, 363 (364) wird der Unterschied zwischen dieser tatsächlichen und einer gesetzlichen Vermutung im Sinne des § 292 ZPO besonders hervorgehoben; BGH, Urt. v. 19.01.2001 – V ZR 437/99, BGHZ 146, 298 (302–305) = NJW 2001, 1127 (1127–1129); BGH, Urt. v. 11.01.1995 – VIII ZR 82/94, BGHZ 128, 255 (258) = NJW 1995, 1019 (1020).

[133] Dazu, dass es hier allein auf den objektiven Marktwert ankommt, BGH, Urt. v. 23.02.2018 – V ZR 302/16, NJW 2018, 2261 (2263); BGH, Urt. v. 18.12.2007 – XI ZR 324/06, NJW-RR 2008, 1436 (1438); BGH, Urt. v. 19.01.2001 – V ZR 437/99, BGHZ 146, 298 (303) = NJW 2001, 1127 (1128); BGH, Urt. v. 12.03.1981 – III ZR 92/79, BGHZ 80, 153 (162) = NJW 1981, 1206 (1208); BGH, Urt. v. 24.01.1979 – VIII ZR 16/78, NJW 1979, 758.

[134] Bei Grundstücksgeschäften geht der BGH etwa davon aus, dass der Wert der Leistung knapp doppelt so hoch sein müsse, wie der der Gegenleistung, siehe nur BGH, Urt. v. 24.01.2014 – V ZR 249/12, NJW 2014, 1652; BGH, Urt. v. 25.02.2011 – V ZR 208/09, NJW-RR 2011, 880 (881); BGH, Urt. v. 13.06.2001 – XII ZR 49/99, NJW 2002, 55 (57); BGH, Urt. v. 19.01.2001 – V ZR 437/99, BGHZ 146, 298 (302) = NJW 2001, 1127 (1128).

[135] Siehe oben unter Kap. 1 C.

Crowdworker ebenfalls als Arbeitnehmer einzuordnen sind.[136] Bei selbständigen Crowdworkern ist auf die Vergütung anderer Selbständiger, die vergleichbaren Tätigkeiten nachgehen, abzustellen.[137]

---

[136] In diese Richtung deuten auch die Ausführungen bei Maschmann/*Heise/Belovitzer*, Kap. 12 III. 4. a) Rn. 44 sowie *Walzer*, Arbeitsrechtlicher Schutz der Crowdworker, S. 97; a. A. wohl *Tapper,* in: Hill/Martini/Wagner, Digitale Lebenswelt, S. 253 (275).

[137] *Selzer*, in: Husemann/Wietfeld, Herausforderungen des Arbeitsrechts, S. 27 (47).

Kapitel 5

Internationales Privat- und Zivilprozessrecht

Oft werden (insbesondere externe) Crowdworker grenzüberschreitend tätig. Auf den Internetplattformen entstehen Rechtsbeziehungen zwischen Crowdworkern, Crowdsourcern und Plattformbetreibern aus aller Welt.[1] Es wird daher nicht nur zu fragen sein, welche Rechtsordnung im konkreten Fall anzuwenden ist, sondern auch, welche Gerichte im Streitfall international zuständig sind.

A. Anwendbares Recht

Bei der externen indirekten Crowdwork treffen die Plattformbetreiber in ihren AGB üblicherweise eine Rechtswahl zugunsten der an ihrem gesellschaftsrechtlichen Sitz geltenden Rechtsordnung.[2] Geregelt wird dabei allein das Verhältnis zwischen den Plattformbetreibern und den Crowdworkern oder zwischen den Plattformbetreibern und den Crowdsourcern. Das zwischen den Plattformnutzern anwendbare Recht wird grundsätzlich nicht festgelegt. Bei der externen direkten Crowdwork und bei der internen Crowdwork ist die Verwendung von Rechtswahlklauseln denkbar. Im Allgemeinen bezieht sich die Rechtswahl zumindest auf den Vertrag über die Nutzung der Plattform. Sofern bei der externen indirekten Crowdwork die Plattformbetreiber selbst als Auftraggeber der Crowdworker auftreten, erstreckt sie sich oft auch auf die einzelnen Arbeitsaufträge. Sind bei der externen indirekten Crowdwork die Crowdsourcer als Auftraggeber anzusehen, bedarf es zwischen diesen und den Crowdworkern bezüglich der einzelnen Aufgabenbearbeitungen einer gesonderten Rechtswahl. Andernfalls richtet sich das Rechtsverhältnis nach dem mangels Rechtswahl anzuwendenden Recht.

---

[1] Maschmann/*Heise/Belovitzer*, Kap. 12 III. 1. Rn. 9.
[2] *Däubler*, in: Benner, Crowdwork, S. 243 (265); Maschmann/*Heise/Belovitzer*, Kap. 12 III. 1. Rn. 10; *Risak*, ZAS 2015, 11 (17); *Warter*, Crowdwork, S. 294; Nr. 10 AGB AMT (2020) (www.mturk.com/participation-agreement; zul. abgerufen am 23.09.2020); § 8 Nr. 2 AGB clickworker (Clickworker) (2012) (www.clickworker.de/agb-datenschutz/; zul. abgerufen am 23.09.2020); Nr. 42 AGB Freelancer.com (2019) (www.freelancer.com/about/terms; zul. abgerufen am 23.09.2020); § 15 Nr. 2 AGB twago (2020) (www.twago.de/static/terms-and-conditions/; zul. abgerufen am 23.09.2020).

I. Anwendbarkeit der Rom I-VO

In den Mitgliedstaaten der Europäischen Union, ausgenommen Dänemark, ergibt sich das in grenzüberschreitenden Sachverhalten auf vertragliche Schuldverhältnisse in Zivil- und Handelssachen anzuwendende Recht aus der sogenannten Rom I-VO[3]. Sofern die von Art. 1 Abs. 1 UAbs. 1 Rom I-VO geforderte Verbindung zum Recht verschiedener Staaten besteht, ist die Verordnung jedenfalls auf die Verträge über die Nutzung der Internetplattformen ebenso anwendbar wie auf die den einzelnen Aufgabenbearbeitungen zugrunde liegenden Vertragsverhältnisse. Problematisch ist die Anwendung der Rom I-VO, wenn den Aufgabenbearbeitungen keine Verträge zugrunde liegen, sondern die Ausschreibungen als Auslobungen oder Preisausschreiben zu erachten sind. Da Auslobungen und Preisausschreiben als nach herrschender Ansicht einseitige Rechtsgeschäfte[4] nicht vom hiesigen nationalen Vertragsbegriff erfasst sind, ist auch eine Anwendung der Rom I-VO keineswegs selbstverständlich. Mehr noch drängt sich die Frage auf, ob nach deutschem Recht einseitige Rechtsgeschäfte als „vertragliche Schuldverhältnisse" im Sinne von Art. 1 Abs. 1 UAbs. 1 Rom I-VO angesehen werden können.

Bezieht sich ein einseitiges Rechtsgeschäft auf ein vertragliches Schuldverhältnis (etwa Anfechtung, Kündigung oder Widerrufserklärung), ist es vom Anwendungsbereich der Rom I-VO erfasst. Dies folgt aus Art. 12 Abs. 1 lit. d) Rom I-VO, wonach das nach der Rom I-VO anwendbare Recht auch für die verschiedenen Arten des Erlöschens der Verpflichtungen aus einem vertraglichen Schuldverhältnis maßgebend ist.[5] Der kollisionsrechtliche Begriff der „vertraglichen Schuldverhältnisse" ist demnach weiter als das nationale Begriffsverständnis; er ist autonom-unionsrechtlich auszulegen.[6] Ob der Begriff der „vertraglichen Schuldverhältnisse" die Begründung einseitiger Verpflichtungen erfasst, ist damit allerdings nicht gesagt. Eine dem Art. 12 Abs. 1 lit. d) Rom I-VO vergleichbare Regelung, woraus sich ableiten ließe, dass sich die Verordnung auf solche Rechtsgeschäfte erstreckt, sucht man vergebens. Erwägungsgrund 7 der Rom I-VO legt eine parallele Begriffsbildung zum

---

[3] Verordnung (EG) Nr. 593/2008 des Europäischen Parlaments und des Rates über das auf vertragliche Schuldverhältnisse anzuwendende Recht (Rom I) v. 17.06.2008, ABl. (2008) L 177, 6, ber. ABl. (2009) L 309, 87.

[4] Siehe oben Kap. 2 A. II.

[5] Ferrari/*Kieninger*, IntVertragsR, Art. 1 Rom I-VO Rn. 7; nach Staudinger/*Magnus*, Anh. III zu Art. 1 Rom I-VO Rn. 3 ergebe sich dies aus Klarheits- und Praktikabilitätserwägungen sowie dem „Grundgedanken des Einheitsstatuts", der unter anderem in Art. 12 Rom I-VO zum Ausdruck komme.

[6] EuGH, Urt. v. 28.07.2016 – C-191/15, NJW 2016, 2727 (2728) – *VKI*; EuGH, Urt. v. 21.01.2016 – C-359/14 u. C-475/14, NJW 2016, 1005 (1006) – *ERGO Insurance*; NK-BGB/*Leible*, Art. 1 Rom I-VO Rn. 5; siehe auch *Würdinger*, RabelsZ 75 (2011), 102 (113) zur autonomen Auslegung von EU-Verordnungen.

Vertragsbegriff der Brüssel Ia-VO[7] (auch: „EuGVVO") nahe.[8] Die Erwägungsgründe einer Verordnung sind zwar nicht von deren verbindlicher Wirkung umfasst. Bei der Auslegung der verbindlichen Regelungen lassen sie sich aber verwerten.[9] Da sich der europäische Verordnungsgeber für einen weitgehend übereinstimmenden Anwendungsbereich der Brüssel Ia-VO und der Rom I-VO entschieden hat, können einzelne Diskrepanzen zwischen dem Prozess- und dem Kollisionsrecht grundsätzlich keine unterschiedliche Auslegung rechtfertigen.[10] Gestützt wird dies durch die gleichgerichteten Zielrichtungen der beiden Verordnungen: Beide dienen unter anderem der Schaffung von Rechtssicherheit. Das anwendbare Recht und das zuständige Gericht sollen für alle Beteiligten unschwer zu erkennen sein.[11] Durch eine einheitliche Begriffsbildung wird dies befördert, weil die Identifikation der maßgebenden Rechtsordnung und des zuständigen Gerichts vereinfacht wird.[12]

Nach Ansicht des EuGH erfasst der Vertragsbegriff in Art. 7 Nr. 1 Brüssel Ia-VO nur jene Fälle, in denen „eine von einer Person gegenüber einer anderen freiwillig eingegangene rechtliche Verpflichtung" besteht.[13] Gegenseitige Verpflichtungen sind nicht notwendig; es genügt, wenn sich nur einer der Beteiligten gegenüber dem anderen zu etwas verpflichtet. Übertragen auf die Rom I-VO bedeutet dies, dass auch Rechtsgeschäfte, die nur einseitige Verpflichtungen begründen, in ihren Anwendungsbereich fallen können.[14] Auslobungen und Preisausschreiben werden daher von der Rom I-VO erfasst. Einer Analogie bedarf es nicht.[15]

---

[7] Verordnung (EU) Nr. 1215/2012 des Europäischen Parlaments und des Rates über die gerichtliche Zuständigkeit und die Anerkennung und Vollstreckung von Entscheidungen in Zivil- und Handelssachen v. 12.12.2012, ABl. (2012) L 351, 1.

[8] *Dutta*, IPRax 2009, 293 (296); in diese Richtung wohl auch EuGH, Urt. v. 28.07.2016 – C-191/15, NJW 2016, 2727 (2728) – *VKI*; EuGH, Urt. v. 21.01.2016 – C-359/14 u. C-475/14, NJW 2016, 1005 (1006) – *ERGO Insurance*; ebenfalls für eine (weitestgehend) einheitliche Auslegung *Bitter*, IPRax 2008, 96 (98 f.); *Pertegás*, in: Meeusen/Pertegás/Straetmans, Enforcement of International Contracts, S. 175 (180–182); gegen eine Übertragung des Vertragsbegriffs der Brüssel Ia-VO *Leible/Lehmann*, RIW 2008, 528 (529); *Reiher*, Vertragsbegriff, S. 72 f.

[9] *Potacs*, Auslegung im öffentlichen Recht, S. 141 f.; für eine Berücksichtigung im Rahmen der teleologischen Auslegung Riesenhuber/*Pechstein/Drechsler*, § 7 IV. 2. c) Rn. 32; a. A. Riesenhuber/*Riesenhuber*, § 10 III. 3. c) Rn. 38.

[10] Anders bei *Schmidt-Kessel*, ZEuP 2004, 1019 (1032).

[11] Siehe hierzu auch Erwägungsgrund 15 der Brüssel Ia-VO sowie die Erwägungsgründe 6 und 16 der Rom I-VO.

[12] *Pertegás*, in: Meeusen/Pertegás/Straetmans, Enforcement of International Contracts, S. 175 (181).

[13] EuGH, Urt. v. 28.01.2015 – C-375/13, NJW 2015, 1581 (1583) – *Kolassa*; siehe auch bereits EuGH, Urt. v. 14.03.2013 – C-419/11, BeckRS 2013, 80540 Rn. 46 – *Česká spořitelna*; EuGH, Urt. v. 05.02.2004 – C-265/02, NJW-RR 2004, 1291 (1292) – *Frahuil*; EuGH, Urt. v. 17.09.2002 – C-334/00, NJW 2002, 3159 – *Tacconi*; EuGH, Urt. v. 27.10.1998 – C-51/97, EuZW 1999, 59 (60) – *Réunion européenne*; EuGH, Urt. v. 17.06.1992 – C-26/91, BeckRS 2004, 75771 Rn. 15 – *Handte*.

[14] Ebenso i. E. *Bitter*, IPRax 2008, 96 (97–99); Ferrari/*Kieninger*, IntVertragsR, Art. 1 Rom I-VO Rn. 7; Staudinger/*Magnus*, Art. 1 Rom I-VO Rn. 35; *ders.*, in: Baur u. a., FS Kühne, 779 (785); *Reiher*, Vertragsbegriff, S. 158–162.

Nach Art. 2 Rom I-VO ist das nach der Rom I-VO anzuwendende Recht zwar selbst dann anzuwenden, wenn dieses nicht das Recht eines Mitgliedstaates im Sinne des Art. 1 Abs. 4 Satz 1 Rom I-VO ist. Dies bedeutet allerdings nicht, dass sich das anwendbare Recht nur aus der Rom I-VO ergeben könne. Drittstaatliche Gerichte sind an die Bestimmungen der Verordnung nicht gebunden und verfügen über ihr eigenes Internationales Privatrecht, welches das anwendbare Recht nach anderen Kriterien als die Rom I-VO bestimmen kann.[16] Ergeben sich zum Beispiel Streitigkeiten zwischen einem deutschen Crowdworker und einem australischen Plattformbetreiber, so würde nur ein deutsches Gericht die Rom I-VO anwenden. Ein australisches Gericht würde auf sein eigenes Kollisionsrecht abstellen.

II. Rechtswahlklauseln im Anwendungsbereich der Rom I-VO

Im Anwendungsbereich der Rom I-VO können die Beteiligten nach Art. 3 Abs. 1 Rom I-VO grundsätzlich das auf ihr Rechtsverhältnis anwendbare Recht frei wählen. Es ist unbedenklich, dass die Rechtswahl auf den Internetplattformen in AGB getroffen wird.[17] Der Grundsatz freier Rechtswahl gilt jedoch nicht unbegrenzt. Nach Art. 3 Abs. 3 Rom I-VO finden die zwingenden Bestimmungen des Rechts eines Staates ungeachtet der Rechtswahl Anwendung, wenn der Sachverhalt abgesehen von der Rechtswahl keinerlei Auslandsbezug aufweist. Schranken ergeben sich zudem für Individualarbeitsverträge aus Art. 8 Rom I-VO und für Verbraucherverträge aus Art. 6 Rom I-VO.[18] Schließlich sind Art. 9 Rom I-VO und Art. 21 Rom I-VO zu berücksichtigen.

1. Individualarbeitsverträge

Gemäß Art. 8 Abs. 1 Satz 2 Rom I-VO muss einem Arbeitnehmer trotz Rechtswahl der Schutz erhalten bleiben, den ihm die zwingenden Vorschriften des ohne die Rechtswahl nach Art. 8 Abs. 2–4 Rom I-VO anzuwendenden Rechts gewähren würden. Fehlt es an einer Rechtswahl, so unterliegt ein Individualarbeitsvertrag grundsätzlich nach Art. 8 Abs. 2 Satz 1 Rom I-VO dem Recht des gewöhnlichen Arbeitsortes („lex loci laboris") des Arbeitnehmers. Der gewöhnliche Arbeitsort

---

[15] So aber Palandt/*Thorn*, Art. 1 Rom I-VO Rn. 3; *Warter*, Crowdwork, S. 293.

[16] Ferrari/*Ferrari*, IntVertragsR, Art. 2 Rom I-VO Rn. 2; MünchKomm-BGB/*Martiny*, Art. 24 Rom I-VO Rn. 5 f.

[17] *Däubler*, SR-Sonderausgabe Juli 2016, 2 (39); *ders.*, in: Benner, Crowdwork, S. 243 (265); *Däubler/Klebe*, NZA 2015, 1032 (1039); *Pacha*, Crowdwork, S. 259.

[18] In Bezug auf Arbeitsverträge besteht ein Vorrang des Art. 8 Rom I-VO gegenüber der Regelung des Art. 6 Rom I-VO, siehe Staudinger/*Magnus*, Art. 6 Rom I-VO Rn. 69 sowie Ferrari/*Staudinger*, IntVertragsR, Art. 6 Rom I-VO Rn. 1.

eines Crowdworkers liegt dort, wo er seine Aufgaben tatsächlich bearbeitet.[19] Innerhalb der Staatsgrenzen der Bundesrepublik Deutschland auf Grundlage eines Individualarbeitsvertrages tätig werdende Crowdworker können sich grundsätzlich ungeachtet der Rechtswahl auf die günstigeren zwingenden Regelungen des deutschen Rechts berufen.[20] Nach Art. 8 Abs. 2 Satz 2 Rom I-VO ändert sich daran auch nichts, wenn Crowdworker kurzzeitig von einem anderen Staat aus tätig werden. Zu den zwingenden Bestimmungen im Sinne des Art. 8 Abs. 1 Satz 2 Rom I-VO gehören neben den besonderen arbeitsrechtlichen Schutzvorschriften etwa des KSchG oder des TzBfG auch einige öffentlich-rechtliche Normen oder solche des allgemeinen Zivilrechts.[21] Erforderlich ist nur, dass die betreffende Regelung nicht vertraglich abbedungen werden kann und dem Arbeitnehmerschutz dient.[22]

a) Unionsrechtlich autonomer Arbeitnehmerbegriff

Art. 8 Rom I-VO ist nur anwendbar, wenn Crowdworker mit ihrem Auftraggeber einen „Individualarbeitsvertrag" schließen. Wie genau der Begriff des „Individualarbeitsvertrages" zu verstehen ist, ist umstritten. Weder der Verordnung noch der Rechtsprechung des EuGH lässt sich eindeutig eine Begriffsbestimmung entnehmen.[23] Im Schrifttum wendet man etwa die Arbeitsvertragsbegriffe des nationalen

---

[19] Zum gewöhnlichen Arbeitsort von Telearbeitern siehe *Mankowski*, DB 1999, 1854 (1856); ErfK/*Schlachter*, Art. 3, 8, 9 Rom I-VO Rn. 11. Dazu, dass jedenfalls externe Crowdworker Telearbeiter sind, siehe Kap. 3 A.III.2.c).

[20] Zu dem anzustellenden Günstigkeitsvergleich siehe nur den Bericht über das Übereinkommen über das auf vertragliche Schuldverhältnisse anzuwendende Recht, BT-Drs. 10/503, 33 (57); BAG, Urt. v. 31.03.2017 – 7 AZR 207/15, BAGE 158, 266 (303) = AP GVG § 20 Nr. 11 Rn. 81; BAG, Urt. v. 15.12.2016 – 6 AZR 430/15, AP KSchG 1969 § 4 Nr. 85 Rn. 51; BAG, Urt. v. 10.04.2014 – 2 AZR 741/13, AP GVG § 20 Nr. 8 Rn. 34; BAG, Urt. v. 13.11.2007 – 9 AZR 134/07, BAGE 125, 24 (31) = AP EGBGB Art. 27 Nr. 8 Rn. 35; BAG, Urt. v. 29.10.1992 – 2 AZR 267/92, BAGE 71, 297 (310) = AP Internat. Privatrecht, Arbeitsrecht Nr. 31 unter III.2.c) der Gründe; BAG, Urt. v. 24.08.1989 – 2 AZR 3/89, BAGE 63, 17 (25) = AP Internat. Privatrecht, Arbeitsrecht Nr. 30 unter A.II.3.a)bb) der Gründe.

[21] Siehe nur den Bericht über das Übereinkommen über das auf vertragliche Schuldverhältnisse anzuwendende Recht, BT-Drs. 10/503, 33 (57) sowie die Ausführungen bei BAG, Urt. v. 10.04.2014 – 2 AZR 741/13, AP GVG § 20 Nr. 8 Rn. 39; BAG, Urt. v. 19.03.2014 – 5 AZR 252/12 (B), BAGE 147, 342 (349) = AP BGB § 130 Nr. 26 Rn. 35; Reithmann/Martiny/*Martiny*, IntVertragsR, Teil 6 Kap. 12 II.2.c)aa) Rn. 6.2871; MünchHdB-ArbR/*Oetker*, § 13 Rn. 28; Ferrari/*Staudinger*, IntVertragsR, Art. 8 Rom I-VO Rn. 14.

[22] BAG, Urt. v. 31.03.2017 – 7 AZR 207/15, BAGE 158, 266 (304) = AP GVG § 20 Nr. 11 Rn. 83; BAG, Urt. v. 15.12.2016 – 6 AZR 430/15, AP KSchG 1969 § 4 Nr. 85 Rn. 51; BAG, Urt. v. 10.04.2014 – 2 AZR 741/13, AP GVG § 20 Nr. 8 Rn. 39; BAG, Urt. v. 19.03.2014 – 5 AZR 252/12 (B), BAGE 147, 342 (348 f.) = AP BGB § 130 Nr. 26 Rn. 35; BAG, Urt. v. 24.08.1989 – 2 AZR 3/89, BAGE 63, 17 (25) = AP Internat. Privatrecht, Arbeitsrecht Nr. 30 unter A.II.3.a) der Gründe; Erman/*Stürner*, Art. 8 Rom I-VO Rn. 10; *Junker*, Arbeitnehmereinsatz im Ausland, Rn. 22; *ders.*, IPRax 1989, 69 (73); MünchKomm-BGB/*Martiny*, Art. 8 Rom I-VO Rn. 36; Reithmann/Martiny/*ders.*, IntVertragsR, Teil 6 Kap. 12 II.2.c)aa) Rn. 6.2871; BeckOK-BGB/*Spickhoff*, Art. 8 Rom I-VO Rn. 17.

[23] *Ziegler*, Arbeitnehmerbegriffe, S. 384 f.

Rechts der lex fori[24] oder der lex causae[25] an. Andere setzen auf eine Kombination verschiedener Arbeitsvertragsbegriffe.[26] Nach überwiegender Auffassung ist der Begriff des „Individualarbeitsvertrages" autonom und unionsweit einheitlich auszulegen. Entscheidend sei, dass eine Person für eine andere über einen bestimmten Zeitraum weisungsgebunden Leistungen erbringe, für die sie als Gegenleistung ein Entgelt erhalte.[27] Dem ist zuzustimmen. Für die herrschende Meinung spricht zunächst, dass der EuGH den Begriff des Arbeitsvertrages entsprechend in anderen Zusammenhängen, etwa bei den primärrechtlichen Regelungen zur Arbeitnehmerfreizügigkeit[28] und den Vorgängervorschriften zu den Art. 20 ff. Brüssel Ia-VO[29], definiert hat.[30] Die Normenhierachie und die Systematik des Unionsrechts legen es nahe, die primärrechtliche Begriffsbestimmung auf Art. 8 Rom I-VO zu übertragen.[31] Die gleichlaufende Schutzrichtung von Kollisions- und Prozessrecht[32] sowie

---

[24] Siehe hierzu etwa *Knöfel*, RdA 2006, 269 (272 f.).

[25] *Morse*, ICLQ 41 (1992), 1 (12 f.); *Plender/Wilderspin*, Law of Obligations, Teil 2 Kap. 11 Rn. 11-015–11-016.

[26] *Krebber*, in: Kronke/Thorn, FS v. Hoffmann, 218 (227 f.).

[27] So BAG, Urt. v. 15.12.2016 – 6 AZR 430/15, NZA 2017, 502 (506); siehe aber auch NK-BGB/*Doehner*, Art. 8 Rom I-VO Rn. 6, der die Qualifikation als Individualarbeitsvertrag zugleich von dem Vorliegen eines wirksamen Dienstvertrages und der Eingliederung in die Arbeitsorganisation des Arbeitgebers abhängig macht; in diese Richtung auch Staudinger/*Magnus*, Art. 8 Rom I-VO Rn. 35 f.; weiter bei *Deinert*, Rome Conventions, Kap. 2 § 4 III. Rn. 23; *Jenderek*, Geschäftsführende Organmitglieder, S. 113–131 verzichtet in seiner Definition auf das Merkmal des Tätigwerdens über einen bestimmten Zeitraum; *Junker*, in: Ferrari/Leible, Neues Internationales Vertragsrecht, S. 111 (113 f.) weist ergänzend auf die fehlende unternehmerische Entscheidungsfreiheit und die Eingliederung des Arbeitnehmers in den Betrieb des Arbeitgebers hin; für eine autonome Auslegung auch *Ziegler*, Arbeitnehmerbegriffe, S. 387–392.

[28] EuGH, Urt. v. 04.02.2010 – C-14/09, AP EG Art. 39 Nr. 18 Rn. 19 – *Genc*; EuGH, Urt. v. 04.06.2009 – C-22/08 u. C-23/08, EuZW 2009, 702 (703) – *Vatsouras* u.a.; EuGH, Urt. v. 11.09.2008 – C-228/07, BeckRS 2008, 70927 Rn. 45 – *Petersen*; EuGH, Urt. v. 26.04.2007 – C-392/05, IStR 2007, 371 (374) – *Alevizos*; EuGH, Urt. v. 30.03.2006 – C-10/05, NZA 2006, 649 – *Mattern u. Cikotic*; EuGH, Urt. v. 17.03.2005 – C-109/04, NJW 2005, 1481 – *Kranemann*; EuGH, Urt. v. 07.09.2004 – C-456/02, AP EG Art. 39 Nr. 19 Rn. 15 – *Trojani*; EuGH, Urt. v. 23.03.2004 – C-138/02, AP EG Art. 39 Nr. 14 Rn. 26 – *Collins*; EuGH, Urt. v. 06.11.2003 – C-413/01, AP EG Art. 39 Nr. 13 Rn. 24 – *Ninni-Orasche*; EuGH, Urt. v. 13.04.2000 – C-176/96, AP EG-Vertrag Art. 39 Nr. 1 Rn. 45 – *Lehtonen u. Castors Braine*; EuGH, Urt. v. 12.05.1998 – C-85/96, AP EG-Vertrag Art. 48 Nr. 6 Rn. 32 – *Martínez Sala*; EuGH, Urt. v. 26.02.1992 – C-3/90, NZA 1992, 736 (737) – *Bernini*; EuGH, Urt. v. 03.07.1986 – Rs. 66/85, NVwZ 1987, 41 – *Lawrie-Blum*.

[29] EuGH, Urt. v. 10.09.2015 – C-47/14, NZA 2016, 183 (185) – *Holterman Ferho*.

[30] Siehe auch EuGH, Urt. v. 26.03.2015 – C-316/13, NZA 2015, 1444 (1445) – *Fenoll*; EuGH, Urt. v. 14.10.2010 – C-428/09, BeckRS 2010, 91197 Rn. 28 – *Union syndicale Solidaire Isère* zur Richtlinie 2003/88/EG des Europäischen Parlaments und des Rates v. 04.11.2003, ABl. (2003) L 299, 9 sowie EuGH, Urt. v. 11.11.2010 – C-232/09, AP EWG-Richtlinie Nr. 92/85 Nr. 13 Rn. 39 – *Danosa;* EuGH, Urt. v. 20.09.2007 – C-116/06, AP EWG-Richtlinie Nr. 92/85 Nr. 8 Rn. 25 – *Kiiski*, jeweils zur RL 92/85/EWG; zu Art. 141 EG: EuGH, Urt. v. 13.01.2004 – C-256/01, AP EG Art. 141 Nr. 7 Rn. 67 – *Allonby*.

[31] *Mankowski*, RIW 2004, 167 (168).

Erwägungsgrund 7 der Rom I-VO[33] befördern die Übertragung der Begriffsfassung der Brüssel Ia-VO. Auch entspricht es dem üblichen Vorgehen des EuGH, die Begriffe des Primär- und Sekundärrechts autonom nach Maßgabe der allgemeinen Auslegungsmethoden zu bestimmen, wenn diese nicht für einen gewissen Bereich ausdrücklich eine eigene Deutungsvariante erhalten haben.[34]

An die Begriffsdefinition der herrschenden Meinung anschließend stellt sich zunächst die Frage, ob auch der Vertrag über die Nutzung einer Internetplattform oder die Bewerbung auf eine Auslobung oder ein Preisausschreiben einen Individualarbeitsvertrag im Sinne des Art. 8 Rom I-VO begründen kann. Anders als im hiesigen nationalen Recht ist in der genannten Definition keine Rede davon, dass der Leistungserbringer zu seiner Leistung verpflichtet sein muss. Ob dennoch eine Leistungspflicht zu fordern ist, hat der EuGH bislang nicht eindeutig beantwortet: In verschiedenen Zusammenhängen entschied er zwar, dass es für die Arbeitnehmereigenschaft unbeachtlich sei, ob der Mitarbeiter dazu verpflichtet sei, einzelne Arbeitsaufträge anzunehmen.[35] Noch nicht gesagt ist damit aber, dass nicht zumindest den einzelnen Arbeitseinsätzen eine Leistungspflicht entspringen muss, um die Qualifikation als Arbeitnehmer zu rechtfertigen.[36] In einer anderen Entscheidung bezeichnete der Gerichtshof einen Rahmenvertrag, der es der Klägerin des Ausgangsverfahrens ermögliche, die von ihrem Vertragspartner angebotenen Arbeitsaufträge abzulehnen, zwar durchweg als „Arbeitsvertrag",[37] prüfte aber nicht näher, ob ein solcher Vertrag vorlag. Auch in Bezug auf die Arbeitnehmerfreizügigkeit hat sich der EuGH damit begnügt, dass tatsächlich weisungsabhängig Leistungen erbracht wurden.[38] Ob den im konkreten Streitfall erbrachten Leistungen ein Vertrag oder eine andere Leistungsverpflichtung zugrunde lag, blieb zumindest unklar.[39]

Ungeachtet dessen ist jedenfalls für den Arbeitnehmerbegriff des Art. 8 Rom I-VO eine Leistungspflicht vorauszusetzen.[40] Eine rein tatsächliche Leistungserbringung kann nicht die eine Anwendung des Art. 8 Abs. 1 Satz 2 Rom I-VO rechtfertigende Schutzbedürftigkeit eines Mitarbeiters herstellen. Ohne eine Leistungs-

---

[32] *Bitter*, IPRax 2008, 96 (100); *Lüttringhaus*, RabelsZ 77 (2013), 31 (50f.); vgl. auch die Erwägungsgründe 23 u. 35 Rom I-VO sowie Erwägungsgrund 18 Brüssel Ia-VO.

[33] *Lüttringhaus*, EuZW 2015, 904 (906).

[34] Siehe etwa EuGH, Urt. v. 10.09.2015 – C-47/14, NZA 2016, 183 (185) – *Holterman Ferho*; EuGH, Urt. v. 19.07.2012 – C-154/11, NZA 2012, 935 (937) – *Mahamdia*; EuGH, Urt. v. 13.01.2004 – C-256/01, AP EG Art. 141 Nr. 7 Rn. 64 – *Allonby*; EuGH, Urt. v. 23.03.1982 – Rs. 53/81, NJW 1983, 1249 – *Levin*.

[35] EuGH, Urt. v. 13.01.2004 – C-256/01, AP EG Art. 141 Nr. 7 Rn. 72 – *Allonby*; EuGH, Urt. v. 26.02.1992 – C-357/89, NJW 1992, 1493 – *Raulin*.

[36] Siehe auch *Rebhahn*, EuZA 2012, 3 (21).

[37] EuGH, Urt. v. 12.10.2004 – C-313/02, AP EWG-Richtlinie Nr. 97/81 Nr. 1 Rn. 29–66 – *Wippel*.

[38] EuGH, Urt. v. 07.09.2004 – C-456/02, AP EG Art. 39 Nr. 19 Rn. 15–24 – *Trojani*.

[39] *Rebhahn*, EuZA 2012, 3 (12); *Warter*, Crowdwork, S. 301.

[40] Ebenso i. E. Staudinger/*Magnus*, Art. 8 Rom I-VO Rn. 36; *Warter*, Crowdwork, S. 302.

pflicht kann der Auftragnehmer seine Arbeit jederzeit einstellen, ohne rechtliche Konsequenzen befürchten zu müssen. Auch ist eine Weisungsbindung ohne Leistungspflicht nur schwer vorstellbar. Im Ergebnis können die Verträge über die Nutzung der Internetplattformen ebenso wenig einen Individualarbeitsvertrag begründen wie eine Bewerbung auf eine Auslobung oder ein Preisausschreiben. Art. 8 Rom I-VO ist nur anwendbar, wenn es um einen konkreten Arbeitsauftrag geht und diesem ein Vertrag zwischen Crowdworker und Plattformbetreiber oder Crowdworker und Crowdsourcer zugrunde liegt.

Im Übrigen ist die Qualifikation wie im nationalen Recht eine Frage des Einzelfalls.[41] Die erforderliche Weisungsbindung ist im Rahmen des autonom-unionsrechtlichen Arbeitnehmerbegriffs nicht nach wesentlich anderen Kriterien zu beurteilen.[42] Da Crowdworker definitionsgemäß gegen ein Entgelt tätig werden,[43] ergeben sich insoweit keine Bedenken. Ob die geschuldete Vergütung tatsächlich ausgezahlt wird, ist ebenso unerheblich wie die Vergütungshöhe.[44] Andernfalls könnte der Auftraggeber den Crowdworkern den durch Art. 8 Abs. 1 Satz 2 Rom I-VO gewährten Schutz entziehen, indem er seine eigenen vertraglichen Pflichten verletzt. Die gegebenenfalls bloß kurze Dauer der Aufgabenbearbeitung steht einer Einordnung als Arbeitnehmer nicht entgegen. Nach der oben genannten Begriffsfassung müssen Arbeitnehmer im Sinne der Rom I-VO zwar „über einen bestimmten Zeitraum" für einen anderen tätig werden. Im Zusammenhang mit der Arbeitnehmerfreizügigkeit hat der EuGH jedoch entschieden, dass dies nicht dahingehend zu verstehen sei, dass die Tätigkeit eines Arbeitnehmers von Dauer sein müsse.[45] Aussortiert werden lediglich solche Tätigkeiten, deren Umfang so gering ist, dass sie als „völlig untergeordnet und unwesentlich" erscheinen.[46]

---

[41] Vgl. EuGH, Urt. v. 10.09.2015 – C-47/14, NZA 2016, 183 (185) – *Holterman Ferho*; EuGH, Urt. v. 09.07.2015 – C-229/14, NJW 2015, 2481 (2482) – *Balkaya*; EuGH, Urt. v. 11.11.2010 – C-232/09, AP EWG-Richtlinie Nr. 92/85 Nr. 13 Rn. 46 – *Danosa*; BAG, Urt. v. 20.10.2015 – 9 AZR 525/14, AP Verordnung Nr. 44/2001/EG Nr. 7 unter III.2.a) der Gründe.

[42] Zur Weisungsgebundenheit nach nationalem Recht siehe oben unter Kap. 3 A.III.2. u. 3.

[43] Siehe oben Kap. 1 A.

[44] Zur Irrelevanz der Vergütungshöhe siehe schon zur Arbeitnehmerfreizügigkeit EuGH, Urt. v. 04.02.2010 – C-14/09, AP EG Art. 39 Nr. 18 Rn. 19 – *Genc*; EuGH, Urt. v. 04.06.2009 – C-22/08 u. C-23/08, EuZW 2009, 702 (703) – *Vatsouras* u. a.; EuGH, Urt. v. 30.03.2006 – C-10/05, NZA 2006, 649 (650) – *Mattern u. Cikotic*; EuGH, Urt. v. 17.03.2005 – C-109/04, NJW 2005, 1481 (1482) – *Kranemann*; EuGH, Urt. v. 23.03.1982 – Rs. 53/81, NJW 1983, 1249 (1250) – *Levin*; krit. hierzu Rebhahn, EuZA 2012, 3 (14).

[45] EuGH, Urt. v. 04.06.2009 – C-22/08 u. C-23/08, EuZW 2009, 702 (703) – *Vatsouras* u. a.; EuGH, Urt. v. 06.11.2003 – C-413/01, AP EG Art. 39 Nr. 13 Rn. 26 – *Ninni-Orasche*; Urt. v. 26.02.1992 – C-3/90, NZA 1992, 736 (737) – *Bernini*; ebenso Wank, EuZA 2008, 172 (180).

[46] EuGH, Urt. v. 04.02.2010 – C-14/09, AP EG Art. 39 Nr. 18 Rn. 19 – *Genc*; EuGH, Urt. v. 04.06.2009 – C-22/08 u. C-23/08, EuZW 2009, 702 (703) – *Vatsouras* u. a.; EuGH, Urt. v. 11.09.2008 – C-228/07, BeckRS 2008, 70927 Rn. 45 – *Petersen*; EuGH, Urt. v. 30.03.2006 – C-10/05, NZA 2006, 649 – *Mattern u. Cikotic*; EuGH, Urt. v. 17.03.2005 – C-109/04, NJW 2005, 1481 – *Kranemann*; EuGH, Urt. v. 06.11.2003 – C-413/01, AP EG Art. 39 Nr. 13 Rn. 26 –

b) Einbeziehung arbeitnehmerähnlicher Personen und Heimarbeiter

In der Literatur befürwortet man zudem eine (zumindest analoge)[47] Anwendung des Art. 8 Rom I-VO auf arbeitnehmerähnliche Personen[48] und Heimarbeiter[49]. Da aber Heimarbeiter und (andere) arbeitnehmerähnliche Personen bloß wirtschaftlich und gerade nicht persönlich von ihrem Auftraggeber abhängig sind,[50] ist der Anwendungsbereich zumeist verschlossen. Im nationalen Recht ist die persönliche Abhängigkeit wie der Individualarbeitsvertrag im Sinne des Art. 8 Rom I-VO maßgeblich an die Weisungsunterworfenheit des Auftragnehmers geknüpft. Sofern der Tatbestand der Kollisionsnorm erfüllt ist, wird der betreffende Mitarbeiter auf nationaler Ebene regelmäßig als Arbeitnehmer einzuordnen sein, womit sich die Frage, ob sich arbeitnehmerähnliche Personen und Heimarbeiter auf Art. 8 Rom I-VO berufen können, erübrigt. Ist die persönliche Abhängigkeit zu verneinen, werden auch die Voraussetzungen des Art. 8 Rom I-VO zumeist nicht erfüllt sein.

Eine analoge Anwendung des Art. 8 Rom I-VO auf Heimarbeiter und (andere) arbeitnehmerähnliche Personen scheidet aus. Im Interesse einer einheitlichen Auslegung der Kollisionsnorm bedarf eine Analogie übereinstimmender rechtspolitischer Wertungen in den verschiedenen Mitgliedstaaten.[51] Eine (auch nur partiell) den Arbeitnehmern vergleichbare Schutzbedürftigkeit arbeitnehmerähnlicher Personen ist bislang nicht allgemein anerkannt. Nicht wenigen europäischen Rechtsordnungen ist ein vergleichbarer Personenkreis gänzlich fremd.[52] Selbst wenn sich vergleichbare Regelungen finden lassen, vollzieht sich die Abgrenzung doch von Staat zu Staat unterschiedlich.[53] Eine analoge Anwendung würde daher Art. 3 Rom I-VO und Art. 4 Rom I-VO in systemwidriger Weise verdrängen.[54]

Ninni-Orasche; EuGH, Urt. v. 26.02.1992 – C-3/90, NZA 1992, 736 (737) – *Bernini*; EuGH, Urt. v. 23.03.1982 – Rs. 53/81, NJW 1983, 1249 (1250) – *Levin*.

[47] Eine Analogie zu Art. 8 Rom I-VO befürwortend MünchHdB-ArbR/*Oetker*, § 13 Rn. 12.

[48] Für eine direkte Anwendung des Art. 8 Rom I-VO auf (vereinzelte) arbeitnehmerähnliche Personen *Krebber*, in: Kronke/Thorn, FS v. Hoffmann, 218 (229); Staudinger/*Magnus*, Art. 8 Rom I-VO Rn. 44; BeckOK-BGB/*Spickhoff*, Art. 8 Rom I-VO Rn. 9; siehe auch bereits *Mansel*, in: Heldrich u.a., FS Canaris I, 809 (822).

[49] Staudinger/*Magnus*, Art. 8 Rom I-VO Rn. 41; bei *Warter*, Crowdwork, S. 305 wird offengelassen, ob der Einbezug von Heimarbeitern in den Anwendungsbereich von Art. 8 Rom I-VO auf einer direkten oder einer analogen Anwendung beruhen soll; zum alten Recht auch *Mansel*, in: Heldrich u.a., FS Canaris I, 809 (822).

[50] Siehe oben unter Kap. 3 B.I., Kap. 3 C.II.

[51] Zu dieser (nachvollziehbaren) Voraussetzung einer Analogie zu Kollisionsnormen siehe BGH, Urt. v. 19.03.1997 – VIII ZR 316/96, BGHZ 135, 124 (134) = NJW 1997, 1697 (1699); nach *Thode*, NZBau 2011, 449 (450) könne die zu den Art. 27 ff. EGBGB ergangene Rechtsprechung allerdings nicht zur Auslegung der Rom I-VO herangezogen werden.

[52] *Rebhahn*, RdA 2009, 236 (239).

[53] Hierzu *Rebhahn*, RdA 2009, 236 (237–239); in der Vergangenheit zweifelten selbst jene Mitgliedstaaten, die eine gesonderte Kategorie wirtschaftlich abhängiger Personen anerkennen, daran, dass auf europäischer Ebene eine einheitliche Begriffsfassung gefunden werden könne, siehe Mitteilung der EG-Kommission. Ergebnis der öffentlichen Anhörung zum Grünbuch der

2. Verbraucherverträge

Art. 6 Abs. 2 Satz 2 Rom I-VO beinhaltet eine dem Art. 8 Abs. 1 Satz 2 Rom I-VO vergleichbare Einschränkung des Grundsatzes freier Rechtswahl für Verbraucherverträge. Ungeachtet der Rechtswahl sind zugunsten eines Verbrauchers immer auch die zwingenden verbraucherschützenden Vorschriften desjenigen Rechts anwendbar, welches nach Art. 6 Abs. 1 Rom I-VO anzuwenden wäre.[55] Verbraucherverträge sind gemäß Art. 6 Abs. 1 Rom I-VO Verträge, die natürliche Personen zu Zwecken, die weder ihrer beruflichen noch ihrer gewerblichen Tätigkeit zugerechnet werden können, mit Personen abschließen, die beim Vertragsschluss in Ausübung ihrer gewerblichen oder beruflichen Tätigkeit handeln. Der Begriff ist autonom auszulegen und entspricht dem des Verbrauchervertrages in Art. 17 Brüssel Ia-VO.[56] Ein Rückgriff auf die innerstaatlichen Vorschriften der §§ 13, 14 BGB scheidet aus.[57] Die Ausübung einer gewerblichen Tätigkeit erfordert kein Gewerbe im Sinne der GewO.[58] Der Begriff umfasst jedes selbständige geschäftliche Tätigwerden.[59] Den beruflichen Tätigkeiten unterfallen vor allem die Arbeiten von Freiberuflern.[60]

Ist bei der internen oder der externen indirekten Crowdwork der Plattformbetreiber als Auftraggeber der Crowdworker zu erachten, tritt der Plattformbetreiber sowohl bei Abschluss des Vertrages über die Nutzung seiner Webseite als auch bei der Vergabe einzelner Aufgaben gegenüber den Crowdworkern als Unternehmer auf.[61] Wird die zur Aufgabenvergabe genutzte Plattform von dem Crowdsourcer betrieben oder sind bei der internen oder der externen indirekten Crowdwork die Crowdsourcer als Geschäftspartner der Crowdworker anzusehen, kann ein Verbrauchervertrag zwar an sich ausscheiden, wenn der Crowdsourcer bei der Aufgabenvergabe weder in Ausübung einer beruflichen noch einer gewerblichen Tätigkeit handelt.[62] Regelmäßig werden aber auch die Crowdsourcer unternehmerisch tätig,

---

Kommission „Ein moderneres Arbeitsrecht für die Herausforderungen des 21. Jahrhunderts", KOM(2007)627 endg., 8.

[54] BeckOK-BGB/*Spickhoff*, Art. 8 Rom I-VO Rn. 7.

[55] Dazu, dass sich Art. 6 Rom I-VO nur auf verbraucherschützende Vorschriften bezieht, *Däubler*, SR-Sonderausgabe Juli 2016, 2 (40).

[56] Bericht über das Übereinkommen über das auf vertragliche Schuldverhältnisse anzuwendende Recht, BT-Drs. 10/503, 33 (55); *Bitter*, IPRax 2008, 96 (100); Erman/*Stürner*, Art. 6 Rom I-VO Rn. 8; *Magnus*, IPRax 2010, 27 (38); Staudinger/*Magnus*, Art. 6 Rom I-VO Rn. 39; *Sachse*, Verbrauchervertrag, S. 64 f.

[57] Staudinger/*Magnus*, Art. 6 Rom I-VO Rn. 44; BeckOK-BGB/*Spickhoff*, Art. 6 Rom I-VO Rn. 8.

[58] MünchKomm-BGB/*Martiny*, Art. 6 Rom I-VO Rn. 14; BeckOK-BGB/*Spickhoff*, Art. 6 Rom I-VO Rn. 20.

[59] MünchKomm-BGB/*Martiny*, Art. 6 Rom I-VO Rn. 14.

[60] MünchKomm-BGB/*Martiny*, Art. 6 Rom I-VO Rn. 14.

[61] Siehe auch *Warter*, Crowdwork, S. 296.

[62] Dies wird auch erkannt bei *Warter*, Crowdwork, S. 296 f.

sodass es entscheidend darauf ankommt, ob Crowdworker als Verbraucher einzuordnen sind.

Vereinzelt wird angenommen, dass Crowdworker zumindest bei Abschluss des Vertrages über die Nutzung einer Plattform als Verbraucher anzusehen seien, weil die Anwendung des Art. 6 Rom I-VO dabei nach dessen Sinn und Zweck gerechtfertigt sei.[63] Nach überwiegender Auffassung im Schrifttum werden Crowdworker aber nicht vom Verbraucherbegriff des Art. 6 Rom I-VO erfasst.[64] Welche Zwecke Crowdworker bei Abschluss des Vertrages über die Nutzung einer Internetplattform oder bei der Annahme eines Arbeitsauftrages rein subjektiv verfolgen, ist für die Verbrauchereigenschaft irrelevant.[65] Verfolgen sie private Zwecke, fehlt es aber an einer entsprechenden Einigung, entscheidet der objektiv erkennbare Zweck.[66] Weder bei Abschluss des Nutzungsvertrages noch bei der Übertragung einzelner Aufgaben ist allerdings eine private Zweckrichtung der Crowdworker erkennbar. Da Crowdworker definitionsgemäß gegen ein Entgelt tätig werden, stellt sich ihre Arbeit grundsätzlich als eine geschäftliche Tätigkeit dar, die ein Tätigwerden als Verbraucher ausschließt.[67]

3. Eingriffsnormen und ordre-public

Auch im Falle einer Rechtswahl kann das angerufene Gericht die Eingriffsnormen des deutschen Rechts zu berücksichtigen haben. Nach Art. 9 Abs. 1 Rom I-VO sind Eingriffsnormen zwingende Vorschriften, deren Beachtung von einem Staat für die Bewahrung seines öffentlichen Interesses als so entscheidend angesehen werden, dass sie ungeachtet des nach der Rom I-VO anzuwendenden Rechts auf alle Sachverhalte anzuwenden sind, die in ihren Anwendungsbereich fallen. Erwägungsgrund 37 zur Rom I-VO verdeutlicht, dass nicht jede zwingende Vorschrift eines Staates genügen kann, sondern es um besondere international zwingende Rege-

---

[63] *Warter*, Crowdwork, S. 296.

[64] *Klebe/Neugebauer*, AuR 2014, 4 (5); *Risak*, Fair Working Conditions, S. 11; *ders.*, in: Blanpain/Hendrickx/Waas, New Forms of Employment, S. 93 (100); *Tapper*, in: Hill/Martini/Wagner, Digitale Lebenswelt, S. 253 (274); zurückhaltender *Hötte*, MMR 2014, 795 (796), wonach die Verbrauchereigenschaft „regelmäßig" zu verneinen sei; offener wohl *Meyer-Michaelis/Falter/Schäfer*, DB 2016, 2543 (2545); a. A. *Däubler*, Digitalisierung und Arbeitsrecht, § 18 VIII. 1. Rn. 109, der den Verbraucherbegriff in Art. 6 Rom I-VO aber fälschlicherweise mit dem innerstaatlichen Begriff in § 13 BGB gleichsetzt.

[65] Siehe hierzu bereits den Bericht über das Übereinkommen über das auf vertragliche Schuldverhältnisse anzuwendende Recht, BT-Drs. 10/503, 33 (55) sowie die Denkschrift zum Übereinkommen über das auf vertragliche Schuldverhältnisse anzuwendende Recht, BT-Drs. 10/503, 21 (26); Erman/*Stürner*, Art. 6 Rom I-VO Rn. 9.

[66] Bericht über das Übereinkommen über das auf vertragliche Schuldverhältnisse anzuwendende Recht, BT-Drs. 10/503, 33 (55); Denkschrift zum Übereinkommen über das auf vertragliche Schuldverhältnisse anzuwendende Recht, BT-Drs. 10/503, 21 (26); Erman/*Stürner*, Art. 6 Rom I-VO Rn. 9; *Kluth*, Kollisionsrechtlicher Verbraucherschutz, S. 264.

[67] Ebenso *Hötte*, MMR 2014, 795 (796).

lungen gehen muss.[68] Eingriffsnormen müssen ihre international zwingende Geltung ausdrücklich anordnen oder der Eingriffscharakter muss sich aus Sinn und Zweck der jeweiligen Vorschrift ergeben.[69] Ausdrücklich angeordnet wird die zwingende Geltung etwa in § 32b UrhG für die §§ 32 f. UrhG.[70] § 31 Abs. 5 UrhG[71] gehört ebenso wenig zu den international zwingenden Regelungen wie die §§ 307 ff. BGB[72] und § 138 BGB[73]. Sind einzelne Regelungen des nach der Rom I-VO anzuwendenden Rechts mit der ordre public des Staates des angerufenen Gerichts offensichtlich unvereinbar, finden diese nach Art. 21 Rom I-VO keine Anwendung.[74]

---

[68] Vgl. statt vieler nur MünchKomm-BGB/*Martiny*, Art. 9 Rom I-VO Rn. 13.

[69] BGH, Urt. v. 24.09.2014 – I ZR 35/11, NJW 2015, 1690 (1693); BAG, Urt. v. 13.11.2007 – 9 AZR 134/07, BAGE 125, 24 (42) = AP EGBGB Art. 27 Nr. 8 Rn. 78; BAG, Urt. v. 12.12.2001 – 5 AZR 255/00, BAGE 100, 130 (139) = AP EGBGB Art. 30 Nr. 10 unter B. II. 1. der Gründe; BAG, Urt. v. 03.05.1995 – 5 AZR 15/94, BAGE 80, 84 (92) = AP Internat. Privatrecht, Arbeitsrecht Nr. 32 unter III. 1. a) der Gründe; BAG, Urt. v. 24.08.1989 – 2 AZR 3/89, BAGE 63, 17 (31 f.) = AP Internat. Privatrecht, Arbeitsrecht Nr. 30 unter A. II. 6. a) der Gründe; *Däubler*, SR-Sonderausgabe Juli 2016, 2 (40); *ders.*, in: Benner, Crowdwork, S. 243 (254); *Däubler/Klebe*, NZA 2015, 1032 (1039).

[70] Grundsätzlich auch MünchKomm-BGB/*Drexl*, Internat. Wirtschaftsrecht Teil 8 VII. 2. c) bb) Rn. 259, der jedoch § 32b UrhG wegen der vorrangig anzuwendenden Rom I-VO i. E. für unanwendbar erachtet.

[71] BGH, Urt. v. 24.09.2014 – I ZR 35/11, NJW 2015, 1690 (1693 f.); Schricker/Loewenheim/*Katzenberger/Metzger*, UrhR, Vor §§ 120 ff. UrhG Rn. 165; *Loewenheim*, in: Büscher u. a., FS Bornkamm, 887 (891 f.); Rauscher/*Thorn*, EuZPR/EuIPR, Art. 9 Rom I-VO Rn. 58; Wandtke/Bullinger/*v. Welser*, UrhR, § 32b UrhG Rn. 2; a. A. OLG Köln, Urt. v. 28.01.2011 – 6 U 101/10, ZUM 2011, 574 (576); LG München I, Urt. v. 24.08.2000 – 7 O 11335/00, ZUM-RD 2002, 21 (25 f.); *Hoeren*, CR 1993, 129 (132).

[72] BGH, Urt. v. 09.07.2009 – Xa ZR 19/08, BGHZ 182, 24 (34 f.) = NJW 2009, 3371 (3373 f.); *Däubler*, Digitalisierung und Arbeitsrecht, § 18 VIII. 2. Rn. 112; *Maidl*, Ausländische AGB, S. 13 f.; *Schlechtriem*, in: Rauscher/Mansel, FS Lorenz, 565 (568–572); a. A. zu § 307 BGB *Graf v. Westphalen*, NJW 1994, 2113 (2116 f.); *Ostendorf*, SchiedsVZ 2010, 234 (238 f.) zieht es zwar grundsätzlich in Betracht, die §§ 307 ff. BGB i. V. m. Art. 3 Abs. 3 Rom I-VO als Eingriffsnormen zu erachten, lehnt dies jedoch i. E. zumindest für das Schiedsverfahren ab.

[73] BGH, Urt. v. 19.03.1997 – VIII ZR 316/96, BGHZ 135, 124 (139) = NJW 1997, 1697 (1700); LG Bielefeld, Urt. v. 27.05.1999 – 20 S 185/98, NJW-RR 1999, 1282 (1284); *Thomas/Weidmann*, DB 2004, 2694 (2697); a. A. LG Tübingen, Urt. v. 08.02.1995 – 7 O 219/94, NJW-RR 1995, 1142 (1143); LG Berlin, Urt. v. 09.11.1994 – 22 O 319/94, NJW-RR 1995, 754 (755); LG Detmold, Urt. v. 29.09.1994 – 9 O 57/94, NJW 1994, 3301 (3302).

[74] Anders als der Wortlaut des Art. 21 Rom I-VO („kann") nahelegt, besteht bei der Anwendung der Vorschrift kein Ermessensspielraum, BeckOGK/*Stürner*, Art. 21 Rom I-VO Rn. 3.

III. Keine Rechtswahl

Wird auf einer Internetplattform (ausnahmsweise)[75] keine Rechtswahl getroffen, ergibt sich das anwendbare Recht grundsätzlich aus Art. 4 Rom I-VO. Nach dessen Abs. 1 lit. b) gilt für Dienstleistungsverträge das Recht des gewöhnlichen Aufenthalts (im Sinne des Art. 19 Rom I-VO) des Dienstleisters. Der Begriff der „Dienstleistung" ist unionsrechtlich-autonom[76] und weiter auszulegen[77] als der des deutschen Rechts. Nach Erwägungsgrund 17 zur Rom I-VO entspricht er dem Begriff des Art. 7 Nr. 1 lit. b) zweiter Spiegelstrich Brüssel Ia-VO. Bereits zu der Vorgängervorschrift in Art. 5 Brüssel I-VO entschied der EuGH, dass der Begriff der Dienstleistung jedenfalls erfordere, „dass die Partei, die sie erbringt, eine bestimmte Tätigkeit gegen Entgelt durchführt".[78] Er erfasst beispielsweise auch Verträge, die im deutschen Recht als Werkverträge oder Geschäftsbesorgungen einzuordnen sind,[79] allerdings keine Aufträge im engeren Sinne oder andere unentgeltliche Rechtsgeschäfte.[80]

Da die Plattformbetreiber ihre Webseiten den Crowdworkern regelmäßig unentgeltlich bereitstellen,[81] scheidet bezüglich des Vertrages über die Nutzung der Plattform eine Ermittlung des mangels Rechtswahl anzuwendenden Rechts nach Art. 4 Abs. 1 lit. b) Rom I-VO üblicherweise aus. Art. 4 Abs. 1 lit. b) Rom I-VO findet nur Anwendung, wenn der Plattformbetreiber für die Nutzung der Plattform eine Vergütung verlangt. Da sich aber das anwendbare Recht im Falle eines unentgeltlichen Nutzungsvertrages ohnehin gemäß Art. 4 Abs. 2 Rom I-VO nach dem gewöhnlichen Aufenthaltsort derjenigen Partei richtet, welche die vertragscharakteristische Leistung zu erbringen hat, macht es im Ergebnis keinen Unterschied, ob der Plattformnutzungsvertrag entgeltlicher Natur ist oder nicht. Wird keine Rechtswahl getroffen, richtet sich das auf den Nutzungsvertrag anwendbare Recht in jedem Fall nach dem gewöhnlichen Aufenthalt des Plattformbetreibers.

Findet bezüglich der einzelnen Aufgaben keine Rechtswahl statt, richtet sich das anwendbare Recht maßgeblich nach der der Aufgabenbearbeitung zugrunde liegenden Rechtsbeziehung. Werden Crowdworker auf der Grundlage eines Vertrages mit einem Plattformbetreiber oder einem Crowdsourcer tätig, ergibt sich das an-

---

[75] Siehe zur externen Crowdwork *Däubler*, Digitalisierung und Arbeitsrecht, § 18 VIII. 1. Rn. 108; *ders.*, SR-Sonderausgabe Juli 2016, 2 (40); *Däubler/Klebe*, NZA 2015, 1032 (1039).

[76] Staudinger/*Magnus*, Art. 4 Rom I-VO Rn. 40; BeckOK-BGB/*Spickhoff*, Art. 4 Rom I-VO Rn. 9.

[77] Rauscher/*Thorn*, EuZPR/EuIPR, Art. 4 Rom I-VO Rn. 35.

[78] EuGH, Urt. v. 19.12.2013 – C-9/12, EuZW 2014, 181 (183) – *Corman-Collins*; EuGH, Urt. v. 23.04.2009 – C-533/07, NJW 2009, 1865 (1866) – *Falco Privatstiftung u. Rabitsch*.

[79] Siehe nur *Pfeiffer*, EuZW 2008, 622 (625).

[80] NK-BGB/*Leible*, Art. 4 Rom I-VO Rn. 29; a.A. Ferrari/*Ferrari*, IntVertragsR, Art. 4 Rom I-VO Rn. 27; Staudinger/*Magnus*, Art. 4 Rom I-VO Rn. 376; Palandt/*Thorn*, Art. 4 Rom I-VO Rn. 8.

[81] Siehe oben unter Kap. 2 A.

zuwende Recht (vorbehaltlich des für Individualarbeitsverträge vorrangigen Art. 8 Abs. 2 Rom I-VO)[82] aus Art. 4 Abs. 1 lit. b) Rom I-VO.[83] Auslobungen und Preisausschreiben werden von Art. 4 Abs. 2 Rom I-VO erfasst.[84] Da die charakteristische Leistung von dem Ausschreibenden erbracht wird, entscheidet dessen gewöhnlicher Aufenthaltsort.[85]

B. International zuständiges Gericht

Aus Sicht der Crowdworker stellt sich auch die Frage, vor den Gerichten welchen Staates sie im Zusammenhang mit ihrer Tätigkeit um Rechtsschutz ersuchen können. In den Mitgliedstaaten der Europäischen Union bestimmt sich das international zuständige Gericht in Zivil- und Handelssachen grundsätzlich nach den Vorgaben der Brüssel Ia-VO.[86] Drittstaatliche Gerichte wenden ihr eigenes internationales Zivilverfahrensrecht an.[87]

I. Keine Gerichtsstandsvereinbarung

Sofern keine (wirksame) Gerichtsstandsvereinbarung getroffen wird und der Auftraggeber eines Crowdworkers seinen Wohnsitz im Hoheitsgebiet eines Mitgliedstaats hat, ist er vor den Gerichten dieses Mitgliedstaats zu verklagen, Art. 4 Abs. 1 Brüssel Ia-VO („actor sequitur forum rei"). Gemäß Art. 62 Abs. 1 Brüssel Ia-VO bestimmt sich der Wohnsitz von natürlichen Personen nach dem Recht des angerufenen Gerichts, vor einem deutschen Gericht also nach den §§ 7 ff. BGB. Ist der Auftraggeber eine Gesellschaft oder eine juristische Person, befindet sich der Wohnsitz nach Art. 63 Abs. 1 Brüssel Ia-VO am Ort ihres satzungsmäßigen Sitzes, ihrer Hauptverwaltung oder ihrer Hauptniederlassung.

Hat der Beklagte seinen Wohnsitz im Hoheitsgebiet eines Mitgliedstaats, ermöglicht Art. 7 Nr. 1 lit. b) zweiter Spiegelstrich Brüssel Ia-VO zusätzlich eine Klage in demjenigen Mitgliedstaat, in dem nach dem Vertrag eine Dienstleistung erbracht wurde oder hätte erbracht werden müssen. Der Dienstleistungsbegriff ist

---

[82] NK-BGB/*Leible*, Art. 4 Rom I-VO Rn. 33.

[83] Wohl ebenso *Däubler*, Digitalisierung und Arbeitsrecht, § 18 VIII. 1. Rn. 108; *ders.*, SR-Sonderausgabe Juli 2016, 2 (40); *ders.*, in: Benner, Crowdwork, S. 243 (265); *Däubler/Klebe*, NZA 2015, 1032 (1039); a. A. *Hötte*, MMR 2014, 795 (796), der auf Art. 4 Abs. 2 Rom I-VO abstellt.

[84] NK-BGB/*Leible*, Art. 4 Rom I-VO Rn. 162.

[85] NK-BGB/*Leible*, Art. 4 Rom I-VO Rn. 162; Staudinger/*Magnus*, Art. 4 Rom I-VO Rn. 525; Rauscher/*Thorn*, Art. 4 Rom I-VO Rn. 79.

[86] *Kozak*, in: Lutz/Risak, Gig-Economy, S. 304 (315); *Rühl*, JZ 2017, 72 (77).

[87] Zöller/*Geimer*, ZPO, Art. 4 (Art. 2 LugÜ) EuGVVO Rn. 61; *Kozak*, in: Lutz/Risak, Gig-Economy, S. 304 (315); *Rühl*, JZ 2017, 72 (77).

autonom auszulegen und erfasst jede tätigkeitsbezogene Leistung gegen ein Entgelt.[88] Da sich der für die Dienstleistung ermittelte Erfüllungsort auf die Gegenleistung erstreckt,[89] erlangt Art. 7 Nr. 1 lit. b) zweiter Spiegelstrich Brüssel Ia-VO etwa auch Bedeutung, wenn Crowdworker ihre Auftraggeber auf Zahlung rückständigen Entgelts verklagen wollen. Crowdworker können eine vereinbarte Vergütung vor den Gerichten desjenigen Mitgliedstaats einfordern, in dem sie ihre Leistung erbracht haben. Wird nicht innerhalb eines Mitgliedstaats geleistet, so ist nach Art. 7 Nr. 1 lit. c) Brüssel Ia-VO der Erfüllungsort gemäß Art. 7 Nr. 1 lit. a) Brüssel Ia-VO für jeden einzelnen Anspruch gesondert nach der lex causae zu ermitteln.[90]

Liegt der Wohnsitz des Beklagten nicht im Hoheitsgebiet eines Mitgliedstaats, so findet die Brüssel Ia-VO grundsätzlich auch vor den Gerichten eines Mitgliedstaats keine Anwendung. Nach Art. 6 Abs. 1 Brüssel Ia-VO richtet sich die internationale Zuständigkeit dann vorbehaltlich der dort genannten Vorschriften nach der lex fori.

Für Klagen von Arbeitnehmern gegen ihre Arbeitgeber ergibt sich der Gerichtsstand aus Art. 21 Brüssel Ia-VO. Die Anwendung von Art. 4 und Art. 7 Nr. 1 Brüssel Ia-VO ist versperrt.[91] Der unionsrechtlich-autonom zu bestimmende Begriff des Arbeitnehmers in Art. 21 Brüssel Ia-VO entspricht dem des Art. 8 Rom I-VO.[92] Obwohl der praktische Anwendungsbereich gering sein wird, können theoretisch auch arbeitnehmerähnliche Personen oder Heimarbeiter in den Anwendungsbereich von Art. 21 Brüssel Ia-VO fallen.[93] Art. 21 Abs. 1 lit. a) Brüssel Ia-VO wiederholt zwar lediglich den Grundsatz des Art. 4 Abs. 1 Brüssel Ia-VO. Art. 21 Abs. 1 lit. b) i) Brüssel Ia-VO eröffnet als Arbeitnehmer einzuordnenden Crowdworkern aber darüber hinaus eine Klagemöglichkeit vor dem Gericht des Ortes, an dem oder von dem aus sie gewöhnlich ihre Arbeit verrichten oder zuletzt verrichtet haben. Wie bei Art. 8 Abs. 2 Rom I-VO entscheidet der Ort, an dem Crowdworker ihre Leistungen tat-

---

[88] Siehe hierzu bereits oben unter Kap. 5 A. III.

[89] So bereits der Vorschlag für eine Verordnung (EG) des Rates über die gerichtliche Zuständigkeit und die Anerkennung und Vollstreckung von Entscheidungen in Zivil- und Handelssachen, KOM(1999)348 endg., 15; ebenso EuGH, Urt. v. 09.07.2009 – C-204/08, NJW 2009, 2801 (2802) – *Rehder*; BGH, Urt. v. 02.03.2006 – IX ZR 15/05, NJW 2006, 1806 (1807).

[90] Vgl. EuGH, Urt. v. 29.06.1994 – C-288/92, NJW 1995, 183 (184) – *Stawa*; EuGH, Urt. v. 15.01.1987 – Rs. 266/85, NJW 1987, 1131 (1132) – *Shenavai*; EuGH, Urt. v. 06.10.1976 – Rs. 12/76, NJW 1977, 491 – *Tessili*; BGH, Urt. v. 07.12.2004 – XI ZR 366/03, NJW-RR 2005, 581 (582); OLG Köln, Urt. v. 12.05.2016 – 8 U 44/15, BeckRS 2016, 9602 Rn. 61; OLG Oldenburg, Urt. v. 18.04.2016 – 13 U 43/15, BeckRS 2016, 7146 Rn. 32.

[91] Hk-ZPO/*Dörner*, Art. 21 EuGVVO Rn. 1.

[92] Siehe Kap. 5 A. II. 1. a).

[93] Siehe auch *Temming*, IPRax 2015, 509 (515 f.); für eine Analogie zugunsten arbeitnehmerähnlicher Personen *Däubler/Klebe*, NZA 2015, 1032 (1039); gegen eine analoge Anwendung auf wirtschaftlich abhängige Personen LAG Düsseldorf, Urt. v. 28.05.2014 – 12 Sa 1423/13, BeckRS 2014, 71103 unter B. III. 1. der Gründe; siehe v. a. aber auch die Ausführungen unter Kap. 5 A. II. 1. b).

sächlich erbringen.[94] Kann ein gewöhnlicher Arbeitsort nicht festgestellt werden, verbleibt der Rückgriff auf den Ort des Gerichtes der einstellenden Niederlassung (Art. 21 Abs. 1 lit. b) ii) Brüssel Ia-VO). Klagen am Gericht des gewöhnlichen Arbeitsorts oder der einstellenden Niederlassung der Crowdworker sind nach Art. 21 Abs. 2 Brüssel Ia-VO selbst dann möglich, wenn der Arbeitgeber seinen Wohnsitz nicht in einem Mitgliedstaat hat.

II. Gerichtsstandsvereinbarung

Bei der externen indirekten Crowdwork kann teilweise den AGB der Plattformbetreiber eine Entscheidung zugunsten eines bestimmten Gerichtsstands entnommen werden.[95] Bei der internen Crowdwork und bei der externen direkten Crowdwork ist die Verwendung vergleichbarer Bestimmungen wiederum zumindest möglich. Akzeptieren die Crowdworker während der Registrierung die Geltung der AGB, erklären sie sich zugleich mit der Gerichtsstandsvereinbarung einverstanden.[96] Verweist die Vereinbarung auf die Gerichte eines Mitgliedstaats und haben die Vertragsparteien nichts anderes vereinbart, begründet die Vereinbarung die ausschließliche Zuständigkeit des gewählten Gerichts(-stands), Art. 25 Abs. 1 Satz 2 Brüssel Ia-VO. Art. 4 Brüssel Ia-VO und Art. 7 Brüssel Ia-VO sind nicht anwendbar.[97] Allerdings darf die Gerichtsstandsvereinbarung gemäß Art. 25 Abs. 1 Satz 1 Brüssel Ia-VO nicht nach dem an dem gewählten Gerichtsstand geltenden materiellen Recht des Mitgliedstaats nichtig sein und muss nach Art. 25 Abs. 1 Satz 3 lit. a) Brüssel Ia-VO entweder schriftlich abgeschlossen werden oder mündlich mit schriftlicher Bestätigung. Elektronische Übermittlungen, die eine dauerhafte Aufzeichnung der Vereinbarung ermöglichen, sind der Schriftform gemäß Art. 25 Abs. 2 Brüssel Ia-VO gleichgestellt. Mit dem von den Plattformbetreibern üblicherweise verwendeten sogenannten „click-wrapping"[98] ist diesen Anforderungen zumindest dann Genüge getan, wenn der Text der AGB vor Vertragsschluss abgespeichert und

---

[94] Siehe Kap. 5 A. II. 1.; zur Deckungsgleichheit der Begriffe in der Rom I-VO und der Brüssel Ia-VO MünchKomm-ZPO/*Gottwald*, Art. 21 Brüssel Ia-VO Rn. 6.

[95] So etwa bei Nr. 42 AGB Freelancer.com (2019) (www.freelancer.com/about/terms; zul. abgerufen am 23.09.2020).

[96] Vgl. EuGH, Urt. v. 21.05.2015 – C-322/14, NJW 2015, 2171 (2172) – *El Majdoub*; LG München I, Urt. v. 11.08.2017 – 33 O 8184/16, MMR 2018, 109 (111).

[97] EuGH, Urt. v. 21.05.2015 – C-322/14, NJW 2015, 2171 (2172) – *El Majdoub*; EuGH, Urt. v. 20.02.1997 – C-106/95, NJW 1997, 1431 (1431 f.) – *MSG*; EuGH, Urt. v. 14.12.1976 – Rs. 25/76, BeckRS 2004, 72633 Rn. 6 – *Segoura*; EuGH, Urt. v. 14.12.1976 – Rs. 24/76, NJW 1977, 494 – *Estasis Salotti*; Hk-ZPO/*Dörner*, Art. 25 EuGVVO Rn. 37.

[98] Beim „click-wrapping" wird sich durch Anklicken eines entsprechenden Feldes mit den AGB des Verwenders einverstanden erklärt, wobei sich der Text der AGB nicht automatisch öffnet, sondern erst, wenn auf einen entsprechenden Hyperlink geklickt wird, EuGH, Urt. v. 21.05.2015 – C-322/14, NJW 2015, 2171 (2171 f.) – *El Majdoub*; zur Verwendung dieses Verfahrens in der Plattformökonomie *Aloisi*, CLLPJ 37 (2016), 653 (671).

ausgedruckt werden kann.⁹⁹ Verweist eine Gerichtsstandsvereinbarung auf die Gerichte eines Drittstaats, findet Art. 25 Brüssel Ia-VO seinem Wortlaut nach keine Anwendung. Die Wirksamkeit der Vereinbarung richtet sich dann nach dem Recht des gewählten Forums.¹⁰⁰

Gegenüber als Arbeitnehmer einzuordnenden Crowdworkern ist eine Gerichtsstandsvereinbarung im Anwendungsbereich der Brüssel Ia-VO nach Art. 23 Brüssel Ia-VO nur in zwei Fällen zulässig: Entweder wird die Vereinbarung nach Entstehung der Streitigkeit getroffen (Nr. 1) oder die Vereinbarung eröffnet den Crowdworkern zusätzliche Gerichtsstände neben den Art. 20 f. Brüssel Ia-VO (Nr. 2).¹⁰¹ Wird die Gerichtsstandsvereinbarung bei der Registrierung der Crowdworker geschlossen, kommt es darauf an, ob weitere Gerichtsstände zugunsten der Crowdworker prorogiert werden. Soweit ersichtlich, ist dies üblicherweise nicht der Fall.¹⁰²

---

⁹⁹ Siehe EuGH, Urt. v. 21.05.2015 – C-322/14, NJW 2015, 2171 (2172 f.) – *El Majdoub.*
¹⁰⁰ *Magnus*, in: Witzleb u. a., FS Martiny, 785 (795); *Schaper/Eberlein*, RIW 2012, 43 (45).
¹⁰¹ Art. 23 Nr. 2 Brüssel Ia-VO meint allein die Prorogation weiterer Gerichtsstände, die neben die in den Art. 20 f. Brüssel Ia-VO genannten treten, siehe EuGH, Urt. v. 19.07.2012 – C-154/11, NZA 2012, 935 (938) – *Mahamdia*; BAG, Urt v. 10.04.2014 – 2 AZR 741/13, AP GVG § 20 Nr. 8 Rn. 27; BAG, Urt. v. 20.12.2012 – 2 AZR 481/11, AP Verordnung Nr. 44/2001/EG Nr. 5 Rn. 32; *Junker*, in: Baur u. a., FS Kühne, 735 (740).
¹⁰² *Kozak*, in: Lutz/Risak, Gig-Economy, S. 304 (318).

Kapitel 6

Crowdworker in der Sozialversicherung

Die privatrechtlichen Schutzmechanismen werden durch die Sozialversicherung ergänzt. Gesetzlich Versicherte erhalten unter anderem Leistungen bei Krankheit, Pflegebedürftigkeit, Arbeitsunfällen, Erwerbsminderung oder Arbeitslosigkeit. Die Versicherungspflicht folgt in allen Zweigen der Sozialversicherung zuvorderst aus einer Beschäftigung (gegen Arbeitsentgelt).[1] In der Kranken-, Pflege-, Renten- und Arbeitslosenversicherung sind abhängig Beschäftigte versicherungsfrei, wenn ihre Tätigkeit nicht die Geringfügigkeitsgrenzen des § 8 Abs. 1 SGB IV übersteigt.[2]

A. Sozialversicherungsrechtlicher Status der Crowdworker

Crowdworker sind demnach grundsätzlich versicherungspflichtig, wenn sie abhängig beschäftigt sind. Gemäß § 7 Abs. 1 Satz 1 SGB IV kennzeichnet sich eine Beschäftigung durch die „nichtselbständige Arbeit, insbesondere in einem Arbeitsverhältnis". Die Nähe des sozialversicherungsrechtlichen Beschäftigtenbegriffs zum arbeitsrechtlichen Arbeitnehmerbegriff ist angesichts des Wortlauts unverkennbar. Gleichwohl sind die Begriffe nicht deckungsgleich.[3] Bei einer selbständigen Tätigkeit können die Vertragsparteien etwa die Anwendung der arbeitsrechtlichen Schutzinstrumentarien vereinbaren.[4] Die Sozialversicherungspflicht ist der Privatautonomie entzogen.[5] Da die Solidargemeinschaft andernfalls mit Leistungsansprüchen von Personen belastet würde, für deren Schutz sie nicht geschaffen

---

[1] Siehe § 25 Abs. 1 Satz 1 SGB III; § 5 Abs. 1 Nr. 1 SGB V; § 1 Satz 1 Nr. 1 SGB VI; § 20 Abs. 1 Satz 1 SGB XI i. V. m. § 5 Abs. 1 Nr. 1 SGB V; in der Unfallversicherung genügt nach § 2 Abs. 1 Nr. 1 SGB VII eine Beschäftigung, unabhängig davon, ob diese gegen ein Arbeitsentgelt erfolgt.

[2] § 7 Abs. 1 Satz 1 HS 1 SGB V; § 20 Abs. 1 S. 1 SGB XI i. V. m. § 7 Abs. 1 Satz 1 HS 1 SGB V; § 5 Abs. 2 S. 1 Nr. 1 SGB VI, die Entgeltgeringfügigkeit ist in der Rentenversicherung allerdings von der Versicherungsfreiheit ausgenommen; § 27 Abs. 2 Satz 1 HS 1 SGB III.

[3] BSG, Urt. v. 27.07.2011 – B 12 KR 10/09 R, SozR 4-2400 § 28e Nr. 4 Rn. 17; BSG, Urt. v. 10.08.2000 – B 12 KR 21/98 R, NJW 2001, 1965; BSG, Urt. v. 30.08.1955 – 7 RAr 40/55, BSGE 1, 115 (117) = NJW 1956, 843 (844).

[4] Siehe oben unter Kap. 3 A. III. 1.

[5] So bereits BSG, Urt. v. 28.10.1960 – 3 RK 13/56, BSGE 13, 130 (134) = BeckRS 1960, 30807403 unter II. der Gründe; BSG, Urt. v. 28.01.1960 – 3 RK 49/56, BSGE 11, 257 (262) = BeckRS 1960, 30807429 unter II. 2. der Gründe.

wurde, ist der sozialversicherungsrechtliche Beschäftigtenbegriff beidseitig zwingend.[6] Anders als das Arbeitsrecht geht das Sozialversicherungsrecht von einem „Alles-oder-nichts-Prinzip" aus.[7] Es unterscheidet nur Beschäftigte und Selbständige, kennt jedoch keine arbeitnehmerähnlichen Personen.[8] Heimarbeiter sind keine Ausnahme; sie werden kraft gesetzlicher Fiktion als Beschäftigte angesehen (§ 12 Abs. 2 SGB IV). Der sozialversicherungsrechtliche Status der Crowdworker wird nicht durch ihre arbeitsrechtliche Einordnung determiniert.

I. Abhängige Beschäftigung

Nach allgemeiner Meinung sind externe Crowdworker regelmäßig nicht abhängig beschäftigt. Abhängig von den Umständen des Einzelfalls soll eine abweichende Beurteilung aber möglich sein.[9] Notwendig ist jedenfalls, dass Crowdworker sich gegenüber ihren Auftraggebern zu einer Leistung verpflichten. Fehlt es an einer (gegebenenfalls suspendierten) Leistungspflicht, ist eine abhängige Beschäftigung zu verneinen.[10] Allein aus der der Nutzung einer Plattform zugrunde liegenden Rechtsbeziehung zwischen einem Crowdworker und einem Plattformbetreiber kann daher üblicherweise kein Beschäftigungsverhältnis abgeleitet werden.[11] Maßgebend sind die einzelnen Arbeitsaufträge, bei deren Beurteilung die Rahmenvereinbarung über die Nutzung der Plattform allenfalls berücksichtigt werden kann.[12] Abzulehnen ist ein Beschäftigungsverhältnis mangels Leistungspflicht aber auch in Bezug auf die einzelnen Aufgaben, wenn die Ausschreibungen auf einer Plattform als Auslobungen oder Preisausschreiben anzusehen sind. Beschäftigungsverhältnisse können aus den Aufgabenbearbeitungen nur resultieren, wenn Crowdworker auf vertraglicher Grundlage tätig werden.

---

[6] Preis/*Greiner*, Teil II A. 50 I. 2. c) Rn. 12.

[7] *Mette*, NZS 2015, 721 (722); *Schlegel*, NZS 2000, 421 (422); *Schnapp*, NZS 2014, 41.

[8] *Mecke*, SGb 2016, 481 (482); *Mette*, NZS 2015, 721 (722); *Schlegel*, NZS 2000, 421 (422).

[9] *Brose*, NZS 2017, 7 (10–12); *Mecke*, SGb 2016, 481 (484); Sassenberg/Faber/*Neighbour*, Teil 2 G. II. 1. Rn. 12; Preis/*Brose*, Neue Beschäftigungsformen, S. 23–36; *Ruland*, NZS 2019, 681 (691).

[10] Siehe *Brose*, NZS 2017, 7 (10); Preis/*Brose*, Neue Beschäftigungsformen, S. 33, 47.

[11] *Brose*, NZS 2017, 7 (10) sowie Preis/*Brose*, Neue Beschäftigungsformen, S. 33, 47, die eine abweichende Beurteilung für möglich erachten, wenn Crowdworker, die nicht ein bestimmtes Mindestkontingent an Aufgaben bearbeiten, sanktioniert werden.

[12] Vgl. BSG, Urt. v. 31.03.2017 – B 12 R 7/15 R, BSGE 123, 50 (55) = SozR 4-2400 § 7 Nr. 30 Rn. 22; BSG, Urt. v. 18.11.2015 – B 12 KR 16/13 R, BSGE 120, 99 (105) = SozR 4-2400 § 7 Nr. 25 Rn. 19; BSG, Urt. v. 30.10.2013 – B 12 KR 17/11 R, juris Rn. 25; BSG, Urt. v. 28.09.2011 – B 12 R 17/09 R, BeckRS 2012, 67108 Rn. 17; BSG, Urt. v. 28.05.2008 – B 12 KR 13/07 R, BeckRS 2008, 54573 Rn. 24; LSG Nordrhein-Westfalen, Urt. v. 30.08.2017 – L 8 R 822/14, BeckRS 2017, 131895 Rn. 52; krit. *Greiner*, SGb 2016, 301 (307 f.).

Liegt dem Tätigwerden der Crowdworker ein Vertrag mit einem Plattformbetreiber oder einem Crowdsourcer zugrunde, richtet sich ihr sozialversicherungsrechtlicher Status nach dem Grad ihrer persönlichen Abhängigkeit von dem Auftraggeber.[13] Sind sie den Weisungen des Auftraggebers unterworfen oder werden sie in dessen Arbeitsorganisation eingegliedert, spricht dies nach § 7 Abs. 1 Satz 2 SGB IV für ein Beschäftigungsverhältnis. Im Gegensatz zum Arbeitsrecht werden im Sozialrecht auch unternehmerische Risiken berücksichtigt.[14] Maßgebend ist das Gesamtbild, wie es sich anhand der konkreten Umstände darstellt.[15] Widerspricht die gelebte Praxis den getroffenen Vereinbarungen, hat die tatsächliche Durchführung Vorrang, sofern die formellen Abreden (formlos) abbedungen werden können.[16] Ansonsten hat die vertragliche Vereinbarung allenfalls Indizwirkung.[17]

Externe Crowdworker sind bezüglich Zeit und Ort ihrer Tätigkeit weisungsfrei,[18] bei Telearbeitern[19] kommt dem allerdings nur geringe Bedeutung zu.[20] Weisungen in Bezug auf die Art und Weise der Arbeitsausführung sind gegenüber Crowdworkern zwar grundsätzlich denkbar, werden aber bei einfacheren Aufgaben oft nicht ausgesprochen.[21] Bei einfacheren Tätigkeiten kann zwar grundsätzlich eher von einer Weisungsbindung ausgegangen werden.[22] Auf den Internetplattformen werden aber regelmäßig nur bei anspruchsvolleren Aufgabenstellungen tatsächlich Weisungen erteilt.[23] Werden Weisungen bei komplexeren Aufgaben aus rechtlichen oder tat-

---

[13] St. Rspr., siehe nur BSG, Urt. v. 31.03.2017 – B 12 R 7/15 R, BSGE 123, 50 (54) = SozR 4-2400 § 7 Nr. 30 Rn. 21; BSG, Urt. v. 29.08.2012 – B 12 KR 25/10 R, BSGE 111, 257 (259) = SozR 4-2400 § 7 Nr. 17 Rn. 15; BSG, Urt. v. 25.01.2006 – B 12 KR 30/04 R, BeckRS 2006, 41119 Rn. 21; BSG, Urt. v. 10.08.2000 – B 12 KR 21/98 R, BSGE 87, 53 (55) = SozR 3-2400 § 7 Nr. 15 Rn. 17.

[14] Siehe hierzu etwa BSG, Urt. v. 31.03.2017 – B 12 R 7/15 R, BSGE 123, 50 (54) = SozR 4-2400 § 7 Nr. 30 Rn. 21; BSG, Urt. v. 29.08.2012 – B 12 KR 25/10 R, BSGE 111, 257 (259) = SozR 4-2400 § 7 Nr. 17 Rn. 15; BSG, Urt. v. 25.01.2006 – B 12 KR 30/04 R, BeckRS 2006, 41119 Rn. 21; BSG, Urt. v. 10.08.2000 – B 12 KR 21/98 R, BSGE 87, 53 (55 f.) = SozR 3-2400 § 7 Nr. 15 Rn. 17.

[15] BSG, Urt. v. 31.03.2017 – B 12 R 7/15 R, BSGE 123, 50 (54) = SozR 4-2400 § 7 Nr. 30 Rn. 21; BSG, Urt. v. 29.08.2012 – B 12 KR 25/10 R, BSGE 111, 257 (260) = SozR 4-2400 § 7 Nr. 17 Rn. 15; BSG, Urt. v. 24.01.2007 – B 12 KR 31/06 R, SozR 4-2400 § 7 Nr. 7 Rn. 16 f.

[16] BSG, Urt. v. 29.08.2012 – B 12 KR 25/10 R, BSGE 111, 257 (260) = SozR 4-2400 § 7 Nr. 17 Rn. 16; BSG, Urt. v. 24.01.2007 – B 12 KR 31/06 R, SozR 4-2400 § 7 Nr. 7 Rn. 17; BSG, Urt. v. 25.01.2006 – B 12 KR 30/04 R, BeckRS 2006, 41119 Rn. 22.

[17] BSG, Urt. v. 11.03.2009 – B 12 KR 21/07 R, BeckRS 2009, 69002 Rn. 17.

[18] Siehe oben unter Kap. 3 A. III. 2. a) u. b).

[19] Dazu, dass jedenfalls externe Crowdworker Telearbeiter sind, schon unter Kap. 3 A. III. 2. c).

[20] Auch hierzu bereits oben unter Kap. 3 A. III. 2. c); weiter bei *Mette*, NZS 2015, 721 (724) u. *Schlegel*, NZA-Beilage 2016, 13 (15), nach denen die Weisungsbindung einschließlich des inhaltlichen Weisungsrechts in einer virtuellen Arbeitsumgebung an Bedeutung verliere.

[21] Oben unter Kap. 3 A. III. 3. a).

[22] BSG, Urt. v. 28.09.2011 – B 12 R 17/09 R, BeckRS 2012, 67108 Rn. 16.

[23] Siehe hierzu Kap. 3 A. III. 3. a).

sächlichen Gründen nicht erteilt, kann die Weisungsbindung reduziert und „zur funktionsgerecht dienenden Teilhabe am Arbeitsprozess verfeinert sein".[24] Größeres Gewicht erlangt dann eine mögliche Eingliederung in die Arbeitsorganisation des Auftraggebers,[25] wobei das Weisungsrecht aber niemals vollständig entfallen darf[26].

Ob im Sozialrecht aus einer detaillierten Aufgabenbeschreibung auf eine Weisungsbindung zu schließen ist, wurde – soweit ersichtlich – noch nicht höchstrichterlich entschieden. In der instanzgerichtlichen Rechtsprechung wurde mehrfach darauf hingewiesen, dass eine besonders detaillierte Leistungsbeschreibung typisch für eine selbständige Tätigkeit sei.[27] Richtigerweise wird man aber keinen Unterschied zum Arbeitsrecht machen können und eine besonders detaillierte Aufgabenbeschreibung als Anzeichen einer abhängigen Beschäftigung zu deuten haben.[28] Auch im Sozialrecht ist zu berücksichtigen, dass die Auftraggeber den Leistungsschuldnern bei Vertragsschluss regelmäßig überlegen sind und sich andernfalls durch eine präzise Leistungsbeschreibung ihren sozialversicherungsrechtlichen Verpflichtungen entziehen könnten. Es kann keine Rolle spielen, ob Weisungen laufend erteilt werden oder ob sie bei Vertragsschluss vorweggenommen werden.

Zu einer Eingliederung externer Crowdworker in die Arbeitsorganisation des Vertragspartners wird es üblicherweise nicht kommen. Bei der Aufgabenbearbeitung verwenden sie regelmäßig bloß eigene Arbeitsmittel und eine ständige Dienstbereitschaft wird nicht von ihnen erwartet. Crowdworker arbeiten nicht ständig mit den Beschäftigten ihrer Auftraggeber zusammen und sind nicht dazu verpflichtet, an etwaigen Schulungsveranstaltungen ihrer Vertragspartner teilzunehmen.[29] Sollte der Vertragspartner die Crowdworker während der Aufgabenbearbeitung laufend kontrollieren, spricht dies für eine persönliche Abhängigkeit, wenn die Erkenntnisse aus

---

[24] BSG, Urt. v. 31.03.2017 – B 12 R 7/15 R, BSGE 123, 50 (54) = SozR 4-2400 § 7 Nr. 30 Rn. 21; BSG, Urt. v. 29.07.2015 – B 12 R 1/15 R, BeckRS 2016, 65776 Rn. 13; BSG, Urt. v. 30.10.2013 – B 12 KR 17/11 R, BeckRS 2014, 66942 Rn. 23; BSG, Urt. v. 20.03.2013 – B 12 R 13/10 R, SozR 4-2400 § 7 Nr. 19 Rn. 16; BSG, Urt. v. 27.07.2011 – B 12 KR 10/09 R, SozR 4-2400 § 28e Nr. 4 Rn. 17; BSG, Urt. v. 14.12.1999 – B 2 U 38/98 R, BSGE 85, 214 (216) = SozR 3-2200 § 539 Nr. 48 Rn. 16; grundlegend BSG, Urt. v. 29.03.1962 – 3 RK 74/57, BSGE 16, 289 (293 f.) = SozR § 165 RVO Nr. 30 Rn. 36.
[25] BSG, Urt. v. 29.03.1962 – 3 RK 74/57, BSGE 16, 289 (294) = SozR § 165 RVO Nr. 30 Rn. 36.
[26] BSG, Urt. v. 14.12.1999 – B 2 U 38/98 R, BSGE 85, 214 (216) = SozR 3-2200 § 539 Nr. 48 Rn. 16.
[27] LSG Baden-Württemberg, Beschl. v. 10.06.2016 – L 4 R 3072/15, BeckRS 2016, 70773 unter II. 3. d) dd) (1) der Gründe; LSG Baden-Württemberg, Urt. v. 24.02.2015 – L 11 R 5165/13, BeckRS 2015, 66148 Rn. 53; LSG Baden-Württemberg, Urt. v. 30.07.2014 – L 5 R 3157/13, BeckRS 2014, 72689 unter II. 2. der Gründe; LSG Baden-Württemberg, Urt. v. 14.02.2012 – L 11 KR 3007/11, NZS 2012, 667 (668); SG Augsburg, Urt. v. 04.09.2015 – S 2 R 931/14, BeckRS 2015, 72109 unter Gründe.
[28] Hierzu und zur nachfolgenden Argumentation bereits oben unter Kap. 3 A. III. 3. b).
[29] Eingehend zur Eingliederung in die Arbeitsorganisation der Plattformbetreiber oder der Crowdsourcer oben unter Kap. 3 A. III. 4.

den Kontrollen als Weisungsgrundlage dienen sollen.[30] Der Aufgabenbearbeitung nachgelagerte Kontrollmechanismen sind ebenso wenig zu berücksichtigen[31] wie die mitunter bloß kurze Dauer der Vertragsbeziehungen zwischen Crowdworkern und ihren Auftraggebern[32]. Für eine abhängige Beschäftigung spricht aber, dass Crowdworker ihre Arbeiten persönlich zu erledigen haben.[33]

Crowdworker tragen ein Unternehmerrisiko, weil sie beim Einsatz ihrer Arbeitskraft selbst der Gefahr eines Verlustes ausgesetzt sind.[34] Da es allein auf die Risikotragung bezüglich der einzelnen Arbeitsaufträge ankommt, ist es zwar unerheblich, dass sie zwischen ihren Arbeitseinsätzen regelmäßig „Leerzeiten" haben, in denen sie sich nach neuen Aufgaben umschauen.[35] Anders als abhängig Beschäftigte bekommen Crowdworker aber lediglich ihre tatsächlich geleistete Arbeit vergütet.[36] Crowdworkern ist üblicherweise kein bestimmtes Mindesteinkommen garantiert.[37] Unternehmerische Risiken sprechen zwar nur für eine selbständige Tätigkeit, wenn ihnen bezüglich Umfang und Gestaltung des Arbeitskrafteinsatzes größere Freiheiten gegenüberstehen.[38] Im Gegensatz zu abhängig Beschäftigten können Crowdworker angenommene Aufträge aber regelmäßig ohne weiteres (sanktionslos) abbrechen.[39] Arbeiten sie besonders rasch, können sie mehr Aufgaben bearbeiten und somit insgesamt höhere Einkünfte erwirtschaften. Auch können sie ihre Verdienst-

---

[30] Siehe oben unter Kap. 3 A. III. 5. a).

[31] Kap. 3 A. III. 5. b).

[32] BSG, Urt. v. 30.06.2009 – B 2 U 3/08, NZA-RR 2010, 370 (372); BSG, Urt. v. 30.01.2007 – B 2 U 6/06 R, BeckRS 2007, 45002 Rn. 17.

[33] BSG, Urt. v. 31.03.2015 – B 12 KR 17/13 R, BeckRS 2015, 70638 Rn. 22; BSG, Urt. v. 18.12.2001 – B 12 KR 8/01 R, SozR 3-2400 § 7 Nr. 19 Rn. 17; siehe oben unter Kap. 3 A. III. 6. dazu, dass Crowdworker üblicherweise persönlich zu leisten haben.

[34] Allgemein hierzu etwa BSG, Urt. v. 31.03.2015 – B 12 KR 17/13 R, BeckRS 2015, 70638 Rn. 27; BSG, Urt. v. 18.11.2015 – B 12 KR 16/13 R, BSGE 120, 99 (112) = SozR 4-2400 § 7 Nr. 25 Rn. 36; BSG, Urt. v. 30.10.2013 – B 12 KR 17/11 R, BeckRS 2014, 66942 Rn. 35; BSG, Urt. v. 28.09.2011 – B 12 R 17/09 R, BeckRS 2012, 67108 Rn. 25; BSG, Urt. v. 28.05.2008 – B 12 KR 13/07 R, BeckRS 2008, 54573 Rn. 27; BSG, Urt. v. 18.12.2001 – B 12 KR 8/01 R, SozR 3-2400 § 7 Nr. 19 Rn. 16; BSG, Urt. v. 04.06.1998 – B 12 KR 5/97 R, SozR 3-2400 § 7 Nr. 13 Rn. 23.

[35] Siehe auch BSG, Urt. v. 18.11.2015 – B 12 KR 16/13 R, BSGE 120, 99 (112) = SozR 4-2400 § 7 Nr. 25 Rn. 36; BSG, Urt. v. 28.09.2011 – B 12 R 17/09 R, BeckRS 2012, 67108 Rn. 26; BSG, Urt. v. 04.06.1998 – B 12 KR 5/97 R, SozR 3-2400 § 7 Nr. 13 Rn. 23.

[36] Siehe hierzu auch BSG, Urt. v. 18.12.2001 – B 12 KR 8/01 R, SozR 3-2400 § 7 Nr. 19 Rn. 16; BSG, Urt. v. 27.03.1980 – 12 RK 26/79, SozR 2200 § 165 Nr. 45 Rn. 23.

[37] Hierzu etwa BSG, Urt. v. 27.03.1980 – 12 RK 26/79, SozR 2200 § 165 Nr. 45 Rn. 23; BSG, Urt. v. 01.02.1979 – 12 RK 7/77, SozR 2200 § 165 Nr. 36 Rn. 30; BSG, Urt. v. 13.07.1978 – 12 RK 14/78, SozR 2200 § 1227 Nr. 17 Rn. 17.

[38] St. Rspr., siehe nur BSG, Urt. v. 31.03.2015 – B 12 KR 17/13 R, BeckRS 2015, 70638 Rn. 27; BSG, Urt. v. 30.10.2013 – B 12 KR 17/11 R, BeckRS 2014, 66942 Rn. 35; BSG, Urt. v. 20.03.2013 – B 12 R 13/10 R, SozR 4-2400 § 7 Nr. 19 Rn. 21; BSG, Urt. v. 28.09.2011 – B 12 R 17/09 R, BeckRS 2012, 67108 Rn. 25.

[39] Zu diesem Argument siehe auch BSG, Urt. v. 28.09.2011 – B 12 R 17/09 R, BeckRS 2012, 67108 Rn. 27.

chancen erhöhen, indem sie ihre Arbeitskraft auf mehreren Internetplattformen anbieten.

II. Heimarbeiter im Sinne des § 12 Abs. 2 SGB IV

Ist im Einzelfall eher von einer selbständigen Tätigkeit als von dem Bestand eines Beschäftigungsverhältnisses auszugehen, können Crowdworker gegebenenfalls als Heimarbeiter im Sinne des § 12 Abs. 2 SGB IV zu erachten und aufgrund einer gesetzlichen Fiktion als Beschäftigte anzusehen sein. Heimarbeiter werden in § 12 Abs. 2 SGB IV definiert als „Personen, die in eigener Arbeitsstätte im Auftrag und für Rechnung von Gewerbetreibenden, gemeinnützigen Unternehmen oder öffentlich-rechtlichen Körperschaften erwerbsmäßig arbeiten, auch wenn sie Roh- oder Hilfsstoffe selbst beschaffen". Ungeachtet der geringfügig von § 2 Abs. 1 HAG abweichenden Formulierung entspricht der Begriff im Wesentlichen dem arbeitsrechtlichen Heimarbeiterbegriff.[40] Auch im Sozialrecht sind externe Crowdworker daher regelmäßig nur dann als Heimarbeiter einzuordnen, wenn sie ihre Aufgaben direkt von den Plattformbetreibern zugeteilt bekommen.[41]

III. Selbständige

Crowdworker, die weder abhängig noch in Heimarbeit beschäftigt sind, sind in der Sozialversicherung grundsätzlich nicht versicherungspflichtig. Gehen sie ihrer selbständigen Tätigkeit mindestens 15 Stunden in der Woche nach, können sie in der Arbeitslosenversicherung ihre Versicherungspflicht auf Antrag begründen (§ 28a Abs. 1 Satz 1 Nr. 2 SGB III). Bloß gelegentliche Abweichungen von dieser Stundenzahl sind gemäß § 28a Abs. 1 Satz 2 SGB III unerheblich, sofern sie von geringer Dauer sind. Antragsteller müssen innerhalb der letzten 30 Monate vor Aufnahme der Tätigkeit für einen Zeitraum von insgesamt mindestens zwölf Monaten in einem Versicherungspflichtverhältnis gestanden (§ 28a Abs. 2 Satz 1 Nr. 1 SGB III) oder unmittelbar vor Aufnahme der selbständigen Tätigkeit Leistungen der Arbeitsförderung erhalten haben (§ 28a Abs. 2 Satz 1 Nr. 2 SGB III). Crowdworker können den Antrag auf Begründung der Versicherungspflicht gemäß § 28a Abs. 3 Satz 1 SGB III nur innerhalb der ersten drei Monate nach Aufnahme der Tätigkeit stellen.

Unter welchen Voraussetzungen Selbständige der gesetzlichen Unfallversicherung unterfallen, bestimmen die Träger der Unfallversicherung in ihrer Satzung (§ 3 Abs. 1 Nr. 1 SGB VII). Nicht-versicherten Unternehmern bleibt lediglich eine

---

[40] Siehe oben unter Kap. 3 C. I.
[41] Zu den Einzelheiten siehe oben unter Kap. 3 C.

freiwillige Versicherung nach § 6 SGB VII.[42] Die Versicherungspflicht des § 2 Abs. 2 Satz 1 SGB VII für sogenannte „Wie-Beschäftigte" greift zugunsten von Crowdworkern wegen deren vornehmlich eigenwirtschaftlichen Zwecken dienenden Tätigwerdens üblicherweise nicht ein.[43]

Selbständige sind zwar in der gesetzlichen Rentenversicherung versicherungspflichtig, wenn sie (von den anderen in § 2 Satz 1 SGB VI genannten Personen abgesehen) im Zusammenhang mit ihrer selbständigen Tätigkeit regelmäßig keinen versicherungspflichtigen Arbeitnehmer beschäftigen und auf Dauer und im Wesentlichen nur für einen Auftraggeber tätig sind (§ 2 Satz 1 Nr. 9 SGB VI). Crowdworker, die diese Voraussetzungen erfüllen, sind allerdings meist ohnehin als Heimarbeiter versicherungspflichtig, weswegen § 2 Satz 1 Nr. 9 SGB VI im vorliegenden Kontext geringe Bedeutung zukommt.[44] Nach § 4 Abs. 2 SGB VI können selbständige Crowdworker zudem Versicherungspflicht auf Antrag begründen, wenn sie den Antrag nicht später als fünf Jahre nach Aufnahme ihrer Tätigkeit oder dem Ende einer Versicherungspflicht aufgrund dieser Tätigkeit stellen und nicht nur vorübergehend selbständig tätig sind.[45] Auch ist nach § 7 SGB VI eine freiwillige Versicherung möglich.

In der gesetzlichen Krankenversicherung sind Selbständige vor allem dann versicherungspflichtig, wenn sie nicht anderweitig für den Krankheitsfall abgesichert sind und zuletzt gesetzlich krankenversichert waren (§ 5 Abs. 1 Nr. 13 lit. a) SGB V). Ansonsten können sich selbständige Crowdworker nach näherer Maßgabe des § 9 SGB V freiwillig versichern. Endet eine bestehende Versicherungspflicht oder Familienversicherung durch die Aufnahme einer Tätigkeit als Crowdworker, setzt sich diese Versicherung nach § 188 Abs. 4 Satz 1 SGB V als freiwillige Versicherung fort, wenn der Crowdworker nicht innerhalb von zwei Wochen nach Hinweis der Krankenkasse über seine Austrittsmöglichkeit seinen Austritt erklärt. Ein Austritt ist nach § 188 Abs. 4 Satz 2 SGB V nur möglich, wenn der Crowdworker eine Absicherung durch eine andere Krankenversicherung nachweist.[46] Die Versicherungspflicht in der gesetzlichen Pflegeversicherung entspricht derjenigen der gesetzlichen Krankenversicherung.[47]

---

[42] Siehe auch *Hlava*, in: Deinert u.a., FS Klebe, S. 151 (153–157) zu möglichen versicherten Tätigkeiten von Crowdworkern.

[43] Zur sog. „Handlungstendenz" siehe BSG, Urt. v. 26.06.2007 – B 2 U 35/06 R, BeckRS 2007, 48837 Rn. 18; BSG, Urt. v. 05.07.2005 – B 2 U 22/04 R, SozR 4-2700 § 2 Nr. 6 Rn. 13.

[44] *Mecke*, SGb 2016, 481 (487) weist darauf hin, dass die Voraussetzungen von § 2 Satz 1 Nr. 9 SGB VI selbst dann zumeist nicht erfüllt sein, wenn die Plattformbetreiber als Auftraggeber der Crowdworker anzusehen seien, weil Crowdworker häufig auf mehreren Plattformen tätig würden; anderes legen die Ergebnisse von *Pürling*, ZSR 2016, 411 (438) nahe.

[45] Nach *Waltermann*, SGb 2017, 425 (426) unter Fn. 16 ist die Versicherungspflicht auf Antrag allerdings lediglich „eine unbedeutende Randerscheinung".

[46] Gemäß § 193 Abs. 3 VVG ist jeder, der nicht in der gesetzlichen Krankenversicherung versichert ist, verpflichtet, privaten Krankenversicherungsschutz zu begründen.

[47] Siehe nur *Mecke*, SGb 2016, 481 (486).

In der gesetzlichen Kranken-, Pflege- und Rentenversicherung versicherungspflichtig sind zudem nach näherer Bestimmung des Künstlersozialversicherungsgesetzes[48] selbständige Künstler und Publizisten.[49] Künstler im Sinne des KSVG ist, wer Musik, darstellende oder bildende Kunst schafft, ausübt oder lehrt (§ 2 Satz 1 KSVG). Auch die Tätigkeit etwa eines Produkt-[50] oder Webdesigners[51] kann dem Kunstbegriff des KSVG unterfallen, weshalb sich die Arbeiten der Crowdworker im Einzelfall als künstlerische Tätigkeiten einordnen lassen. Versicherungspflichtig sind allerdings nach § 1 KSVG nur diejenigen Künstler und Publizisten, die ihre Tätigkeit erwerbsmäßig und nicht nur vorübergehend ausüben (Nr. 1) und im Zusammenhang mit ihrer Tätigkeit nicht mehr als einen Arbeitnehmer beschäftigen, es sei denn, die Beschäftigung erfolgt zur Berufsausbildung oder ist geringfügig im Sinne des § 8 SGB IV (Nr. 2). Erwerbsmäßig wird eine Tätigkeit in diesem Sinne ausgeübt, wenn sie der Sicherung des Lebensunterhalts dient, ihr also die Absicht zugrunde liegt, ein die Geringfügigkeitsgrenzen des § 3 Abs. 1 Satz 1 KSVG übersteigendes Einkommen zu erwirtschaften.[52] Nicht nur vorübergehend ausgeübt wird die Tätigkeit, wenn sie länger als drei Monate andauert.[53] Es ist nicht ausgeschlossen, dass Crowdworker diese Anforderungen erfüllen, doch sind nur die wenigsten unter ihnen in der Künstlersozialversicherung versichert.[54] Besteht nicht ohnehin Versicherungsfreiheit nach § 3 Abs. 1 KSVG oder nach den §§ 4 und 5 KSVG, beginnt die Versicherungspflicht erst an dem Tag, an dem die Meldung des Crowdworkers nach § 11 Abs. 1 KSVG bei der Künstlersozialkasse eingeht (§ 8 Abs. 1 Satz 1 HS 1 KSVG). Bei fehlender Meldung beginnt die Versicherungspflicht erst mit dem Tage des Bescheides, durch den die Künstlersozialkasse die Versicherungspflicht feststellt (§ 8 Abs. 1 Satz 1 HS 2 KSVG).

IV. Interne Crowdwork und einheitliches Beschäftigungsverhältnis

Ist bei der internen Crowdwork der Crowdsourcer als Auftraggeber der in Crowdwork zu erledigenden Aufgaben anzusehen und erstreckt sich sein Weisungsrecht auf die in Crowdwork erbrachten Tätigkeiten, werden spiegelbildlich

---

[48] Gesetz über die Sozialversicherung der selbständigen Künstler und Publizisten (Künstlersozialversicherungsgesetz – KSVG) v. 27.07.1981, BGBl. I, S. 705.
[49] § 5 Abs. 1 Nr. 4 SGB V; § 2 Satz 1 Nr. 5 SGB VI; § 20 Abs. 1 Satz 1 SGB XI i. V. m. § 5 Abs. 1 Nr. 4 SGB V.
[50] BSG, Urt. v. 30.01.2001 – B 3 KR 1/00 R, SozR 3-5425 § 2 Nr. 11 Rn. 16–24.
[51] BSG, Urt. v. 07.07.2005 – B 3 KR 37/04 R, SozR 4-5425 § 2 Nr. 5 Rn. 12–18.
[52] BSG, Urt. v. 25.11.2015 – B 3 KS 3/14 R, SozR 4-5425 § 2 Nr. 23 Rn. 12; BSG, Urt. v. 21.07.2011 – B 3 KS 5/10 R, BSGE 109, 1 (2) = SozR 4-5425 § 1 Nr. 2 Rn. 11.
[53] FBN/*Nordhausen*, KSVG, § 1 KSVG Rn. 64.
[54] Siehe auch den Sachstand der Wissenschaftlichen Dienste des Deutschen Bundestags zu Rechtsfragen zum Crowdsourcing, WD 6-3000-156/14, 12, wonach Crowdworker bisher noch nicht in der Künstlersozialversicherung aufgetreten seien.

zum Arbeitsrecht[55] keine über das bestehende Beschäftigungsverhältnis hinausgehenden Rechtsverhältnisse zwischen den Crowdworkern und dem Auftraggeber begründet. Wird die zur Aufgabenvergabe genutzte Plattform jedoch von einem Dritten betrieben, der als Auftraggeber der Crowdworker anzusehen ist, oder überschreiten die erbrachten Leistungen das Weisungsrecht des Arbeitgebers, können die oben genannten Kriterien zur Abgrenzung zwischen abhängiger Beschäftigung und selbständiger Tätigkeit grundsätzlich auch auf die in Crowdwork erbrachten Arbeiten angewendet werden. Betreibt der Crowdsourcer die zur Aufgabenvergabe genutzte Plattform selbst oder ist auf einer von einem Dritten betriebenen Plattform der Crowdsourcer als Auftraggeber der Crowdworker anzusehen, kann eine eigenständige Beurteilung der in Crowdwork erbrachten Arbeiten dennoch ausscheiden:

Abhängig Beschäftigte, die nach den oben genannten Kriterien bei der Erledigung von Crowdwork als Selbständige einzuordnen sind, können auch in dieser Tätigkeit abhängig beschäftigt sein, wenn von einer einheitlichen Beschäftigung auszugehen ist. Die (für sich betrachtet) selbständige Tätigkeit wird von der abhängigen Beschäftigung konsumiert, welche sich um den Umfang der selbständigen Tätigkeit vergrößert. Von einem einheitlichen Beschäftigungsverhältnis ist auszugehen, wenn die selbständige Tätigkeit so eng mit einer abhängigen Beschäftigung bei demselben Auftraggeber verbunden ist, dass ihr ohne die abhängige Beschäftigung nicht nachgegangen werden kann und sie als Teil der abhängigen Beschäftigung anzusehen ist.[56] Wie die Verbindung zwischen der selbständigen Tätigkeit und der abhängigen Beschäftigung konkret aussehen muss, kann nicht allgemein für alle selbständigen Tätigkeiten beschrieben werden.[57] Die Besonderheiten der konkreten selbständigen Tätigkeit sind zu berücksichtigen.[58] Es ist nicht in jedem Fall erforderlich, dass die selbständige Tätigkeit zeitlich, örtlich, organisatorisch und inhaltlich in die abhängige Beschäftigung eingebunden ist.[59] Die selbständige Tätigkeit als solche oder zumindest ihre konkrete Durchführung muss aber an den Bestand der

---

[55] Siehe oben Kap. 2 C.

[56] BSG, Urt. v. 31.10.2012 – B 12 R 1/11 R, SozR 4-2400 § 14 Nr. 16 Rn. 16; BSG, Urt. v. 26.03.1998 – B 12 KR 17/97 R, SozR 3-2400 § 14 Nr. 15 Rn. 14; BSG, Urt. v. 03.02.1994 – 12 RK 18/93, SozR 3-2400 § 14 Nr. 8 Rn. 16–18.

[57] BSG, Urt. v. 31.10.2012 – B 12 R 1/11 R, SozR 4-2400 § 14 Nr. 16 Rn. 16; BSG, Urt. v. 26.03.1998 – B 12 KR 17/97 R, SozR 3-2400 § 14 Nr. 15 Rn. 15.

[58] BSG, Urt. v. 31.10.2012 – B 12 R 1/11 R, SozR 4-2400 § 14 Nr. 16 Rn. 16; BSG, Urt. v. 26.03.1998 – B 12 KR 17/97 R, SozR 3-2400 § 14 Nr. 15 Rn. 15.

[59] BSG, Urt. v. 31.10.2012 – B 12 R 1/11 R, SozR 4-2400 § 14 Nr. 16 Rn. 16, speziell zu in selbständiger Tätigkeit entwickelten Arbeitnehmererfindungen oder Verbesserungsvorschlägen BSG, Urt. v. 26.03.1998 – B 12 KR 17/97 R, SozR 3-2400 § 14 Nr. 15 Rn. 15; eine zeitliche, örtliche, inhaltliche und organisatorische Einbindung forderte das BSG demgegenüber aufgrund der Eigenart der Tätigkeit bei einer Notariatsgehilfin, die zugleich als Auflassungsbevollmächtigte tätig wurde, siehe BSG, Urt. v. 03.02.1994 – 12 RK 18/93, SozR 3-2400 § 14 Nr. 8 Rn. 18.

abhängigen Beschäftigung gekoppelt sein.[60] Eröffnet ein Crowdsourcer die Möglichkeit, Aufgaben zu bearbeiten, allein seiner eigenen Belegschaft, ist etwa von einer einheitlichen Beschäftigung auszugehen. Jemand, der zu dem Crowdsourcer nicht in einem Beschäftigungsverhältnis steht, kann auf der Internetplattform ausgeschriebene Aufgaben nicht übernehmen, sodass die Tätigkeit notwendigerweise von dem Bestand einer abhängigen Beschäftigung bei dem Crowdsourcer abhängt.

Ist der Beschäftigte auch bei der Bearbeitung von Crowdwork als abhängig beschäftigt zu erachten, werden die verschiedenen Beschäftigungen bei demselben Arbeitgeber zu einer einheitlichen Beschäftigung im Sinne des § 8 SGB IV zusammengezogen.[61] In der Folge können Crowdworker neben einer versicherungspflichtigen Beschäftigung für denselben Auftraggeber nicht in einer versicherungsfreien geringfügigen Beschäftigung tätig werden.[62] § 8 Abs. 2 SGB IV findet keine Anwendung.[63] Auch wenn also bei der internen Crowdwork etwa das aus der Aufgabenbearbeitung auf der von einem Crowdsourcer selbst betriebenen Internetplattform bezogene Arbeitsentgelt eines Crowdworkers den in § 8 Abs. 1 Nr. 1 SGB IV genannten Grenzwert nicht übersteigt, ist diese Tätigkeit neben der abhängigen Beschäftigung bei dem Crowdsourcer nicht versicherungsfrei. Mehrere nicht-geringfügige Beschäftigungsverhältnisse bei demselben Arbeitgeber sind dabei ebenfalls als einheitliche Beschäftigung anzusehen.[64] Aus der Rechtsprechung des BSG ergibt sich keine Beschränkung auf Fälle, in denen nicht-geringfügige Beschäftigungen mit geringfügigen Beschäftigungen zusammentreffen. Mehr noch formulierte das BSG in der Vergangenheit weit, dass „alle bei demselben Arbeitgeber ausgeübten Beschäftigungen, ohne Rücksicht auf ihre arbeitsvertragliche Gestaltung als ein einheitliches Beschäftigungsverhältnis anzusehen" seien.[65]

---

[60] BSG, Urt. v. 31.10.2012 – B 12 R 1/11 R, SozR 4-2400 § 14 Nr. 16 Rn. 17.

[61] BSG, Urt. v. 27.06.2012 – B 12 KR 28/10 R, SozR 4-2400 § 8 Nr. 5 LS; BSG, Urt. v. 16.02.1983 – 12 RK 26/81, BSGE 55, 1 = SozR 2200 § 168 Nr. 7 LS 1; im Zusammenhang mit dem Teilarbeitslosengeld nach § 162 SGB III hält das BSG die Ausübung mehrerer Beschäftigungsverhältnisse bei demselben Arbeitgeber jedoch für möglich, vgl. BSG, Urt. v. 06.02.2003 – B 7 AL 12/01 R, BSGE 90, 270 (271 f.) = SozR 4-4300 § 150 Nr. 1 Rn. 15 f.; BSG, Urt. v. 21.06.2001 – B 7 AL 54/00 R, BSGE 88, 180 (186) = SozR 3-4300 § 150 Nr. 1 Rn. 21–23.

[62] BSG, Urt. v. 27.06.2012 – B 12 KR 28/10 R, SozR 4-2400 § 8 Nr. 5 LS; BSG, Urt. v. 16.02.1983 – 12 RK 26/81, BSGE 55, 1 = SozR 2200 § 168 Nr. 7 LS 2.

[63] KKW/*Berchtold*, § 8 SGB IV Rn. 14; KassKomm/*Zieglmeier*, § 8 SGB IV Rn. 50.

[64] So LSG Baden-Württemberg, Urt. v. 18.10.2016 – L 11 R 3254/14, DStR 2017, 405 (406); siehe auch schon LSG Baden-Württemberg, Urt. v. 20.06.2013 – L 7 R 2757/11, BeckRS 2013, 71133 unter 2.b) der Gründe.

[65] BSG, Urt. v. 16.02.1983 – 12 RK 26/81, BSGE 55, 1 = SozR 2200 § 168 Nr. 7 LS 1.

B. Sozialversicherungsrecht in grenzüberschreitenden Sachverhalten

Ob das deutsche Sozialversicherungsrecht in grenzüberschreitenden Sachverhalten Anwendung findet, richtet sich im Verhältnis zu anderen Mitgliedstaaten der EU wie auch gegenüber Island, Norwegen, Liechtenstein und der Schweiz nach der VO (EG) Nr. 883/2004 zur Koordinierung der Systeme der sozialen Sicherheit.[66] Nach Art. 11 Abs. 3 lit. a) der VO unterliegen Beschäftigte oder selbständig Erwerbstätige den Vorschriften des Mitgliedstaats, in dem sie ihre Tätigkeit ausüben. Die Begriffe der „Beschäftigung" und der „selbständige[n] Erwerbstätigkeit" bestimmen sich gemäß Art. 1 lit. a) und lit. b) der VO ebenfalls nach der lex loci labori. Nach § 3 Nr. 1 SGB IV finden die an eine Beschäftigung oder eine selbständige Tätigkeit anschließenden deutschen Regelungen zu Versicherungspflicht und -berechtigung[67] auf alle Personen Anwendung, die innerhalb der Staatsgrenzen der Bundesrepublik Deutschland[68] tätig werden. Sofern Crowdworker im Geltungsbereich des SGB IV tätig werden,[69] ist ihre Staatsangehörigkeit unerheblich.[70]

Weist der Sachverhalt Bezug zu einem Drittstaat auf, ist zu untersuchen, ob die Bundesrepublik Deutschland mit diesem Staat ein Sozialversicherungsabkommen über die Anwendung nationalen Sozialversicherungsrechts getroffen hat. Ist dies nicht der Fall, ergibt sich das anwendbare Recht aus dem nationalen Kollisionsrecht.[71]

---

[66] Verordnung (EG) Nr. 883/2004 des Europäischen Parlaments und des Rates zur Koordinierung der Systeme der sozialen Sicherheit v. 29.04.2004, ABl. (2004) L 166, 1, ber. ABl. (2004) L 200, 1; *Bokeloh*, NZS 2015, 321.

[67] Siehe zu den Begriffen der Versicherungspflicht und der Versicherungsberechtigung die Legaldefinitionen in § 2 Abs. 1 SGB IV.

[68] KassKomm/*Zieglmeier*, § 3 SGB IV Rn. 6.

[69] Zur Bestimmung von Beschäftigungs- bzw. Tätigkeitsort siehe §§ 9 u. 11 SGB IV.

[70] *Freckmann*, BB 2000, 1402 (1406 f.); KassKomm/*Zieglmeier*, § 3 SGB IV Rn. 5; so i. E. wohl auch *Mecke*, SGb 2016, 481 (484); nach *Ruland*, NZS 2019, 681 (691) würden sich die sozialversicherungsrechtlichen Verpflichtungen gegenüber Plattformbetreibern im europäischen Ausland jedoch kaum umsetzen lassen.

[71] *Giesen/Kersten*, Arbeit 4.0, S. 118.

Kapitel 7

Perspektiven

Wie gezeigt, können Crowdworker rechtlich in ganz verschiedenem Umfang geschützt sein. Die Frage, auf welche Art und Weise ein weitergehender Schutz gewährleistet werden sollte, kann demnach nicht allgemeingültig beantwortet werden. Als Arbeitnehmer und abhängig Beschäftigte zu kategorisierende Crowdworker sind zwar theoretisch durch das Arbeitsrecht und die Sozialversicherung angemessen abgesichert. Da (vor allem externe) Crowdworker aber regelmäßig keine Kenntnis von ihrer Arbeitnehmer- und Beschäftigteneigenschaft haben, machen sie die ihnen zustehenden Rechte momentan zumeist nicht geltend. Wird es in diesen Fällen zuvorderst darum gehen, die vorhandenen Vorgaben zur Anwendung zu bringen, unterliegen selbständige Crowdworker, einschließlich solcher, die in Heimarbeit beschäftigt oder als arbeitnehmerähnliche Personen anzusehen sind, allenfalls einem geringeren Schutz durch das Arbeits- und Sozialversicherungsrecht, sodass de lege ferenda über eine weitergehende gesetzliche Regulierung nachgedacht werden kann. Aber nicht nur der Gesetzgeber, sondern auch die Gewerkschaften, die Crowdworker selbst und die Auftraggeber können zu verbesserten Bedingungen auf den Internetplattformen beitragen.

A. Handlungsoptionen des Gesetzgebers

Über die Maßnahmen, die der Gesetzgeber ergreifen sollte, besteht noch keine Einigkeit. Neben den im Folgenden zu besprechenden Ansätzen werden etwa eine Beweislastumkehr bezüglich des arbeitsrechtlichen Status von Crowdworkern[1], eine Generalunternehmerhaftung der Plattformbetreiber[2], die Erweiterung des Anwendungsbereichs einzelner arbeitnehmerschützender Gesetze auf Crowdworker[3] oder Solo-Selbständige[4], ein besonderer Bestandsschutz zugunsten des Plattformnutzungsvertrages[5] oder die Schaffung eines Plattformarbeitsgesetzes[6] diskutiert.

---

[1] Siehe *Bauschke*, öAT 2016, 225 (227); *Pacha*, Crowdwork, S. 340–342.

[2] *Scholle*, SR-Sonderausgabe Juli 2019, 28 (32).

[3] *Bauschke*, öAT 2016, 225 (226).

[4] Vgl. *Waltermann*, RdA 2019, 94 (98); zu einer möglichen Erstreckung der Grundsätze des innerbetrieblichen Schadensausgleichs auf Solo-Selbständige siehe *Fischels*, RdA 2019, 208 (209–215).

[5] *Walzer*, Arbeitsrechtlicher Schutz der Crowdworker, S. 241.

I. Anpassung des Heimarbeitsrechts

Um den Schutz der nicht vom Anwendungsbereich des Heimarbeitsrechts erfassten selbständigen Crowdworker zu erweitern, ließe sich erwägen, das Heimarbeitsrecht auf Crowdworker zu erstrecken, die nur deswegen nicht in seinen Anwendungsbereich fallen, weil sie für ständig wechselnde Auftraggeber tätig werden.[7] Heimarbeiter unterliegen arbeitsrechtlich zwar etwa wegen der Unanwendbarkeit des MiLoG und des KSchG einem geringeren Schutz als Arbeitnehmer. Aufgrund der Sonderregelungen des HAG und der Anwendbarkeit bestimmter arbeitsrechtlicher Schutzvorschriften stehen sie Arbeitnehmern allerdings erheblich näher als andere Selbständige. In der Sozialversicherung sind sie als Beschäftigte anzusehen.

Änderungen der Begriffsbestimmungen in § 2 Abs. 1 Satz 1 HAG oder § 12 SGB IV wären hierzu nicht notwendig.[8] Generell (also nicht nur für einen bestimmten Auftraggeber) auf Dauer angelegte Tätigkeiten sind an sich vom Wortlaut des Gesetzes erfasst.[9] Die Erweiterung des Anwendungsbereichs ließe sich schlicht über eine extensivere Auslegung des Erfordernisses eines „erwerbsmäßigen" Tätigwerdens erreichen. Gestützt wird die weite Auslegung vor allem dadurch, dass es sich nicht rechtfertigen lässt, dass Crowdworker, die ihre Aufgaben bei der externen indirekten Crowdwork nicht direkt von einem Crowdsourcer, sondern von dem Plattformbetreiber erhalten, besser gestellt sind, als jene, die direkt mit den Crowdsourcern kontrahieren.[10] Die Schutzbedürftigkeit von Crowdworkern, die dauerhaft auf nur einer einzigen Internetplattform tätig werden, unterscheidet sich nicht danach, wer als Auftraggeber anzusehen ist. Crowdworker werden sich zudem regelmäßig keine Gedanken darüber machen, wer rechtlich ihr Auftraggeber ist. Aus ihrer Sicht ist es derzeit reiner Zufall, ob sie als in Heimarbeit Beschäftigte anzusehen sind.

Ist eine Erweiterung des Anwendungsbereichs des Heimarbeitsrechts bereits de lege lata möglich, so wäre doch notwendig, dass der Gesetzgeber diejenigen Regelungen des Heimarbeitsrechts anpasst, die nicht auf einen bloß einmaligen Leis-

---

[6] *Risak*, in: Deinert u.a., FS Klebe, S. 320 (321–324).

[7] Eine Ausweitung der Heimarbeit auf Crowdworker wird auch erwogen bei *Brose*, NZS 2017, 7 (14), nach der Crowdworker allerdings im Gegensatz zur vorliegend vertretenen Auffassung derzeit grundsätzlich nicht als Heimarbeiter anzusehen seien; siehe auch *Pacha*, Crowdwork, S. 350 f., die eine Erweiterung des Anwendungsbereichs der §§ 10, 11 EFZG, § 12 BUrlG und § 17 Abs. 1 HAG auf sämtliche Crowdworker erwägt, aber auch erkennt, dass eine Ausweitung von § 11 EFZG und § 12 BUrlG inhaltliche Veränderungen dieser Vorschriften voraussetzen würde, siehe a.a.O. unter Fn. 1473; abl. gegenüber einer Anwendung des HAG auf Crowdworker *Bechtolf/Zöllner*, in: Redlich/Moritz/Wulfsberg, Zukunft der Wertschöpfung, S. 255 (267).

[8] Zu dem Vorschlag, den Begriff des Gewerbetreibenden in § 2 HAG durch den des Unternehmers zu ersetzen, um künftig auch eine Tätigkeit im Auftrag von Freiberuflern unter das Heimarbeitsrecht zu fassen, siehe aber *Deinert*, RdA 2018, 359 (366f.).

[9] Siehe oben unter Kap. 3 C. III.

[10] Dazu und zur nachfolgenden Argumentation *Pacha*, Crowdwork, S. 357 f.

tungsaustausch angelegt sind.[11] Gewisse Gesetzesänderungen sind ohnehin im Interesse der schon heute als Heimarbeiter zu erachtenden Crowdworker erforderlich.[12] In seiner derzeiten Fassung wird das Heimarbeitsrecht einer Auftragsvergabe über digitale Plattformen nicht gerecht. So ging der Gesetzgeber ausweislich der Wortlaute in § 6 Satz 2 HAG („Ausgaberäumen") und § 8 Abs. 1 Satz 1 HAG („Räumen der Ausgabe und Abnahme") bei Schaffung des HAG davon aus, dass Heimarbeiter ihre Aufgaben an festen (physischen) Orten erhalten würden. Auftragsvergaben über das Internet, sozusagen in „virtuellen Räumen", waren bei Schaffung des HAG nicht denkbar und wurden auch nicht berücksichtigt. Die in § 6 Satz 2 HAG und § 8 Abs. 1 Satz 1 HAG enthaltenen Begriffe auf „virtuelle Räume" zu erstrecken, überschreitet die Grenzen des Wortlauts.[13] Da ein Verstoß gegen die §§ 6 und 8 HAG nach § 32a Abs. 2 Nr. 1 HAG bußgeldbewehrt ist, scheitert eine analoge Anwendung der Regelungen an dem verfassungsrechtlichen Bestimmtheitsgrundsatz des Art. 103 Abs. 2 GG.[14]

Ist eine weite Auslegung des Begriffs der „Ausgaberäume" ebenso ausgeschlossen wie eine Analogie, verpflichten die §§ 6 und 8 HAG die Auftraggeber der in Heimarbeit beschäftigten Crowdworker lediglich dazu, Heimarbeiterlisten, Entgeltverzeichnisse und Nachweise über die sonstigen Vertragsbedingungen in ihren jeweiligen Betriebsräumen auszuhängen oder auszulegen. Da (jedenfalls externe) Crowdworker die Betriebsräume ihrer Auftraggeber nie betreten, sind dortige Aushänge und Auslagen jedoch nicht praktikabel. Der von § 6 Satz 2 HAG (zumindest auch) verfolgte Zweck, den in Heimarbeit Beschäftigten die Kontrolle der ordnungsgemäßen Listenführung zu ermöglichen,[15] wird nicht erreicht, wenn Heimarbeiter die Listen aufgrund ihrer Entfernung zum Betrieb tatsächlich nicht kontrollieren können. Nichts anderes gilt für den Zweck des § 8 HAG, den in Heimarbeit Beschäftigten zu ermöglichen, sich über die ihnen zustehenden Entgelte und sonstigen Leistungen zu unterrichten.[16] Gegebenenfalls ließe sich dies zwar über § 8 Abs. 1 Satz 3 HAG auffangen, wenn man davon ausgeht, dass Crowdworkern die Aufgaben bei einer Vergabe über das Internet in ihre Wohnungen oder Betriebsstätten „gebracht" würden. Der Wortlaut ist aber nicht weit genug, um die Zusendung von Aufgaben über das Internet zu erfassen.

---

[11] Auch hierzu bereits oben unter Kap. 3 C. III.

[12] Für eine Modernisierung des HAG siehe auch *R. Krause*, Digitalisierung, S. B 106; *Pacha*, Crowdwork, S. 345–347; *Walzer*, Arbeitsrechtlicher Schutz der Crowdworker, S. 213.

[13] Eher zurückhaltend auch *Pacha*, Crowdwork, S. 230.

[14] Art. 103 Abs. 2 GG bezieht sich auch auf Bußgeldtatbestände, siehe nur BVerfG, Beschl. v. 17.11.2009 – 1 BvR 2717/08, NJW 2010, 754 (754 f.); BVerfG, Beschl. v. 01.12.1992 – 1 BvR 88/91 u. 1 BvR 576/91, BVerfGE 87, 399 (411) = NJW 1993, 581 (582); BVerfG, Beschl. v. 29.11.1989 – 2 BvR 1491/87 u. 1492/87, BVerfGE 81, 132 (135) = NJW 1990, 1103.

[15] Zu dieser Zweckrichtung *Brecht*, § 6 HAG Rn. 9; *K. Schmidt* u. a., § 6 HAG Rn. 13; nach der Begründung des RegE HAG, BT-Drs. 1357, 23 dient die Listenführungspflicht zwar der staatlichen und koalitionsgeführten Kontrolle über die Durchführung des Heimarbeitsrechts, eine weitere Zweckrichtung wird hierdurch jedoch nicht ausgeschlossen.

[16] Begründung des RegE HAG, BT-Drs. 1357, 23.

Anpassungen bedarf es zudem etwa bei den Vorgaben zu den Entgeltbelegen gemäß § 9 HAG. Nach § 9 Abs. 1 Satz 1, Abs. 2 HAG haben die Auftraggeber von in Heimarbeit beschäftigten Crowdworkern diesen auf eigene Kosten Entgeltbücher beziehungsweise Entgelt- oder Arbeitszettel auszuhändigen. In die Entgeltbelege sind die in § 9 Abs. 1 Satz 2 HAG und § 12 HAGDV 1[17] genannten Angaben einzutragen. In Bezug auf Entgelt- und Arbeitszettel stellt § 11 Abs. 2 HAGDV 1 ausdrücklich klar, dass diese nicht digital geführt werden dürfen. Es ist nicht ersichtlich, warum für die Entgeltbücher etwas anderes gelten sollte, zumal der Wortlaut die Führung analoger schriftlicher Nachweise zu fordern scheint.

Sollte der Gesetzgeber die notwendigen Änderungen vornehmen und die Vorgaben des Heimarbeitsrechts an die Vergabe von Aufgaben über das Internet anpassen, ist auch zu prüfen, ob § 19 HAG einen wirksamen Vergütungsschutz für Crowdworker gewährleisten kann. Auf den Internetplattformen werden ganz unterschiedliche Aufgaben ausgeschrieben, sodass sich die Vertragsbedingungen, einschließlich der den Crowdworkern gezahlten Entgelte, nur schwer mit bindender Wirkung für alle Tätigkeiten festsetzen lassen werden. Es ist schwer genug, für alle denkbaren Aufgaben zu ermitteln, ob die gewährten Entgelte oder sonstigen Vertragsbedingungen unzulänglich sind.[18] Sollte dies trotzdem gelingen, werden sich kaum alle Aufgaben, für die unzulängliche Entgelte gezahlt werden, so detailliert beschreiben lassen, dass eine bindende Festsetzung der zu zahlenden Vergütungen möglich wäre.[19]

Auch wird zu berücksichtigen sein, welche Auswirkungen die Einordnung von externen Crowdworkern als Heimarbeiter auf das Betriebsverfassungsrecht hat.[20] In Heimarbeit Beschäftigte[21], die in der Hauptsache für den Betrieb ihres Auftraggebers arbeiten, gelten als Arbeitnehmer im Sinne des BetrVG (§ 5 Abs. 1 Satz 2 BetrVG). Crowdworker werden in der Hauptsache für einen Betrieb tätig, wenn der zeitliche Umfang ihrer Leistungen für den konkreten Betrieb des Plattformbetreibers oder des Crowdsourcers gegenüber dem zeitlichen Aufwand ihrer Tätigkeiten für andere Betriebe überwiegt.[22] Die Vergütungshöhe ist ohne Belang.[23] Der Anwendungsbe-

---

[17] Erste Rechtsverordnung zur Durchführung des Heimarbeitsgesetzes v. 09.08.1951 i.d.F. der Bekanntmachung v. 27.01.1976, BGBl. I S. 221.

[18] Siehe nur die Ausführungen bei *Pacha*, Crowdwork, S. 236.

[19] *Pacha*, Crowdwork, S. 238, 351 f.; hierzu auch *Bayreuther*, Leistungsbedingungen von (Solo-)Selbständigen, S. 36; a.A. wohl *Deinert*, RdA 2018, 359 (365), der die bindenden Festsetzungen nach § 19 HAG der Einführung eines Mindestlohns für (Solo-)Selbständige vorzieht; nach *Preis*, SR 2017, 173 (178) würden die Entgeltregelungen in den §§ 17 ff. HAG ohnehin zumeist hinter dem Mindestlohn des MiLoG zurückbleiben.

[20] Siehe zu den Betriebsratsrechten im Zusammenhang mit Crowdwork *Däubler/Klebe*, NZA 2015, 1032 (1040 f.); *Klebe*, in: Benner, Crowdwork, S. 277 (281 f.); *Klebe/Neugebauer*, AuR 2014, 4 (7).

[21] Der Begriff der in Heimarbeit Beschäftigten entspricht dem des HAG, siehe BAG, Beschl. v. 25.03.1992–7 ABR 52/91, AP BetrVG 1972 § 5 Nr. 48 unter II.1. der Gründe.

[22] BAG, Beschl. v. 27.09.1974–1 ABR 90/73, BAGE 26, 280 (283) = AP BetrVG 1972 § 6 Nr. 1 unter III.2. der Gründe.

A. Handlungsoptionen des Gesetzgebers

reich des BetrVG ist demnach eröffnet, wenn in Heimarbeit beschäftigte Crowdworker ihre gesamte Arbeitszeit oder den überwiegenden Teil ihrer Arbeitszeit mit der Tätigkeit für denselben Betrieb eines einzigen Crowdsourcers oder Plattformbetreibers verbringen. Die Konsequenzen sind bemerkenswert:[24] Beschäftigt ein Plattformbetreiber etwa 15 festangestellte Arbeitnehmer und zugleich 50.000 Crowdworker, von denen ein Fünftel als in der Hauptsache für seinen (einzigen) Betrieb arbeitende Heimarbeiter anzusehen wäre, würde ein zu wählender Betriebsrat nach § 9 BetrVG aus 37 Mitgliedern bestehen.[25] Nach § 38 Abs. 1 Satz 1 BetrVG wären 13 Betriebsratsmitglieder von ihrer Tätigkeit freizustellen. Geht man davon aus, dass vor allem die Festangestellten für eine Mitgliedschaft im Betriebsrat kandidieren und die vorgesehenen Freistellungen beanspruchen würden, könnte der Plattformbetrieb kaum aufrechterhalten werden.

Soweit behauptet wird, dass dieser Fall nicht eintreten könne, weil Crowdworker nicht dem Betrieb ihres Auftraggebers zugehören würden,[26] ist dem nicht zu folgen. Die Gegenauffassung bleibt eine Antwort auf die Frage schuldig, welchem Betrieb Crowdworker zuzuordnen seien, wenn nicht dem, für den sie in der Hauptsache arbeiten. Traditionelle Kennzeichen einer Betriebszugehörigkeit (den Bestand eines Arbeitsverhältnisses zum Betriebsinhaber und eine Eingliederung in dessen Betriebsorganisation)[27] können Heimarbeiter per definitionem nicht erfüllen.[28] An die Stelle der Betriebszugehörigkeit tritt bei ihnen der Umstand, dass sie in der Hauptsache für den Betrieb tätig sind.[29] Auch deshalb werden die in Heimarbeit Beschäftigten, die sechs Monate in der Hauptsache für den Betrieb gearbeitet haben, in § 8 Abs. 1 Satz 1 BetrVG gesondert als wählbare Personen aufgeführt. Da in Heimarbeit Beschäftigte, die in der Hauptsache für den Betrieb arbeiten, nach § 5 Abs. 1 Satz 2 BetrVG als Arbeitnehmer im Sinne des BetrVG anzusehen sind, gehören sie nach § 7 Satz 1 BetrVG ohnehin zum von § 8 Abs. 1 Satz 1 BetrVG in Bezug genommenen Kreis der Wahlberechtigten.

---

[23] BAG, Beschl. v. 27.09.1974 – 1 ABR 90/73, BAGE 26, 280 (283) = AP BetrVG 1972 § 6 Nr. 1 unter III. 2. der Gründe; ist aber der zeitliche Umfang mehrerer Tätigkeiten identisch, soll nach *Rost*, NZA 1999, 113 (116) hilfsweise auf die erzielte Vergütung abgestellt werden können.

[24] Beispiel übernommen von *Giesen/Kersten*, Arbeit 4.0, S. 113.

[25] Bei im deutschsprachigen Raum ansässigen Plattformen soll davon ausgegangen werden können, dass sie im Durchschnitt zwischen fünf und zehn Arbeitnehmern beschäftigen, siehe *Nießen*, in: Benner, Crowdwork, 67 (69).

[26] So *Giesen/Kersten*, Arbeit 4.0, S. 113 f.

[27] BAG, Urt. v. 12.05.2005 – 2 AZR 149/04, AP BetrVG 1972 § 102 Nr. 145 unter B. I. 1. a) der Gründe; BAG, Beschl. v. 18.01.1989 – 7 ABR 21/88, BAGE 61, 7 (12 f.) = AP BetrVG 1972 § 9 Nr. 1 unter B. II. 1. b) der Gründe; BAG, Beschl. v. 28.11.1977 – 1 ABR 40/76, BAGE 29, 398 (403 f.) = AP BetrVG 1972 § 8 Nr. 2 unter II. 2. a) der Gründe.

[28] *Rost*, NZA 1999, 113 (117).

[29] Richardi/*Thüsing*, BetrVG, § 8 Rn. 38.

II. Erweiterung des Kreises der arbeitnehmerähnlichen Personen

Alternativ zu einer Erweiterung des Anwendungsbereichs des Heimarbeitsrechts auf für ständig wechselnde Auftraggeber tätige Crowdworker ließe sich darüber nachdenken, den Kreis der arbeitnehmerähnlichen Personen auf Selbständige auszuweiten, die nicht im Wesentlichen für nur einen Auftraggeber tätig werden.[30] Faktisch kann eine wirtschaftliche Abhängigkeit von einem Auftraggeber auch bestehen, wenn der Mitarbeiter daneben für andere Auftraggeber tätig wird. Bei einem Tätigwerden für mehrere Auftraggeber ist der Auftragnehmer an sich von jedem einzelnen dieser Auftraggeber wirtschaftlich abhängig, wenn das bei den übrigen Auftraggebern erwirtschaftete Einkommen nicht mehr zur Existenzsicherung ausreicht, sollte nur einer von ihnen wegfallen.[31] Erreichen ließe sich eine entsprechende Erweiterung etwa, indem man Selbständige bereits dann als arbeitnehmerähnlich einordnen würde, wenn sie sich bei Nutzung ihrer gesamten Arbeitskraft kein Einkommen mindestens in Höhe des für Arbeitnehmer vorgeschriebenen Mindestlohns erarbeiten könnten.[32] Bei bloß partiellem oder kurzfristigem Tätigwerden ließe sich der Betrag anteilig herunterrechnen.[33] Ob die Beziehungen zu den einzelnen Auftraggebern von Dauer sind, wäre unerheblich.

Selbst wenn man davon ausgeht, dass mit diesem Ansatz die wirtschaftlich bedingte Schutzbedürftigkeit einzelner Personen präziser abgebildet wird als bisher, ist dieses Konzept aber de lege lata schwer umsetzbar. Geringverdienende Crowdworker wären zwar regelmäßig auch dann als arbeitnehmerähnlich anzusehen, wenn ihre Auftraggeber bei der externen indirekten Crowdwork nicht die Plattformbetreiber, sondern die einzelnen Crowdsourcer wären. Urlaubsrechtliche Vorgaben würden aber etwa dennoch leer laufen:[34] Da arbeitnehmerähnliche Personen nach § 2 Satz 2 HS 1 BUrlG als Arbeitnehmer im Sinne des BUrlG gelten, würde ihnen zwar nach den §§ 1, 3 Abs. 1 BUrlG ein Anspruch auf bezahlten Erholungsurlaub im Umfang von jährlich mindestens 24 Werktagen (bei einer Sechs-Tage-Woche) zustehen. Der volle Urlaubsanspruch wird allerdings erst nach sechsmonatigem Bestehen der Vertragsbeziehung erworben (§ 4 BUrlG). Teilurlaubsansprüche entstehen gemäß § 5 Abs. 1 BUrlG frühestens nach einem Monat. Wegen der oft sehr kurzen Dauer der Vertragsbeziehungen könnten viele Crowdworker von vornherein keinen Urlaubsanspruch erwerben.[35] Der Zweck des BUrlG, die Arbeitskraft der

---

[30] Siehe hierzu *Deinert*, Soloselbstständige, Rn. 146–150; *Klebe*, AuR 2016, 277 (280).
[31] *Deinert*, Soloselbstständige, Rn. 146.
[32] *Deinert*, Soloselbstständige, Rn. 147.
[33] *Deinert*, Soloselbstständige, Rn. 147.
[34] Auch nach *Bayreuther*, Leistungsbedingungen von (Solo-)Selbständigen, S. 27 habe § 2 BUrlG bei einem lediglich punktuellen Tätigwerden für einen Auftraggeber keinen Nutzen.
[35] *Pacha*, Crowdwork, S. 339 geht (fälschlicherweise) davon aus, dass der Urlaubsanspruch zu Bruchteilen gegen jeden einzelnen Auftraggeber entstehen würde.

arbeitnehmerähnlichen Personen zu schützen,[36] würde verfehlt. Da sie selbständig tätig sind, können sich arbeitnehmerähnliche Personen zwar selbst Urlaub nehmen, indem sie für eine gewisse Zeit keine weiteren Aufträge erledigen. Ohne einen entsprechenden Urlaubsanspruch werden die Zeiten der urlaubsbedingten Abwesenheit aber nicht vergütet. Gerade geringverdienenden Crowdworkern könnte es daher tatsächlich unmöglich sein, sich Urlaub zu nehmen.[37]

Anstatt den Kreis der arbeitnehmerähnlichen Personen an dem Gesamteinkommen der Selbständigen auszurichten, ließe sich deshalb erwägen, die derzeit angewendeten Grenzen der Arbeitnehmerähnlichkeit zu verschieben. Selbständige könnten etwa als arbeitnehmerähnlich angesehen werden, wenn sie bloß ein Viertel ihres Erwerbseinkommens bei dem Auftraggeber erwirtschaften.[38] Auch wenn auf diese Weise mehr Selbständige als bisher arbeitnehmerähnlich wären, wäre aber doch gerade vielen Crowdworkern nicht geholfen. Beziehen sie bei der externen indirekten Crowdwork ihre Aufgaben nicht von den Plattformbetreibern, sondern von den Crowdsourcern, wird auch die herabgesetzte Einkommensgrenze nur selten erreicht werden.

Eine sinnvolle Erweiterung des Kreises der arbeitnehmerähnlichen Personen auf für mehrere Auftraggeber tätige Selbständige wird daher nicht ohne ein gesetzgeberisches Tätigwerden erfolgen können. In diesem Zusammenhang wird zudem zu untersuchen sein, ob weitere Arbeitnehmerschutzvorschriften auf arbeitnehmerähnliche Personen erstreckt werden sollten.[39]

III. Mindestvergütungen

Gleichfalls ließe sich erwägen, Mindestvergütungen für Crowdworker, allgemein für (Solo-)Selbständige[40], arbeitnehmerähnliche Personen[41] oder in Heimarbeit Beschäftigte[42] festzuschreiben. Erste Gesetzentwürfe zu Mindesthonoraren für

---

[36] Hk-BUrlG/*Hohmeister*, § 2 BUrlG Rn. 15; Neumann/Fenski/Kühn/*Neumann*, BUrlG, § 2 Rn. 68.

[37] Unter demselben Problem leidet der ebenfalls im Schrifttum anzutreffende Vorschlag, Selbständige auch dann als arbeitnehmerähnlich anzusehen, wenn sie innerhalb von Netzwerkorganisationen in geschäftliche Prozesse eingebunden werden, auf deren Gestaltung sie allenfalls begrenzten Einfluss haben, siehe hierzu *Bücker*, in: Faber u. a., FS Kohte, S. 21 (40–42).

[38] *Klebe*, AuR 2016, 277 (280).

[39] *Deinert*, Sololselbstständige, Rn. 151; *Heuschmid/Klebe*, in: Faber u. a., FS Kohte, S. 73 (78); in diese Richtung auch *Bücker*, in: Faber u. a., FS Kohte, S. 21 (44 f.).

[40] *Klebe*, AuR 2016, 277 (280).

[41] *Klebe*, AuR 2016, 277 (280); *C. Schubert*, RdA 2018, 200 (205).

[42] *Preis*, SR 2017, 173 (178).

Selbständige liegen bereits vor.[43] Ungeachtet der umstrittenen Frage, ob sich derartige Regelungen verfassungs-[44] und europarechtskonform[45] umsetzen ließen, sind jedenfalls branchenübergreifende Festsetzungen abzulehnen.[46] Branchenübergreifende Regelungen werden zwar weniger daran scheitern, dass viele Selbständige nicht nach der von ihnen für die Leistung aufgewendeten Zeit, sondern für den herbeigeführten Erfolg vergütet werden; bei erfolgsbezogenen Vergütungen müsste nur gewährleistet werden, dass eine vorgeschriebene Zeitvergütung erreicht wird,[47] wobei die Berechnung des Mindestlohns bei Akkordlöhnen (gegebenenfalls unter Berücksichtigung der Wartezeiten zwischen verschiedenen Aufträgen) als Vorbild fungieren könnte.[48] Es wird sich jedoch kaum ein allgemeiner Entgeltsatz finden lassen, der sämtlichen selbständig erbrachten Tätigkeiten gerecht wird.[49] Anders als bei Arbeitnehmern, bei denen der gesetzliche Mindestlohn – obwohl es sich um einen Bruttolohn handelt – im Kern zu einer vergleichbaren Nettovergütung führt, sind die Tätigkeiten von Selbständigen mit teilweise sehr unterschiedlichen Eigeninvestitionen verbunden.[50] Ein selbständiger Kameramann wird etwa andere Kosten zu tragen haben als ein Fahrradkurier.[51]

Es ist zwar grundsätzlich denkbar, einen festen Mindestvergütungssatz etwa mit einer Generalklausel dergestalt zu verbinden, dass den Selbständigen zusätzlich die in ihrer jeweiligen Branche „üblichen" Aufwendungen (anteilig) zu vergüten wären. Aufgrund der fehlenden Klarheit einer solchen Regelung sind allerdings praktische Vollzugsdefizite zu befürchten.[52] Auch der vergleichbar vage gefasste § 138 BGB,

---

[43] Siehe nur *Heuschmid/Hlava*, Mindestentgeltbedingungen für Solo-Selbstständige, S. 8–12.

[44] Zur verfassungsrechtlichen Zulässigkeit von Mindestvergütungen für Selbständige siehe *Bayreuther*, Leistungsbedingungen von (Solo-)Selbständigen, S. 28–31; *ders.*, NJW 2017, 357 (360); *Heuschmid/Hlava*, Mindestentgeltbedingungen für Solo-Selbstständige, S. 5f.; siehe auch die Ausarbeitung der Wissenschaftlichen Dienste des Deutschen Bundestags zum verfassungsrechtlichen Rahmen für branchenspezifische Mindesthonorare, WD 3-3000-218/16, 3–8.

[45] Hierzu *Bayreuther*, Leistungsbedingungen von (Solo-)Selbständigen, S. 31–34; *ders.*, NJW 2017, 357 (360f.); *Heuschmid/Hlava*, Mindestentgeltbedingungen für Solo-Selbstständige, S. 6f.

[46] Ebenso *Bayreuther*, Leistungsbedingungen von (Solo-)Selbständigen, S. 36; *Deinert*, RdA 2018, 359 (365); a. A. offenbar *Heuschmid/Hlava*, Mindestentgeltbedingungen für Solo-Selbstständige, S. 8–12.

[47] Siehe die Frankfurter Erklärung zu plattformbasierter Arbeit, S. 8; in diese Richtung auch *Bayreuther*, Leistungsbedingungen von (Solo-)Selbständigen, S. 36.

[48] Zum Mindestlohn bei Akkordvergütungen siehe etwa *J. Schubert/Jerchel/Düwell*, Mindestlohngesetz, Rn. 127–130; *Sittard*, RdA 2015, 99 (103).

[49] *Bayreuther*, Leistungsbedingungen von (Solo-)Selbständigen, S. 36f.; *Deinert*, RdA 2018, 359 (365).

[50] *Bayreuther*, Leistungsbedingungen von (Solo-)Selbständigen, S. 37; *Deinert*, RdA 2018, 359 (365); *Waltermann*, RdA 2019, 94 (97).

[51] Beispiel nach *Bayreuther*, Leistungsbedingungen von (Solo-)Selbständigen, S. 36.

[52] Krit. auch *Bayreuther*, Leistungsbedingungen von (Solo-)Selbständigen, S. 37.

die §§ 89b, 90a HGB oder § 32 UrhG versprechen gerechte Vergütungen zu gewährleisten. Tatsächlich bleibt der Erfolg aber oft aus, weil die Betroffenen nur schwer erkennen können, ob ihnen eine angemessene Vergütung gewährt wird und welche Verbesserung ihnen ein erfolgreicher Prozess einbringen würde.[53] Aus demselben Grund ist es abzulehnen, Selbständigen generell einen Anspruch auf eine „angemessene" Vergütung zuzugestehen.[54]

Praktikabel ist es allenfalls, feste Vergütungsuntergrenzen für Selbständige branchenspezifisch zu fixieren.[55] Mit branchenspezifischen Regelungen alle denkbaren Tätigkeiten abzudecken, wird zwar nicht gelingen.[56] Gerade für Crowdworker könnten aber eigene Mindestvergütungen anzustreben sein.[57]

Konkrete Mindestvergütungen für bestimmte Aufgaben werden allerdings den gleichen Problemen begegnen wie bindende Festsetzungen nach § 19 HAG.[58] Auch wenn erfolgsbezogene Mindestvergütungen angesichts der regelmäßig erfolgsbezogenen Vergütung der Crowdworker nahe liegen, werden sich zeitabhängige Mindestvergütungen einfacher umsetzen lassen. Preisausschreiben sollten dabei ausgenommen werden. An erfolgsbasierten Wettbewerben teilnehmenden Crowdworkern muss von vornherein klar sein, dass ihre Bewerbung gegebenenfalls nicht ausgewählt und nicht vergütet wird. Crowdworker, die nicht genügend Wettbewerbe gewinnen, um aus den Preisgeldern ihre Existenz zu bestreiten, müssen sich nach anderweitigen Verdienstmöglichkeiten umschauen. Soll der Vergütungsanspruch nicht bloß „auf dem Papier" bestehen, wäre es auch notwendig, die auf den Plattformen gezahlten Entgelte zu überwachen und gegebenenfalls nach dem Vorbild des § 25 HAG eine Klagebefugnis für Verbände oder die Länder einzuführen. Branchenspezifischen Mindestvergütungen für Crowdworker stehen derzeit allerdings die zu Beginn dieser Arbeit dargelegten terminologischen Unklarheiten entgegen. Ohne ein einheitliches Begriffsverständnis von „Crowdwork" oder eine gesetzlich festgeschriebene Definition sind sie nur schwer umsetzbar.

---

[53] *Bayreuther*, Leistungsbedingungen von (Solo-)Selbständigen, S. 35; *ders.*, NJW 2017, 357.

[54] Optimistischer *Bayreuther*, Leistungsbedingungen von (Solo-)Selbständigen, S. 40 f., nach dem sich über eine allgemeine Angemessenheitsregelung zumindest ein Bewusstsein für den Wert einer Leistung schaffen ließe.

[55] So auch die Position der ver.di Bundeskommission für Selbständige (www.selbststaendige.verdi.de/geld/++co++27befa28-88ed-11e8-a523-525400423e78; zul. abgerufen am 23.09.2020).

[56] *Bayreuther*, Leistungsbedingungen von (Solo-)Selbständigen, S. 42.

[57] Krit. hierzu *Bayreuther*, ZESAR 2020, 99.

[58] Siehe oben Kap. 7 A. I.

IV. Altersversorgung

Im Sozialrecht wird es vor allem darum gehen, eine angemessene Altersvorsorge für alle (nicht bereits anderweitig verpflichtend abgesicherten) Crowdworker zu gewährleisten.[59] Neben der erwähnten Erweiterung des Anwendungsbereichs des Heimarbeitsrechts[60] wird etwa diskutiert, den Beschäftigtenbegriff des § 7 Abs. 1 SGB IV neu zu konturieren[61] oder eine allgemeine Erwerbstätigenversicherung[62] einzuführen, die gesetzliche Rentenversicherung auf alle (Solo-)Selbständigen[63] oder auf (bestimmte) Crowdworker[64] zu erweitern oder ein berufsständisches Versorgungswerk für Crowdworker[65] beziehungsweise Plattformbeschäftigte[66] zu errichten. Da die aufgeführten Konzepte mitunter sehr umfangreiche Erwägungen zu berücksichtigen haben, beschränken sich die nachfolgenden Erläuterungen auf eine mögliche Erweiterung der gesetzlichen Rentenversicherung und die Errichtung eines berufsständischen Versorgungswerks.

Berufsständische Versorgungswerke stellen einen besonders passgenauen Weg für die Altersversorgung von Crowdworkern oder Plattformbeschäftigten im Allgemeinen dar. Die bestehenden terminologischen Unklarheiten sprechen allerdings gegen ein Versorgungswerk allein für Crowdworker.[67] Besondere Versorgungssysteme für Plattformbeschäftigte vernachlässigen zudem das Schutzbedürfnis vieler anderer (Solo-)Selbständiger ebenso wie eine Erweiterung der gesetzlichen Rentenversicherung allein auf Plattformarbeiter. Ohne umfassende Versorgungskonzepte werden viele (Solo-)Selbständige aufgrund mangelnder Eigenvorsorge im Alter auf Leistungen der Sozialhilfe angewiesen sein.[68] Eine angemessene Altersversorgung liegt aber nicht nur im Interesse der Selbständigen, sondern nutzt auch der Allgemeinheit, die so vor steigenden Belastungen für das Steueraufkommen

---

[59] *R. Krause*, Digitalisierung, S. B 107 f.; *Selzer*, in: Husemann/Wietfeld, Herausforderungen des Arbeitsrechts, S. 27 (47); siehe aber auch *Eichhorst* u. a., ZSR 2016, 383 (400); *Hanau*, NJW 2016, 2613 (2616); *Heuschmid/Klebe*, in: Faber u. a., FS Kohte, S. 73 (83 f.); *Pürling*, ZSR 2016, 411 (437); *Thüsing*, SR 2016, 87 (105).

[60] Siehe hierzu bereits oben unter Kap. 7 A. I.

[61] *Preis/Brose*, Neue Beschäftigungsformen, S. 49.

[62] *Heuschmid/Klebe*, in: Faber u. a., FS Kohte, S. 73 (84); *Klebe*, AuR 2016, 277 (280); krit. hierzu *Pürling*, ZSR 2016, 411 (437).

[63] *R. Krause*, Digitalisierung, S. B 107 f.; *Mecke*, SGb 2016, 481 (487); *Nullmeier*, DRV 2017, 249 (254); *Selzer*, in: Husemann/Wietfeld, Herausforderungen des Arbeitsrechts, S. 27 (47).

[64] So der Bericht in AuR 2015, 228; *Hensel*, Sozialer Fortschritt 2017, 897 (913) unterscheidet etwa nach der Komplexität der Aufgabenstellungen.

[65] Siehe nur den Bericht in AuR 2015, 228.

[66] *R. Krause*, NJW-Beilage 2016, 33 (36).

[67] Zu diesem Argument bereits unter Kap. 7 A. III.

[68] *Fock* u. a., SGb 2018, 591 (597); *S. Neumann*, SGb 2010, 463; *Waltermann*, SGb 2017, 425 (427); *ders.*, RdA 2010, 162 (163); krit. zu diesem Argument für eine Erweiterung der gesetzlichen Rentenversicherung *Nullmeier*, DRV 2017, 249 (255).

geschützt werden kann.[69] Auch verfassungsrechtlich ist eine Erweiterung der gesetzlichen Rentenversicherung geboten. Mit dem Gleichheitssatz des Art. 3 Abs. 1 GG ist es schwer vereinbar, dass Arbeitnehmer, die im Alter auf Leistungen der Sozialhilfe angewiesen sind, über viele Jahre hinweg Sozialversicherungsbeiträge bezahlen, während bedürftigen Selbständigen ohne eigene Leistungen eine entsprechende Grundversorgung gewährt wird.[70] Vorzugswürdig erscheint es, die gesetzliche Rentenversicherung auf alle Solo-Selbständigen auszuweiten. Konkret ließe sich dies etwa durch bloßes Streichen des § 2 Satz 1 Nr. 9 lit. b) SGB VI erreichen.[71]

Problematisch ist allerdings die Beitragsfinanzierung. Nach der gesetzlichen Grundkonzeption haben Selbständige die Beiträge zur gesetzlichen Rentenversicherung allein zu tragen (§ 169 Nr. 1 SGB VI). Gemäß § 165 Abs. 1 Satz 1 Nr. 1 HS 1 SGB VI wird der Beitragsbemessung bei Selbständigen grundsätzlich ein Arbeitseinkommen in Höhe der Bezugsgröße (§ 18 SGB IV) zugrunde gelegt. Im Jahr 2020 waren monatlich 592,41 Euro (in den alten Bundesländern) beziehungsweise 559,86 Euro (in den neuen Bundesländern) zu bezahlen, wobei der Beitrag für Existenzgründer nach § 165 Abs. 1 Satz 2 SGB VI innerhalb der ersten drei Jahre nach Aufnahme der selbständigen Tätigkeit halbiert werden konnte. Bei Nachweis eines geringeren Einkommens lag der Beitragsberechnung dieses, mindestens aber ein Monatseinkommen von 450 Euro, zugrunde (§ 165 Abs. 1 Satz 1 Nr. 1 HS 2 SGB VI). Der Mindestbeitrag pflichtversicherter Selbständiger lag danach im Jahr 2020 bei 83,70 Euro. Gelingt selbständigen Crowdworkern der Nachweis eines geringeren Einkommens, sollten zwar seit Inkrafttreten des Gesetzes zur Beitragsentlastung der Versicherten in der gesetzlichen Krankenversicherung[72] finanzielle Überbelastungen durch die Beiträge zur gesetzlichen Renten-, Kranken- und Pflegeversicherung[73] seltener auftreten.[74] Der Grundbeitrag zur Rentenversicherung wird aber nach wie vor viele Crowdworker überfordern. Erbringen sie niedrigere Bei-

---

[69] Siehe *Fock* u. a., SGb 2018, 591 (597); *S. Neumann*, SGb 2010, 463; *Waltermann*, SGb 2017, 425 (428); *ders.*, RdA 2010, 162 (163); zur allgemeinschützenden Funktion der gesetzlichen Rentenversicherung siehe auch *Schlegel*, NZS 2000, 421 (428).

[70] *Fock* u. a., SGb 2018, 591 (597); *Schlegel*, NZS 2000, 421 (428); *Waltermann*, RdA 2019, 94 (97); *ders.*, SGb 2017, 425 (428); ähnlich *Peters-Lange*, SGb 2019, 464 (466).

[71] Zu diesem Vorschlag bereits *Waltermann*, RdA 2010, 162 (169); krit. *Ruland*, ZRP 2009, 165 (167); allerdings bevorzugt auch *Waltermann*, SGb 2017, 425 (429) es, den § 2 SGB VI vollständig neu zu fassen.

[72] Gesetz zur Beitragsentlastung der Versicherten in der gesetzlichen Krankenversicherung (GKV-Versichertenentlastungsgesetz – GKV-VEG) v. 11.12.2018, BGBl. I S. 2387.

[73] Für die nach § 5 Abs. 1 Nr. 13 SGB V versicherungspflichtigen Selbständigen gelten in der gesetzlichen Krankenversicherung die gleichen Vorschriften wie für freiwillig Versicherte (§ 227 SGB V). Danach war im Jahr 2020 mindestens ein Beitrag in Höhe von 148,63 Euro zzgl. Zusatzbeitrag zu entrichten. In der gesetzlichen Pflegeversicherung abgesicherte Selbständige hatten aufgrund der Verweisung in § 57 Abs. 1 Satz 1 SGB XI einen Beitrag von mindestens 32,38 Euro zu zahlen.

[74] Zuvor wurde die finanzielle Überlastung der Solo-Selbständigen durch die Beiträge zur Sozialversicherung noch angemahnt bei *Mecke*, SGb 2016, 481 (486).

tragszahlungen, entstehen geringere Anwartschaften.[75] Gegebenenfalls reicht die Rente dann nicht aus, um eine angemessene Altersversorgung zu gewährleisten. Der mit der Streichung von § 2 Satz 1 Nr. 9 lit. b) SGB VI verfolgte Zweck, die Allgemeinheit vor der mangelnden Eigenvorsorge Solo-Selbständiger zu schützen, würde nicht erreicht werden.

Um dem entgegenzuwirken, ließe sich erwägen, die Auftraggeber der Solo-Selbständigen an den Versicherungskosten zu beteiligen. Die Beitragslast könnte nach dem Modell der Künstlersozialversicherung auf die Selbständigen, ihre Auftraggeber und den Bund verteilt werden.[76] Im Ergebnis ist eine Beitragsteilung allerdings abzulehnen.[77] Der Künstlersozialversicherung liegen die besonderen Gegebenheiten des Kulturbereichs zugrunde. Kulturvermarkter werden ausweislich der Begründung zum Gesetzentwurf zum KSVG gerade wegen ihrer besonderen Beziehung zu den Kulturschaffenden an den Kosten der Sozialversicherung beteiligt.[78] Im Verhältnis zwischen (anderen) Solo-Selbständigen und deren Auftraggebern kann eine vergleichbare Verbindung nicht allgemein unterstellt werden.[79] Zuschüsse aus dem Steueraufkommen erscheinen unangemessen, weil anders als im Kulturbereich nicht grundsätzlich davon ausgegangen werden kann, dass auch die Allgemeinheit von der Arbeit der Solo-Selbständigen profitiert.[80]

Beitragserleichterungen ließen sich allenfalls gesondert für Crowdworker erwägen. Als Rechtfertigung für eine Kostenbeteiligung seitens der Plattformbetreiber könnte die gegenseitige Abhängigkeit der Betreiber und der Crowdworker herangezogen werden.[81] Plattformbetreiber und Crowdworker verfügen über eine vergleichbar enge Verbindung wie Kulturerzeuger und Kulturvermarkter: So sind Crowdworker einerseits auf die technischen Einrichtungen und die Kundennetze der Betreiber angewiesen, um Aufgaben bearbeiten zu können. Andererseits kann das Geschäftsmodell der Plattformbetreiber ohne Crowdworker nicht funktionieren. Soweit allerdings vertreten wird, dass ein Bundeszuschuss gerechtfertigt sein könnte,[82] ist dies abzulehnen. Es ist nicht ersichtlich, dass das gesellschaftliche Leben in besonderer Weise durch die Tätigkeiten der Crowdworker bereichert wird. Sonderregelungen für Crowdworker sehen sich allerdings auf Ebene der Beitragstragung den gleichen Einwänden ausgesetzt wie eine Erweiterung der gesetzlichen Rentenversicherung oder ein berufsständisches Versorgungswerk gerade für diese

---

[75] Siehe nur *Fock* u. a., SGb 2018, 591 (597).

[76] *Schröder/Schwemmle*, in: Schröder/Urban, Gute Arbeit, S. 112 (120); zur Beitragstragung in der Künstlersozialversicherung siehe etwa *Hensel*, Sozialer Fortschritt 2017, 897 (906).

[77] So auch *Waltermann*, SGb 2017, 425 (430); *ders.*, RdA 2010, 162 (168 f.); siehe auch die Ausführungen von *Pürling*, ZSR 2016, 411 (437).

[78] Begründung des Gesetzentwurfs der SPD- u. FDP-Fraktion KSVG, BT-Drs. 9/26, 17.

[79] *Rische*, RVaktuell 2008, 2 (8); *Waltermann*, SGb 2017, 425 (430); *ders.*, RdA 2010, 162 (168 f.).

[80] *Waltermann*, RdA 2010, 162 (169).

[81] Dazu und zur folgenden Argumentation *Hensel*, Sozialer Fortschritt 2017, 897 (914 f.).

[82] *Hensel*, Sozialer Fortschritt 2017, 897 (915).

Personengruppe. Aufgrund der terminologischen Differenzen lassen sich gesonderte Regelungen für Crowdworker nur schwer umsetzen.

V. International koordinierte Regulierung

Gesetzgeberische Eingriffe können außerdem nicht nur die unternehmerische Freiheit der Plattformbetreiber und der Crowdsourcer einengen[83] und somit das Wachstum der Plattformökonomie behindern[84]. Eine zu weitgehende Regulierung kann auch auf die Crowdworker zurückfallen, wenn aus strengeren innerstaatlichen Vorgaben im internationalen Wettbewerb Nachteile für die Plattformbetreiber und die Crowdsourcer entstehen und diese vermehrt versuchen, deutsches Recht durch eine Rechtswahl zugunsten ausländischen Rechts zu umgehen.[85] Um die Anwendung deutschen Rechts zu vermeiden, könnten Plattformbetreiber geneigt sein, Crowdworker mit gewöhnlichem Arbeitsort in Deutschland von der Nutzung ihrer Plattform auszuschließen. Es ist daher nachvollziehbar, dass viele Crowdworker eine weitere Regulierung ablehnen. Eher noch finden sie sich mit unangemessenen Arbeitsbedingungen ab, als möglicherweise ihre einzige Einnahmequelle zu verlieren.[86]

Es wird deshalb im Interesse aller Beteiligten auch darum gehen müssen, Nachteile im internationalen Wettbewerb zu vermeiden. Am zuverlässigsten ließe sich dies durch gemeinsame europäische[87] oder international koordinierte Regulierungsvorhaben bewerkstelligen.[88] Ob sich der für eine gemeinsame Regulierung notwendige Konsens auf absehbare Zeit finden lassen wird, darf allerdings bezweifelt werden. Wegen eines möglichen Verlusts eigener Wettbewerbsvorteile werden in einigen Mitgliedstaaten der EU europaweit vereinheitlichte Vorgaben abgelehnt.[89] Nach Auffassung der Vertreter einzelner Mitgliedstaaten solle sich auf die Umsetzung bestehenden Rechts konzentriert und darauf vertraut werden, dass

---

[83] *Greef/Schroeder*, Plattformökonomie und Crowdworking, S. 24; *Warter*, Crowdwork, S. 336.

[84] *Kuek* u. a., Online Outsourcing, S. 4.

[85] Auch *Warter*, Crowdwork, S. 346 f. sieht die Möglichkeit, dass Crowdsourcer und Plattformbetreiber bei einer Regulierung auf nationaler Ebene „auf andere Länder [ausweichen]".

[86] *F. Schmidt*, in: Benner, Crowdwork, S. 367 (383).

[87] Hierzu insbesondere *Biegoń/Kowalsky/Schuster*, Schöne neue Arbeitswelt?, S. 5–12 sowie *Risak*, Fair Working Conditions, S. 10–17.

[88] Für gemeinsame europäische oder internationale Vorgaben auch *Müller-Gemmeke*, in: Benner, Crowdwork, S. 355 (363).

[89] *Biegoń/Kowalsky/Schuster*, Schöne neue Arbeitswelt?, S. 7; siehe auch den gemeinsamen Brief des Vereinigten Königreichs, Tschechiens, Polens, Luxemburgs, Finnlands, Schwedens, Dänemarks, Estlands, Lettlands, Litauens und Bulgariens an den damaligen Vizepräsidenten der Europäischen Kommission Andrus Ansip v. 04.04.2016.

sich die Plattformökonomie selbst regulieren werde.[90] Ist auf europäischer Ebene eine weitergehende Regulierung unwahrscheinlich, werden über die EU hinausgehende Koordinierungsvorhaben erst Recht keinen Erfolg haben.

B. Handlungsoptionen der Gewerkschaften

Gewerkschaften können ebenfalls zu einem stärkeren Schutz für Crowdworker beitragen. Obwohl (jedenfalls externe) Crowdworker bisher nur ein geringes Interesse an einer gewerkschaftlichen Organisation zeigen,[91] haben die Gewerkschaften auch für sie die notwendigen Rahmenbedingungen gesetzt. So organisiert etwa ver.di schon seit längerem in ihrem Organisationsbereich tätige Selbständige (§ 6 Nr. 1 lit. b) der Satzung von ver.di). Im Bereich der Informations- und Kommunikationstechnologie tätige Solo-Selbständige können sich zudem seit wenigen Jahren der IG Metall anschließen (§ 3 Nr. 1 der Satzung der IG Metall i. V. m. dem Anhang zur Satzung).[92]

Gewerkschaften ermöglichen Crowdworkern vor allem, die ihnen zustehenden Rechte durchzusetzen.[93] Gewerkschaftsmitglieder können sich etwa gerichtlich[94] und außergerichtlich von der Gewerkschaft vertreten lassen und eine kostenlose Rechtsberatung in Anspruch nehmen.[95] Bei Streitigkeiten wegen nicht gezahlter Vergütungen übernimmt die IG Metall etwa die Kosten einer Gerichtsverhandlung und in bestimmten Urheber-, Marken- und Patentrechtssachen übernimmt sie einmalig eine Beratung durch einen Rechts- oder Patentanwalt.[96]

---

[90] Siehe wiederum den gemeinsamen Brief des Vereinigten Königreichs, Tschechiens, Polens, Luxemburgs, Finnlands, Schwedens, Dänemarks, Estlands, Lettlands, Litauens und Bulgariens an den damaligen Vizepräsidenten der Europäischen Kommission Andrus Ansip v. 04.04.2016.

[91] *Holler*, in: Dobreva u. a., Neue Arbeitsformen, S. 181 (209); nach *Waltermann*, RdA 2019, 94 (99) haben zumindest solche Crowdworker kein Interesse an einer gewerkschaftlichen Organisation, die nur kurzzeitig auf einer Internetplattform tätig werden oder nur nebenberuflich als Crowdworker arbeiten.

[92] Die IG Metall soll sich im Bereich der Solo-Selbständigkeit v. a. auf Crowdworker konzentrieren, siehe www.faircrowd.work/de/index.html%3Fp=1163.html (zul. abgerufen am 23.09.2020).

[93] Siehe auch *Benner*, in: Benner, Crowdwork, S. 289 (296).

[94] *Bayreuther*, Leistungsbedingungen von (Solo-)Selbständigen, S. 66 f. weist darauf hin, dass vor den ordentlichen Gerichten in Prozessen mit Anwaltszwang aufgrund der Unanwendbarkeit von § 11 Abs. 2 Satz 2 Nr. 4 ArbGG eine Vertretung durch Gewerkschaftssekretäre ausgeschlossen ist.

[95] Zu den Leistungen der IG Metall siehe www.faircrowd.work/de/index.html%3Fp=961.html (zul. abgerufen am 23.09.2020); in vergleichbarer Weise engagiert sich ver.di, siehe www.ich-bin-mehr-wert.de/support/cloudworking/ (zul. abgerufen am 23.09.2020).

[96] Näheres hierzu unter www.faircrowd.work/de/index.html%3Fp=961.html (zul. abgerufen am 23.09.2020).

Grundsätzlich könnten Gewerkschaften auch versuchen, Tarifverträge für Crowdworker abzuschließen.[97] Problematisch ist allerdings zunächst, genügend Crowdworker zu mobilisieren, um entsprechende Tarifabschlüsse zu erzwingen. Mit der Öffnung der Gewerkschaftsmitgliedschaft für sämtliche Crowdworker bieten die Gewerkschaften zwar grundsätzlich allen Crowdworkern den notwendigen Rahmen, sich zu solidarisieren und zu einem kollektiven Vorgehen zusammenzufinden. Crowdworker, die lediglich im Nebenerwerb tätig werden[98] und nicht auf ein zusätzliches Einkommen neben ihrer Haupttätigkeit angewiesen sind, werden sich aber nur selten für bessere Arbeitsbedingungen auf den Internetplattformen einsetzen.[99] Eher werden sie die Plattform wechseln, als sich an kollektiven Aktionen gegen bestimmte Plattformbetreiber zu beteiligen.[100] Andere Crowdworker befürchten, sie könnten auf „schwarze Listen" gesetzt werden, negative Bewertungen erhalten oder den Zugang zur Plattform gesperrt bekommen.[101] Kollektive Arbeitsniederlegungen[102] sind bei der externen Crowdwork ohnehin nicht erfolgversprechend.[103] Es werden voraussichtlich immer genügend arbeitswillige Crowdworker verbleiben, um den (vorübergehenden) Wegfall der an etwaigen „Arbeitskampfmaßnahmen" beteiligten Arbeiter aufzufangen.[104]

Anstatt Crowdworker zu kollektiven Maßnahmen zu motivieren, könnten Gewerkschaften darauf hinwirken, dass Crowdworker ebenfalls von dem Geltungsbereich von an sich für andere Personengruppen erstrittenen Tarifverträgen erfasst werden. Nach Auffassung des EuGH unterfallen Vereinbarungen zwischen Gewerkschaften und Arbeitgebern oder Arbeitgeberverbänden nur dann nicht dem Kartellverbot des Art. 101 Abs. 1 AEUV (und folglich auch nicht dem des § 1

---

[97] Zu der Frage, ob sich Selbständige auf die Koalitionsfreiheit des Art. 9 Abs. 3 GG berufen können, siehe nur *Bayreuther*, SR-Sonderausgabe Juli 2019, 4 (7); *ders.*, Leistungsbedingungen von (Solo-)Selbständigen, S. 67 f. m. w. N.

[98] Nach Angaben von *F. Schmidt*, Arbeitsmärkte, S. 25 werden Crowdworker überwiegend im Nebenerwerb tätig; siehe auch *Martin Müller*, in: Lutz/Risak, Gig-Economy, S. 320 (323).

[99] *F. Schmidt*, Arbeitsmärkte, S. 25.

[100] *F. Schmidt*, Arbeitsmärkte, S. 25.

[101] *Salehi* u. a., in: Begole u. a., Proc. CHI 2015, S. 1621 (1624).

[102] Selbständige Crowdworker können zwar keinen Arbeitskampf nach klassischem Verständnis führen. Haben sie aber keine vertraglichen Leistungspflichten übernommen, können sie ihre Arbeit ohnehin einfach einstellen, siehe *Bayreuther*, Leistungsbedingungen von (Solo-)Selbständigen, S. 86 sowie *Scholle*, SR-Sonderausgabe Juli 2019, 28 (31).

[103] A. A. offenbar *Tapper*, in: Hill/Martini/Wagner, Digitale Lebenswelt, S. 253 (282); zu anderen Kampfmitteln in der digitalisierten Arbeitswelt siehe *Bayreuther*, Leistungsbedingungen von (Solo-)Selbständigen, S. 87 f.; *Giesen/Kersten*, NZA 2018, 1 (5–7); dazu, dass dennoch teilweise Boykotte auf den Internetplattformen veranstaltet werden, *Barth*, in: Benner, Crowdwork, 99 (104).

[104] *Pooler*, Crowdworkers form their own digital networks, Financial Times v. 03.11.2014 (www.ft.com/content/2c23a880-5df3-11e4-bc04-00144feabdc0; zul. abgerufen am 23.09.2020).

GWB)[105], wenn die Gewerkschaft in ihrer Rolle als Sozialpartner tätig werde.[106] Gewerkschaften würden nur dann in ihrer Rolle als Sozialpartner tätig, wenn die Personen, in deren Namen und auf deren Rechnung die Gewerkschaft verhandle, zumindest „Scheinselbständige" seien.[107] Auch wenn der Gerichtshof „Scheinselbständige" als „Leistungserbringer, die sich in einer vergleichbaren Situation wie die Arbeitnehmer befinden", beschreibt,[108] bleibt jedoch unklar, wie dies genau zu verstehen ist.

Im Schrifttum geht man teilweise davon aus, der EuGH meine mit dem Begriff der „Scheinselbständigen" (nach nationalem Recht) selbständige Personen, die Arbeitnehmern vergleichbar schutzbedürftig seien.[109] Mit der Bezugnahme auf „Scheinselbständige" habe der EuGH mehr als eine bloße Klarstellung bezüglich des Anwendungsbereichs der kartellrechtlichen Bereichsausnahme auf fälschlicherweise als Selbständige verortete Personen zu erreichen versucht.[110] Mehr noch habe er die Grenzen der Privilegierung neu bestimmen wollen. Der Gerichtshof habe die nationalen Gerichte von den Schwierigkeiten entbinden wollen, die in Grenzfällen mit einer Anwendung des Arbeitnehmerbegriffs verbunden seien. Dies sei jedoch ohne eine Erweiterung des erfassten Personenkreises nicht zu erreichen.

Richtigerweise wird man den EuGH mit der Gegenauffassung so zu verstehen haben, dass allein solche Personen gemeint sind, bei denen es sich tatsächlich um Arbeitnehmer im Sinne des Unionsrechts handelt, die allerdings fälschlicherweise als Selbständige bezeichnet werden.[111] Auch wenn der EuGH „Scheinselbständige" als Leistungserbringer ansieht, deren Lage mit der von Arbeitnehmern vergleichbar sei, rekurriert er doch für die Feststellung der Scheinselbständigkeit entscheidend auf

---

[105] Die Auslegung des § 1 GWB und damit auch die Reichweite der teleologischen Reduktion in Sachverhalten ohne grenzüberschreitenden Bezug orientiert sich an der des Art. 101 Abs. 1 AEUV, so *Mohr*, EuZA 2018, 436 (439 f.).

[106] EuGH, Urt. v. 04.12.2014 – C-413/13, NZA 2015, 55 (56) – *FNV Kunsten Informatie en Media*; grundlegend zur Bereichsausnahme EuGH, Urt. v. 21.09.1999 – C-67/97, AP EG-Vertrag Art. 85 Nr. 1 Rn. 59–61 – *Albany*.

[107] EuGH, Urt. v. 04.12.2014 – C-413/13, NZA 2015, 55 (57) – *FNV Kunsten Informatie en Media*.

[108] EuGH, Urt. v. 04.12.2014 – C-413/13, NZA 2015, 55 (57) – *FNV Kunsten Informatie en Media*.

[109] *Bayreuther*, Leistungsbedingungen von (Solo-)Selbständigen, S. 97–99; *Eufinger*, DB 2015, 192 (193); *Hanau*, NJW 2016, 2613 (2616); *Heuschmid/Hlava*, AuR 2015, 193 (194); *Waltermann*, RdA 2019, 94 (100); für eine Ausnahme vom Kartellverbot bei arbeitnehmerähnlichen Personen auch *C. Schubert*, in: Deinert u. a., FS Klebe, S. 351 (356).

[110] Dazu und zur nachfolgenden Argumentation *Bayreuther*, Leistungsbedingungen von (Solo-)Selbständigen, S. 97.

[111] *Fuchs*, ZESAR 2016, 297 (303); *Goldmann*, EuZA 2015, 509 (514); *Holler*, in: Dobreva u. a., Neue Arbeitsformen, S. 181 (207 f.); *Latzel/Serr*, EuZW 2014, 410 (413); *Walzer*, Arbeitsrechtlicher Schutz der Crowdworker, S. 219; ebenso *C. Schubert*, RdA 2018, 200 (205), die jedoch gleichzeitig davon ausgeht, dass § 1 GWB dem Abschluss von Tarifverträgen für arbeitnehmerähnliche Personen nicht entgegenstehe. Im Ergebnis läuft ihre Auffassung darauf hinaus, Art. 101 Abs. 1 AEUV und § 1 GWB unterschiedlich auszulegen.

seine hergebrachten Kriterien zur Unterscheidung von Arbeitnehmern und selbständigen Personen.[112] Es erschließt sich nicht, wieso der Gerichtshof bei einem anderen Verständnis gerade auf das Merkmal der Scheinselbständigkeit hätte abstellen sollen.[113] In diesem Fall hätte es näher gelegen, das vorlegende Gericht dazu anzuhalten, zu überprüfen, ob die von der Gewerkschaft vertretenen Personen mit Arbeitnehmern vergleichbar schutzbedürftig seien.

Im Ergebnis wird zwar nicht generell ausgeschlossen, die kartellrechtliche Bereichsausnahme auch auf Tarifverträge für arbeitnehmerähnliche Personen zu erstrecken. Da aber nach nationalem Recht Arbeitnehmerähnliche die Anforderungen des autonom zu bestimmenden europarechtlichen Arbeitnehmerbegriffs erfüllen müssen,[114] wird eine Anwendung der Bereichsausnahme zumeist ausscheiden. Arbeitnehmer in diesem Sinne ist, wer über einen gewissen Zeitraum gegen ein Entgelt für seinen Auftraggeber weisungsgebunden Leistungen erbringt.[115] Da arbeitnehmerähnliche Personen bloß wirtschaftlich (und nicht persönlich) von ihrem Vertragspartner abhängig sind,[116] fehlt es ihnen in aller Regel an der notwendigen Weisungsbindung.[117] Crowdworker können somit nur dann in den Geltungsbereich tariflicher Regelungen einbezogen werden, wenn sie dem bei Art. 101 Abs. 1 AEUV anzuwendenden unionsrechtlich autonom auszulegenden Arbeitnehmerbegriff unterfallen.

Um die Arbeitsbedingungen von Crowdworkern zu verbessern, setzen Gewerkschaften bevorzugt auf andere Maßnahmen. Gemeinsam mit Interessenvertretungen aus den USA, Schweden, Österreich und Dänemark hat etwa die IG Metall im Jahr 2016 in der sogenannten „Frankfurter Erklärung" Empfehlungen für angemessene Bedingungen bei plattformbasierter Arbeit aufgestellt.[118] In Partnerschaft mit der Arbeiterkammer Wien, dem Österreichischen Gewerkschaftsbund (ÖGB) und der schwedischen Gewerkschaft Unionen betreibt die Gewerkschaft unter der Domäne „www.faircrowdwork.org" eine Webseite, auf der sie etwa Neuigkeiten für Crowdworker verbreitet, die Rechte und Pflichten von Crowdworkern näher erläutert und ein kostenloses Beratungstelefon anbietet. Ausgewählte Plattformen werden genauer beschrieben und etwa anhand ihrer AGB oder der auf der Plattform gezahlten

---

[112] *Fuchs*, ZESAR 2016, 297 (303); *Goldmann*, EuZA 2015, 509 (514).

[113] *Fuchs*, ZESAR 2016, 297 (303).

[114] *Holler*, in: Dobreva u. a., Neue Arbeitsformen, S. 181 (207 f.); *Rieble*, ZWeR 2016, 165 (171 f.).

[115] EuGH, Urt. v. 04.12.2014 – C-413/13, NZA 2015, 55 (57) – *FNV Kunsten Informatie en Media*.

[116] Siehe oben unter Kap. 3 B. I.

[117] Zur parallelen Argumentation bei der streitbefangenen Frage, ob nach nationalem Recht arbeitnehmerähnliche Personen unter den Arbeitnehmerbegriff des Art. 8 Rom I-VO fallen, siehe oben unter Kap. 5 A. II. 1. b).

[118] Abrufbar ist die Frankfurter Erklärung unter www.igmetall.de/download/20161214 _Frankfurt_Paper_on_Platform_Based_Work_DE_1c33819e1e90d2d09e531a61a572a0a423 a93455.pdf (zul. abgerufen am 23.09.2020).

Vergütungen bewertet. Obwohl bislang nur wenige Plattformen auf der Webseite gelistet sind,[119] könnten etwa die Vergabe von Gütesiegeln[120] oder Hinweise auf prekäre Bedingungen[121] (vorzugsweise durch unabhängige Institutionen)[122] auf solchen Plattformbewertungen aufbauen. Auch könnten Gewerkschaften Crowdworker mit ihrem Know-how bei der Umsetzung eigener Organisierungsvorhaben unterstützen.[123]

C. Handlungsoptionen der Crowdworker

Allein haben Crowdworker geringen Einfluss auf die Arbeitsbedingungen auf den Plattformen. Aus der Sicht externer Crowdworker ist es entscheidend, sich in Internetforen wie „Turker Nation"[124] oder „MTurkForum"[125] auszutauschen, welche Auftraggeber faire Arbeitsbedingungen anbieten oder wie sich ausgeschriebene Aufgaben am effektivsten abarbeiten lassen.[126] Unangemessenen Arbeitsbedingungen beugen sie am besten vor, indem sie ihre eigene Arbeitsweise optimieren und ihre Auftraggeber anhand der Vorkenntnisse anderer Crowdworker selektieren. Oft empfiehlt es sich, zumeist von anderen Crowdworkern erstellte Softwares zu verwenden, die etwa die einzelnen Plattformen um weitere Informationen ergänzen[127] oder den Arbeitsfluss behindernde Angaben ausblenden. Mit „HIT Scraper", einem Skript speziell für die Plattform Amazon Mechanical Turk, lassen sich beispielsweise die normalerweise ebenfalls angezeigten Aufgaben verbergen, die Crowdworker aufgrund fehlender Qualifikation ohnehin nicht bearbeiten können oder deren Vergütung unterhalb eines von dem Nutzer angegebenen Mindestbetrags

---

[119] Sollten weitere Plattformbewertungen hinzukommen, wird man auch zu prüfen haben, wie sich deren Aktualität gewährleisten lässt, siehe *F. Schmidt*, Arbeitsmärkte, S. 25.

[120] Hierzu auch *Benner*, in: Benner, Crowdwork, S. 289 (298); *Martin Müller*, in: Lutz/Risak, Gig-Economy, S. 320 (329); *F. Schmidt*, Arbeitsmärkte, S. 25.

[121] *Däubler*, SR-Sonderausgabe Juli 2016, 2 (43); *F. Schmidt*, Arbeitsmärkte, S. 25; zu sog. „name-and-shame-Aktionen" siehe *Martin Müller*, in: Lutz/Risak, Gig-Economy, S. 320 (325–327).

[122] *Kocher/Hensel*, NZA 2016, 984 (990).

[123] *Deinert*, Soloselbstständige, Rn. 155 verweist darauf, dass in den USA Gewerkschaften Kapitalfonds zur Förderung von Unternehmensgründungen errichten, die auf die Verbesserung von Arbeitnehmerrechten abzielen; *Martin Müller*, in: Lutz/Risak, Gig-Economy, S. 320 (331).

[124] www.reddit.com/r/TurkerNation/comments/bx9xdg/welcome_to_the_turker_nation_sub reddit/ (zul. abgerufen am 23.09.2020).

[125] www.mturkforum.com/index.php (zul. abgerufen am 23.09.2020).

[126] Siehe hierzu auch *Berg* u. a., Digital labour platforms, S. 95; *Silberman/Irani*, CLLPJ 37 (2016), 505 (520 f.); zu den Vor- und Nachteilen „offener" und „geschlossener" Foren siehe *Martin Müller*, in: Lutz/Risak, Gig-Economy, S. 320 (330 f.).

[127] *Silberman/Irani*, CLLPJ 37, (2016), 505 (521).

liegt.¹²⁸ Andere Anwendungen wie „TurkerViewJS" in Kombination mit der Webseite „www.turker-view.com" ermöglichen Crowdworkern etwa von anderen Crowdworkern abgegebene Bewertungen bestimmter Auftraggeber oder Aufgaben einzusehen oder selbst entsprechende Bewertungen abzugeben.¹²⁹

D. Handlungsoptionen der Plattformbetreiber und der Crowdsourcer

Schließlich sind die Plattformbetreiber und die Crowdsourcer gefordert, Crowdworkern angemessene Arbeitsbedingungen zu gewähren. Andere Maßnahmen würden sich erübrigen, wenn auf den Plattformen ohnehin „gerechte" Bedingungen gewährleistet wären. Auch ein selbstauferlegtes Regelwerk wie der von einigen Plattformbetreibern unterzeichnete „Code of Conduct"¹³⁰ kann einen Beitrag leisten. In dem „Code of Conduct" werden unter anderem ein respektvoller Umgang mit den Crowdworkern sowie klare und präzise Beschreibungen der Aufgaben ebenso vorausgesetzt wie eine angemessene und zeitnahe Vergütung durch die Plattformbetreiber oder deren Kunden. Gemeinsam mit dem Deutschen Crowdsourcing Verband und den Unterzeichnern des „Code of Conduct" hat die IG Metall eine Ombudsstelle errichtet, die überprüft, ob die Verhaltensregeln gewahrt werden und die sich bemüht, Streitigkeiten zwischen Crowdworkern und Plattformbetreibern (außergerichtlich) zu klären.¹³¹

Noch haben allerdings nur wenige Unternehmen den „Code of Conduct" unterzeichnet. Aufgrund mangelnder Transparenz vor allem der Regelungen zur Vergütung der Crowdworker werden derzeit zudem kaum sichtbare Erfolge verzeichnet werden können.¹³² Bei der Bemessung der Vergütung sollen zwar „lokale Lohnstandards" oder die „Komplexität der Aufgabe[n]" zu berücksichtigen sein. Konkrete Angaben zu angemessenen Vergütungen enthält der „Code of Conduct" aber nicht.¹³³ Gleichwohl ließe sich auf dem „Code of Conduct" aufbauen. Sollten die niedergelegten Grundsätze erweitert und weiter konkretisiert werden, sich weitere Unternehmen der Selbstverpflichtung anschließen und die Vorgaben durchgesetzt werden,

---

[128] Zu weiteren Funktionen siehe www.greasyfork.org/de/scripts/10615-hit-scraper-with-ex port (zul. abgerufen am 23.09.2020).

[129] Aus wissenschaftlicher Perspektive wurde am ausgiebigsten „Turkopticon" untersucht, siehe etwa *Irani/Silberman*, in: Bødker u. a., Proc. CHI 2013, S. 611 (611–620) u. *Silberman/ Irani*, CLLPJ 37 (2016), 505 (505–542).

[130] www.crowdsourcing-code.com (zul. abgerufen am 23.09.2020).

[131] Siehe die Presseinformation der IG Metall v. 08.11.2017 (www.igmetall.de/download/ docs_2017_11_8_Presseinformation_OmbudsstelleCrowdworking_ef5ebcd3b52f834a38b64 ec80377aee518d11009.pdf; zul. abgerufen am 23.09.2020).

[132] Krit. bereits *Bayreuther*, Leistungsbedingungen von (Solo-)Selbständigen, S. 74.

[133] *Bayreuther*, Leistungsbedingungen von (Solo-)Selbständigen, S. 74.

könnte sich die Plattformökonomie selbst regulieren und Plattformen, auf denen unangemessene Arbeitsbedingungen herrschen, würden vom Markt verdrängt werden.

Kapitel 8

Zusammenfassung

1. Der Begriff „Crowdwork" beschreibt eine durch digitale Plattformen gestützte Form der Arbeitsorganisation, bei der ortsungebundene Aufgaben von einer Organisation oder einer natürlichen Person mittels eines üblicherweise an einen unbestimmten Personenkreis gerichteten Aufrufs an Personen vergeben werden, die diese Aufgaben gegen ein Entgelt erledigen (Crowdworker).

2. Richtet sich der Aufruf desjenigen, von dem die zu vergebenden Aufgaben stammen (Crowdsourcer), an dessen eigene Arbeitnehmer, bezeichnet man dies als „interne" Crowdwork; adressiert der Aufruf nicht von dem Crowdsourcer angestellte Personen, wird von „externer" Crowdwork gesprochen. Betreibt der Crowdsourcer die zur Aufgabenvergabe genutzte Internetplattform selbst, ist zudem die Rede von „direkter" Crowdwork; wird sie von einem Dritten betrieben, spricht man von „indirekter" Crowdwork.

3. Mit erfolgreicher Registrierung bei einem Plattformbetreiber wird zwischen dem Crowdworker und dem Plattformbetreiber ein Vertrag über die Nutzung der zur Aufgabenvergabe verwendeten Webseite geschlossen. Ob Crowdworker darüber hinaus auf der Plattform weitere Verträge schließen, richtet sich nach den Umständen des Einzelfalls:

    a) Bei erfolgsbasierten Wettbewerben ist regelmäßig davon auszugehen, dass den einzelnen Arbeitsaufträgen Preisausschreiben im Sinne des § 661 BGB zugrunde liegen.

    b) Bei zeitbasierten Wettbewerben können die Ausschreibungen entweder als invitatio ad offerendum, als offerte ad incertas personas oder als Auslobung im Sinne des § 657 BGB einzuordnen sein.

    c) Bei gebotsbasierten Wettbewerben sind einseitige Rechtsgeschäfte ausgeschlossen. Die Ausschreibungen sind dort regelmäßig als invitatio ad offerendum anzusehen.

4. Ob bezüglich der einzelnen Aufgaben auf einer von einem Dritten betriebenen Plattform der Plattformbetreiber oder die Crowdsourcer als Geschäftspartner der Crowdworker anzusehen sind, entscheidet sich anhand des jeweiligen Einzelfalls. Gibt der Plattformbetreiber nach dem objektiven Empfängerhorizont keine eigenen Willenserklärungen ab, sondern überbringt er allenfalls die Erklärungen der Crowdsourcer, agiert er gegebenenfalls als Bote und scheidet selbst als Geschäftspartner aus. Bei der Abgabe eigener Willenserklärungen

durch die Plattformbetreiber beurteilt sich die Person des Geschäftspartners danach, wen die Rechtsfolgen des Geschäfts treffen sollen, wobei auf den Erwartungshorizont der Plattformnutzer unter Berücksichtigung von Sinn und Zweck des Geschäftsmodells der Plattformbetreiber abzustellen ist.

5. Ist bei der internen Crowdwork bezüglich der einzelnen Aufgaben der Crowdsourcer als Geschäftspartner der Crowdworker anzusehen, ist es möglich, dass neben dem ohnehin zwischen den Crowdworkern und dem Crowdsourcer bestehenden Arbeitsverhältnis keine weiteren rechtlichen Bindungen begründet werden. Erstreckt sich das arbeitsvertragliche Weisungsrecht auf die Tätigkeit als Crowdworker, so ist von einem einheitlichen Arbeitsverhältnis auszugehen.

6. Crowdworker, deren Auftraggeber bei der internen Crowdwork der Crowdsourcer ist und deren Tätigkeit dem Weisungsrecht des Crowdsourcers aus dem bestehenden Arbeitsverhältnis unterliegt, stehen in einem einheitlichen Arbeitsverhältnis zu dem Crowdsourcer. Sind die geleisteten Arbeiten nicht von dem arbeitsvertraglichen Weisungsrecht erfasst oder ist bei der internen Crowdwork ein von dem Crowdsourcer personenverschiedener Dritter als Auftraggeber zu erachten, so ist ebenso wie bei der externen Crowdwork eine gesonderte Prüfung der arbeitsrechtlichen Stellung vorzunehmen. Da die Verträge über die Nutzung einer Plattform für die Crowdworker regelmäßig keine Leistungspflichten begründen, kann grundsätzlich nur aus den die einzelnen Aufgabenbearbeitungen betreffenden Verträgen auf ein Arbeitsverhältnis geschlossen werden. Crowdworker, die auf Grundlage einer Auslobung oder eines Preisausschreibens tätig werden, sind mangels eines Vertragsschlusses nicht als Arbeitnehmer anzusehen. Ob die persönliche Abhängigkeit von dem Vertragspartner einen solchen Grad erreicht, dass die Annahme eines Arbeitsverhältnisses gerechtfertigt ist, richtet sich nach den Umständen des Einzelfalls.

7. Bei Crowdworkern, die auf arbeitsvertraglicher Grundlage tätig werden, werden zumeist durchgängige, also nicht auf die Dauer eines einzelnen Arbeitseinsatzes befristete, Arbeitsverhältnisse entstehen. Die auf den Internetplattformen getroffenen Befristungsabreden ermangeln regelmäßig der in § 14 Abs. 4 TzBfG vorgeschriebenen Form, sodass die an sich befristeten Arbeitsverträge nach § 16 Satz 1 HS 1 TzBfG als auf unbestimmte Zeit geschlossen gelten.

8. Arbeitnehmerüberlassungen finden auf den Internetplattformen üblicherweise nicht statt. Die vertraglichen Beziehungen zwischen den Crowdworkern, Plattformbetreibern und Crowdsourcern werden der spezifischen Konstellation einer Arbeitnehmerüberlassung nicht gerecht.

9. Arbeitnehmerähnlich sind selbständige Crowdworker regelmäßig dann, wenn sie über eine gewisse Dauer lediglich für einen einzigen Crowdsourcer oder Plattformbetreiber tätig werden und neben ihrer Tätigkeit als Crowdworker keinen oder bloß untergeordneten weiteren Tätigkeiten nachgehen. Dies kann vor allem anzunehmen sein bei der externen direkten Crowdwork und wenn Crowdworker bei der externen indirekten Crowdwork allein zu den Platt-

formbetreibern in Geschäftsbeziehungen stehen. Bei der internen Crowdwork oder wenn bei der externen indirekten Crowdwork die Crowdsourcer als Geschäftspartner der Crowdworker anzusehen sind, scheidet eine Arbeitnehmerähnlichkeit in der Regel aus.

10. Abgesehen von den Fällen der externen indirekten Crowdwork, in denen die einzelnen Aufgaben nicht von den Plattformbetreibern, sondern von den Crowdsourcern vergeben werden, sind selbständige Crowdworker regelmäßig als Heimarbeiter einzuordnen. Wie die Aufgaben auf den Plattformen vergeben werden, steht der Einordnung als Heimarbeiter nicht entgegen. Ob Crowdworker von ihrem Auftraggeber wirtschaftlich abhängig und einem Arbeitnehmer vergleichbar schutzbedürftig sind, ist für die Heimarbeitereigenschaft unerheblich.

11. Die AGB der Plattformbetreiber enthalten teilweise Vertragsbedingungen, die einer AGB-Kontrolle nach den §§ 305 ff. BGB nicht standhalten:

 a) Die Wirksamkeit von AGB, die es dem Betreiber einer Plattform gestatten, während der laufenden Vertragsbeziehung mit den Crowdworkern die Nutzungsbedingungen abzuändern, richtet sich nach der Klauselgestaltung im Einzelfall.

 b) Erfolgt die Aufgabenvergabe auf einer Plattform im Wege eines Preisausschreibens, ergeben sich grundsätzlich keine Bedenken gegen AGB, nach denen die Belohnung lediglich an erfolgreiche Bewerber ausgekehrt werden soll. Vertragsbedingungen, nach denen der Auftraggeber dazu berechtigt sei, auch bei Dienst- oder Werkverträgen die eingereichten Arbeitsergebnisse ohne Begründung abzulehnen und die vereinbarte Vergütung einzubehalten, sind allerdings unwirksam.

 c) Setzen die AGB eines Plattformbetreibers pauschale Nachbesserungsfristen für mangelhafte Arbeitsergebnisse, ist dies allenfalls dann wirksam, wenn die formularmäßig gesetzte Frist in jedem denkbaren Anwendungsfall angemessen ist.

 d) Unbedenklich ist es grundsätzlich, wenn Crowdworker sich aufgrund einer Bestimmung in den AGB eines Plattformbetreibers dazu bereit erklären, dem Plattformbetreiber oder dem Crowdsourcer jegliche Nutzungsrechte an urheberrechtlich geschützten Arbeitsergebnissen einzuräumen. Vertragsbedingungen, nach denen auch die Nutzungsrechte an nicht abgenommenen und nicht vergüteten Arbeitsergebnissen übergehen sollen, werden nicht in den Plattformnutzungsvertrag einbezogen und sind zugleich unwirksam. Ist die Rechteeinräumung nach Maßgabe der AGB mit der ausgeschriebenen Vergütung mitabgegolten, ist dies grundsätzlich ebenso unproblematisch wie eine formularmäßig erteilte Zustimmung zur Weiterübertragung der den Plattformbetreibern eingeräumten Nutzungsrechte an Dritte.

e) Unwirksam sind jedenfalls Bestimmungen, nach denen Crowdworkern eine Kontaktaufnahme mit anderen Nutzern derselben Plattform verboten sei oder aufgrund derer Crowdworker sich dazu verpflichten, den Plattformbetreiber über Kontaktaufnahmeversuche anderer Nutzer zu unterrichten.

f) Unwirksam sind schließlich AGB, nach denen die Plattformbetreiber berechtigt sein sollen, den Zugang der Crowdworker zu ihrer Plattform oder einzelnen Funktionen der Webseite ohne ersichtlichen Grund zu sperren.

12. Bei einem auffälligen Missverhältnis zwischen den gegenseitigen Leistungen kann der Vertrag zwischen einem Crowdworker und seinem Geschäftspartner wegen Wuchers (§ 138 Abs. 2 BGB) oder Wucherähnlichkeit (§ 138 Abs. 1 BGB) nichtig sein. Anders als § 138 Abs. 1 BGB wird aber § 138 Abs. 2 BGB regelmäßig nicht eingreifen, weil der Auftraggeber keine Kenntnis von einer der im Gesetz genannten Schwächesituationen bei einem Crowdworker erlangt. Auslobungen und Preisausschreiben sind aufgrund einer teleologischen Reduktion nicht als wucherisch oder wucherähnlich anzusehen.

13. Ob deutsches Bürgerliches Recht in grenzüberschreitenden Sachverhalten auf die vertraglichen Schuldverhältnisse von Crowdworkern Anwendung findet, richtet sich vor den Gerichten der Mitgliedstaaten der EU (ausgenommen Dänemarks) nach der Rom I-VO. Der Begriff der „vertraglichen Schuldverhältnisse" erstreckt sich auch auf Auslobungen und Preisausschreiben. Drittstaatliche Gerichte bestimmen das anwendbare Recht nach ihrem eigenen Internationalen Privatrecht. Im Anwendungsbereich der Verordnung gilt nach Art. 3 Abs. 1 Rom I-VO der Grundsatz freier Rechtswahl. Grenzen findet die Rechtswahlfreiheit in Art. 3 Abs. 3 Rom I-VO und in den Art. 8, 9 und 21 Rom I-VO. Fehlt eine Rechtswahl (und greift Art. 8 Abs. 2 Rom I-VO nicht ein) ergibt sich das anwendbare Recht aus Art. 4 Rom I-VO.

14. Welches Gericht in Streitigkeiten zwischen Crowdworkern und ihren Geschäftspartnern international zuständig ist, richtet sich in den Mitgliedstaaten der EU in Zivil- und Handelssachen grundsätzlich nach der Brüssel Ia-VO, vor drittstaatlichen Gerichten nach deren eigenem internationalem Zivilverfahrensrecht. Wird im Anwendungsbereich der Brüssel Ia-VO eine Gerichtsstandsvereinbarung getroffen, die auf die Gerichte eines Mitgliedstaats verweist, richtet sich die Wirksamkeit dieser Vereinbarung (vorbehaltlich Art. 23 Brüssel Ia-VO) nach Art. 25 Abs. 1 Brüssel Ia-VO. Bei einem Verweis auf drittstaatliche Gerichte findet die Brüssel Ia-VO keine Anwendung. Besteht im Anwendungsbereich der Brüssel Ia-VO keine wirksame Gerichtsstandsvereinbarung, ergibt sich der Gerichtsstand bei Klagen von Arbeitnehmern gegen ihre Arbeitgeber aus Art. 21 Brüssel Ia-VO. Für nicht als Arbeitnehmer einzuordnende Crowdworker ergibt sich der Gerichtsstand für Klagen gegen Auftraggeber mit Wohnsitz im Hoheitsgebiet eines Mitgliedstaats aus Art. 4 Abs. 1 Brüssel Ia-VO oder Art. 7 Nr. 1 lit. b) zweiter Spiegelstrich Brüssel Ia-VO. Hat der Beklagte keinen Wohnsitz im Hoheitsgebiet eines Mitgliedstaats, richtet

sich die internationale Zuständigkeit gemäß Art. 6 Abs. 1 Brüssel Ia-VO nach der lex fori.

15. Ob externe Crowdworker abhängig beschäftigt und damit grundsätzlich in der Sozialversicherung versicherungspflichtig sind, entscheidet sich anhand des jeweiligen Einzelfalls nach dem Grad der persönlichen Abhängigkeit von dem Geschäftspartner. Sofern sie sich nicht gegenüber ihrem Auftraggeber zu einer Leistung verpflichten, hat ein Beschäftigungsverhältnis auszuscheiden. Grundlage eines Beschäftigungsverhältnisses können regelmäßig nur die einzelnen Arbeitsaufträge sein, wenn diese auf einem Vertragsschluss zwischen den Crowdworkern und den Plattformbetreibern oder den Crowdsourcern beruhen. Selbständige Crowdworker sind (mit Ausnahme von Heimarbeitern) grundsätzlich nicht versicherungspflichtig und können ihre Versicherungspflicht lediglich unter bestimmten Voraussetzungen in einzelnen Zweigen der Sozialversicherung auf Antrag begründen oder sich freiwillig versichern. Nur vereinzelt kommt eine Versicherungspflicht nach näherer Maßgabe des KSVG in Betracht.

16. Bei der internen Crowdwork ist in der Sozialversicherung danach zu unterscheiden, ob sich das Weisungsrecht des Auftraggebers aus dem (Haupt-)Beschäftigungsverhältnis auch auf die Tätigkeit als Crowdworker erstreckt: Nur wenn sich das Weisungsrecht nicht auf diese Tätigkeit bezieht oder die zur Aufgabenvergabe genutzte Plattform von einem Dritten betrieben wird, der als Auftraggeber der Crowdworker anzusehen ist, kann eine gesonderte sozialversicherungsrechtliche Behandlung der internen Crowdwork gerechtfertigt sein. Bei der internen direkten Crowdwork oder wenn bei der internen indirekten Crowdwork der Crowdsourcer als Auftraggeber der Crowdworker anzusehen ist, ist jedoch regelmäßig von einem einheitlichen Beschäftigungsverhältnis auszugehen.

17. In grenzüberschreitenden Sachverhalten finden gegenüber anderen Mitgliedstaaten der EU und gegenüber Island, Norwegen, Liechtenstein und der Schweiz die an eine Beschäftigung oder eine selbständige Tätigkeit anknüpfenden Vorgaben zu Versicherungspflicht und -berechtigung des deutschen Rechts auf alle Crowdworker Anwendung, die im Bundesgebiet tätig werden. Besteht der grenzüberschreitende Bezug zu einem Drittstaat, richtet sich die Anwendung deutschen Sozialversicherungsrechts gegebenenfalls nach einem mit diesem Staat geschlossenem Sozialversicherungsabkommen, andernfalls nach dem nationalen Kollisionsrecht.

18. Es bestehen verschiedene Möglichkeiten, wie (insbesondere selbständigen) Crowdworkern ein größeres Schutzniveau gewährt werden kann:

    a) Der Anwendungsbereich des Heimarbeitsrechts ließe sich durch eine extensivere Auslegung des Heimarbeiterbegriffs ausweiten. Notwendig ist aber in jedem Fall, dass der Gesetzgeber das Heimarbeitsrecht überarbeitet und an eine Aufgabenvergabe über digitale Plattformen anpasst.

b) Auch eine Erweiterung der Gruppe der arbeitnehmerähnlichen Personen ist denkbar, wozu allerdings ebenfalls gesetzgeberische Korrekturen (etwa im Urlaubsrecht) erforderlich wären.

c) Mindestvergütungen für Selbständige sind allenfalls dann praktikabel, wenn sie branchenspezifisch festgelegt werden. Branchenspezifische Mindestvergütungen für Crowdworker setzen aber ein einheitliches Begriffsverständnis von „Crowdwork" oder zumindest eine gesetzliche Festlegung des Begriffsinhalts voraus.

d) Wie eine angemessene Altersversorgung vor allem ertragsschwacher Crowdworker gewährleistet werden kann, wird noch weiter zu erforschen sein. Sonderkonstruktionen für Crowdworker sehen sich terminologischen Hindernissen ausgesetzt und würden die Schutzbedürftigkeit vieler anderer Selbständiger unberücksichtigt lassen. Solo-Selbständige generell in die Versicherungspflicht in der gesetzlichen Rentenversicherung einzubeziehen, würde eine Minderung ihrer Beitragslast erfordern. Die Auftraggeber an den Kosten der Selbständigen zu beteiligen ließe sich ebenso wenig rechtfertigen, wie die Rentenversicherung der Solo-Selbständigen aus dem Steueraufkommen zu bezuschussen.

e) Gemeinsame europäische oder internationale Regulierungsvorhaben sind einzelstaatlichen Gesetzesinitiativen vorzuziehen, werden sich jedoch auf absehbare Zeit nicht umsetzen lassen.

f) Gewerkschaften haben nur geringen Einfluss auf die Arbeitsbedingungen der Crowdworker. Zwar können sich auch selbständige Crowdworker in Gewerkschaften organisieren, jedoch werden sich Tarifvertragsabschlüsse für Crowdworker kaum erwirken lassen. In den Geltungsbereich von an sich für andere Gruppen erstrittene Tarifverträge können Crowdworker aufgrund des Kartellverbots in Art. 101 Abs. 1 AEUV nur einbezogen werden, wenn sie unter den in diesem Zusammenhang anzuwendenden, unionsrechtlich autonom auszulegenden Arbeitnehmerbegriff fallen. Im Ergebnis wird sich die Gewerkschaftsarbeit darauf beschränken, Crowdworkern die Durchsetzung der ihnen zustehenden Rechte zu ermöglichen oder durch außerrechtliche Handlungsweisen auf angemessene Arbeitsbedingungen für Crowdworker hinzuwirken.

Literaturverzeichnis

Acker, Ludwig/*Thum*, Kai: Zulässigkeit der Vereinbarung der freien Weiterübertragbarkeit von urheberrechtlichen Nutzungsrechten durch AGB, GRUR 2008, S. 671–678.

Ackmann, Hans-Peter: Anm. zu BGH, Urt. v. 31.05.1990 – IX ZR 257/89, JZ 1990, S. 925–927.

Aloisi, Antonio: Commoditized Workers: Case Study Research On Labor Law Issues Arising From a Set of „On Demand/Gig Economy" Platforms, CLLPJ 37 (2016), S. 653–690.

Apt, Wenke u. a.: Foresight-Studie „Digitale Arbeitswelt" für das Bundesministerium für Arbeit und Soziales, Berlin 2016.

Arnold, Christian/*Günther*, Jens (Hrsg.): Arbeitsrecht 4.0. Praxishandbuch zum Arbeits-, IP- und Datenschutzrecht in einer digitalisierten Arbeitswelt, München 2018 [zitiert als: Arnold/ Günther/*Bearbeiter*].

Baaß, Christoph: Die Crowdworker: Arbeits- und sozialrechtliche Einordnung, HRN 2018, S. 44–51.

Barth, Vanessa: „Sechs Dollar die Stunde sind das absolute Minimum". Turken als neue Arbeitsform, in: Benner, Christiane (Hrsg.), Crowdwork – zurück in die Zukunft? Perspektiven digitaler Arbeit, Frankfurt a. M. 2015, S. 99–111.

Bauschke, Hans-Joachim: Arbeitsrecht 4.0 – Eine kurze Bestandsaufnahme aus aktuellem Anlass, öAT 2016, S. 225–228.

Bauschke, Hans-Joachim: Auf dem Weg zu einem neuen Arbeitnehmerbegriff. Anmerkungen zu neueren arbeitsrechtlichen Phänomena, RdA 1994, S. 209–215.

Bayreuther, Frank: Arbeitnehmereigenschaft und die Leistung fremdbestimmter Arbeit am Beispiel des Crowdworkers, RdA 2020, S. 241–248.

Bayreuther, Frank: Das Architektenhonorar-Urteil des EuGH und die Absicherung der Leistungsbedingungen wirtschaftlich schwacher Selbstständiger, ZESAR 2020, S. 99–105.

Bayreuther, Frank: Selbständige im Tarif- und Koalitionsrecht, SR-Sonderausgabe Juli 2019, S. 4–11.

Bayreuther, Frank: Sicherung der Leistungsbedingungen von (Solo-)Selbständigen, Crowdworkern und anderen Plattformbeschäftigten, Frankfurt a. M. 2018.

Bayreuther, Frank: Entgeltsicherung Selbständiger, NJW 2017, S. 357–361.

Bechtolf, Hans Leo/*Zöllner*, Thomas Matthias: Crowdsourcing – Eine arbeitsrechtliche Verortung, in: Redlich, Tobias/Moritz, Manuel/Wulfsberg, Jens Peter (Hrsg.), Interdisziplinäre Perspektiven zur Zukunft der Wertschöpfung, Wiesbaden 2018, S. 255–269.

Beck-Online Großkommentar zum Zivilrecht, herausgegeben von Gsell, Beate u. a., München 2020 [zitiert als: BeckOGK/*Bearbeiter*].

Beck'scher Online-Kommentar zum Arbeitsrecht, herausgegeben von Rolfs, Christian u. a., 56. Edition, Stand: 01.06.2020 [zitiert als: BeckOK-ArbR/*Bearbeiter*].

Beck'scher Online-Kommentar zum Bürgerlichen Gesetzbuch, herausgegeben von Hau, Wolfgang/Poseck, Roman, 55. Edition, Stand: 01.08.2020 [zitiert als: BeckOK-BGB/*Bearbeiter*].

Beck'scher Online-Kommentar zum Urheberrecht, herausgegeben von Ahlberg, Hartwig/ Götting, Horst-Peter, 26. Edition, Stand: 15.06.2020 [zitiert als: BeckOK-UrhR/*Bearbeiter*].

Benner, Christiane: Amazonisierung oder Humanisierung der Arbeit durch Crowdsourcing? Gewerkschaftliche Perspektiven in einer digitalen Arbeitswelt, in: Benner, Christiane (Hrsg.), Crowdwork – zurück in die Zukunft? Perspektiven digitaler Arbeit, Frankfurt a. M. 2015, S. 289–300.

Bepler, Klaus: Zwei Regelungsvorschläge für problematische Beschäftigungsverhältnisse, SR-Sonderausgabe Juli 2019, S. 12–16.

Berberich, Matthias: Zum Leitbildcharakter urheberrechtlicher Rechtsgrundsätze, WRP 2012, S. 1055–1060.

Berberich, Matthias: Die Doppelfunktion der Zweckübertragungslehre bei der AGB-Kontrolle, ZUM 2006, S. 205–210.

Berg, Janine: Income security in the on-demand economy: Findings and policy lessons from a survey of crowdworkers, Genf 2016.

Berg, Janine u. a.: Digital labour platforms and the future of work. Towards decent work in the online world, Genf 2018.

Bieder, Marcus: Der Nullstundenvertrag – zulässiges Flexibilisierungsinstrument oder Wegbereiter für ein modernes Tagelöhnertum?, RdA 2015, S. 388–399.

Biegoń, Dominika/*Kowalsky*, Wolfgang/*Schuster*, Joachim: Schöne neue Arbeitswelt? Wie eine Antwort der EU auf die Plattformökonomie aussehen könnte, Berlin 2017.

Bitter, Anna-Kristina: Auslegungszusammenhang zwischen der Brüssel I-Verordnung und der künftigen Rom I-Verordnung, IPRax 2008, S. 96–101.

Blohm, Ivo/*Leimeister*, Jan Marco/*Zogaj*, Shkodran: Crowdsourcing und Crowd Work – ein Zukunftsmodell der IT-gestützten Arbeitsorganisation?, in: Brenner, Walter/Hess, Thomas (Hrsg.), Wirtschaftsinformatik in Wissenschaft und Praxis. Festschrift für Hubert Österle zum 65. Geburtstag, Berlin/Heidelberg 2014, S. 51–64.

Boemke, Burkhard: Anm. zu BAG, Urt. v. 25.09.2013 – 10 AZR 282/12, RdA 2015, S. 115–120.

Boes, Andreas u. a.: Cloudworking und die Zukunft der Arbeit. Kritische Analysen am Beispiel der Strategie „Generation Open" von IBM, Kassel 2014.

Bokeloh, Arno: Die zwischen den Mitgliedstaaten abgeschlossenen Sozialversicherungsabkommen und ihr Verhältnis zum koordinierenden Europäischen Sozialrecht, NZS 2015, S. 321–328.

Bourazeri, Konstantina: Neue Beschäftigungsformen in der digitalen Wirtschaft am Beispiel soloselbständiger Crowdworker, NZA 2019, S. 741–746.

Börner, Franziska/*Kehl*, Christoph/*Nierling*, Linda: Chancen und Risiken mobiler und digitaler Kommunikation in der Arbeitswelt, Berlin 2017 [zitiert als: *Börner/Kehl/Nierling*, Digitale Kommunikation].

Braun, Stefan: Zulässigkeit, Grenzen und Probleme der Nebentätigkeit, DB 2003, S. 2282–2286.

Bräutigam, Peter: Das Nutzungsverhältnis bei sozialen Netzwerken. Zivilrechtlicher Austausch von IT-Leistung gegen personenbezogene Daten, MMR 2012, S. 635–641.

Brecht, Hans-Theo: Kommentar zum Heimarbeitsgesetz, München 1977.

Brose, Wiebke: Von Bismarck zu Crowdwork: Über die Reichweite der Sozialversicherungspflicht in der digitalen Arbeitswelt, NZS 2017, S. 7–14.

Bsirske, Frank/*Stach*, Bert: eBay für Arbeitskräfte: Die Verlagerung qualifizierter IT-Arbeit in die Crowd, in: Bsirske, Frank u. a. (Hrsg.), Grenzenlos vernetzt? Gewerkschaftliche Positionen zur Netzpolitik, Hamburg 2012, S. 115–120.

Busemann, Andreas: Arbeitsvertrag, Vertragspraxis und Konkretisierung, NZA 2015, S. 705–711.

Bücker, Andreas: Arbeitnehmer und arbeitnehmerähnliche Personen – Zur notwendigen Neujustierung der Begriffe in der vernetzten Arbeitswelt, in: Faber, Ulrich u. a. (Hrsg.), Gesellschaftliche Bewegungen – Recht unter Beobachtung und in Aktion. Festschrift für Wolfhard Kohte, Baden-Baden 2016, S. 21–46 [zitiert als: *Bücker*, in: Faber u. a., FS Kohte].

Castendyk, Oliver: Lizenzverträge und AGB-Recht, ZUM 2007, S. 169–178.

Cherry, Miriam A.: Mindestlohn für Crowdarbeit? Regelungen zum gesetzlichen Mindestlohn im digitalen Zeitalter, in: Benner, Christiane (Hrsg.), Crowdwork – zurück in die Zukunft? Perspektiven digitaler Arbeit, Frankfurt a. M. 2015, S. 231–240.

Cherry, Miriam A.: A Taxonomy of Virtual Work, Georgia L. Rev. 45 (2011), S. 951–1013.

Cherry, Miriam A.: Working For (Virtually) Minimum Wage: Applying the Fair Labor Standards Act in Cyberspace, Alabama L. Rev. 60 (2009), S. 1077–1110.

Cherry, Miriam A./*Poster*, Winifred R.: Crowdwork, corporate social responsibility, and fair labor practices, in: Olleros, Francisco Xavier/Zhegu, Majlinda, Research Handbook on Digital Transformations, Cheltenham, UK/Northampton (MA), USA 2016, S. 291–312.

Crome, Carl: System des Deutschen Bürgerlichen Rechts. Band 2: Recht der Schuldverhältnisse, 2. Halbband, Tübingen/Leipzig 1902.

Dau-Schmidt, Kenneth Glenn: The Impact of Emerging Information Technologies on the Employment Relationship: New Gigs for Labor and Employment Law, UCLF 2017, S. 63–94.

Däubler, Wolfgang: Digitalisierung und Arbeitsrecht. Internet, Arbeit 4.0 und Crowdwork, 6. Aufl., Frankfurt a. M. 2018.

Däubler, Wolfgang (Hrsg.): Kommentar zum Tarifvertragsgesetz mit Arbeitnehmer-Entsendegesetz, 4. Aufl., Baden-Baden 2016 [zitiert als: *Däubler/Bearbeiter*, TVG].

Däubler, Wolfgang: Digitalisierung und Arbeitsrecht, SR-Sonderausgabe Juli 2016, S. 2–44.

Däubler, Wolfgang: Crowdworker – Schutz auch außerhalb des Arbeitsrechts? Eine Bestandsaufnahme, in: Benner, Christiane (Hrsg.), Crowdwork – zurück in die Zukunft? Perspektiven digitaler Arbeit, Frankfurt a. M. 2015, S. 243–274.

Däubler, Wolfgang/*Bonin*, Birger/*Deinert*, Olaf (Hrsg.): AGB-Kontrolle im Arbeitsrecht. Kommentar zu den §§ 305 bis 310 BGB, 4. Aufl., München 2014 [zitiert als: DBD/*Bearbeiter*, AGB-Kontrolle].

Däubler, Wolfgang/*Klebe*, Thomas: Crowdworker: Die neue Form der Arbeit – Arbeitgeber auf der Flucht?, NZA 2015, S. 1032–1041.

Deinert, Olaf: Die heutige Bedeutung des Heimarbeitsgesetzes, RdA 2018, S. 359–367.

Deinert, Olaf: International Labour Law under the Rome Conventions, Baden-Baden 2017.

Deinert, Olaf: Soloselbstständige zwischen Arbeitsrecht und Wirtschaftsrecht. Zur Notwendigkeit eines erweiterten Sonderrechts für Kleinunternehmer als arbeitnehmerähnliche Personen, Baden-Baden 2015.

De Stefano, Valerio: The rise of the „just-in-time workforce": On-demand work, crowdwork and labour protection in the „gig-economy", Genf 2016.

De Stefano, Valerio: Introduction: Crowdsourcing, the Gig-Economy, and the Law, CLLPJ 37 (2016), S. 461–470.

Dieterich, Thomas/*Neef*, Klaus/*Schwab*, Brent (Hrsg.): Arbeitsrecht-Blattei. Systematische Darstellungen. Loseblatt, Stand: Dezember 2007 [zitiert als: Dieterich/Neef/Schwab/*Bearbeiter*, AR-Blattei SD].

Doan, Anhai/*Ramakrishnan*, Raghu/*Halevy*, Alon Yitzchack: Crowdsourcing Systems on the World-Wide-Web, CACM 54:4 (2011), S. 86–96.

Donle, Christian: Die Bedeutung des § 31 Abs. 5 UrhG für das Urhebervertragsrecht, München 1993 (zugl. Diss. München 1992).

Dorner, Michael: Umfassende Nutzungsrechteeinräumung gegen Pauschalabgeltung – Ende für „Buy-outs"? Aktuelle Entwicklungen der urhebervertragsrechtlichen Rechtsprechung und ihre Relevanz für die IT-rechtliche Vertragspraxis, MMR 2011, S. 780–785.

Dreier, Thomas/*Schulze*, Gernot (Hrsg.): Kommentar zum Urheberrechtsgesetz, Verwertungsgesellschaftsgesetz, Kunsturhebergesetz, 6. Aufl., München 2018 [zitiert als: Dreier/Schulze/*Bearbeiter*, UrhG].

Dutta, Anatol: Das Statut der Haftung aus Vertrag mit Schutzwirkung für Dritte, IPRax 2009, S. 293–299.

Eichhorst, Werner u. a.: Digitalisierung und Arbeitsmarkt: Aktuelle Entwicklungen und sozialpolitische Herausforderungen, ZSR 2016, S. 383–409.

Engert, Andreas: Digitale Plattformen, AcP 218 (2018), S. 304–376.

Enneccerus, Ludwig/*Nipperdey*, Hans Karl: Allgemeiner Teil des Bürgerlichen Rechts. Zweiter Halbband: Entstehung, Untergang und Veränderung der Rechte, Ansprüche und Einreden, Ausübung und Sicherung der Rechte, Tübingen 1960.

Erfurter Kommentar zum Arbeitsrecht, herausgegeben von Müller-Glöge, Rudi/Preis, Ulrich/Schmidt, Ingrid, 20. Aufl., München 2020 [zitiert als: ErfK/*Bearbeiter*].

Erman, Walter (Begr.): Handkommentar zum Bürgerlichen Gesetzbuch, 16. Aufl., Köln 2020 [zitiert als: Erman/*Bearbeiter*].

Estellés-Arolas, Enrique/*González-Ladrón-de-Guevara*, Fernando: Towards an integrated crowdsourcing definition, JIS 38 (2012), S. 189–200.

Eufinger, Alexander: Zur Anwendbarkeit des Kartellrechts bei Tarifverträgen, DB 2015, S. 192–193.

Faust, Florian: Digitale Wirtschaft – Analoges Recht: Braucht das BGB ein Update? Gutachten A zum 71. Deutschen Juristentag, München 2016.

Felstiner, Alek: Working the Crowd: Employment and Labor Law in the Crowdsourcing Industry, BJELL 32 (2011), S. 143–203.

Ferrari, Franco u. a.: Kommentar zum Internationalen Vertragsrecht. Rom I-VO, CISG, CMR, FactÜ, 3. Aufl., München 2018 [zitiert als: Ferrari/*Bearbeiter*, IntVertragsR].

Finke, Hugo/*Brachmann*, Wolfgang/*Nordhausen*, Willy: Kommentar zum Künstlersozialversicherungsgesetz, 5. Aufl., München 2019 [zitiert als: FBN/*Bearbeiter*, KSVG].

Fischels, André: Sollte die Rechtsprechung zum innerbetrieblichen Schadensausgleich auf Solo-Selbstständige erstreckt werden?, RdA 2019, S. 208–215.

Fock, Michael u.a.: Sozialrecht 4.0. Bericht für die Konferenz der Präsidentinnen und Präsidenten der Landessozialgerichte, SGb 2018, S. 591–600.

Franzen, Martin: Folgen von Industrie 4.0 für die Betriebsverfassung – Betriebsbegriff und Vereinbarungen nach § 3 BetrVG, in: Giesen, Richard/Junker, Abbo/Rieble, Volker (Hrsg.), Industrie 4.0 als Herausforderung des Arbeitsrechts. 7. ZAAR-Tagung, Wiesbaden, 30. Oktober 2015, München 2016, S. 107–126.

Freckmann, Anke: Green Card ist nicht alles: Beschäftigung von Ausländern in Deutschland, BB 2000, S. 1402–1407.

Frey, Karsten/*Lüthje*, Christian/*Haag*, Simon: Whom Should Firms Attract to Open Innovation Platforms? The Role of Knowledge Diversity and Motivation, LRP 44 (2011), S. 397–420.

Fromm, Friedrich Karl/*Nordemann*, Wilhelm (Begr.): Urheberrecht. Kommentar zum Urheberrechtsgesetz, Verlagsgesetz, Einigungsvertrag (Urheberrecht), neu: zur EU-Portabilitätsverordnung, 12. Aufl., Stuttgart 2018 [zitiert als: Fromm/Nordemann/*Bearbeiter*, UrhR].

Fuchs, Maximilian: Tarifverträge Selbstständiger und europäisches Wettbewerbsrecht, ZESAR 2016, S. 297–306.

Fuhlrott, Michael/*Oltmanns*, Sönke: Der Crowdworker – (K)ein Arbeitnehmer?, NJW 2020, S. 958–963.

Gadiraju, Ujwal/*Kawase*, Ricardo/*Dietze*, Stefan: A Taxonomy of Microtasks on the Web, in: Ferres, Leo u.a. (Hrsg.), 25th ACM Conference on Hypertext and Social Media. HT'14, Santiago, Chile, September 1–4. New York 2014, S. 218–223 [zitiert als: *Gadiraju/Kawase/Dietze*, in: Ferres u.a., Hypertext 2014].

Gärtner, Jan Armin: Rechtsgeschäftliche Bindungsformen bei Crowdwork, in: Dobreva, Vania u.a. (Hrsg.), Neue Arbeitsformen und ihre Herausforderungen im Arbeits- und Sozialversicherungsrecht. Dokumentation der 8. Assistentinnen- und Assistententagung im Arbeits-

und Sozialversicherungsrecht vom 26.–29.07.2018, Baden-Baden 2018, S. 159–179 [zitiert als: *Gärtner*, in: Dobreva u.a., Neue Arbeitsformen].

Gegenhuber, Thomas/*Ellmer*, Markus/*Scheba*, Claudia: Partizipation von CrowdworkerInnen auf Crowdsourcing-Plattformen: Bestandsaufnahme und Ausblick, Düsseldorf 2018.

Gialeli, Anastasia/*v. Olenhusen*, Albrecht Götz: Das Spannungsverhältnis zwischen Urheberrecht und AGB-Recht, ZUM 2012, S. 389–392.

Gierke, Otto v.: Deutsches Privatrecht. Band 3: Schuldrecht, München/Leipzig 1917.

Giesen, Richard: Wollensbedingung, in: Gödicke, Patrick u.a. (Hrsg.), Festschrift für Jan Schapp zum siebzigsten Geburtstag, Tübingen 2010, S. 159–176 [zitiert als: *Giesen*, in: Gödicke u.a., FS Schapp].

Giesen, Richard/*Kersten*, Jens: Arbeit 4.0. Arbeitsbeziehungen und Arbeitsrecht in der digitalen Welt, München 2018.

Giesen, Richard/*Kersten*, Jens: Der Arbeitskampf in der digitalisierten Arbeitswelt, NZA 2018, S. 1–8.

Goldmann, Julius: Tarifverträge für selbständige Dienstleistungsanbieter als Verstoß gegen EU-Kartellrecht?, EuZA 2015, S. 509–518.

Graf v. Westphalen, Friedrich: Fallstricke bei Verträgen und Prozessen mit Auslandsberührung, NJW 1994, S. 2113–2120.

Greef, Samuel/*Schroeder*, Wolfgang: Plattformökonomie und Crowdworking: Eine Analyse der Strategien und Positionen zentraler Akteure, Kassel 2017.

Greiner, Stefan: Die Vielfalt moderner Arbeitsformen im Sozialrecht, SGb 2016, S. 301–309.

Günther, Jens/*Böglmüller*, Matthias: Arbeitsrecht 4.0 – Arbeitsrechtliche Herausforderungen in der vierten industriellen Revolution, NZA 2015, S. 1025–1031.

Hacker, Philipp: Daten als Gegenleistung: Rechtsgeschäfte im Spannungsfeld von DS-GVO und allgemeinem Vertragsrecht, ZfPW 2019, S. 148–197.

Hammon, Larissa/*Hippner*, Hajo: Crowdsourcing, WI 2012, S. 165–168.

Handkommentar zum Bürgerlichen Gesetzbuch, herausgegeben von Schulze, Reiner u.a., 10. Aufl., Baden-Baden 2019 [zitiert als: Hk-BGB/*Bearbeiter*].

Handkommentar zum Bundesurlaubsgesetz. BUrlG, BEEG, JArbSchG, MuSchG, SGB IX, herausgegeben von Hohmeister, Frank/Oppermann, Angelika, 3. Aufl., Baden-Baden 2013 [zitiert als: Hk-BUrlG/*Bearbeiter*].

Handkommentar zur Zivilprozessordnung. Familienverfahren, Gerichtsverfassung, Europäisches Verfahrensrecht, herausgegeben von Saenger, Ingo, 8. Aufl., Baden-Baden 2019 [zitiert als: Hk-ZPO/*Bearbeiter*].

Hase, Karl v./*Lembke*, Mark: Das Selbstbeurlaubungsrecht arbeitnehmerähnlicher Personen, BB 1997, S. 1095–1101.

Haupt, Susanne/*Wollenschläger*, Michael: Virtueller Arbeitsplatz – Scheinselbständigkeit bei einer modernen Arbeitsorganisationsform, NZA 2001, S. 289–296.

Heise, Dietmar: Agile Arbeit, Scrum und Crowdworking – New Work außerhalb des Arbeitsrechts?, NZA-Beilage 2019, S. 100–106.

Hellwege, Phillip: Die §§ 307–309 BGB enthalten zwei Formen der Inhaltskontrolle, JZ 2015, S. 1130–1138.

Hensel, Isabell: Soziale Sicherheit für Crowdworker_innen? Zu Regulierungsproblemen am Beispiel der Alterssicherung für Selbständige, Sozialer Fortschritt 2017, S. 897–918.

Hertwig, Stefan: Praxis der öffentlichen Auftragsvergabe. Systematik, Verfahren, Rechtsschutz, 6. Aufl., München 2016 [zitiert als: *Hertwig*, Öffentliche Auftragsvergabe].

Heuschmid, Johannes/*Hlava*, Daniel: Entwurf eines Gesetzes über Mindestentgeltbedingungen für Selbstständige ohne Arbeitnehmer (Solo-Selbstständige), 2. Aufl., Frankfurt a. M. 2018.

Heuschmid, Johannes/*Hlava*, Daniel: Keine Anwendung des europäischen Kartellrechts auf TV, die Regelungen für Selbstständige enthalten, AuR 2015, S. 193–195.

Heuschmid, Johannes/*Klebe*, Thomas: Erwerbsarbeit in der Plattformökonomie und Schutz des Arbeits- und Sozialrechts?, in: Faber, Ulrich u. a. (Hrsg.), Gesellschaftliche Bewegungen – Recht unter Beobachtung und in Aktion. Festschrift für Wolfhard Kohte, Baden-Baden 2016, S. 73–84 [zitiert als: *Heuschmid/Klebe*, in: Faber u. a., FS Kohte].

Hlava, Daniel: Der Unfallversicherungsschutz von Crowdworkern – Ist die gesetzliche Unfallversicherung fit for future?, in: Deinert, Olaf u. a. (Hrsg.), Demokratisierung der Wirtschaft durch Arbeitsrecht. Festschrift für Thomas Klebe zum 70. Geburtstag, Frankfurt a. M. 2018, S. 151–158 [zitiert als: *Hlava*, in: Deinert u. a., FS Klebe].

Hoeren, Thomas: Konzernklauseln – an der Schnittstelle von Urheber-, Gesellschafts- und AGB-Recht. Die Zulässigkeit von AGB-Klauseln zur urheberrechtlichen Übertragbarkeit von (Software-)Nutzungsrechten innerhalb einer Unternehmensgruppe, CR 2013, S. 345–350.

Hoeren, Thomas: Kollisionsrechtliche Anknüpfungen bei internationalen EDV-Verträgen, CR 1993, S. 129–134.

Hoeren, Thomas: Die neuen AGB-Banken, NJW 1992, S. 3263–3267.

Hoeren, Thomas/*Sieber*, Ulrich/*Holznagel*, Bernd (Hrsg.): Handbuch Multimedia-Recht. Rechtsfragen des elektronischen Rechtsverkehrs. Loseblatt, Stand: 52. Ergänzungslieferung April 2020 [zitiert als: HSH/*Bearbeiter*].

Hoffmann, Reiner u. a.: Auf dem Weg zu einer Neuen Ordnung der Arbeit, in: Hoffmann, Reiner/Bogedan, Claudia (Hrsg.): Arbeit der Zukunft. Möglichkeiten nutzen – Grenzen setzen, Frankfurt a. M. 2015, S. 503–516.

Holler, Daniel E.: Kollektive Selbsthilfe im Bereich der Arbeit 4.0 – Tarifautonomie für Crowd-, Cloud-, Clickworker und co.?, in: Dobreva, Vania u. a. (Hrsg.), Neue Arbeitsformen und ihre Herausforderungen im Arbeits- und Sozialversicherungsrecht. Dokumentation der 8. Assistentinnen- und Assistententagung im Arbeits- und Sozialversicherungsrecht vom 26.–29.07.2018, Baden-Baden 2018, S. 181–210 [zitiert als: *Holler*, in: Dobreva u. a., Neue Arbeitsformen].

Hötte, Daniel Antonius: Crowdsourcing. Rechtliche Risiken eines neuen Phänomens, MMR 2014, S. 795–798.

Hromadka, Wolfgang: Grenzen des Weisungsrechts. Zur Auslegung des § 106 GewO, NZA 2012, S. 233–239.

Hromadka, Wolfgang: Arbeitnehmerbegriff und Arbeitsrecht. Zur Diskussion um die „neue Selbständigkeit", NZA 1997, S. 569–580.

Hueck, Götz: Bote – Stellvertreter im Willen – Stellvertreter in der Erklärung, AcP 152 (1953), S. 432–444.

Hunold, Wolf: Nebentätigkeit und Arbeitszeitgesetz, NZA 1995, S. 558–561.

Irani, Lilly/*Silberman*, Michael Six: Turkopticon. Ein Tool, um Arbeiter auf Mechanical Turk sichtbar zu machen, in: Benner, Christiane (Hrsg.), Crowdwork – zurück in die Zukunft? Perspektiven digitaler Arbeit, Frankfurt a. M. 2015, S. 131–167.

Irani, Lilly/*Silberman*, Michael Six: Turkopticon: Interrupting Worker Invisibility in Amazon Mechanical Turk, in: Bødker, Susanne u. a. (Hrsg.), Conference Proceedings. The 31st Annual ACM Conference on Human Factors in Computing Systems, CHI 2013, Paris, France, April 27–May 2, 2013. New York 2013, S. 611–620 [zitiert als: *Irani/Silberman*, in: Bødker u. a., Proc. CHI 2013].

Ishida, Makoto: Crowdwork aus einer historischen Perspektive betrachtet – Bedeutet Crowdwork die Rückkehr zur Heimarbeit?, in: Düwell, Franz Josef/Haase, Karsten/Wolmerath, Martin (Hrsg.), Digitalisierung der Arbeitswelt in Deutschland und Japan. Herausforderungen für das Arbeitsrecht. Festschrift zum 20. Geburtstag der Deutsch-Japanischen Gesellschaft für Arbeitsrecht e.V. Hamm 2018 [zitiert als: *Ishida*, in: Düwell/Haase/Wolmerath, FS DJGA].

Jauernig, Othmar (Begr.): Kommentar zum Bürgerlichen Gesetzbuch mit Rom-I-, Rom-II-VO, EuUnthVO/HUntProt und EuErbVO, 17. Aufl., München 2018 [zitiert als: Jauernig/*Bearbeiter*].

Jenderek, Fabian: Die arbeitsrechtliche Stellung geschäftsführender Organmitglieder im Internationalen Privatrecht, Tübingen 2015 (zugl. Diss. Freiburg 2013).

Johns, Henry: Digitalisierung der Arbeit und die Generation Y, in: Vedder, Günther/Krause, Florian (Hrsg.), Personal und Diversität, München/Mering 2016, S. 81–90.

Junker, Abbo: Internationalprivat- und -prozessrechtliche Fragen des Arbeitnehmereinsatzes im Ausland, in: Baur, Jürgen F. u. a. (Hrsg.), Festschrift für Gunther Kühne zum 70. Geburtstag, Frankfurt a. M. 2009, S. 735–748 [zitiert als: *Junker*, in: Baur u. a., FS Kühne].

Junker, Abbo: Arbeitnehmereinsatz im Ausland – Anzuwendendes Recht und Internationale Zuständigkeit, München 2007.

Junker, Abbo: Arbeitsverträge, in: Ferrari, Franco/Leible, Stefan (Hrsg.), Ein neues Internationales Vertragsrecht für Europa – Der Vorschlag für eine Rom I-Verordnung, Jena 2007, S. 111–127.

Junker, Abbo: Die „zwingenden Bestimmungen" im neuen internationalen Arbeitsrecht, IPRax 1989, S. 69–75.

Kappus, Matthias: Telearbeit de lege ferenda, NZA 1987, S. 408–412.

Kappus, Matthias: Rechtsfragen der Telearbeit, Heidelberg 1986 (zugl. Diss. Köln 1985).

Kasseler Kommentar zum Sozialversicherungsrecht, herausgegeben von Körner, Anne u. a. Band 1. Loseblatt, Stand: 109. Ergänzungslieferung Mai 2020 [zitiert als: KassKomm/*Bearbeiter*].

Kawalec, Sandra/*Menz*, Wolfgang: Die Verflüssigung von Arbeit. Crowdsourcing als unternehmerische Reorganisationsstrategie – das Beispiel IBM, AIS 2013, S. 5–23.

Kilian, Wolfgang/*Borsum*, Wolfgang/*Hoffmeister*, Uwe: Telearbeit und Arbeitsrecht – Ergebnisse eines Forschungsprojekts, NZA 1987, S. 401–408.

Kilian, Wolfgang/*Borsum*, Wolfgang/*Hoffmeister*, Uwe: Telearbeit und Arbeitsrecht, Bonn 1986.

Kittur, Aniket u. a.: Die Zukunft der Crowdarbeit. Zentrale Forschungsfragen, in: Benner, Christiane (Hrsg.), Crowdwork – zurück in die Zukunft? Perspektiven digitaler Arbeit, Frankfurt a. M. 2015, S. 173–230.

Klebe, Thomas: Betriebsrat 4.0 – Digital und global?, NZA-Beilage 2017, S. 77–84.

Klebe, Thomas: Crowdwork: Faire Arbeit im Netz?, AuR 2016, S. 277–281.

Klebe, Thomas: Workers of the crowd unite? Betriebsratsrechte bei Crowdsourcing, in: Benner, Christiane (Hrsg.), Crowdwork – zurück in die Zukunft? Perspektiven digitaler Arbeit, Frankfurt a. M. 2015, S. 277–284.

Klebe, Thomas/*Neugebauer*, Julia: Crowdsourcing: Für eine handvoll Dollar oder Workers of the crowd unite?, AuR 2014, S. 4–7.

Klein, Roland: Renaissance der Heimarbeit? – Neue Erwerbsformen der digitalen Arbeitswelt in der arbeitsrechtlichen Reformdiskussion, SPA 2017, S. 93–95.

Klös, Hans-Peter: Digitalisierung und Arbeit aus arbeitsmarktökonomischer Sicht, RdA 2019, S. 91–94.

Klösel, Daniel/*Klötzer-Assion*, Antje/*Mahnhold*, Thilo (Hrsg.): Contractor Compliance. Haftungsprävention und Fallmanagement beim Einsatz von Fremdpersonal, Heidelberg 2016 [zitiert als: KKM/*Bearbeiter*].

Kluth, David: Die Grenzen des kollisionsrechtlichen Verbraucherschutzes. Eine vergleichende Untersuchung der Regelungen der Art. 29, 29a EGBGB und des Art. 6 der Rom I-Verordnung, Jena 2009 (zugl. Diss. Düsseldorf 2008/2009) [zitiert als: *Kluth*, Kollisionsrechtlicher Verbraucherschutz].

Knitter, Philipp: Arbeitsrechtlicher Schutz für Crowdworker (?) Bestandsaufnahme und Perspektiven einer digitalen Arbeitsform, BLJ 2017, S. 69–75.

Knickrehm, Sabine/*Kreikebohm*, Ralf/*Waltermann*, Raimund (Hrsg.): Beck'scher Kurz-Kommentar zum Sozialrecht. VO (EG) Nr. 883/2004, SGB I–SGB XII, SGG, BEEG, Kindergeldrecht (EStG), UnterhaltsvorschussG, 6. Aufl., München 2019 [zitiert als: KKW/*Bearbeiter*].

Knöfel, Oliver L.: Kommendes Internationales Arbeitsrecht – Der Vorschlag der Kommission der Europäischen Gemeinschaften vom 15.12.2005 für eine „Rom I"-Verordnung, RdA 2006, S. 269–281.

Kocher, Eva: Die Spinnen im Netz der Verträge – Geschäftsmodelle und Kardinalpflichten von Crowdsourcing-Plattformen, JZ 2018, S. 862–870.

Kocher, Eva/*Hensel*, Isabell: Herausforderungen des Arbeitsrechts durch digitale Plattformen – ein neuer Koordinationsmodus von Erwerbsarbeit, NZA 2016, S. 984–990.

Koller, Ingo: Das Transparenzgebot als Kontrollmaßstab Allgemeiner Geschäftsbedingungen, in: Baur, Jürgen Fritz/Hopt, Klaus Jürgen/Mailänder, Karl Peter (Hrsg.), Festschrift für Ernst Steindorff zum 70. Geburtstag am 13. März 1990, Berlin/New York 1990, S. 676–686.

Kozak, Wolfgang: Crowdwork mit Auslandsbezug. Anwendbares Recht und Gerichtsstände, in: Lutz, Doris/Risak, Martin (Hrsg.), Arbeit in der Gig-Economy. Rechtsfragen neuer Arbeitsformen in Crowd und Cloud, Wien 2017, S. 304–319.

Köhler, Matthias: Alternative Beschäftigungsformen am Beispiel Crowdworking, in: Baker McKenzie (Hrsg.), Arbeitswelt 4.0, Berlin 2017, S. 61–80.

Körner, Marita: Telearbeit – neue Form der Erwerbsarbeit, alte Regeln?, NZA 1999, S. 1190–1194.

Kötz, Hein: Welche gesetzgeberischen Maßnahmen empfehlen sich zum Schutze des Endverbrauchers gegenüber Allgemeinen Geschäftsbedingungen und Formularverträgen? Gutachten A zum 50. Deutschen Juristentag, München 1974 [zitiert als: *Kötz*, AGB und Formularverträge].

KR Gemeinschaftskommentar zum Kündigungsschutzgesetz und zu sonstigen kündigungsschutzrechtlichen Vorschriften, herausgegeben von Bader u. a., 12. Aufl., Köln 2019 [zitiert als: KR/*Bearbeiter*].

Krause, Rüdiger: Herausforderung Digitalisierung der Arbeitswelt und Arbeiten 4.0, NZA-Beilage 2017, S. 53–59.

Krause, Rüdiger: Digitalisierung der Arbeitswelt – Herausforderungen und Regelungsbedarf, NJW-Beilage 2016, S. 33–36.

Krause, Rüdiger: Digitalisierung der Arbeitswelt – Herausforderungen und Regelungsbedarf. Gutachten B zum 71. Deutschen Juristentag, München 2016.

Krauskopf, Dieter (Begr.): Kommentar zur Sozialen Krankenversicherung, Pflegeversicherung. Band 1: SGB I, SGB IV, SGB V §§ 1–68. Loseblatt, Stand: 106. Ergänzungslieferung März 2020 [zitiert als: Krauskopf/*Bearbeiter*].

Krebber, Sebastian: Qualifikationsrechtlicher Rechtsformzwang. Der Arbeitsvertrags- und Arbeitnehmerbegriff im Europäischen Kollisions- und Verfahrensrecht, in: Kronke, Herbert/Thorn, Karsten (Hrsg.), Grenzen überwinden – Prinzipien bewahren. Festschrift für Bernd v. Hoffmann zum 70. Geburtstag, Bielefeld 2011, S. 218–229 [zitiert als: *Krebber*, in: Kronke/Thorn, FS v. Hoffmann].

Kreutz, Oliver: Der Webseitennutzungsvertrag – Fiktion oder unbekanntes Rechtsgeschäft?, ZUM 2018, S. 162–168.

Kuek, Siou Chew u. a.: The Global Opportunity in Online Outsourcing, Washington 2015.

Kunze, Otto: Der neue § 12a des Tarifvertragsgesetzes. Eine kritische Würdigung, UFITA 74 (1975), S. 19–40.

Larenz, Karl: Lehrbuch des Schuldrechts. Band 2: Besonderer Teil, 1. Halbband, 13. Aufl., München 1986.

Latzel, Clemens/*Serr*, Stephan: Kartellkontrollprivileg für Tarifverträge als formeller Rahmen eines Unionstarifrechts, EuZW 2014, S. 410–415.

Leible, Stefan/*Lehmann*, Matthias: Die Verordnung über das auf vertragliche Schuldverhältnisse anzuwendende Recht („Rom I"), RIW 2008, S. 528–544.

Leimeister, Jan Marco: Crowdsourcing. Crowdfunding, Crowdvoting, Crowdcreation, ZFCM 56 (2012), S. 388–392.

Leimeister, Jan Marco/*Durward*, David/*Zogaj*, Shkodran: Crowd Worker in Deutschland. Eine empirische Studie zum Arbeitsumfeld auf externen Crowdsourcing-Plattformen. Düsseldorf 2016.

Leimeister, Jan Marco u. a.: Neue Geschäftsfelder durch Crowdsourcing: Crowd-basierte Startups als Arbeitsmodell der Zukunft, in: Hoffmann, Reiner/Bogedan, Claudia (Hrsg.): Arbeit der Zukunft. Möglichkeiten nutzen – Grenzen setzen, Frankfurt a.M. 2015, S. 141–158.

Leimeister, Jan Marco/*Zogaj*, Shkodran: Neue Arbeitsorganisation durch Crowdsourcing, Düsseldorf 2013.

Leimeister, Jan Marco/*Zogaj*, Shkodran/*Blohm*, Ivo: Crowdwork – digitale Wertschöpfung in der Wolke. Grundlagen, Formen und aktueller Forschungsstand, in: Benner, Christiane (Hrsg.), Crowdwork – zurück in die Zukunft? Perspektiven digitaler Arbeit, Frankfurt a.M. 2015, S. 9–42.

Leist, Dominik/*Hießl*, Christina/*Schlachter*, Monika: Plattformökonomie – Eine Literaturauswertung, Berlin/Trier 2017.

Lenk, Thomas: Telearbeit. Möglichkeiten und Grenzen einer telekommunikativen Dezentralisierung von betrieblichen Arbeitsplätzen, Berlin 1989 (zugl. Diss. Darmstadt 1988).

Lepke, Udo/*Rehm*, Herbert: Generation Open – Liquid bei IBM, in: IG Metall Vorstand (Hrsg.), Crowdsourcing: Beschäftigte im globalen Wettbewerb um Arbeit – am Beispiel IBM, Frankfurt a.M. 2013, S. 20–28.

Liebman, Wilma B.: Debating the Gig Economy, Crowdwork and New Forms of Work, SR 2017, S. 221–238.

Lindacher, Walter F.: Grundsätzliches zu § 138 BGB. Zur Frage der Relevanz subjektiver Momente, AcP 173 (1973), S. 124–136.

Lingemann, Stefan/*Otte*, Jörn: Arbeitsrechtliche Fragen der „economy on demand", NZA 2015, S. 1042–1047.

Loewenheim, Ulrich: Eingriffsnormen im Urheberrecht, in: Büscher, Wolfgang u.a. (Hrsg.), Festschrift für Joachim Bornkamm zum 65. Geburtstag, München 2014 [zitiert als: *Loewenheim*, in: Büscher u.a., FS Bornkamm].

Lunk, Stefan/*Leder*, Tobias: Der Arbeitsvertrag – Allgemeine Grundlagen, NJW 2015, S. 1577–1579.

Lutz, Doris: Virtuelles Crowdwork: Clickworker. Arbeitsrechtliche Qualifikation der Arbeit auf clickworker.de, in: Lutz, Doris/Risak, Martin (Hrsg.), Arbeit in der Gig-Economy. Rechtsfragen neuer Arbeitsformen in Crowd und Cloud, Wien 2017, S. 62–104.

Lüttringhaus, Jan D.: Die Haftung von Gesellschaftsorganen im Internationalen Privat- und Prozessrecht, EuZW 2015, S. 904–907.

Lüttringhaus, Jan D.: Übergreifende Begrifflichkeiten im europäischen Zivilverfahrens- und Kollisionsrecht. Grund und Grenzen der rechtsaktübergreifenden Auslegung, dargestellt am

Beispiel vertraglicher und außervertraglicher Schuldverhältnisse, RabelsZ 77 (2013), S. 31–68.

Magnus, Ulrich: Gerichtsstandsvereinbarungen unter der reformierten EuGVO, in: Witzleb u. a. (Hrsg.), Festschrift für Dieter Martiny zum 70. Geburtstag, Tübingen 2014, S. 785–802 [zitiert als: *Magnus*, in: Witzleb u. a., FS Martiny].

Magnus, Ulrich: Die Rom I-Verordnung, IPRax 2010, S. 27–44.

Magnus, Ulrich: Anmerkungen zum sachlichen Anwendungsbereich der Rom I-Verordnung, in: Baur, Jürgen Fritz u. a. (Hrsg.), Festschrift für Gunther Kühne zum 70. Geburtstag, Frankfurt a. M. 2009, S. 779–793 [zitiert als: *Magnus*, in: Baur u. a., FS Kühne].

Maidl, Johannes: Ausländische AGB im deutschen Recht, München 2000 (zugl. Diss. Augsburg 1999).

Mandl, Irene u. a.: New forms of employment, Luxemburg 2015.

Mankowski, Peter: Organpersonen und Internationales Arbeitsrecht, RIW 2004, S. 167–172.

Mankowski, Peter: Internet und Telearbeit im Internationalen Arbeitsvertragsrecht, DB 1999, S. 1854–1858.

Mansel, Heinz-Peter: Allgemeines Gleichbehandlungsgesetz – persönlicher und internationaler Anwendungsbereich, in: Heldrich, Andreas u. a. (Hrsg.), Festschrift für Claus-Wilhelm Canaris zum 70. Geburtstag, Band 1, München 2007 [zitiert als: *Mansel*, in: Heldrich u. a., FS Canaris I].

Maschmann, Frank (Hrsg.): Total Compensation. Handbuch der Entgeltgestaltung, 2. Aufl., Frankfurt a. M. 2019 [zitiert als: Maschmann/*Bearbeiter*].

Maschmann, Frank: Fremdpersonaleinsatz im Unternehmen und die Flucht in den Werkvertrag, NZA 2013, S. 1305–1312.

Matusche-Beckmann, Annemarie: Die Bedingungsanpassungsklausel – Zulässiges Instrument für den Fall der Unwirksamkeit Allgemeiner Versicherungsbedingungen?, NJW 1998, S. 112–117.

Maume, Philipp: Bestehen und Grenzen des virtuellen Hausrechts, MMR 2007, S. 620–625.

Mayr, Robert v.: Die Auslobung. Eine zivilistische Untersuchung, Wien 1905.

Mecke, Christian: Arbeit 4.0 – Schöne neue sozialversicherungsfreie Arbeitswelt?, SGb 2016, S. 481–488.

Mette, Elisabeth: Brennpunkt Scheinselbständigkeit, NZS 2015, S. 721–726.

Metzger, Axel: Verträge über digitale Inhalte und digitale Dienstleistungen: Neuer BGB-Vertragstypus oder punktuelle Reform?, JZ 2019, S. 577–586.

Meyer, Uwe: Homeoffice – alte und neue Beschäftigungsformen, ZAT 2018, S. 133–137.

Meyer-Michaelis, Isabel/*Falter*, Kira/*Schäfer*, Amelie: Rechtliche Rahmenbedingungen von Crowdworking – Chancen und Risiken dieser Möglichkeit von Fremdpersonaleinsatz, DB 2016, S. 2543–2546.

Mikosch, Ernst: Arbeitnehmerbegriff und Schutzzwecke des Arbeitsrechts, in: Rieble, Volker (Hrsg.), Festschrift für Manfred Löwisch zum 70. Geburtstag, München 2007, S. 189–204.

Mohr, Jochen: Das Verhältnis von Tarifvertragsrecht und Kartellrecht am Beispiel solo-selbständiger Unternehmer, EuZA 2018, S. 436–462.

Morse, Christopher George John: Consumer Contracts, Employment Contracts and the Rome Convention, ICLQ 41 (1992), S. 1–21.

Mrass, Volkmar/*Peters*, Christoph: Crowdworking-Plattformen in Deutschland, Kassel 2017.

Mrass, Volkmar/*Peters*, Christoph/*Leimeister*, Jan Marco: One for All? Managing External and Internal Crowds through a Single Platform – A Case Study, HICSS 2017, S. 4324–4333.

Mugdan, Benno: Die gesammten [sic!] Materialien zum Bürgerlichen Gesetzbuch für das Deutsche Reich. Band II: Recht der Schuldverhältnisse, Berlin 1899.

Müller, Markus: Die Umgehung des Rechts des Verbrauchsgüterkaufs im Gebrauchtwagenhandel, NJW 2003, S. 1975–1980.

Müller, Martin: Gewerkschaftliche Organisationsstrategien und alternative Kampfmaßnahmen. Rechtliche „Fallstricke" und Lösungsansätze, in: Lutz, Doris/Risak, Martin (Hrsg.), Arbeit in der Gig-Economy. Rechtsfragen neuer Arbeitsformen in Crowd und Cloud, Wien 2017, S. 320–333.

Müller, Stefan: „Innovationswettbewerbe im Internet" – Teil 1, InTeR 2017, S. 129–134.

Müller, Stefan/*Janicki*, Thomas/*Wicker*, Eva-Maria: „Innovationswettbewerbe im Internet" – Teil 2, InTeR 2017, S. 183–192.

Müller-Gemmeke, Beate: Wir brauchen soziale Leitplanken in der neuen Arbeitswelt. Was der Wandel von Arbeitsformen für unsere Gesellschaft bedeutet, in: Benner, Christiane (Hrsg.), Crowdwork – zurück in die Zukunft? Perspektiven digitaler Arbeit, Frankfurt a. M. 2015, S. 355–364.

Münchener Handbuch zum Arbeitsrecht, herausgegeben von Kiel, Heinrich/Lunk, Stefan/Oetker, Hartmut. Band 1: Individualarbeitsrecht I. 4. Aufl., München 2018; Band 2: Individualarbeitsrecht II, 4. Aufl., München 2018 [zitiert als: MünchHdB-ArbR/*Bearbeiter*].

Münchener Kommentar zum Bürgerlichen Gesetzbuch, herausgegeben von Säcker, Franz Jürgen u. a. Band 1: Allgemeiner Teil: §§ 1–240, AllgPersönlR, ProstG, AGG. 8. Aufl., München 2018; Band 2: Schuldrecht Allgemeiner Teil I: §§ 241–310. 8. Aufl., München 2019; Band 5: Schuldrecht Besonderer Teil II: §§ 535–630, BetrKV, HeizkostenV, WärmeLV, EFZG, TzBfG, KSchG, MiLoG. 8. Aufl., München 2020; Band 6: Schuldrecht Besonderer Teil III: §§ 631–704. 8. Aufl., München 2020; Band. 12: Internationales Privatrecht II, Internationales Wirtschaftsrecht, Art. 50–253 EGBGB, 7. Aufl., München 2018 [zitiert als: MünchKomm-BGB/*Bearbeiter*].

Münchener Kommentar zur Zivilprozessordnung, herausgegeben von Rauscher, Thomas/Krüger, Wolfgang. Band 3: §§ 946–1117; EGZPO, GVG, EGGVG, UKlaG, Internationales und Europäisches Zivilprozessrecht, 5. Aufl., München 2017 [zitiert als: MünchKomm-ZPO/*Bearbeiter*].

Neufeld, Tobias: Herausforderung Digitalisierung, AuA 2015, S. 504–506.

Neumann, Dirk/*Fenski*, Martin/*Kühn*, Thomas: Kommentar zum Bundesurlaubsgesetz nebst allen anderen Urlaubsbestimmungen des Bundes und der Länder, 11. Aufl., München 2016 [zitiert als: Neumann/Fenski/Kühn/*Bearbeiter*, BUrlG].

Neumann, Sebastian: Alterssicherung und „Solo-Selbstständigkeit", SGb 2010, S. 463–470.

Nießen, Irene: Fünf Fragen an Claudia Pelzer und Ivo Blohm, in: Benner, Christiane (Hrsg.), Crowdwork – zurück in die Zukunft? Perspektiven digitaler Arbeit, Frankfurt a. M. 2015, S. 67–72.

Nomos Kommentar zum Bürgerlichen Gesetzbuch. Band 1: Allgemeiner Teil – EGBGB, herausgegeben von Heidel, Thomas u. a. 3. Aufl., Baden-Baden 2016; Band 2: Schuldrecht, Halbband 2: §§ 611–853, herausgegeben von Dauner-Lieb, Barbara/Langen, Werner. 3. Aufl., Baden-Baden 2016; Band 6: Rom-Verordnungen. EuGüVO, EuPartVO, HUP, EuErbVO, herausgegeben von Hüßtege, Rainer/Mansel, Heinz-Peter, 3. Aufl., Baden-Baden 2019 [zitiert als: NK-BGB/*Bearbeiter*].

Nomos Kommentar zum gesamten Arbeitsrecht, herausgegeben von Boecken, Winfried u. a., Band 2, Baden-Baden 2016 [zitiert als: NK-ArbR/*Bearbeiter*].

Nordemann, Jan Bernd: AGB-Kontrolle von Nutzungsrechtseinräumungen durch den Urheber, NJW 2012, S. 3121–3125.

Nullmeier, Frank: Digitale Ökonomie und ihre Folgen für die Entwicklungsrichtung der gesetzlichen Rentenversicherung, DRV 2017, S. 249–272.

Ostendorf, Patrick: Wirksame Wahl ausländischen Rechts auch bei fehlendem Auslandsbezug im Fall einer Schiedsgerichtsvereinbarung und ausländischem Schiedsort?, SchiedsVZ 2010, S. 234–243.

Otten, August Wilhelm: Heimarbeit – ein Dauerrechtsverhältnis eigener Art, NZA 1995, S. 289–296.

Pacha, Julia: Crowdwork. Arbeitsrechtlicher Schutz einer neuen Beschäftigungsform, München 2018 (zugl. Diss. München 2017/2018).

Palandt, Otto (Begr.): Beck'scher Kurz-Kommentar zum Bürgerlichen Gesetzbuch mit Nebengesetzen, 79. Aufl., München 2020 [zitiert als: Palandt/*Bearbeiter*].

Papsdorf, Christian: Wie Surfen zu Arbeit wird. Crowdsourcing im Web 2.0, Frankfurt a. M. 2009.

Pertegás, Marta: The Notion of Contractual Obligation in Brussels I and Rome I, in: Meeusen, Johan/Pertegás, Marta/Straetmans, Gert (Hrsg.), Enforcement of International Contracts in the European Union. Convergence and divergence between Brussels I and Rome I, Antwerpen u. a. 2004, S. 175–190.

Peter, Jörg: Kernfragen der Telearbeit, DB 1998, S. 573–579.

Peters-Lange, Susanne: Die Herausforderungen an die gesetzliche Rentenversicherung in Folge des Wandels in der Arbeitswelt, SGb 2019, S. 464–472.

Pfeiffer, Thomas: Neues Internationales Vertragsrecht. Zur Rom I-Verordnung, EuZW 2008, S. 622–629.

Plender, Richard/*Wilderspin*, Michael: The European Private International Law of Obligations, 3. Aufl., London 2009.

Podehl, Jörg: Internetportale mit journalistisch-redaktionellen Inhalten. Anbieterpflichten und Haftungsrisiken, MMR 2001, S. 17–23.

Pongratz, Hans J./*Bormann*, Sarah: Online-Arbeit auf Internetplattformen. Empirische Befunde zum „Crowdworking" in Deutschland, AIS 2017, S. 158–181.

Potacs, Michael: Auslegung im öffentlichen Recht. Eine vergleichende Untersuchung der Auslegungspraxis des Europäischen Gerichtshofs und der österreichischen Gerichtshöfe des öffentlichen Rechts, Baden-Baden 1994.

Prassl, Jeremias/*Risak*, Martin: Working in the gig economy – flexibility without security?, in: Singer, Reinhard/Bazzani, Tania (Hrsg.), European Employment Policies: Current Challenges, Berlin 2017, S. 67–95.

Prassl, Jeremias/*Risak*, Martin: The Legal Protection of Crowdworkers: Four Avenues for Workers' Rights in the Virtual Realm, in: Meil, Pamela/Kirov, Vassil (Hrsg.), Policy Implications of Virtual Work, Cham 2017, S. 273–295.

Prassl, Jeremias/*Risak*, Martin: Uber, TaskRabbit, and Co.: Platforms as Employers? Rethinking the Legal Analysis of Crowdwork, CLLPJ 37 (2016), S. 619–651.

Preis, Ulrich: § 611a BGB – Potenziale des Arbeitnehmerbegriffes, NZA 2018, S. 817–826.

Preis, Ulrich: Heimarbeit, Home-Office, Global-Office – das alte Heimarbeitsrecht als neuer Leitstern für die digitale Arbeitswelt?, SR 2017, S. 173–182.

Preis, Ulrich (Hrsg.): Der Arbeitsvertrag. Handbuch der Vertragsgestaltung, 6. Aufl., Köln 2020 [zitiert als: Preis/*Bearbeiter*].

Preis, Ulrich/*Brose*, Wiebke: Sozialversicherungsrechtliche Einordnung neuer Beschäftigungsformen mit Schwerpunkt Plattform- bzw. Gig-Economy, Berlin 2017 [zitiert als: *Preis/ Brose*, Neue Beschäftigungsformen].

Pürling, Meike: Die soziale Absicherung von Crowdworkern. Eine Untersuchung des Absicherungsstatus und -verhaltens von internetbasierten, selbständigen Erwerbstätigen, ZSR 2016, S. 411–442.

Raif, Alexander/*Nann*, Philipp: Arbeitsrecht 4.0 – Möglichkeiten und Hürden in der digitalen Arbeitswelt, GWR 2016, S. 221–224.

Rauscher, Thomas (Hrsg.): EuZPR, EuIPR. Europäisches Zivilprozess- und Kollisionsrecht. Band III: Rom I-VO, Rom II-VO, 4. Aufl., Köln 2016 [zitiert als: Rauscher/*Bearbeiter*, EuZPR/EuIPR].

Rebhahn, Robert: Die Arbeitnehmerbegriffe des Unionsrechts in der neueren Judikatur des EuGH, EuZA 2012, S. 3–34.

Rebhahn, Robert: Arbeitnehmerähnliche Personen – Rechtsvergleich und Regelungsperspektive, RdA 2009, S. 236–253.

Redeker, Helmut: IT-Recht, 7. Aufl., München 2020.

Rehm, Herbert: Fünf Fragen an Monika Schäfer, in: Benner, Christiane (Hrsg.), Crowdwork – zurück in die Zukunft? Perspektiven digitaler Arbeit, Frankfurt a. M. 2015, S. 61–65.

Reiher, Hannes: Der Vertragsbegriff im europäischen Internationalen Privatrecht. Ein Beitrag zur Abgrenzung der Verordnungen Rom I und Rom II, Baden-Baden 2010 (zugl. Diss. Würzburg 2010).

Reinecke, Gerhard: Rechtsprechung des BAG zum Arbeitnehmerstatus – Eine kritische Bestandsaufnahme, NZA-RR 2016, S. 393–400.

Reinfelder, Waldemar: Arbeitnehmer – Gesellschafter – Geschäftsführer, RdA 2016, S. 87–97.

Reithmann, Christoph/*Martiny*, Dieter (Hrsg.): Internationales Vertragsrecht, 8. Aufl., Köln 2015 [zitiert als: Reithmann/Martiny/*Bearbeiter*, IntVertragsR].

RGRK, Das Bürgerliche Gesetzbuch mit besonderer Berücksichtigung der Rechtsprechung des Reichsgerichts und des Bundesgerichtshofs, Kommentar, herausgegeben von Mitgliedern des Bundesgerichtshofs. Band I: §§ 1–240. 12. Aufl., Berlin/New York 1982; Band II, 4. Teil: §§ 631–811. 12. Aufl., Berlin/New York 1978 [zitiert als: BGB-RGRK/*Bearbeiter*].

Richardi, Reinhard (Hrsg.): Betriebsverfassungsgesetz mit Wahlordnung, 16. Aufl., München 2018 [zitiert als: Richardi/*Bearbeiter*, BetrVG].

Richardi, Reinhard: Der Arbeitsvertrag im Licht des neuen § 611a BGB, NZA 2017, S. 36–39.

Richardi, Reinhard: Die Bedeutung der Entgeltrisikozuweisung für den Dienst- und Werkvertrag, in: Stathopoulos, Michael u.a. (Hrsg.), Festschrift für Apostolos Georgiades zum 70. Geburtstag, München u.a. 2006, S. 349–358.

Rieble, Volker: EuGH: Kartellkontrolle von Tarifverträgen, ZWeR 2016, S. 165–178.

Riesenhuber, Karl: Auslegung und Dogmatik von § 611a BGB. Von der „tatsächlichen Durchführung" zum „faktischen Arbeitsverhältnis"?, JuS 2018, S. 103–108.

Riesenhuber, Karl (Hrsg.): Europäische Methodenlehre. Handbuch für Ausbildung und Praxis, 3. Aufl., Berlin u.a. 2015 [zitiert als: Riesenhuber/*Bearbeiter*].

Rio Antas, Juan-Carlos: Crowdsourcing von Arbeitsleistung. Ansätze für eine faire Vergütung, in: Benner, Christiane (Hrsg.), Crowdwork – zurück in die Zukunft? Perspektiven digitaler Arbeit, Frankfurt a.M. 2015, S. 323–332.

Rio Antas, Juan-Carlos/*Wagner*, Hilde: Kernfragen betrieblicher und gewerkschaftlicher Interessenvertretung, in: IG Metall Vorstand (Hrsg.), Crowdsourcing: Beschäftigte im globalen Wettbewerb um Arbeit – am Beispiel IBM, Frankfurt a.M. 2013, S. 58–63.

Risak, Martin: Mehr Fairness für Plattformarbeitende: Ein Plattformarbeitsgesetz als Strategie für faire Arbeitsbedingungen in der Plattformökonomie, in: Deinert, Olaf u.a. (Hrsg.), Demokratisierung der Wirtschaft durch Arbeitsrecht. Festschrift für Thomas Klebe zum 70. Geburtstag, Frankfurt a.M. 2018, S. 320–324 [zitiert als: *Risak*, in: Deinert u.a., FS Klebe].

Risak, Martin: Fair Working Conditions for Platform Workers. Possible Regulatory Approaches at the EU Level. Berlin 2018.

Risak, Martin: (Arbeits-)Rechtliche Aspekte der Gig-Economy, in: Lutz, Doris/Risak, Martin (Hrsg.), Arbeit in der Gig-Economy. Rechtsfragen neuer Arbeitsformen in Crowd und Cloud. Wien 2017, S. 44–60.

Risak, Martin: Crowdworking: Towards a „New" Form of Employment, in: Blanpain, Roger/Hendrickx, Frank/Waas, Bernd (Hrsg.), New Forms of Employment in Europe, Alphen aan den Rijn 2016, S. 93–102.

Risak, Martin: Crowdwork. Erste rechtliche Annäherung an eine „neue" Arbeitsform, ZAS 2015, S. 11–19.

Rische, Herbert: Weiterentwicklung der gesetzlichen Rentenversicherung zu einer Erwerbstätigenversicherung – Ansätze zur Begründung und konkreten Ausgestaltung –, RVaktuell 2008, S. 2–10.

Rost, Friedhelm: Arbeitnehmer und arbeitnehmerähnliche Personen im Betriebsverfassungsrecht, NZA 1999, S. 113–121.

Ruland, Franz: Beschäftigungsverhältnis oder „Neue Selbständigkeit"?, NZS 2019, S. 681–693.

Ruland, Franz: Ausbau der Rentenversicherung zu einer allgemeinen Erwerbstätigenversicherung?, ZRP 2009, S. 165–169.

Rüfner, Thomas: Virtuelle Marktordnungen und das AGB-Gesetz, MMR 2000, S. 597–602.

Rühl, Giesela: Die Wahl englischen Rechts und englischer Gerichte nach dem Brexit. Zur Zukunft des Justizstandorts England, JZ 2017, S. 72–82.

Sachse, Kathrin: Der Verbrauchervertrag im Internationalen Privat- und Prozeßrecht [sic!], Tübingen 2006 (zugl. Diss. Göttingen 2005/2006).

Salehi, Niloufar u. a.: We Are Dynamo: Overcoming Stalling and Friction in Collective Action for Crowd Workers, in: Begole, Bo u. a. (Hrsg.), Conference Proceedings. The 33rd Annual ACM Conference on Human Factors in Computing Systems, CHI 2015, Seoul, Republic of Korea, April 18–23, 2015. New York 2015, S. 1621–1630 [zitiert als: Salehi u. a., in: Begole u. a., Proc. CHI 2015].

Sassenberg, Thomas/*Faber*, Tobias (Hrsg.): Rechtshandbuch Industrie 4.0 und Internet of Things. Praxisfragen und Perspektiven der digitalen Zukunft, München 2017 [zitiert als: Sassenberg/Faber/*Bearbeiter*].

Satzger, Benjamin u. a.: Stimulating Skill Evolution in Market-Based Crowdsourcing, in: Rinderle-Ma, Stefanie/Toumani, Farouk/Wolf, Karsten (Hrsg.), Business Process Management. 9th International Conference, BPM 2011, Clermont-Ferrand, France, August 30–September 2, 2011, Proceedings. Berlin/Heidelberg 2011, S. 66–82.

Schaper, Martin/*Eberlein*, Carl-Philipp: Die Behandlung von Drittstaaten-Gerichtsstandsvereinbarungen vor europäischen Gerichten – de lege lata und de lege ferenda, RIW 2012, S. 43–49.

Schaub, Günter (Begr.): Arbeitsrechts-Handbuch. Systematische Darstellung und Nachschlagewerk für die Praxis, 18. Aufl., München 2019 [zitiert als: Schaub/*Bearbeiter*].

Schippan, Martin: Klare Worte des BGH zur Wirksamkeit von Honorarbedingungen für freie Journalisten, ZUM 2012, S. 771–781.

Schlechtriem, Peter: Rechtswahl im europäischen Binnenmarkt und Klauselkontrolle – Überlegungen zu „zwingenden" Normen im EU-Binnenmarkt, in: Rauscher, Thomas/Mansel, Heinz-Peter (Hrsg.), Festschrift für Werner Lorenz zum 80. Geburtstag, München 2001 [zitiert als: *Schlechtriem*, in: Rauscher/Mansel, FS Lorenz].

Schlegel, Rainer: Beschäftigte versus Selbstständige – Deutsches Sozialrecht, NZA-Beilage 2016, S. 13–19.

Schlegel, Rainer: Wen soll das Sozialrecht schützen? – Zur Zukunft des Arbeitnehmer- und Beschäftigtenbegriffs im Sozialrecht, NZS 2000, S. 421–429.

Schliemann, Harald: Zum Schutz wirtschaftlich schwacher Solo-Dienst- und Werkvertragsunternehmer – Ein Zwischenruf, in: Henssler, Martin u. a. (Hrsg.), Moderne Arbeitswelt. Festschrift für Rolf Wank, München 2014, S. 531–543 [zitiert als: *Schliemann*, in: Henssler u. a., FS Wank].

Schmidt, Florian Alexander: Arbeitsmärkte in der Plattformökonomie – Zur Funktionsweise und den Herausforderungen von Crowdwork und Gigwork, Bonn 2016.

Schmidt, Florian Alexander: The Good, the Bad and the Ugly. Warum Crowdsourcing eine Frage der Ethik ist, in: Benner, Christiane (Hrsg.), Crowdwork – zurück in die Zukunft? Perspektiven digitaler Arbeit, Frankfurt a. M. 2015, S. 367–386.

Schmidt, Klaus: Die ordentliche Kündigung von Heimarbeitsverhältnissen, NJW 1976, S. 930–932.

Schmidt, Klaus u. a.: Kommentar zum Heimarbeitsgesetz, 4. Aufl., München 1998.

Schmidt-Kessel, Martin: Zur culpa in contrahendo im Gemeinschaftsprivatrecht, ZEuP 2004, S. 1019–1033.

Schmidt-Kessel, Martin/*Grimm*, Anna: Unentgeltlich oder entgeltlich? – Der vertragliche Austausch von digitalen Inhalten gegen personenbezogene Daten, ZfPW 2017, S. 84–108.

Schnapp, Friedrich Eberhard: Methodenprobleme des § 7 Abs. 1 SGB IV – Unmöglichkeit der Rechtssicherheit?, NZS 2014, S. 41–48.

Scholle, Thilo: Plattformökonomie – Sachverhalte und Regelungsbedarfe, SR-Sonderausgabe Juli 2019, S. 28–33.

Schramm, Florian/*Tietgen-Simonsen*, Mandy: Crowdworking – Menetekel und empirische Evidenz, in: Hanau, Hans/Matiaske, Wenzel (Hrsg.), Entgrenzung von Arbeitsverhältnissen. Arbeitsrechtliche und sozialwissenschaftliche Perspektiven, Baden-Baden 2019, S. 11–24.

Schricker, Gerhard/*Loewenheim*, Ulrich: Kommentar zum Urheberrecht, 6. Aufl., München 2020 [zitiert als: *Schricker/Loewenheim*, UrhR].

Schröder, Lothar/*Schwemmle*, Michael: Gute Arbeit in der Crowd?, in: Schröder, Lothar/ Urban, Hans-Jürgen (Hrsg.), Gute Arbeit Ausgabe 2014. Profile Prekärer Arbeit – Arbeitspolitik von unten, Frankfurt a. M. 2014, S. 112–122.

Schubert, Claudia: Tarifverträge zum Schutz von Crowdworkern trotz Kartellverbot?, in: Deinert, Olaf u. a. (Hrsg.), Demokratisierung der Wirtschaft durch Arbeitsrecht. Festschrift für Thomas Klebe zum 70. Geburtstag, Frankfurt a. M. 2018, S. 351–356 [zitiert als: *C. Schubert*, in: Deinert u. a., FS Klebe].

Schubert, Claudia: Neue Beschäftigungsformen in der digitalen Wirtschaft – Rückzug des Arbeitsrechts?, RdA 2018, S. 200–206.

Schubert, Jens M./*Jerchel*, Kerstin/*Düwell*, Franz Josef: Das neue Mindestlohngesetz. Grundlagen und Auswirkungen, Baden-Baden 2015.

Schulze, Gernot: Die Übertragungszwecklehre – Auslegungsregel und Inhaltsnorm?, GRUR 2012, S. 993–996.

Schwab, Norbert/*Weth*, Stephan (Hrsg.): Kommentar zum Arbeitsgerichtsgesetz mit Verfahren vor dem BVerfG, EuGH, Einigungsstelle und Kirchen-Arbeitsgerichtsbarkeit, 5. Aufl., Köln 2018 [zitiert als: Schwab/Weth/*Bearbeiter*, ArbGG].

Selzer, Dirk: Crowdworking – Arbeitsrecht zwischen Theorie und Praxis, in: Husemann, Tim/ Wietfeld, Anne Christin (Hrsg.), Zwischen Theorie und Praxis – Herausforderungen des Arbeitsrechts. Dokumentation der 5. Assistententagung im Arbeitsrecht vom 16.–17.07.2015, Baden-Baden 2015, S. 27–48.

Sester, Peter: Vertragsabschluss bei Internet-Auktionen, CR 2001, S. 98–108.

Silberman, Michael Six/*Irani*, Lilly: Operating an Employer Reputation System: Lessons from Turkopticon, 2008–2015, CLLPJ 37 (2016), S. 505–542.

Simon, Jürgen/*Kuhne*, Harald: Arbeitsrechtliche Aspekte der Telearbeit, BB 1987, S. 201–208.

Sittard, Ulrich: Das neue MiLoG: Mindestlohnberechnung und zivilrechtliche Folgen von Mindestlohnverstößen, RdA 2015, S. 99–108.

Soergel, Hans Theodor (Begr.): Bürgerliches Gesetzbuch mit Einführungsgesetz und Nebengesetzen, Kommentar. Band 10: Schuldrecht 8: §§ 652–704, 13. Auflage, Stuttgart 2012 [zitiert als: Soergel/*Bearbeiter*].

Söbbing, Thomas: Open Innovation und Crowdsourcing. Rechtliche Fragen offener Innovationsprozesse. ITRB 2011, S. 206–208.

Specht, Louisa: Daten als Gegenleistung – Verlangt die Digitalisierung nach einem neuen Vertragstypus?, JZ 2017, S. 763–770.

Spindler, Gerald: Vertragsabschluss und Inhaltskontrolle bei Internet-Auktionen, ZIP 2001, S. 809–819.

Staudinger, Julius v. (Begr.): Kommentar zum Bürgerlichen Gesetzbuch mit Einführungsgesetzen und Nebengesetzen: Staudinger BGB. Buch 1: Allgemeiner Teil: §§ 90–124; §§ 130–133. Berlin 2017; Buch 1: Allgemeiner Teil: §§ 134–138 BGB; ProstG, 16. Aufl., Berlin 2017; Buch 1: Allgemeiner Teil: §§ 139–163. Berlin 2015; Buch 2: Recht der Schuldverhältnisse: §§ 305–310, UKlaG, 18. Aufl., Berlin 2019; Buch 2: Recht der Schuldverhältnisse: §§ 652–661a. Berlin 2016; EGBGB/IPR: Einleitung zur Rom I-VO; Art. 1–10 Rom I-VO. Berlin 2016 [zitiert als: *Staudinger*/Bearbeiter].

Strube, Sebastian: Vom Outsourcing zum Crowdsourcing. Wie Amazons Mechanical Turk funktioniert, in: Benner, Christiane (Hrsg.), Crowdwork – zurück in die Zukunft? Perspektiven digitaler Arbeit, Frankfurt a. M. 2015, S. 75–92.

Sutschet, Holger: Nichtarbeitnehmer in der Betriebsverfassung, in: Giesen, Richard/Junker, Abbo/Rieble, Volker (Hrsg.), Bewegliche Mitbestimmung, 9. ZAAR-Tagung, München 2018, S. 15–46.

Tapper, Annette: Crowdworking – ein Blick in die Arbeitsbeziehungen der Zukunft, in: Hill, Hermann/Martini, Mario/Wagner, Edgar (Hrsg.), Die digitale Lebenswelt gestalten, Baden-Baden 2015, S. 253–286 [zitiert als: *Tapper*, in: Hill/Martini/Wagner, Digitale Lebenswelt].

Temming, Felipe: Zum Anwendungsbereich der Vorschriften über die internationale Zuständigkeit für individuelle Arbeitsverträge, IPRax 2015, S. 509–517.

Thode, Reinhold: Die Rom I-Verordnung. Das europäische Internationale Vertragsrecht, NZBau 2011, S. 449–457.

Thomas, Holger/*Weidmann*, Golo: Wirksamkeit nachvertraglicher Wettbewerbsverbote in Fällen mit Auslandsbezug, DB 2004, S. 2694–2699.

Thüsing, Gregor: Digitalisierung der Arbeitswelt – Impulse zur Bewältigung der Herausforderung gewandelter Arbeitsformen, SR 2016, S. 87–108.

Thüsing, Gregor (Hrsg.): Mindestlohngesetz (MiLoG) und Arbeitnehmer-Entsendegesetz (AEntG), 2. Aufl., München 2016 [zitiert als: Thüsing/*Bearbeiter*, MiLoG/AEntG].

Uffmann, Katharina: „Der Schwarm im Bürgerlichen Recht" – Rechtsbeziehung zwischen Crowdinvesting-Plattform und Investor, JZ 2016, S. 928–937.

Ulmer, Peter/*Brandner*, Hans Erich/*Hensen*, Horst-Diether: AGB-Recht. Kommentar zu den §§ 305–310 BGB und zum UklaG, 12. Aufl., Köln 2016 [zitiert als: UBH/*Bearbeiter*].

Ulrici, Bernhard: Die enttäuschende Internetauktion – LG Münster, MMR 2000, 280, JuS 2000, S. 947–951.

Unterberg, Bastian: Crowdsourcing (Jeff Howe), in: Michelis, Daniel/Schildhauer, Thomas (Hrsg.), Social Media Handbuch. Theorien, Methoden, Modelle und Praxis, 3. Aufl., Baden-Baden 2015, S. 149–163.

Vogl, Elisabeth: Crowdsourcing-Plattformen als neue Marktplätze für Arbeit. Die Neuorganisation von Arbeit im Informationsraum und ihre Implikationen, Augsburg/München 2018.

Waas, Bernd: Introduction, in: Waas, Bernd u.a. (Hrsg.), Crowdwork – A Comparative Law Perspective, Frankfurt a.M. 2017, S. 13–23 [zitiert als: *Waas*, in: Waas u.a., Crowdwork, S. 13].

Waas, Bernd: Crowdwork in Germany, in: Waas, Bernd u.a. (Hrsg.), Crowdwork – A Comparative Law Perspective, Frankfurt a.M. 2017, S. 142–186 [zitiert als: *Waas*, in: Waas u.a., Crowdwork, S. 142].

Waltermann, Raimund: Digital statt analog: Zur Zukunftsfähigkeit des Arbeitsrechts, RdA 2019, S. 94–101.

Waltermann, Raimund: Digitalisierung der Arbeitswelt und Schutz Kleiner Selbstständiger durch das Sozialversicherungsrecht, SGb 2017, S. 425–431.

Waltermann, Raimund: Welche arbeits- und sozialrechtlichen Regelungen empfehlen sich im Hinblick auf die Zunahme kleiner Selbstständigkeit?, RdA 2010, S. 162–170.

Walzer, Susanne: Der arbeitsrechtliche Schutz der Crowdworker. Eine Untersuchung am Beispiel ausgewählter Plattformen, Baden-Baden 2019 (zugl. Diss. Hamburg 2019) [zitiert als: *Walzer*, Arbeitsrechtlicher Schutz der Crowdworker].

Wandtke, Artur-Axel/*Bullinger*, Winfried (Hrsg.): Praxiskommentar zum Urheberrecht, 5. Aufl., München 2019 [zitiert als: Wandtke/Bullinger/*Bearbeiter*, UrhR].

Waniorek, Gabriele: Gestaltungsformen der Teleheimarbeit, Berlin 1989 (zugl. Diss. Hamburg 1988).

Wank, Rolf: Der Arbeitnehmer-Begriff im neuen § 611a BGB, AuR 2017, S. 140–153.

Wank, Rolf: Die personelle Reichweite des Arbeitnehmerschutzes aus rechtsdogmatischer und rechtspolitischer Perspektive, EuZA 2016, S. 143–170.

Wank, Rolf: Änderung von Arbeitsbedingungen, NZA-Beilage 2012, S. 41–49.

Wank, Rolf: Die personellen Grenzen des Europäischen Arbeitsrechts: Arbeitsrecht für Nicht-Arbeitnehmer?, EuZA 2008, S. 172–196.

Wank, Rolf: Telearbeit, NZA 1999, S. 225–235.

Wank, Rolf: Arbeitnehmer und Selbständige, München 1988 (zugl. Band 2 Habil. Köln 1983).

Warter, Johannes: Crowdwork, Wien 2016 (zugl. Diss. Wien 2016).

Wedde, Peter: Entwicklung der Telearbeit – Arbeitsrechtliche Rahmenbedingungen, Stuttgart 1997.

Wiebe, Andreas: Vertragsschluss bei Online-Auktionen, MMR 2000, S. 323–329.

Wille, Stefan: Die neue Leitbilddiskussion im Urhebervertragsrecht, ZUM 2011, S. 206–211.

Willemsen, Heinz Josef/*Müntefering*, Michael: Begriff und Rechtsstellung arbeitnehmerähnlicher Personen: Versuch einer Präzisierung, NZA 2008, S. 193–201.

Wisskirchen, Gerlind/*Schwindling*, Jan: Crowdworking im Lichte des Arbeitsrechts, ZESAR 2017, S. 318–327.

Wolf, Manfred/*Lindacher*, Walter F./*Pfeiffer*, Thomas (Hrsg.): Kommentar zum AGB-Recht, 6. Aufl., München 2013 [zitiert als: WLP/*Bearbeiter*].

Würdinger, Markus: Das Prinzip der Einheit der Schuldrechtsverordnungen im Europäischen Internationalen Privat- und Verfahrensrecht. Eine methodologische Untersuchung über die praktische Konkordanz zwischen Brüssel I-VO, Rom I-VO und Rom II-VO, RabelsZ 75 (2011), S. 102–126.

Ziegler, Katharina: Arbeitnehmerbegriffe im Europäischen Arbeitsrecht, Baden-Baden 2011 (zugl. Diss. Bochum 2010).

Zimmermann, Reinhard: Sittenwidrigkeit und Abstraktion, JR 1985, S. 48–52.

Zöller, Richard (Begr.): Kommentar zur Zivilprozessordnung, 33. Aufl., Köln 2020 [zitiert als: Zöller/*Bearbeiter*, ZPO].

Sachwortverzeichnis

abhängige Beschäftigung 132–137, 139–141
– einheitliches Beschäftigungsverhältnis 139–141
Allgemeine Geschäftsbedingungen 44 f., 47, 49–52, 92–108, 115, 118, 130 f.
– Änderungsvorbehalt 95–97
– fingierte Erklärungen 97 f.
– Gerichtsstandsvereinbarung *siehe* Gerichtsstand
– Immaterialgüterrechte *siehe dort*
– Kontaktverbote 107
– Nacherfüllungsfrist 99 f.
– Sperrklauseln 108
– Vertragsabschlussklauseln 44 f., 47, 51 f.
Altersversorgung 138 f., 152–155
– berufsständische Versorgungswerke 152
– Finanzierung 153–155
– Rentenversicherung *siehe* Sozialversicherung
Änderungsvertrag 53 f.
Änderungsvorbehalt *siehe* Allgemeine Geschäftsbedingungen
Angestelltentätigkeiten *siehe* Heimarbeit
Arbeitnehmer 52–75
– einheitliches Arbeitsverhältnis 52–54, 56
– Arbeitsvertrag 55, 57–74
arbeitnehmerähnliche Personen 76–81, 148 f.
– soziale Schutzbedürftigkeit 80 f.
– wirtschaftliche Abhängigkeit *siehe dort*
Arbeitnehmerüberlassung 76
Arbeitskampf 157
Arbeitslosenversicherung *siehe* Sozialversicherung
Arbeitsmittel 66 f., 135
Arbeitsort 26 f., 60 f., 89 f., 119, 130
Arbeitsvertrag *siehe* Arbeitnehmer
Arbeitszeit 59 f.

auffälliges Missverhältnis 112–114
Aufgaben 30–32
Ausbeutung *siehe* Wucher
Auslegungslösung 51 f.
Auslobung 39, 44–47, 57, 109–112, 116–118, 121 f.; *siehe auch* Preisausschreiben

Bedingung 42 f., 47 f.
Befristung 74 f.
berufsständische Versorgungswerke *siehe* Altersversorgung
Beschäftigung *siehe* abhängige Beschäftigung
Betriebsrat 146 f.
Betriebszugehörigkeit 147
Bewertungen 70 f., 79; *siehe auch* Kontrollen
Botenschaft 49

Code of Conduct 161 f.
Crowdsourcing 21, 23–27
Crowdwork 21, 23–33
– Crowdworker 21, 29–33
– Kategorien 27–29

Dienstbereitschaft 67 f., 135
Dienstleistung 127, 129
Dienstvertrag 38, 57 f., 99, 111
Disziplinierung 71; *siehe auch* Kontrollen

Eingliederung *siehe* persönliche Abhängigkeit
Eingriffsnormen 126
einheitliches Arbeitsverhältnis *siehe* Arbeitnehmer
einheitliches Beschäftigungsverhältnis *siehe* abhängige Beschäftigung
einseitige Rechtsgeschäfte 36–44, 46, 57, 109–112, 116–118
– Auslobung *siehe dort*

– Preisausschreiben *siehe dort*
Entleiher *siehe* Arbeitnehmerüberlassung

Fortbildungen 69, 135
Forum *siehe* Internetforum

geistiges Eigentum *siehe* Immaterialgüterrechte
Gerichtsstand 128–131
– Gerichtsstandsvereinbarung 130 f.
Geschäftspartner 49–51
Gewerbetreibende *siehe* Heimarbeit
Gewerkschaft 156–160

Heimarbeit 81–91, 123 f., 137, 144–147
– Angestelltentätigkeiten 86, 88
– Aufgabenzuweisung 82–84
– erwerbsmäßig 88, 144
– Gewerbetreibende 90
– selbstgewählte Arbeitsstätte 89 f.
– wirtschaftliche Abhängigkeit *siehe dort*
– Zwischenmeister 90 f.

Immaterialgüterrechte 42 f., 100–107
– Nutzungsrechteeinräumung 42 f., 100–102
– Übertragungszwecklehre *siehe dort*
– Weiterübertragung 104–107
Individualarbeitsvertrag 118–124
Internetforum 160
invitatio ad offerendum *siehe* Rechtsbindungswille

Kartellverbot 157–159
Kontaktverbote *siehe* Allgemeine Geschäftsbedingungen
Kontrollen 32, 69–71, 135 f.
Krankenversicherung *siehe* Sozialversicherung
Künstlersozialversicherung *siehe* Sozialversicherung

Leiharbeit *siehe* Arbeitnehmerüberlassung
Leistungsbeschreibung 64 f., 135

Microtasks 31; *siehe auch* Aufgaben
Mindestvergütungen *siehe* Vergütung

Nacherfüllungsfrist *siehe* Allgemeine Geschäftsbedingungen
Nutzungsbedingungen *siehe* Allgemeine Geschäftsbedingungen
Nutzungsrechte *siehe* Immaterialgüterrechte
Nutzungsvertrag 34–36, 48 f., 57, 121 f., 125, 127 f., 133

objektiver Empfängerhorizont *siehe* Rechtsbindungswille
öffentliche Bekanntmachung 40–42, 46
offerte ad incertas personas *siehe* Rechtsbindungswille

Persönliche Abhängigkeit 58–74, 134–137
– Eingliederung 65–69, 135
– höchstpersönliche Leistungspflicht 71 f.
– Kontrollen *siehe dort*
– Vertragsbezeichnung 58 f.
– Weisungsrecht *siehe dort*
Pflegeversicherung *siehe* Sozialversicherung
Preisausschreiben 36–43, 57, 109–112, 116–118, 121 f., 151
– *siehe auch* Auslobung
– Immaterialgüterrechte *siehe dort*
– öffentliche Bekanntmachung *siehe dort*
Privatautonomie 59, 102, 132 f.

Qualitätskontrolle *siehe* Kontrollen

Rahmenvereinbarung *siehe* Nutzungsvertrag
Rechtsbindungswille 35, 44–48, 53 f.
– invitatio ad offerendum 35 f., 43–46
– objektiver Empfängerhorizont 35, 44–47, 49, 53 f.
– offerte ad incertas personas 41 f., 44–47
Rechtswahl 115, 118–127
Registrierung 29 f., 34–36
Rentenversicherung *siehe* Sozialversicherung
Reputation *siehe* Bewertungen

Scheinselbständige 158 f.
Schulungen *siehe* Fortbildungen
Sittenwidrigkeit 109–114
– Wucher *siehe dort*

– wucherähnliche Rechtsgeschäfte *siehe dort*
Sozialversicherung   132–142, 152–155
– Arbeitslosenversicherung   137
– Finanzierung *siehe* Altersversorgung
– Krankenversicherung   138 f.
– Künstlersozialversicherung   139, 154
– Pflegeversicherung   138 f.
– Rentenversicherung   138 f., 152–155
– Unfallversicherung   137 f.
Sperrklauseln *siehe* Allgemeine Geschäftsbedingungen
Stellvertretung   49

Tarifvertrag   157–159
Telearbeit   61, 134

Übertragungszwecklehre   101 f.
Unfallversicherung *siehe* Sozialversicherung
Unternehmer   93 f., 124 f.
Unternehmerrisiko   73 f., 136 f.
Urheberrecht *siehe* Immaterialgüterrechte
Urlaub   148 f.

Verbraucher   93 f., 124 f.
– Verbraucherverträge   124 f.
Vergütung   26, 33, 38, 102–104, 108–114, 146, 149–151
– Mindestvergütungen   149–151
– Sittenwidrigkeit *siehe dort*
Verleiher *siehe* Arbeitnehmerüberlassung
vertragliche Schuldverhältnisse   116–118
Vertragsänderung *siehe* Änderungsvertrag

Vertragsbedingungen *siehe* Allgemeine Geschäftsbedingungen
Vertragsparteien *siehe* Geschäftspartner
Vertragsschluss   42–48, 51 f.
– Vertragsabschlussklauseln *siehe* Allgemeine Geschäftsbedingungen
verwerfliche Gesinnung *siehe* wucherähnliche Rechtsgeschäfte
Vorbeschäftigungsverbot   75

Weisungsrecht   52 f., 55 f., 59–65, 134 f.
– inhaltliches Weisungsrecht   62–65, 134 f.
– örtliche Weisungsfreiheit   60–62, 134
– zeitliche Weisungsfreiheit   59–62, 134
Werkvertrag   38, 57 f., 99, 111
Wettbewerbsformen   31 f., 37–48
– erfolgsbasierte Wettbewerbe   31 f., 37–43
– gebotsbasierte Wettbewerbe   31, 47 f.
– zeitbasierte Wettbewerbe   31, 43–47
wirtschaftliche Abhängigkeit   71, 74, 77–80, 84–87, 148
Wucher   109–112
– auffälliges Missverhältnis *siehe dort*
– Ausbeutung   112
wucherähnliche Rechtsgeschäfte   113 f.
– auffälliges Missverhältnis *siehe dort*
– verwerfliche Gesinnung   113

Zusammenarbeit   68
Zweckübertragungslehre *siehe* Übertragungszwecklehre